老年服务与管理专业群课程体系构建与核心课程标准开发研究

苏　红　田奇恒　等著

中国社会出版社

国家一级出版社·全国百佳图书出版单位

图书在版编目（CIP）数据

老年服务与管理专业群课程体系构建与核心课程标准
开发研究 ／ 苏红等著 ． —— 北京 ：中国社会出版社，
2023.11

ISBN 978-7-5087-6931-8

Ⅰ.①老… Ⅱ.①苏… Ⅲ.①老年人－社会服务－学
科建设－研究－中国 Ⅳ.①C913.6-41

中国国家版本馆 CIP 数据核字 (2023) 第 167944 号

出 版 人：程 伟		终 审 人：陆 强	
策划编辑：孙武斌		责任编辑：李新涛	
责任校对：杨春岩		封面设计：时 捷	

出版发行　中国社会出版社　　　　　　地　　　址：北京市西城区二龙路甲 33 号
邮政编码：100032　　　　　　　　　　编 辑 部：(010)58124846
网　　　址：shcbs.mca.gov.cn　　　　发 行 部：(010)58124864；58124845
经　　　销　新华书店

印刷装订：北京虎彩文化传播有限公司　　开　　本：185 mm×260 mm　　1/16
印　　张：32.5　　　　　　　　　　　　字　　数：650 千字
版　　次：2023 年 11 月第 1 版　　　　　印　　次：2023 年 11 月第 1 次印刷
定　　价：120.00 元

中国社会出版社微信公众号　　　　　　　　中国社会出版社天猫旗舰店

本书参著人员

（按姓氏拼音排序）

陈玉婷：重庆城市管理职业学院民政与社会治理学院民政服务与管理专业教师

丁　庆：重庆城市管理职业学院民政与社会治理学院社会工作专业教师

杜　庆：重庆城市管理职业学院智慧康养学院智慧健康养老服务与管理教研室主任

何　静：重庆城市管理职业学院民政与社会治理学院社会工作专业教师

胡耀友：重庆城市管理职业学院民政与社会治理学院民政服务与管理专业教师

黄　静：重庆城市管理职业学院民政与社会治理学院民政服务与管理专业教师

黄婷婷：重庆城市管理职业学院民政与社会治理学院民政与公共事务教研室主任

蒋传宓：重庆城市管理职业学院民政与社会治理学院民政服务与管理专业教师

蒋宗伦：重庆城市管理职业学院智慧康养学院康复治疗技术专业教师

雷靳灿：重庆城市管理职业学院智慧康养学院副院长

雷　雨：重庆城市管理职业学院智慧康养学院智慧健康养老服务与管理专业带头人

李红旭：重庆城市管理职业学院智慧康养学院康复治疗技术专业教师

李春梅：重庆城市管理职业学院智慧康养学院护理专业教师

李　莉：重庆城市管理职业学院智慧康养学院智慧健康养老服务与管理专业教师

李光辉：重庆城市管理职业学院智慧康养学院康复治疗技术专业教师

陆　宁：重庆城市管理职业学院民政与社会治理学院社会工作专业教师

聂麟懿：重庆城市管理职业学院智慧康养学院智慧健康养老服务与管理专业教师

芮　洋：重庆城市管理职业学院民政与社会治理学院社会工作专业教师

尚经轩：重庆城市管理职业学院智慧康养学院康复治疗技术专业教师

史金玉：重庆城市管理职业学院民政与社会治理学院社会工作专业教师

苏　红：重庆城市管理职业学院智慧康养学院康复治疗技术专业带头人

田奇恒：重庆城市管理职业学院智慧康养学院院长

汪　琼：重庆城市管理职业学院智慧康养学院护理专业带头人

汪万福：重庆城市管理职业学院民政与社会治理学院民政服务与管理专业教师

王　娟：重庆城市管理职业学院智慧康养学院智慧健康养老服务与管理专业教师

王　茜：重庆城市管理职业学院民政与社会治理学院社会工作专业教师

向　雪：重庆城市管理职业学院智慧康养学院智慧健康养老服务与管理专业教师

许清华：重庆城市管理职业学院智慧康养学院护理专业教师

杨小红：重庆城市管理职业学院智慧康养学院康复护理教研室副主任

姚　珍：重庆城市管理职业学院智慧康养学院护理专业教师

叶海霞：重庆城市管理职业学院智慧康养学院康复治疗技术专业教师

易　丹：重庆城市管理职业学院民政与社会治理学院民政服务与管理专业带头人

张　俊：重庆城市管理职业学院智慧康养学院党总支书记

张迎春：重庆城市管理职业学院智慧康养学院康复治疗技术专业教师

赵淑兰：重庆城市管理职业学院民政与社会治理学院社会工作专业带头人

前　言

《中国教育现代化 2035》要求，到 2035 年，总体实现教育现代化，迈入教育强国行列，推动我国成为学习大国、人力资源强国和人才强国。《国家职业教育改革实施方案》则明确表达"着力培养高素质劳动者和技术技能人才，为促进经济社会发展和提高国家竞争力提供优质人才资源支撑"。对于教育教学而言，培养优秀的人才，设计合理的课程是基础，因为课程是实现教育目标的重要载体，而完整的课程体系是构建现代职业教育体系的落脚点、是培养人才的关键点。

与课程相关的课程标准建设始于 2006 年发布的《关于全面提高高等职业教育教学质量的若干意见》，其指出"建立突出职业能力培养的课程标准，规范课程教学的基本要求，提高课程教学质量"。2022 年 5 月新修订的《中华人民共和国职业教育法》出台，提出"完善职业教育教学等标准"，课程是人才培养与教学实施的关键环节，其标准研究一直是职业教育发展的重要议题。

国家政策需要，行业发展需要，老年服务与管理专业群标准建设项目组从双高建设伊始，就致力于构建该专业群教学系列标准，其中包括课程标准。因此，项目组通过知网、维普网、百度学术等学术资源库对相关文献进行资料收集，通过采用问卷调查，线上线下结合的方式，调查毕业生 1057 人、企业 147 家、相关院校 27 家，通过使用数据爬虫抓取主流招聘网站招聘信息，整理并分析行业相关大数据等方法对老年产业人才所需、老年服务与管理专业群五大专业的相关信息进行调研，旨在从多角度研究老年服务与管理专业群的岗位设置、人才需求数量与专业知识及技能要求、人才职业生涯发展路径，将获得的不同数据信息进行对比分析，增强研究的可行性。根据调研结果，召开职业能力分析会，会上校、企、课程专家三方合作，基于行业发展及岗位需求进行职业能力分析，而后，在课程体系构建会上，将职业能力、产业内新技术、新标准、新工艺融合纳入课程内容，构建出专业群课程体系，课程体系包括 6 门专业群平台共享课、18 门专业基础课、35 门核心课、6 门专业群拓展课程，再根据该课程体系构建结果，由各专业授课教师拟定课程标准。

教师们在课程标准撰写时积极落实国家倡导的关于"以就业为导向、以能力为本位，以发展职业技能为核心"的职业教育培养理念，课程标准首先对接行业岗位标准、职业能力，基于当前教学对象设计教学内容、教学方法与考评手段，重点阐明课程性质、课程定位、课程目标、课程主要内容、"课程思政"育人元素融入课程教学的途径和方法、课程评价方法、教学资源配置等。每个专业 7 门核心课程，共有 35 门核心课程标准。

基于课程体系构建过程与课程标准的研制原则，形成本书。《庄子》道"始生之物，其形必丑"，之前没有现成的可借鉴的老年服务与管理专业群标准建设的相关资料，项目组全体成员在三年"双高"建设过程中摸索前行，终在此书，在此起抛砖引玉之效，望全国各同行批评指正。

老年服务与管理专业群标准建设项目组

2023 年 11 月

| 目　录 |

老年服务与管理专业群岗位需求调研报告

一、调研目的及意义

随着国家政策的支持以及产业技术的发展，在社会及市场需求的驱动下，我国养老产业市场规模不断壮大。2023 年 2 月 28 日国家统计局发布《中华人民共和国 2022 年国民经济和社会发展统计公报》，公报中数据显示，2022 年末全国总人口 14.12 亿中，65 周岁及以上年龄人口 2.10 亿，在总人口中占比 14.90%；60 周岁及以上年龄人口 2.80 亿，在总人口中占比 19.80%。重庆市第七次人口普查数据显示，全市户籍人口总数 3393.06 万，老年人口总数 705.98 万，老龄化率为 20.81%，其中，城市老年人口总数 353.98 万，占比 50.14%，农村老年人口总数 352 万，占比 49.86%；65 岁及以上老年人口 555.61 万，占比 16.4%；80 岁以上的老年人口 103.05 万，占比 14.60%。按常住人口而言，全市常住人口总数 3205.42 万，常住老年人口总数 701.04 万，老龄化率为 1.87%，其中，65 岁及以上人口为 547.36 万，占 17.08%。由此可见，重庆即将进入超老化社会。2022 年，重庆全市养老机构达到 1633 家、床位 23 万张；出台《社区居家养老服务全覆盖实施方案》，建成运营街道养老服务中心 220 个、社区养老服务站 2912 个，建成失能特困人员集中照护中心 60 个，建成乡镇养老服务中心 669 个。老年人群比重的不断上升使得我国人口结构发生巨大变化，对社会经济产生巨大影响。我国人口老龄化程度不断加深的同时人民生活水平也在日益提高，这导致老年人的养老服务消费需求在逐步升级，越来越普遍的"尊严式"养老的需求，对养老服务人才结构转型提出了更高要求。党的十九大报告提出建设"网络强国""数字中国""智慧社会"的发展目标，要求发挥数字技术作用，推动经济、民生改善与社会保障等领域的深度融合发展，向智慧型社会迈进。与此同时，传统养老模式的服务人员标准也在发生着变化，智慧养老产业与传统养老产业均显示出对年轻、高学历专业性人才与照护服务人才的追捧。因此高职院校的老年服务与管理专业群人才建设显得尤为重要。

2021 年，工业和信息化部、民政部、国家卫生健康委三部门联合印发《智慧健康养老产业发展行动计划（2021—2025 年）》，进一步推动智慧健康养老产业发展，智慧养老产业将迎来发展黄金期。随着我国人口老龄化的加快，智能养老产业将分别从科技赋能适老化产品、科技产品适老化改造两个角度入手，积极进行产业转型升级。科技适老化产品将运用人工智能等新技术手段打破医疗照护等服务的"孤岛"状态，推动医养结合一体化。数字经济时代的智慧养老服务有利于增强老年群体对社会的适应能力与多元供给主体的服务弹性，提升国家管控效度，实现数字化智慧养老模式的改进。老年群体需求与传统养老服务的深度融合，在促进社会公平的同时，还可以满足老年群体对高质量生活的期待。

二、调研基本方法

（一）调研组织方法

本次主要对老年服务与管理专业群五大专业的大数据信息、毕业生、企业及高校进行调研，根据不同的调研对象及内容采取不同的调研方式。

（1）问卷调查：使用问卷系统发放毕业生、企业、院校线上调研问卷。

（2）线上 / 电话访谈：包括行业专家、企业管理者、企业员工、专业骨干教师。

（3）文献调研：通过中国知网、维普网、百度学术等学术资源库对相关文献进行资料收集。

（4）网络调查：使用数据爬虫抓取主流招聘网站招聘信息，整理并分析行业相关大数据。

多种研究方法旨在从多角度研究老年服务与管理专业群的岗位需求，获得不同的行业数据信息进行对比分析，增强研究的可行性。

（二）各类调研样本分布

1. 行业招聘大数据分析

本次大数据调查以养老涉老行业相关招聘信息为关键字，共获取企业招聘信息30.1 万余条，其中养老服务类机构 12 万余条，养老销售机构类 9 万余条；根据行政地理区域划分，华东地区获取 10 万余条数据，华南地区获取 5.9 万余条数据，华北地区获取 3.9 万余条数据，华中地区获取 3.6 万余条数据，西南地区获取 3.6 万余条数据，东北地区获取 1.8 万余条数据，华北地区获取 1 万余条数据。大数据抓取时间为 2019 年 6 月至 2022 年 6 月。

针对大数据抓取企业招聘信息，主要从学历层次结构、薪资区间、招聘条数以及从业年限要求等维度展开分析。学历层次可以看出相应岗位人才需求的类型，从业年限可以看出从业人员的稳定性和对技术的要求，招聘条数可以看出社会人才的需求情况等。

2. 学校调研

学校调研采取一对一深度访谈 + 线上问卷的方式进行。

一对一深度访谈：通过电话访谈的形式共调研 24 个关于智慧健康与养老服务专业群（智慧健康养老服务与管理、康复治疗技术、护理、民政服务与管理、社会工作）相关专业的教师及学院领导，其中成渝地区 8 所，其他地区 16 所。通过与一线专业教师、教研主任、学科带头人、院长等进行深度访谈，了解相关专业的课程安排、实训模式以及条件、招生就业情况、学生核心竞争力等。

主要针对成渝地区和其他地区开设智慧健康养老服务与管理相关专业的院校专业教师发放线上问卷，了解学校及专业基本情况、师资力量、人才培养状况及企业合作情况等。共回收 25 份有效问卷，涉及 20 所院校。其中成渝地区院校 6 所，其他地区院校 14 所。

3. 毕业生调研

毕业生调研主要关注毕业生在校学习情况、就业情况。在校学习情况具体包含院校及专业的选择、教学水平及满意度、课程的实用度及对课程内容的调整与建议等。就业情况包括就业基本情况、智慧健康养老行业就业的岗位情况、就业薪资与待遇情况、毕业生在学校与专业选择上所偏重的客观因素以及毕业生对教学效果的评价等。

本次调研重点面向 2017—2022 届老年服务与管理专业群毕业生，有效样本数据 1057 份。问卷回收情况见表 1-1。

表 1-1　不同年份毕业学生分布情况

毕业年份	智慧健康养老服务与管理专业	康复治疗技术专业	护理专业	民政服务与管理专业	社会工作专业	小计
2017 年	3	1	3	2	10	19
2018 年	13	71	81	3	8	176
2019 年	14	95	113	8	9	239
2020 年	16	51	28	22	8	125
2021 年	31	67	47	9	7	161
2022 年	9	71	41	62	42	225
其他年份	1	3	35	65	8	112
总计	87	359	348	171	92	1057

4. 企业调研

企业调研主要关注老年服务与管理专业群就业企业的基本情况、企业人才需求情况、企业人才学历层次分布与证书情况、企业对人才的岗位能力要求、企业的岗位需求情况及企业对校企合作的意愿与建议等。线上问卷调研的企业数量共 147 家，回收有效问卷 159 份，其中西南地区 52 份，华南地区 33 份，华东地区 32 份，华中地区 21 份，华北地区 21 份。同时，通过电话与线上深度访谈 21 家企业，整理出 27 份有效访谈记录，其中的访谈对象主要是企业的管理者、人力资源负责人以及岗位专家。

三、调研资料分析

（一）行业发展现状与展望

1. 我国人口老龄化发展现状

2020 年以来，我国人口老龄化进程进入了快速发展的新阶段，人口年龄结构发生了根本性的转变。随着全国人口老龄化程度的加深，国内地域间老龄化程度的差异也不断加剧。川渝地区的人口老龄化程度在国内处于较高水平，老年人口占全省（直辖市）总人口的比例在 21.00% 以上。与此同时，川渝地区本区域内的人口老龄化城乡差异程度在全国也位于前列，并且重庆乡村的老年人口占比位居全国之首，因此川渝地区势必将发展为中国人口老龄化水平最高的地区之一，区域内将面临巨大的养老压力。

2010 年以来，我国人口老龄化形势日趋严峻，人口红利逐渐消失。根据国家统计局发布的 2021 年中国经济数据显示：年龄在 65 岁及以上的人口，已经从 2010 年的 1.19 亿增长至 2021 年的 2.01 亿，其占总人口的比重从 2010 年的 8.9% 增长至 2021 年的 14.2%，年均增长 700 多万人，具体情况如图 1-1 所示。

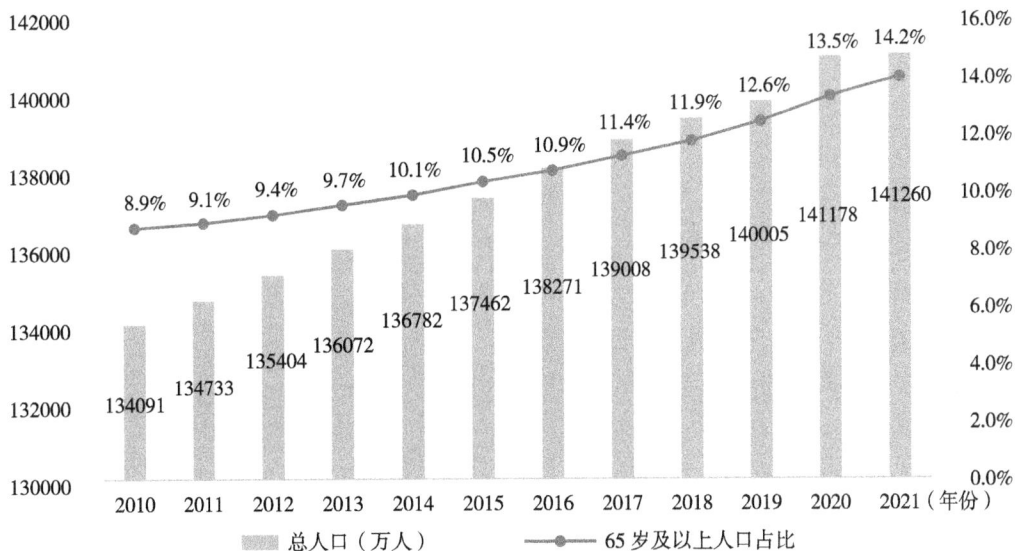

图 1-1　全国总人口增长与 65 岁及以上人口占比情况

2. 养老服务的人才供需现状

老年人口的增加、非健康时间的延长以及国民经济生活质量的提高，都增加了养老服务的需求，使得养老机构服务人才出现缺口。越来越普遍的"尊严式"养老的需求，对养老服务人才结构转型提出了更高要求。

2007 年，上海市政府提出了"9073"的养老模式，即 90% 居家养老，7% 社区养老，3% 进入养老机构集中养老。在历经十多年的老龄化进程之后，我国的养老政策和现状已发生了很大的变化。2017 年，在《"十三五"国家老龄事业发展和养老体系建设规划》中，政府提出了"夯实居家社区养老服务基础"的新政策。然而现阶段，居家养老与社区养老的融合效果并不理想。整体而言，社区养老在定位、场地、收费等方面都存在开拓难的问题。社区计划支持的上门养老服务，由于耗时耗力，不符合质优价廉的特殊情况，因此尚处于探索阶段。再结合"9073"模式来看，7% 的社区养老功能，实际上并未完全发挥好，且目前集中养老的比例也明显低于 3%。尽管如此，根据北京师范大学中国公益研究院 2017 年公布的报告显示，若按照照护人员与完全失能老人 1∶3 的国际标准推算，我国养老机构照护人才缺口已高达 500 万。其中，年轻、高学历的专业人才和看护服务人才的缺失，是当下养老机构实际面临的"结构性"缺口问题。

因此，养老服务与管理、康复治疗及老年护理相关专业的高职院校毕业生具有填补行业人才缺口的巨大潜力。

3. 智慧健康型养老产业的发展新需求

智慧养老是由英国生命信托基金会提出的一种养老模式，指利用先进的 IT 技术将老年人的日常生活纳入远程监控系统，亦被称为"全智能化老年系统"，即老年人在日常生活中可以不受时间和空间的限制，在熟悉的场域过上高质量的生活。2016 年我国第一部以"智慧养老"命名的书籍问世，由此智慧养老模式初步在我国形成。张玉琼指出，智慧养老利用互联网等现代科学技术，将信息资源有效整合，社会各方面在整合信息资源的前提下为有需要的老年群体提供个性化的养老服务。目前，学者们关注智慧养老的焦点主要在于利用先进的信息技术手段，为老年群体提供智能化的养老服务，其核心在于应用先进的管理和信息技术，将老年群体与政府、社区、医疗机构、医护人员等紧密相连。

党的十九大报告提出建设"数字中国"和"智慧社会"的发展目标，要求发挥数字技术作用，推动经济、民生改善与社会保障等领域的深度融合发展。《"十四五"国家老龄事业发展和养老服务体系规划》数据显示，2025 年我国将实现以下目标：特殊困难老年人养老设施在新建城区和居住区的设施达标率达 100%；养老机构护理型占比在 55% 以上，老年医学科的二级及以上综合性医院占比在 60% 以上。而在面对我国巨大的养老压力时，单依靠传统的养老方式无法高质量地完成"十四五"的上述目标，因此国家必须大力发展智慧养老产业。

（二）行业人才需求

1. 行业招聘需求分析

通过大数据抓取招聘老年服务与管理专业群企业，主要从学历层次结构、薪资区间、招聘条数以及从业年限要求等维度展开分析，可以将相关企业的招聘岗位分为以下 13 类：销售类、临床护理类、行政类、照护类、社会工作类、康复治疗类、健康管理类、临床研究类、客户服务类、机构运营管理类、培训类、策划类和其他类。

（1）销售类岗位。在医药生产、医疗器械、康复器械、老年保健产品或服务等医药相关企业从事产品销售或市场推广工作，如区域销售人员、产品销售人员。

（2）临床护理类岗位。在医疗卫生机构从事护理管理、临床护理等专业技术类岗位，如临床护士、门诊护士、社区护士、养老机构护士等。

（3）行政类岗位。在养老涉老相关企业或政府公益组织、社区、基金会等机构从事文职、后勤等工作，如资料员、人事管理、前台服务人员等。

（4）照护类岗位。在医疗卫生机构、家政公司或养老服务机构从事日常生活护理、精神慰藉、个案服务或技术服务类岗位，对住养老人进行疾病照护、老年康复保健的陪护等，如护工、护士、照护员等。

（5）社会工作类岗位。在政府公益组织、社区、基金会进行老年人社会服务工作，如养老院管理人员、养老院院长、社会工作者、活动组织人员、法律咨询人员、老年管理研究人员等。

（6）康复治疗类岗位。在医院、康复机构、养老院、儿童福利院、社会福利院、孤独症治疗中心、社区基层管理机构、社区养老中心、社区卫生服务中心等从事康复治疗工作，包括综合康复治疗师、物理治疗师、言语治疗师、作业治疗师、运动康复师、中医理疗康复师、儿童康复治疗师、儿童康复测评师/评估师、儿童感觉统合训练师、康复培训讲师、产后康复师等岗位。

（7）健康管理类岗位。在各类企业从事健康指导、卫生保健指导等工作，提供健康保健知识培训、膳食营养知识培训，如健康管理师、营养师、幼儿园保健医生等。

（8）临床研究类岗位。在研究机构、医药科技开发企业等根据研究方案协助医生完成临床研究项目，如临床协调员/临床研究护士（CRC）、临床试验助理（CTA）、临床监查员（CRA）等。

（9）客户服务类。在医院、养老院等从事客户服务相关工作，为客户答疑解惑，如客服专员、客服主管等岗位。

（10）机构运营管理类。指在养老机构、养老企业等从事运营管理类的相关工作，如养老机构管理人员、养老机构运营主管、养老院院长等。

（11）培训类。在各类培训机构担任培训教师，开展各类职业培训，如老年照护培训师、康复培训讲师、健康管理培训师等。

（12）策划类。主要在政府公益组织、社区、基金、养老机构开展活动策划、活动管理、相关咨询服务等，如文案策划人员、活动策划人员、策划主管等。

（13）其他相关岗位。护理学教师、养老项目研究员等岗位对专业群人才有少量需求。

从全国各省份企业的招聘数据来看，销售类岗位占30.3，其次是临床护理类占16.5%、行政类占15.2%、照护类占11.0%、社会工作类占5.7%、健康管理类占5.1%、康复治疗类占4.6%、临床研究类占3.6%、客户服务类占3.2%、机构运营管理类占1.3%、培训类占1.0%、策划类占0.9%，其他相关岗位占1.6%。整体分布情况如图1-2所示。

从全国各省、自治区、直辖市人才需求总量来看，广东、川渝地区、江苏、上海、北京、浙江、湖北、山东、河南、辽宁、陕西、湖南、河北对老年服务相关专业人才的需求占比在2%以上，其中广东省的企业人才需求量最高，达到18.4%，其次为川渝地区，其需求为9.6%。行业内对老年服务相关专业人才的需求主要以经济较为发达、社会老龄化程度较高的省、自治区、直辖市为主。整体分布情况如图1-3所示。

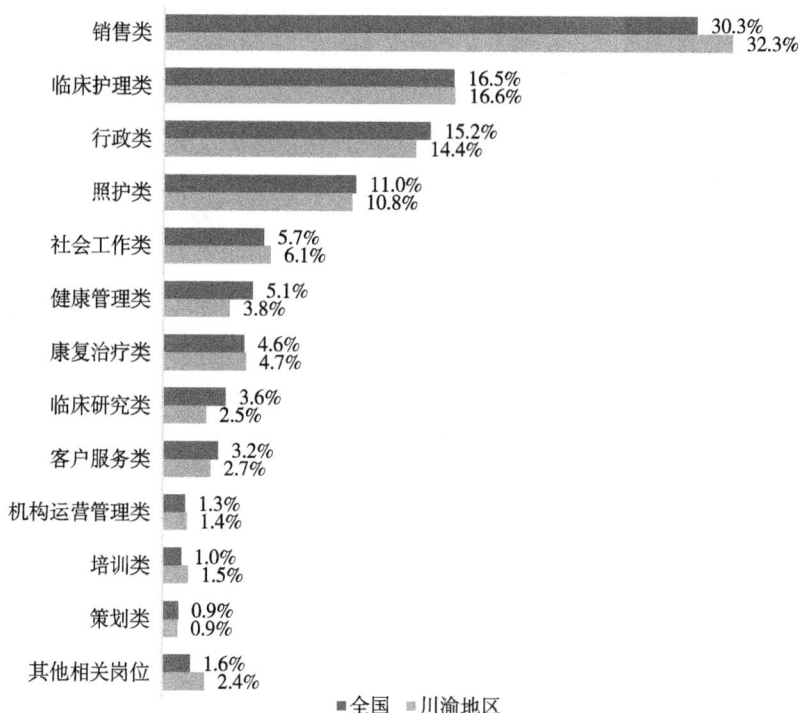

图1-2　全国及川渝地区各岗位群需求情况

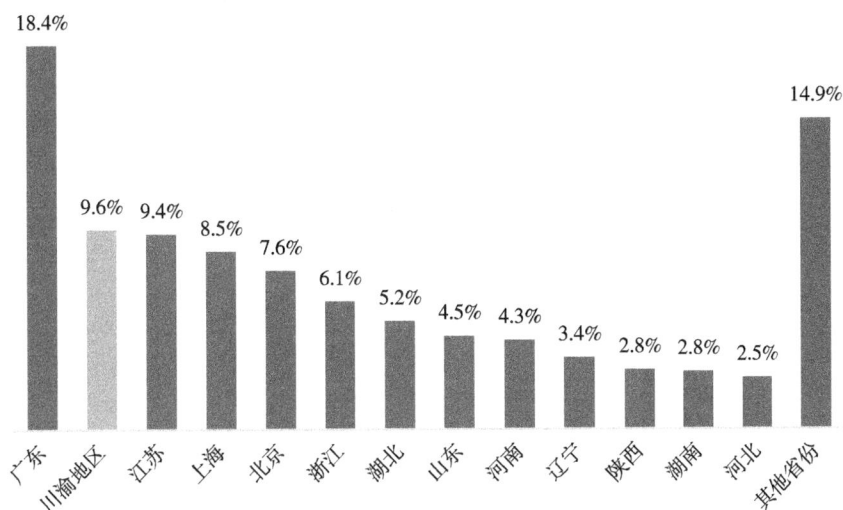

图 1-3　全国各省、自治区、直辖市人才需求情况

从学历分布情况来看，企业招聘时对学历的需求主要集中在大专、学历不限、中专 / 中技 / 高中，三者占比分别为 51.0%、17.1%、16.1%，整体分布情况如图 1-4 所示。

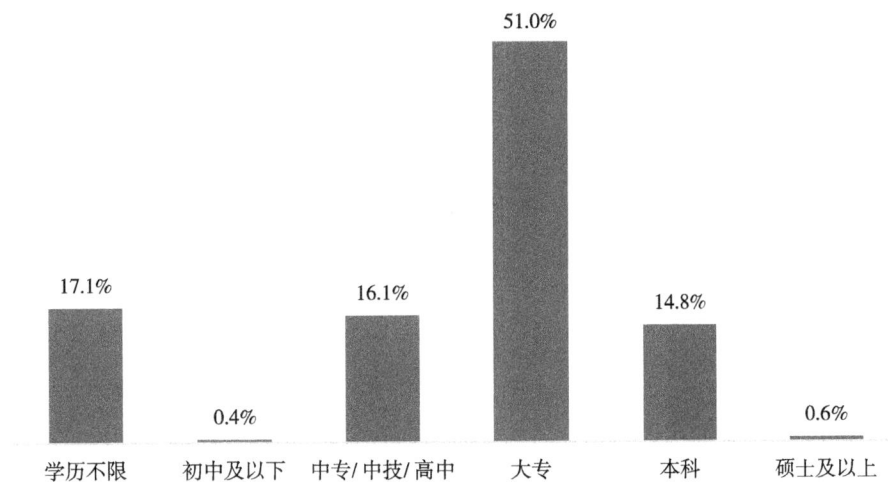

图 1-4　整体学历分布

从工作年限分布情况来看，企业招聘时工作经验的要求主要集中在 1~3 年或"无经验要求 / 经验不限"，二者占比分别为 42.6%、28.8%，整体分布情况如图 1-5 所示。

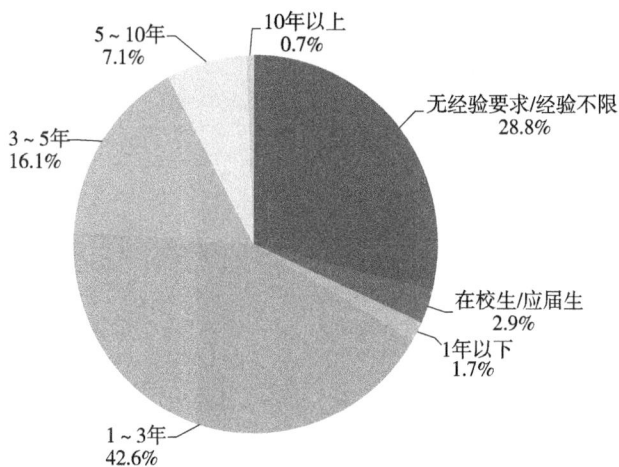

图1-5 工作年限分布

从招聘企业的企业性质及企业规模来看，全国及川渝地区呈现类似的特征，招聘企业以民营企业为主，占比超过了七成；企业规模以中小型企业为主，50～500人的企业占比较高，整体分布情况如图1-6、图1-7所示。

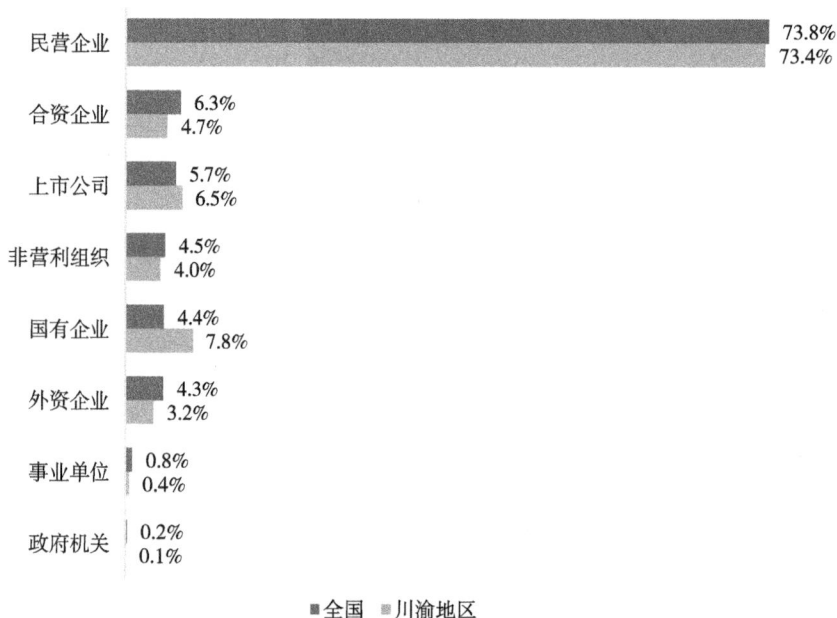

图1-6 全国及川渝地区企业性质分布情况

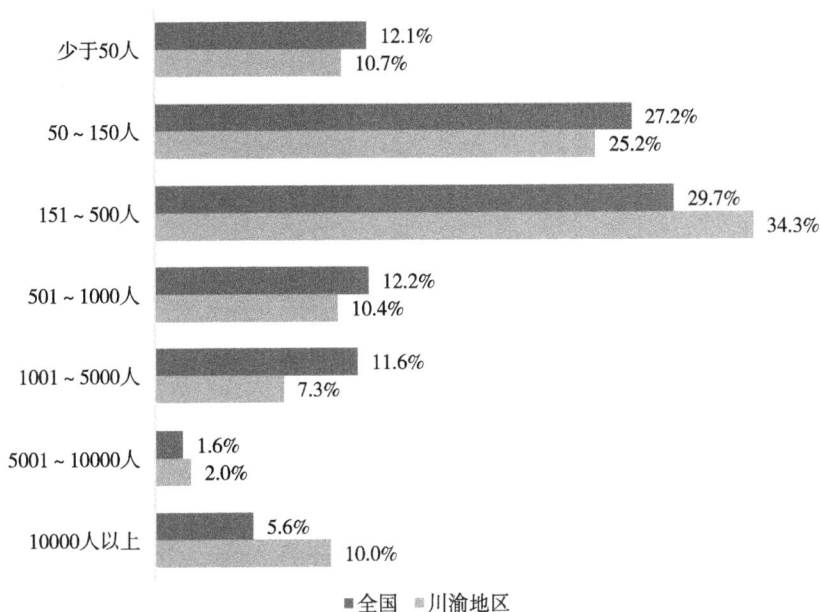

图 1-7 全国及川渝地区企业规模分布情况

2. 分岗位招聘需求分析

（1）销售类岗位招聘要求情况分析。

销售类岗位主要指在医药生产、医疗器械、康复器械、老年保健产品或服务等医药相关企业从事产品销售或市场推广工作，如区域销售人员、产品销售人员。专业群相关专业人才均可应聘。

学历分布方面，整体来看，销售类岗位对学历的要求主要集中在大专（53.4%）、学历不限（19.0%）；管理层对学历的要求有所提高，大专、本科的比例均高于基础岗位。薪酬方面，学历提升有利于平均收入的提高。整体分布情况如表1-2、图1-8所示。

表 1-2 销售类岗位学历比例一览

岗位	学历不限	初中及以下	中专/中技/高中	大专	本科	硕士及以上
销售类整体情况	19.0%	0.2%	14.0%	53.4%	13.2%	0.2%
基础岗位	21.2%	0.2%	16.0%	50.7%	11.6%	0.2%
管理层	13.4%	0.1%	8.9%	60.3%	17.1%	0.2%

（2）临床护理类岗位招聘要求情况分析。

临床护理类岗位主要指在医疗卫生机构从事护理管理、临床护理等专业技术类岗位，如临床护士、门诊护士、社区护士等。主要招聘对象是护理相关专业的人才。

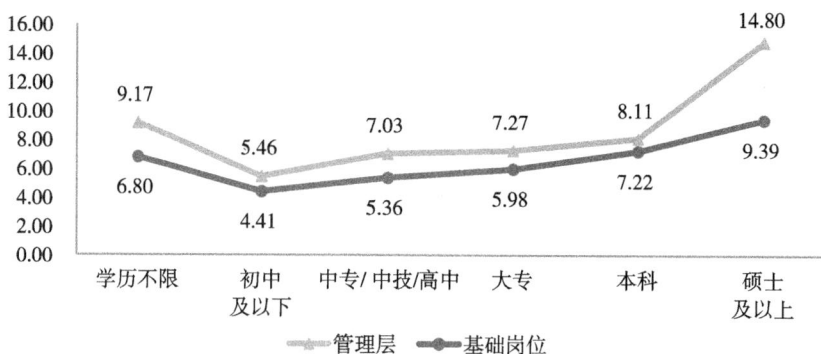

图1-8 销售类岗位平均月薪情况（单位：千元／月）

学历分布方面，整体来看，护理类岗位对学历的要求主要集中在大专（47.4%）、学历不限（18.8%）；管理层对学历的要求较高，集中在大专、本科层次，占比分别为61.0%、15.7%。薪酬方面，学历提升有利于平均收入的提高。整体分布情况如表1-3、图1-9所示。

表1-3 临床护理类岗位学历比例一览

岗位	学历不限	初中及以下	中专／中技／高中	大专	本科	硕士及以上
护理类整体情况	18.8%	0.1%	28.8%	47.4%	4.8%	0.2%
基础岗位	20.4%	0.1%	32.4%	44.5%	2.5%	0.1%
管理层	11.2%	0.0%	11.4%	61.0%	15.7%	0.6%

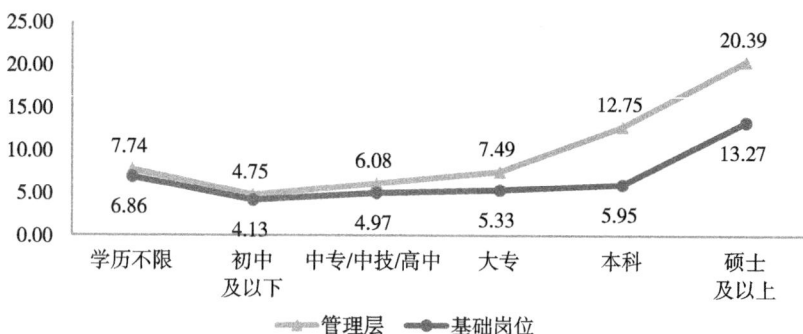

图1-9 临床护理类岗位平均月薪（单位：千元／月）

（3）行政类岗位招聘要求情况分析。

行政类岗位主要指在养老涉老相关公司或政府公益组织、社区、基金会等机构从事文职、后勤等工作，如资料员、人事管理、前台服务人员等。主要招聘对象是智慧健康养老服务与管理、社会工作、民政服务与管理等相关专业的人才。

学历分布方面，整体来看，行政类岗位对学历的要求主要集中在大专（51.5%）、本科（20.6%）；管理层对学历的要求较高，集中在大专、本科层次，占比分别为

54.4%、36.9%。薪酬方面，学历提升有利于平均收入的提高。整体分布情况如表1-4、图1-10所示。

表1-4　行政类岗位学历比例一览

岗位	学历不限	初中及以下	中专/中技/高中	大专	本科	硕士及以上
行政类整体情况	14.0%	0.2%	13.3%	51.5%	20.6%	0.5%
基础岗位	16.9%	0.3%	16.7%	50.5%	15.1%	0.4%
管理层	5.2%	0.0%	2.9%	54.4%	36.9%	0.5%

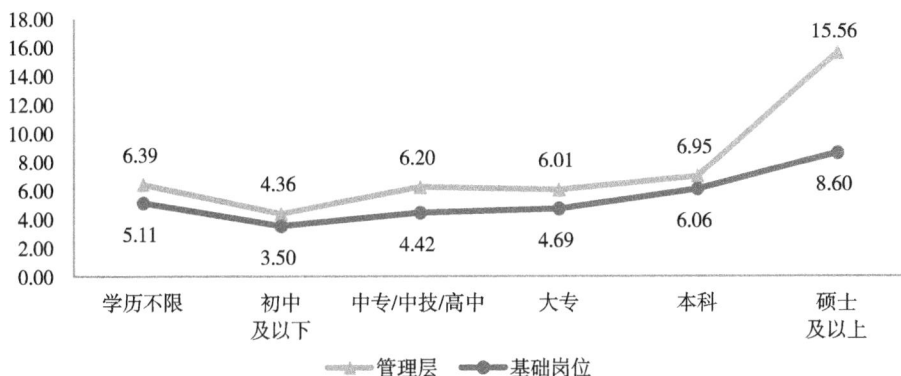

图1-10　行政类岗位平均月薪（单位：千元/月）

（4）照护类岗位招聘要求情况分析。

照护类岗位主要指在医疗卫生机构、家政公司或养老服务机构从事护理或技术服务类岗位，对老年人进行疾病照护、老年康复保健的陪护等，如照护员、照护师等。健康照护师作为新职业，在2020年2月被正式纳入我国职业分类大典。该职业即是运用基本医学护理知识与技能，在家庭、医院、社区等场所，为照护对象提供健康照护及生活照料的人员。招聘对象主要涉及智慧健康养老服务与管理、护理等相关专业的人才。

学历分布方面，整体来看，照护类岗位对学历的要求不高、较为分散，占比从高到低依次为学历不限（33.8%）、大专（28.1%）、中专/中技/高中（27.5%）；管理层对学历的要求较高，集中在大专、本科层次，占比分别为64.5%、16.1%。薪酬方面，学历提升有利于平均收入的提高。整体分布情况如表1-5、图1-11所示。

表1-5　照护类岗位学历比例一览

岗位	学历不限	初中及以下	中专/中技/高中	大专	本科	硕士及以上
照护类整体情况	33.8%	4.4%	27.5%	28.1%	5.6%	0.5%
基础岗位	36.4%	4.8%	29.1%	24.6%	4.6%	0.5%
管理层	7.2%	0.2%	11.4%	64.5%	16.1%	0.7%

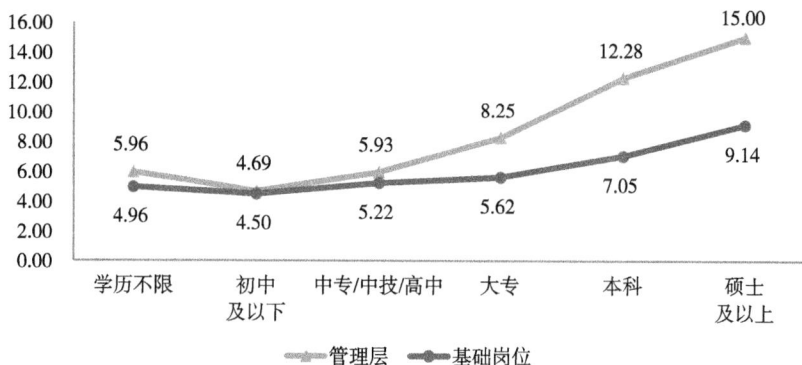

图 1-11　照护类岗位平均月薪（单位：千元／月）

（5）社会工作类岗位招聘要求情况分析。

社会工作类岗位主要在政府公益组织、社区、基金会进行老年人社会服务工作以及其他社会管理工作，如养老院管理人员、养老院院长、社会工作者、活动组织人员、法律咨询人员、老年管理研究人员、公益项目专员等。主要招聘社会工作、民政服务与管理、智慧健康养老服务与管理等相关专业的人才。社会工作者证、老年照护等级证书、秘书职业证书、助理社会工作师、康复治疗技师执业证等证书在部分企业招聘时会有提及，具备此类证书可以一定程度上增加就业优势。

学历分布方面，整体来看，社会工作类岗位对学历要求较高，主要是大专（46.3%）、本科（28.7%）、硕士及以上（14.5%）；管理层对学历的要求较高，集中在大专、本科层次，占比分别为34.4%、34.5%。薪酬方面，学历提升有利于平均收入的提高。整体分布情况如表1-6、图1-12所示。

表 1-6　社会工作类岗位学历比例一览

岗位	学历不限	中专／中技／高中	大专	本科	硕士及以上
社会工作类整体情况	6.0%	4.5%	46.3%	28.7%	14.5%
基础岗位	6.6%	4.5%	53.8%	24.6%	10.5%
管理层	4.0%	4.5%	34.4%	34.5%	22.6%

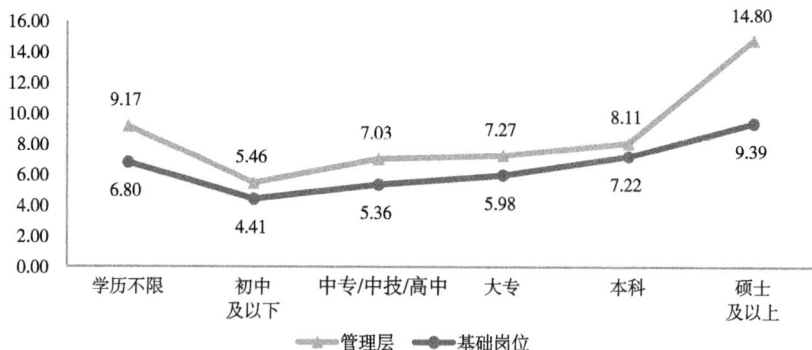

图 1-12　社会工作类岗位平均月薪情况（单位：千元／月）

（6）康复治疗类岗位招聘要求情况分析。

康复治疗类岗位主要是综合康复治疗师、物理治疗师、言语治疗师、作业治疗师、运动康复师、中医理疗康复师、康复培训讲师等。招聘对象是康复治疗技术相关专业的人才，考取康复治疗技师执业证等证书及相应等级执业资格才能上岗执业。

学历分布方面，整体来看，康复治疗类岗位对学历的要求主要集中在大专学历（49.3%）；管理层对学历的要求较高，集中在大专、本科层次，占比分别为48.0%、24.2%。薪酬方面，学历提升有利于平均收入的提高。整体分布情况如表1-7、图1-13所示。

表 1-7　康复治疗类岗位学历比例一览

岗位	学历不限	初中及以下	中专/中技/高中	大专	本科	硕士及以上
康复治疗类整体情况	20.7%	0.4%	20.1%	49.3%	9.1%	0.3%
基础岗位	21.2%	0.4%	20.2%	49.3%	8.5%	0.3%
管理层	8.2%	0.0%	18.4%	48.0%	24.2%	1.2%

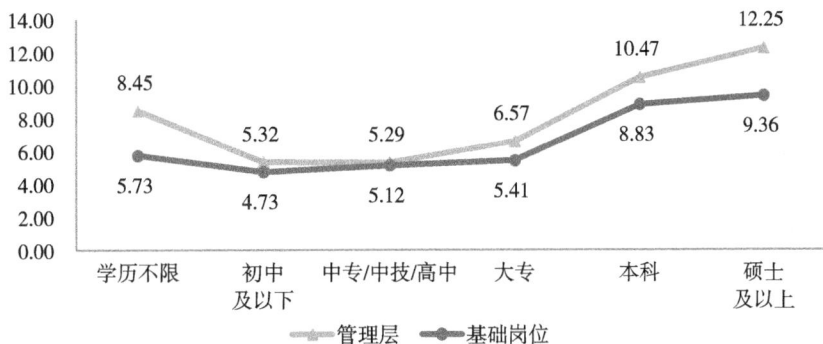

图 1-13　康复治疗类岗位平均月薪（单位：千元/月）

（7）健康管理类岗位招聘要求情况分析。

健康管理类岗位在各类企业从事健康指导、卫生保健指导等工作，提供健康保健知识培训、膳食营养知识培训，如健康管理师、营养师等。具备相应知识的人才均可应聘。

学历分布方面，整体来看，健康管理类岗位对学历要求主要集中在大专（57.3%）、学历不限（16.2%）、本科（13.0%）；管理层对学历的要求略高，集中在大专、本科层次，占比分别为59.9%、27.1%。薪酬方面，学历提升有利于平均收入的提高。整体分布情况如表1-8、图1-14所示。

表 1-8　健康管理类岗位学历比例一览

岗位	学历不限	初中及以下	中专/中技/高中	大专	本科	硕士及以上
健康管理类整体情况	16.2%	0.7%	12.0%	57.3%	13.0%	0.8%
基础岗位	16.3%	0.8%	12.1%	57.2%	12.8%	0.8%
管理层	6.8%	0.0%	5.8%	59.9%	27.1%	0.5%

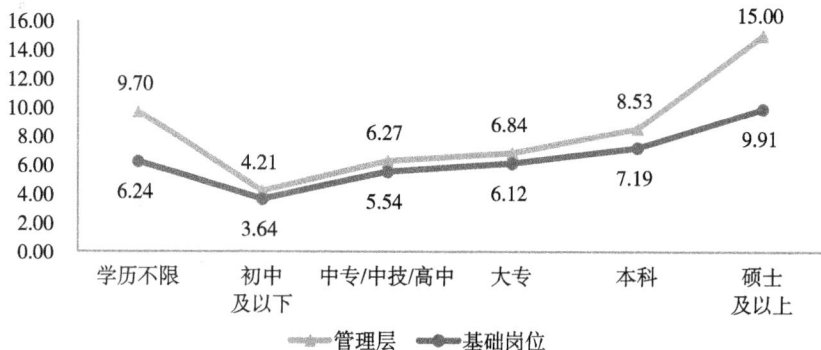

图 1-14　健康管理类岗位平均月薪情况（单位：千元/月）

（8）临床研究类岗位招聘要求情况分析。

临床研究类岗位主要在医药科技开发类公司，根据研究方案要求协助项目负责医生完成临床试验的各项非科学判断工作、实验物资管理工作、研究资料收集管理工作及其他协助性工作。岗位包括临床协调员/临床研究护士（CRC）、临床试验助理（CTA）、临床监查员（CRA）。临床研究类岗位主要招聘临床医学、护理等相关专业的人才。

学历分布方面，临床研究类岗位相较整体情况来说，对学历的要求较高，学历要求基本集中在本科、大专，二者分别占比49.6%、44.9%；管理层对学历的要求略高，集中在本科、大专层次，占比分别为60.3%、36.2%。薪酬方面，学历提升有利于平均收入的提高。整体分布情况如表 1-9、图 1-15 所示。

表 1-9　临床研究类岗位学历比例一览

岗位	学历不限	初中及以下	中专/中技/高中	大专	本科	硕士及以上
临床研究类整体情况	4.5%	0.0%	0.3%	44.9%	49.6%	0.7%
基础岗位	4.6%	0.0%	0.3%	44.9%	49.5%	0.7%
管理层	3.4%	0.0%	0.0%	36.2%	60.3%	0.0%

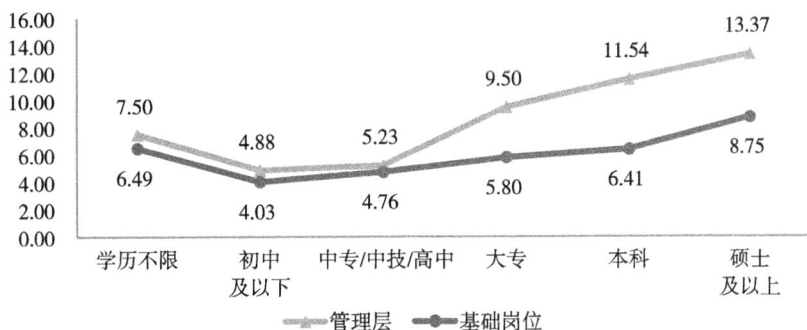

图 1-15　临床研究类岗位平均月薪情况（单位：千元 / 月）

（9）客户服务类岗位招聘要求情况分析。

在医院、养老院从事客户服务相关工作，为客户答疑解惑，如客服专员、客服主管等岗位。专业群相关专业人才均可应聘。

学历分布方面，客户服务类岗位对学历的要求不高，学历要求基本集中在大专、学历不限、中专 / 中技 / 高中，三者分别占比 47.1%、24.6%、22.9%；管理层对学历的要求略高，集中在大专、本科层次，占比分别为 64.7%、12.7%。薪酬方面，学历提升有利于平均收入的提高。整体分布情况如表 1-10、图 1-16 所示。

表 1-10　客户服务类岗位学历比例一览

岗位	学历不限	初中及以下	中专 / 中技 / 高中	大专	本科	硕士及以上
客户服务类整体情况	24.6%	0.2%	22.9%	47.1%	5.2%	0.0%
基础岗位	27.4%	0.2%	25.8%	43.1%	3.5%	0.0%
管理层	12.4%	0.1%	10.1%	64.7%	12.7%	0.0%

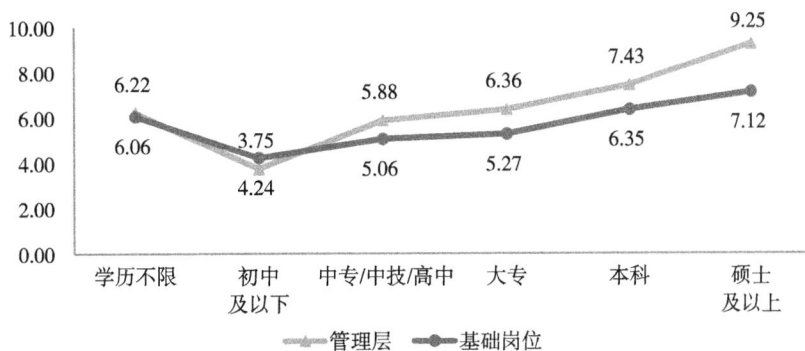

图 1-16　客户服务类岗位平均月薪（单位：千元 / 月）

（10）机构运营管理类岗位招聘要求情况分析。

机构运营管理类岗位指在养老机构、养老企业从事运营管理类的相关工作，如养老机构管理人员、养老机构运营主管、养老院院长等。主要招聘对象是智慧健康养老服务与管理相关专业的人才。

学历分布方面，机构运营类岗位对学历的要求不高，学历要求基本集中在大专、本科，二者分别占比 59.4%、19.5%；管理层对学历的要求略高，集中在大专、本科层次，占比分别为 62.6%、17.8%。薪酬方面，学历提升有利于平均收入的提高。整体分布情况如表 1-11、图 1-17 所示。

表 1-11　机构运营管理类岗位学历比例一览

岗位	学历不限	初中及以下	中专/中技/高中	大专	本科	硕士及以上
机构运营管理类整体情况	8.6%	0.5%	11.5%	59.4%	19.5%	0.5%
基础岗位	10.0%	1.8%	13.6%	49.2%	25.2%	0.2%
管理层	8.2%	0.1%	10.8%	62.6%	17.8%	0.5%

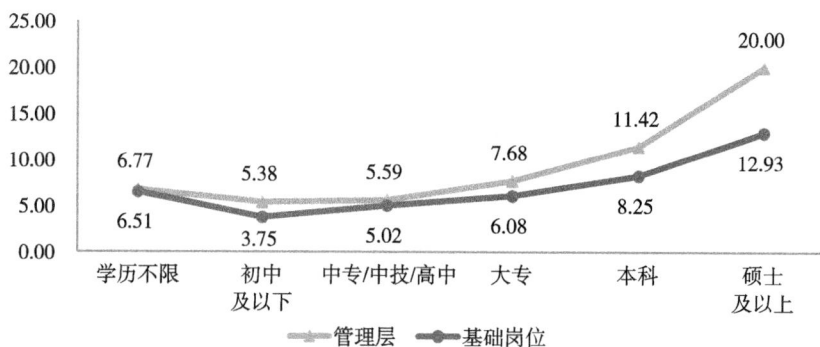

图 1-17　机构运营管理类岗位平均月薪（单位：千元/月）

（11）培训类岗位招聘要求情况分析。

培训类岗位指在各类培训机构担任培训教师，开展各类职业培训。如老年照护培训师、康复培训讲师、健康管理培训师等。专业群相关专业人才均可应聘。

学历分布方面，培训类岗位对学历要求主要集中在大专、本科，二者分别占比 51.7%、21.6%；管理层对学历的要求略高，集中在大专、本科层次，占比分别为 56.5%、35.8%。薪酬方面，学历提升有利于平均收入的提高。整体分布情况如表 1-12、图 1-18 所示。

表 1-12　培训类岗位学历比例一览

岗位	学历不限	初中及以下	中专/中技/高中	大专	本科	硕士及以上
培训类整体情况	13.5%	0.1%	11.7%	51.7%	21.6%	1.4%
基础岗位	14.5%	0.1%	12.4%	51.3%	20.3%	1.4%
管理层	2.3%	0.0%	4.2%	56.5%	35.8%	1.2%

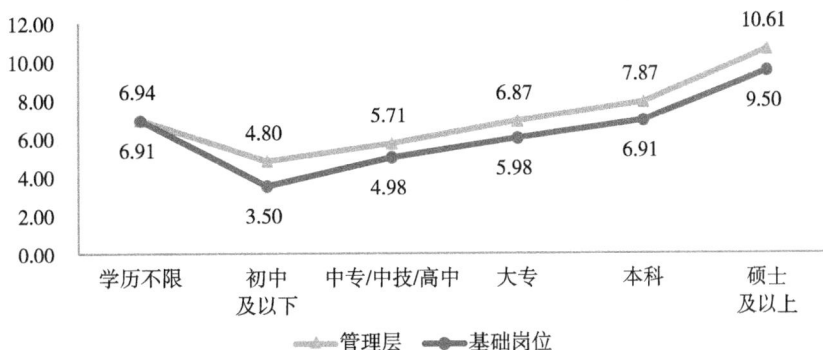

图 1-18 培训类岗位平均月薪（单位：千元／月）

（12）策划类岗位招聘要求情况分析。

策划类岗位主要在政府公益组织、社区、基金、养老机构开展活动策划、活动管理、相关咨询服务等，如文案策划人员、活动策划人员、策划主管等。策划类岗位主要招聘社会工作、民政服务与管理等专业相关人才。

学历分布方面，策划类岗位对学历要求主要集中在大专、本科，二者分别占比 60.1%、24.1%；管理层对学历的要求略高，集中在大专、本科层次，占比分别为 53.8%、42.3%。薪酬方面，学历提升有利于平均收入的提高。整体分布情况如表 1-13、图 1-19 所示。

表 1-13 策划类岗位学历比例一览

岗位	学历不限	初中及以下	中专 / 中技 / 高中	大专	本科	硕士及以上
活动策划类整体情况	7.6%	0.1%	7.2%	60.1%	24.1%	0.9%
基础岗位	9.2%	0.1%	8.2%	61.6%	19.8%	1.1%
管理层	0.8%	0.0%	3.1%	53.8%	42.3%	0.0%

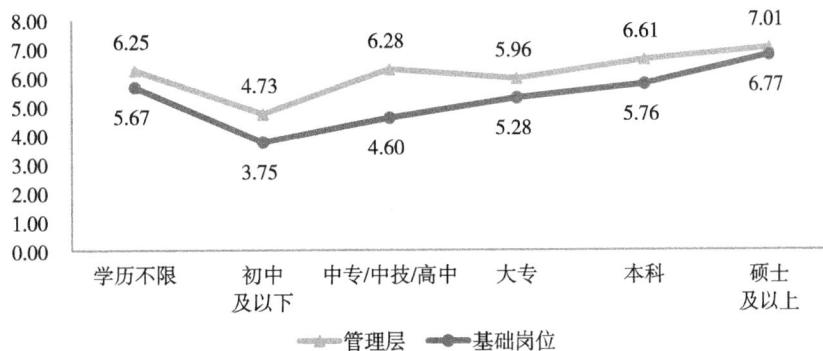

图 1-19 策划类岗位平均月薪（单位：千元／月）

（三）企业岗位需求与期望

1. 调研企业基本情况

从企业性质方面看，159 份调研数据中民办非企业单位占比 49.06%，事业单位占比 25.79%，民营企业占比 16.98%，国有单位占比 8.17%。

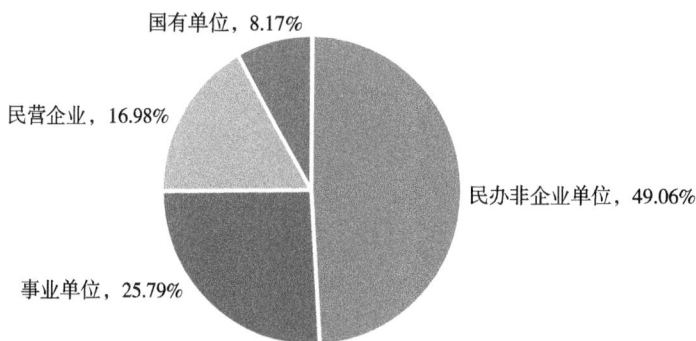

国有单位，8.17%

民营企业，16.98%

民办非企业单位，49.06%

事业单位，25.79%

图 1-20　调研企业性质

从参与调研的企事业服务类型方面看，调研企业中社会福利机构类、养老服务类、医疗服务类企业分别占比 29.56%、28.93%、28.30%。从就业企业类型来看，专业群面向的就业企业基本涵盖在上述企业类型中。

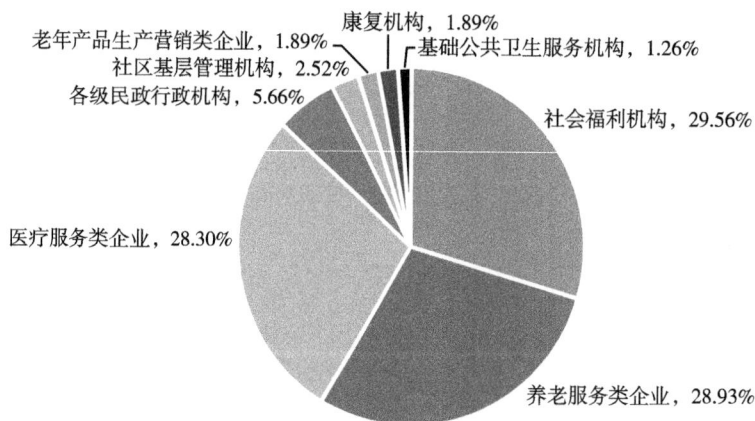

老年产品生产营销类企业，1.89%　　康复机构，1.89%

社区基层管理机构，2.52%　　基础公共卫生服务机构，1.26%

各级民政行政机构，5.66%

社会福利机构，29.56%

医疗服务类企业，28.30%

养老服务类企业，28.93%

图 1-21　调研企业类型

从参与调研的企事业单位规模角度看，其中规模在 10 人以下的企业占比 20.75%；10～99 人的企业占比 40.25%；100～299 人的企业占比 6.29%；300 人及以上的企业占比 32.71%。详情如图 1-22 所示。

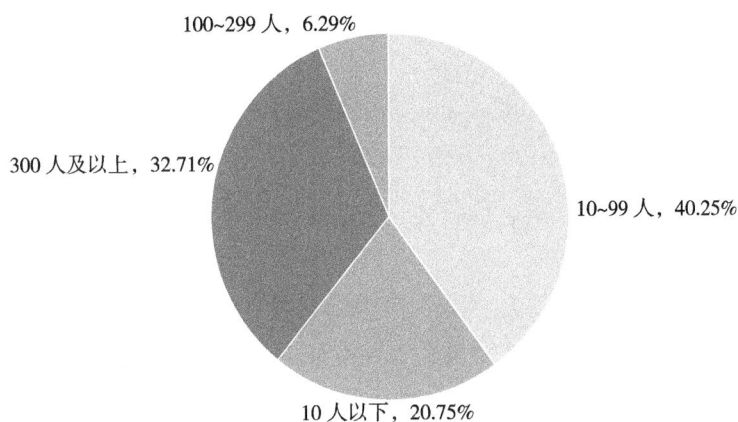

图 1-22　调研企业规模

从线上问卷调研的企业信息得知，参与问卷的以社会福利机构、养老服务类企业、医疗服务单位居多，其他单位相对较少。其中，医疗服务单位以大型企业（300 人及以上）为主，养老服务类企业以中小型企业（10～99 人）为主，社会福利机构以小型及中小型企业（10～99 人）为主，具体如图 1-23 所示。

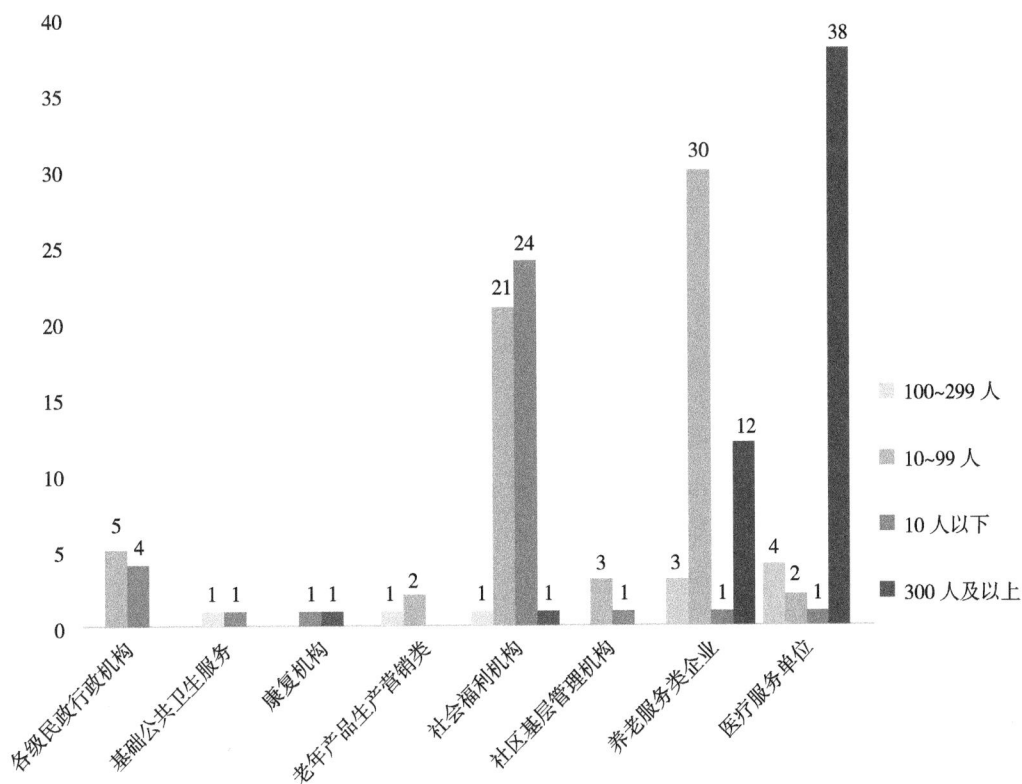

图 1-23　调研企业岗位人数分布（单位：家）

2. 企业人才需求情况

（1）企业急需岗位情况。

根据企业调查问卷，不同企业所急需人才岗位各有不同。从获取的调研信息了解到，调研企业最急需的人才岗位可以分为 8 类，分别是照护类、护理类、健康管理类、社会工作类、康复治疗类、行政类、销售类与机构运营类。各类别具体可做以下细分。

①照护类岗位。在医疗卫生机构、家政公司或养老服务机构从事日常生活护理、精神慰藉、个案服务或技术服务类岗位，对住养老人进行疾病看护，老年康复保健的照护等，如护工、护士、照护员等。

②护理类岗位。在医疗卫生机构从事护理管理、临床护理等专业技术类岗位，如护理员、临床护理员、养老护理员等。

③健康管理类岗位。在各类企业从事健康指导、卫生保健指导等工作，提供健康保健知识培训、膳食营养知识培训，如健康管理师、营养师等。

④社会工作类岗位。在政府公益组织、社区、基金会进行老年人社会服务工作，如养老院院长、社会工作者、活动组织人员、法律咨询人员、老年管理研究人员等。

⑤康复治疗类岗位。康复科医生、康复治疗师、中医理疗康复师、康复培训讲师、产后康复师等岗位。

⑥行政类岗位。在养老涉老相关企业或政府公益组织、社区、基金会等机构从事文职、后勤等工作。如窗口服务人员、人事管理、前台服务人员、文员等。

⑦销售类岗位。在医药生产、医疗器械、康复器械、老年保健产品或服务等医药相关企业从事产品销售或市场推广工作，如区域销售人员、产品销售人员等。

⑧机构运营类。机构运营管理、项目专员等。主要指在养老机构、养老企业从事运营管理类、项目管理类工作，如养老机构管理人员、养老机构运营主管、养老院院长等。

在所有企业所急需的岗位中，社会工作类岗位招聘最多，有 67 家企业急需。主要是社会福利机构与养老服务类企业急需这方面的人才。其次是照护类岗位，养老服务类企业与医疗服务单位对其需求较大。排在第三的是护理类岗位，主要是养老服务类企业需求较大。排在第四的是康复治疗类岗位，主要是医疗服务单位需求较大。销售类、健康管理类、行政类与机构运营类岗位需求相对较少，具体如表 1-14、图 1-24 所示。

表 1-14 不同企业急需岗位情况（单位：家）

企业类型 \ 岗位类型	社会工作类	照护类	护理类	康复治疗类	销售类	健康管理类	机构运营类	行政类
各级民政行政机构	7	0	0	0	0	0	0	2
基础公共卫生公益服务类	2	0	0	0	0	0	0	0
康复机构	1	0	0	2	0	0	0	0
老年产品生产营销类	0	0	0	0	0	2	1	0
社会福利机构	39	2	2	1	1	0	2	0
社区基层管理机构	2	1	0	0	0	0	0	1
养老服务类	14	6	16	3	5	2	0	0
医疗服务类	2	20	6	17	0	0	0	0

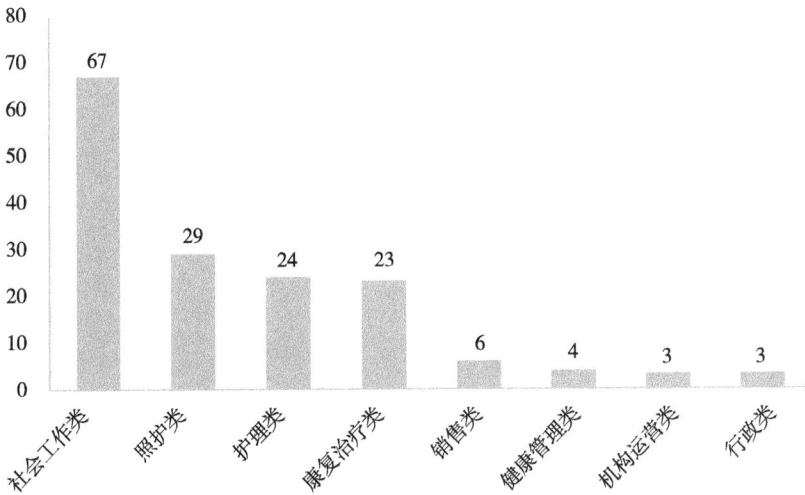

图 1-24 调研企业急需岗位情况（单位：家）

（2）企业招聘专业类别情况。

根据企业线上问卷调研信息可以得到，在相关专业招聘中，这些企业更倾向于招聘康复治疗技术专业、护理专业、智慧健康养老服务与管理专业、社会工作专业、民政服务与管理专业毕业生，整体对老年服务与管理专业群相关专业的需求量较大。具体如图 1-25 所示。

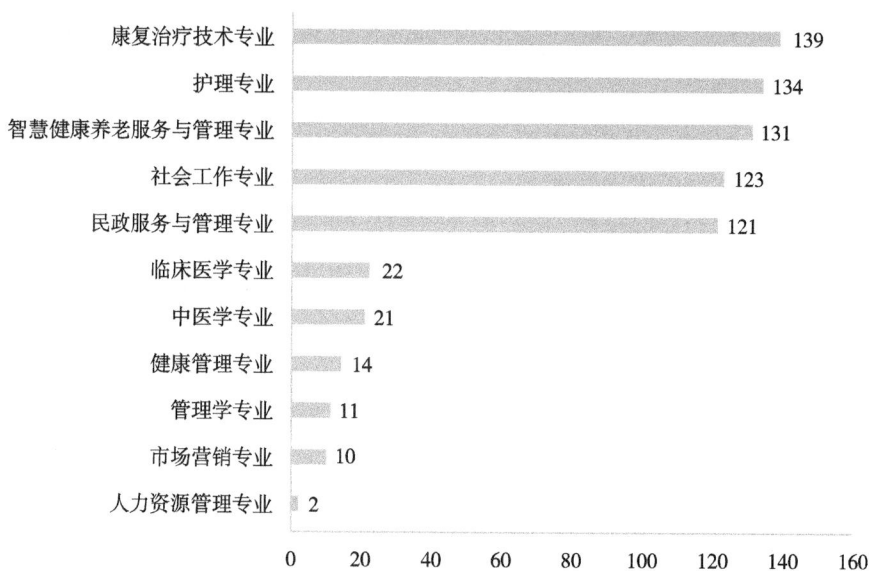

图 1-25 调研企业招聘员工数量（单位：家）

（3）企业招聘实习生及员工数量情况。

为进一步研究企业对养老服务类专业群的用人需求，选取有较大需求的康复治疗类、社会工作类、照护类岗位、护理类（合计占比 89.94%）的 143 家企业分析其所需的实习生数量以及招聘的员工数量，可以得到招聘员工数量相对较高的是招收员工 1~5 人的企业，占比 45.45%，招收员工 16~20 人的企业占比 28.67%。对实习生需求量相对较高的是招收 5 人以下的企业，占比 40.56%，其次是招收实习生 30 人以上的企业占比 32.17%。具体占比如图 1-26、图 1-27 所示。

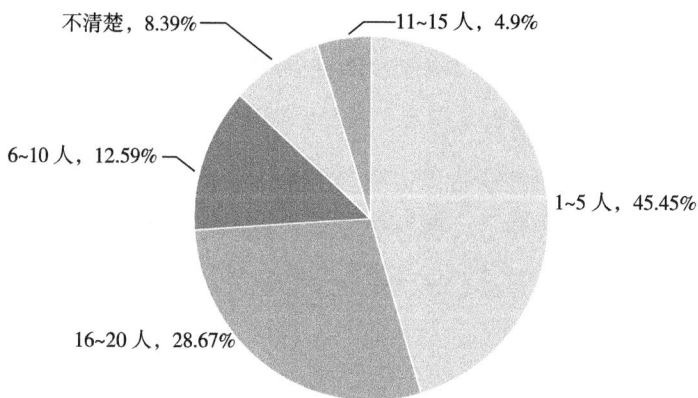

图 1-26 调研企业招聘员工数量

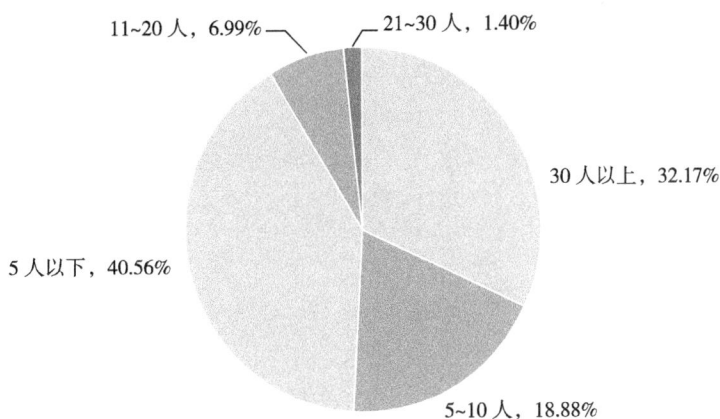

图 1-27　调研企业需要实习生数量

3. 企业人才学历层次分布与证书情况

（1）企业人才招聘学历需求情况。

从获取的企业调研信息中了解到，对于企业招聘人才的学历要求上，目前有较大比例企业（86.12%）要求高职学历。仅有 7.58% 的企业要求本科学历，1.26% 的企业要求硕士及以上学历，如图 1-28 所示。根据访谈结果也可以得到，在招聘过程中，本科及以上毕业生虽然在学历上高于高职生，但是在岗位适应能力及实践能力方面，和高职学历的毕业生并未有明显区别，高职学历即可满足企业的大部分用人需求。因此，企业招聘过程中更倾向于拥有高职学历人才，以后的晋升与发展主要取决于员工的个人能力及成长速度。

（2）企业招聘人才的证书要求情况。

除学历之外，证书也是部分企业在招聘过程中要考虑的因素。从调研企业可得到，54.72% 的企业对证书没有要求，41.51% 的企业（66 家）招聘时必须考取相应的证书，剩余 3.77% 的企业不强制要求，但是有证书会优先考虑。其中企业要求最多的

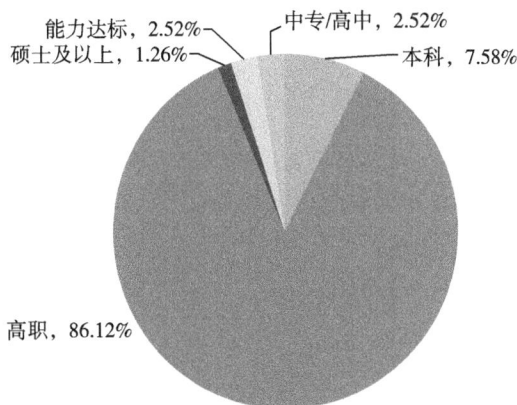

图 1-28　调研企业招聘员工学历层次

是社会工作者证与护士资格证，分别是 22 家、20 家企业，其次是老年看护证、康复师证、执业医师证以及医师、治疗师、教师等证书。

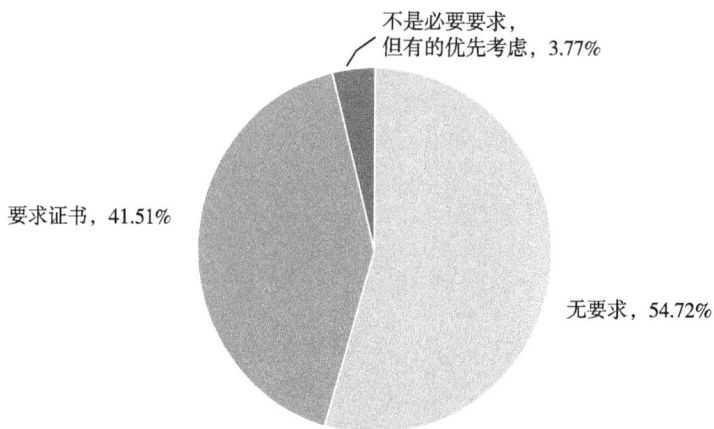

图 1-29　企业招聘证书要求

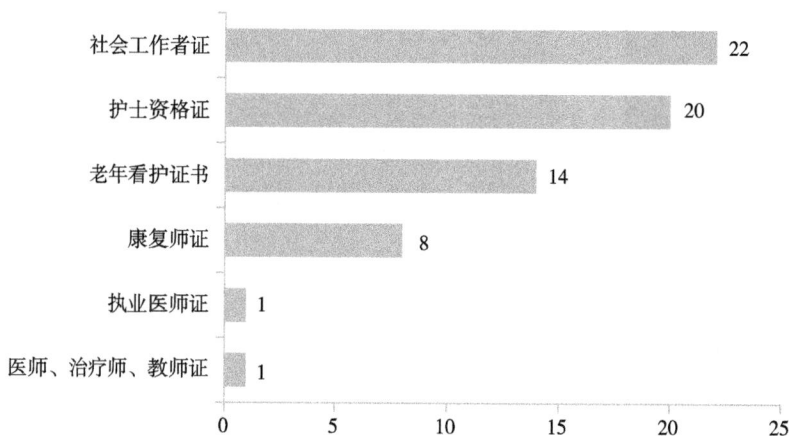

图 1-30　要求考取证书的企业数量（单位：家）

（3）企业对人才的岗位能力要求。

通过访谈，得到企业对现阶段应届毕业生初入职场存在的主要不足、企业主要看重毕业生的能力素质以及毕业生应达到的主要能力水平，进行分析整理，结果见表 1-15。

表 1-15　企业看重毕业生的能力素质情况

应届生初入职场的不足	企业招聘看重毕业生的能力素质	毕业生应达到的水平
知识面不够广	道德品质高尚	较清晰的职业定位，知识面较广且精
专业知识不扎实	吃苦耐劳、有奉献精神	较合理的知识结构，能反映业界实际
动手操作能力不足	团队合作精神	较良好的职业道德，能服从公司管理
缺少耐心，不能吃苦	工作主动性	较卓越的工作能力，能解决实际问题
缺乏团队合作精神	良好的沟通与协调能力	吃苦耐劳的劳动观，能认真踏实做事

（4）企业岗位需求情况。

通过访谈分析得出，企业对所招聘员工的培养方式及成长路径，岗位群主要分为社工类、康复师类、护理类、照护类、健康管理类、行政类、销售类。

①社工类岗位。

晋升路径：实习社工——线社工（专职社工）—站长（负责一个社工站）—项目负责人—区域负责人—机构管理层。

普遍发展年限：实习社工多为在校实习生，毕业生一般能快速成长为一线社工（专职社工），而一线社工成长为社工站的站长可能需要 2 ~ 3 年的时间，具体取决于个人能力发展与成长速度。

职位晋升考核标准：员工是否晋升或晋升速度取决于员工的综合能力、专业知识与技能，主要体现于其是否具备良好的业务处理能力和沟通能力。

入职培训：入职后分为两阶段，第一阶段为非在岗培训，即企业向新员工讲解机构的管理规定及基本的工作方法等；第二阶段为在岗培训，即企业分配老社工带领新员工接触具体的项目工作。

②康复师类岗位。

晋升路径：初级康复师—中级康复师—高级康复师—教学主管—副校长 / 行政管理层。

普遍发展年限：初级康复师晋升至中级康复师一般需要一年左右时间，具体由康复师的服务质量、医疗质量、服务行为、被服务人员满意度等多重因素决定。

职位晋升考核标准：入科考试和出科考试，判断员工是否能够独立进行操作，考核内容是一些专业基础知识，以实际操作和病案讨论分析为主，以及具备良好的业务处理能力和沟通能力。

入职培训：入职初期轮岗，岗前培训三个月，医院统一组织学习规章制度，然后由带教老师进行一对一指导。根据员工考核的结果进行定位。另外，日常工作当中也会有阶段性的培训和考核。

③护理类岗位。

晋升路径：护理员—护理组长—护理主管—护理副主任—护理主任。

普遍发展年限：每个层级的岗位大约 1 年的时间。优秀的可以 2 年做到护理主任，从一线岗位晋升至管理岗位（如主任），需要 1 年左右的时间。

职位晋升考核标准：职位的晋升根据护理人员的职业道德、工作纪律、生活护理整洁度、参加业务学习、个人能力等进行考评。

入职培训：对于新入职的员工进行为期两周左右的上岗培训，其间会由老员工带领新员工进行实操工作，并向其讲解服务礼仪、老年服务技能、老年护理技能、与老年人的沟通技巧以及应急状况处理方法等方面的知识。

④照护类岗位。

晋升路径：照护员—照护组长—照护主管—照护主任。

普遍发展年限：每个层级的岗位一般需要 1~2 年的时间，具体根据个人能力发展情况决定。

职位晋升考核标准：无硬性限制条件，职位的晋升与否以及晋升速度主要取决于员工的工作能力。服务中心设置照护流程表，照护员在每完成一项任务后在流程表上打钩儿签字，安排主管对其检查，同时定期邀请老人及家属进行服务质量评价。

入职培训：有岗前培训，岗前培训结束后一般都是一对一的老带新。

⑤健康管理类岗位。

晋升路径：健康顾问 / 健康管理专员—健康管理主管—健康管理经理 / 健康管理中心主任。

普遍发展年限：每个层级岗位的发展需要 2~3 年的时间，具体的晋升年限与健康管理人员的经验、能力、是否拥有健康管理师证等相关。

职位晋升考核标准：丰富的健康管理经验，具备一定的健康管理能力、健康管理师证、实际工作能力和晋升机会。

入职培训：岗前培训，正常考察期 1~3 个月。具有医师资格证或健康管理师资格证书者优先。

⑥行政类岗位。

行政专员晋升路径：行政专员（前台接待、后勤管理）—行政主管—院长助理—院长—总监。

运营专员晋升路径：运营专员—运营主管—运营经理。

普遍发展年限：每个层级的岗位一般需要 1~2 年时间，具体根据个人能力发展情况决定。其中，有了运营主管岗位的履历和经验之后，企业还建议到机构锻炼，以掌握综合知识，另外，有机会还可直接到机构做院长助理。

职位晋升考核标准：无硬性限制，职位的晋升看实际工作能力和晋升机会。

入职培训：岗前培训，老员工帮带，预期帮带 1 个月左右能独立开展工作，正常考察期 1~3 个月。

⑦销售类岗位。

晋升路径：养老服务业务员—销售主管—销售经理—销售总监。

普遍发展年限：每个层级的岗位一般需要 1~2 年时间，具体根据个人能力发展情况决定。

职位晋升考核标准：无硬性限制，职位的晋升看实际工作能力和晋升机会。

入职培训：岗前培训，正常考察期 1~3 个月。

（四）毕业生调研

1. 调研对象

本次毕业生调研样本中的性别分布如图 1-31 所示，即参与调研的女生共 840 人，占比为 79.47%；男生共 217 人，占比为 20.53%。样本数据中女生的人数是男生人数的近 4 倍，该比例也在一定程度上客观反映了目前我国养老服务产业女性工作者居多，男性工作者人才缺口大的供需现状。

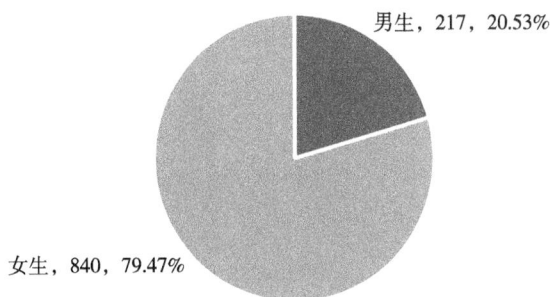

男生，217，20.53%

女生，840，79.47%

图 1-31　老年服务与管理专业群毕业生调研对象性别比例（单位：人）

2. 学生在校学习情况

随着我国智慧养老行业的信息化与智能化发展及越来越多老年人对高质量养老的追求，行业对从业人才的要求在不断提高，目前高、专、精日渐成为老年服务与管理专业群人才的主要发展方向。而与经济社会发展联系紧密的高职院校作为为养老市场输送技术技能人才的主要教育来源，其输送的人才是否符合企业用人需求、是否具有与时俱进的认知与能力，也可通过对这些人才在校学习与培养的考察中窥知一二。因此，这一部分内容主要从学生选择学校和专业的影响因素、在校理论课程与实训教育的情况以及证书考取情况进行研究分析。

（1）就读院校与专业的选择。

对学生选择就读院校与专业的影响因素进行调研分析，有利于探究学生在入学前对专业学习内容的预期及对毕业后所从事的相关工作环境的设想。

①院校的选择。

根据调研样本数据显示，学生在择校时主要有以下四个考虑因素，依次为学校专业设置、学校教学质量、学校地理位置和学校知名度。以上四个因素均有超过 300 个调研对象在择校时十分看重，而考虑毕业生就业率和有升学机会因素的学生则相对人数较少。这表明老年服务与管理专业群的绝大部分学生在该时期相对于个人毕业后的职业发展，更看重其在校就读期间所选学校的教学水平，以及所选专业的课程设置与教学内容，具体数据如图 1-32 所示。

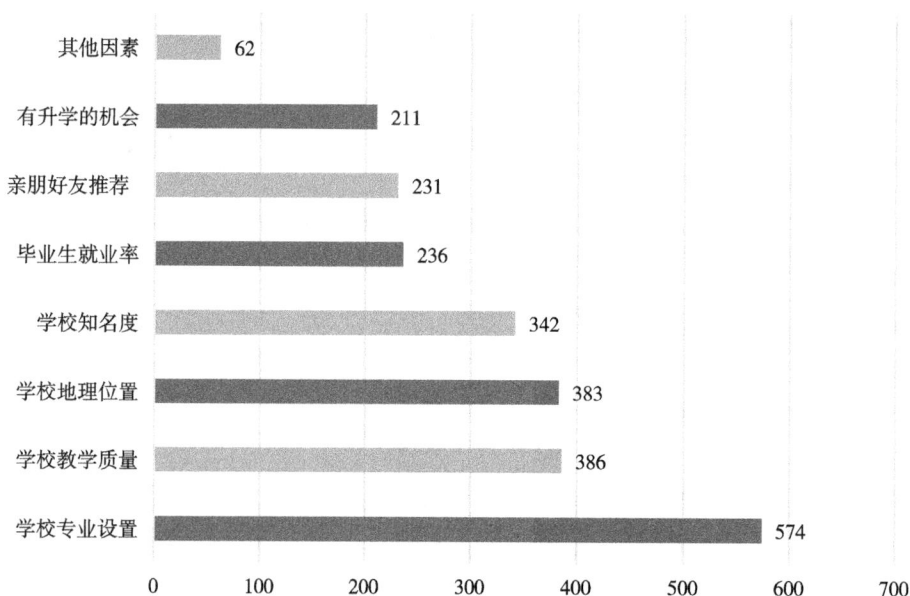

图 1-32　老年服务与管理专业群毕业生选择学校的主要因素（单位：人）

具体来看，不同专业的学生在择校时考虑的因素也大同小异，如图 1-33 所示。智慧健康养老服务与管理专业排前三的为学校知名度、学校地理位置、学校教学质量；康复治疗技术专业排前三的为学校地理位置、学校教学质量、学校知名度；护理专业排前三的为学校地理位置、毕业生就业率、学校教学质量；民政服务与管理专业排前三的为学校地理位置、学校知名度、毕业生就业率；社会工作专业排前三的为学校地理位置、学校专业设置、学校知名度。

②专业的选择。

如上述数据所示，大部分学生在择校时，会将专业设置纳为主要考虑因素之一，因此本次调研还对专业群学生选择相关专业的原因进行了统计与分析。影响学生选择专业的因素有很多，大致可分为两大类：一是依据外部因素选择专业，主要涵盖了国家重视程度、社会需求、薪酬待遇等；二是依据自身因素进行选择，比如自己喜欢、家人推荐等。

根据本次调研得知，老年服务与管理专业群的毕业生选择专业的三大主要考虑因素依次为社会需求量（占比 32.03%）、自己喜欢（占比 23.08%）、国家重视（占比 15.93%）。

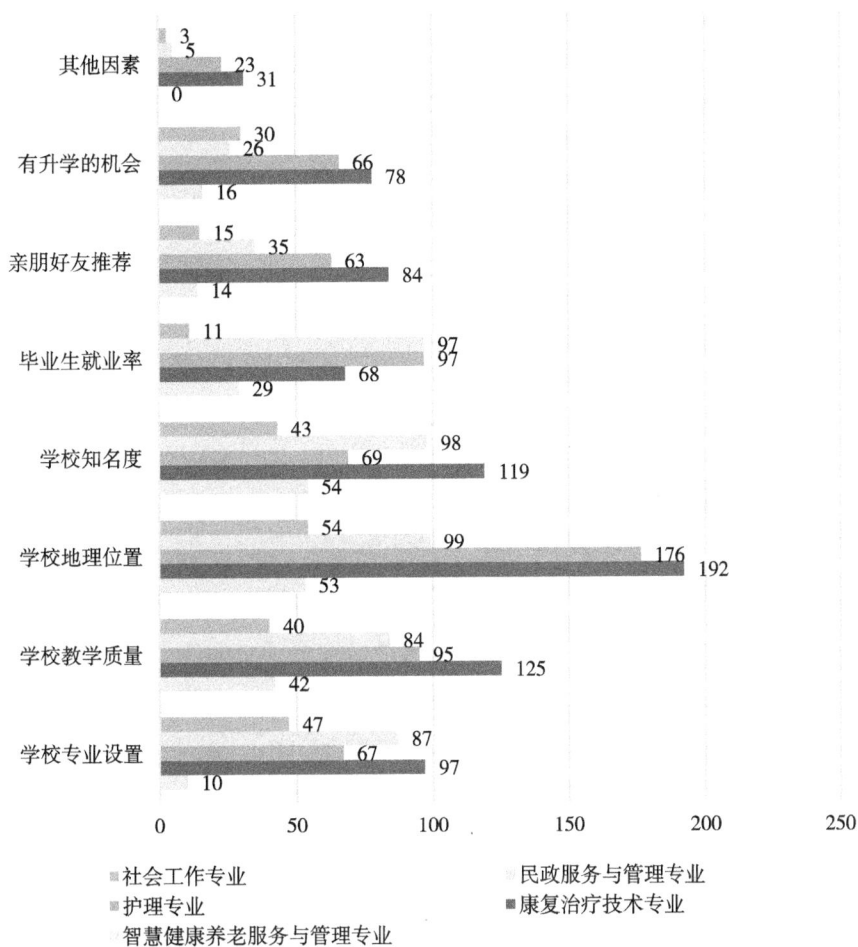

图 1-33　专业群各专业毕业生选择学校的主要因素（单位：人）

（2）在读期间的学习情况。

　　教学是促进学生发展的主阵地，学生知识、技能的掌握，思维能力的培养以及个性的发展都有赖于较高的教学目标和教学水平。因此，从学生角度出发，对其在校学习期间从整体的学校人才培养体系到有的放矢的专业教师教学行为的调查，在某种程度上是调整或改进、提高学校教学育人的一个重要反馈。

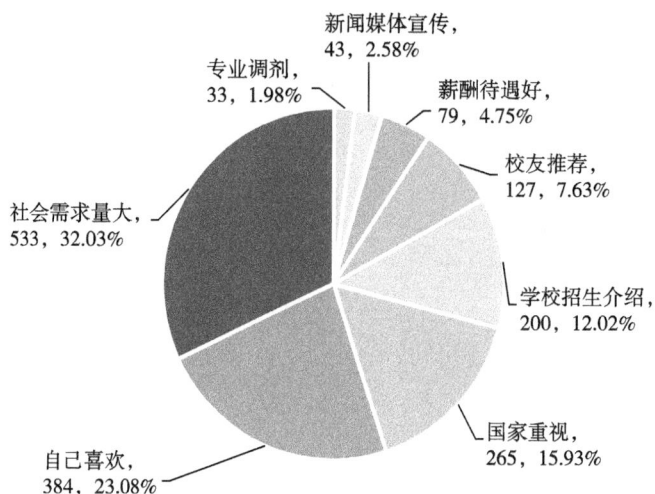

图 1-34　老年服务与管理专业群毕业生选择专业的考虑因素（单位：人）

①教学水平满意度。

专业培养目标设置的目的在于培养出能够适应社会形势和行业发展的人才，老年服务与管理专业群五大专业的毕业生对其就读专业的教学水平满意度整体上较高，即在所有调研样本中，表示很满意的毕业生占总数的 41.07%，表示满意的占比 43.63%，表示基本满意的占比 14.48%，而表示不太满意和不满意的占比均低于 1%。综上，毕业生的整体满意度为 99.18%，说明老年服务与管理专业群的毕业生对学校专业师资队伍的教学水平及教学效果较为认可。

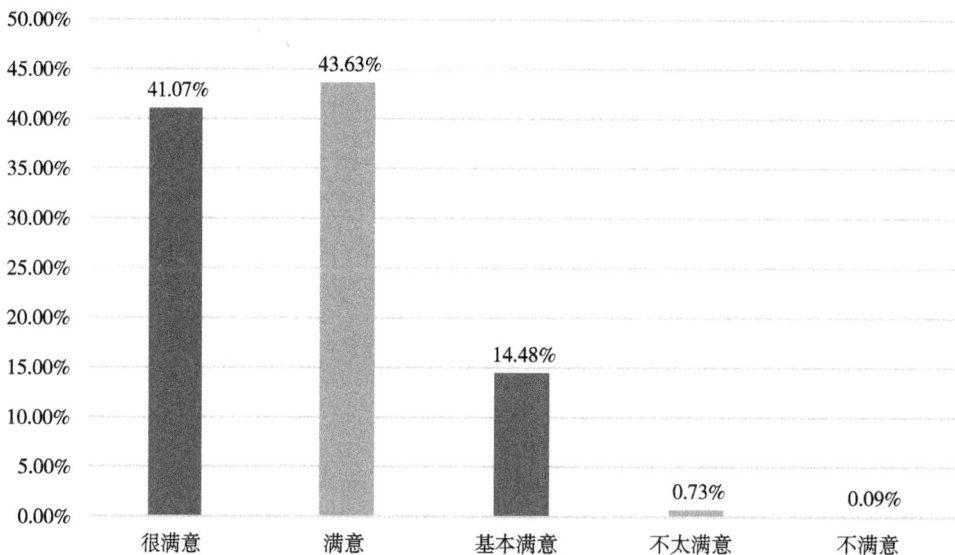

图 1-35　老年服务与管理专业群毕业生对专业整体教学水平满意度情况

　　具体到各个专业，智慧健康养老服务与管理专业对学校教学水平的满意度为97.72%，康复治疗技术专业对学校教学水平的满意度为98.90%，护理专业对学校教学水平的满意度为99.72%，民政服务与管理专业对学校教学水平的满意度为98.84%，社会工作专业对学校教学水平的满意度为100.00%。各专业毕业生对整体教学水平满意度均较高，详情如图1-36所示。

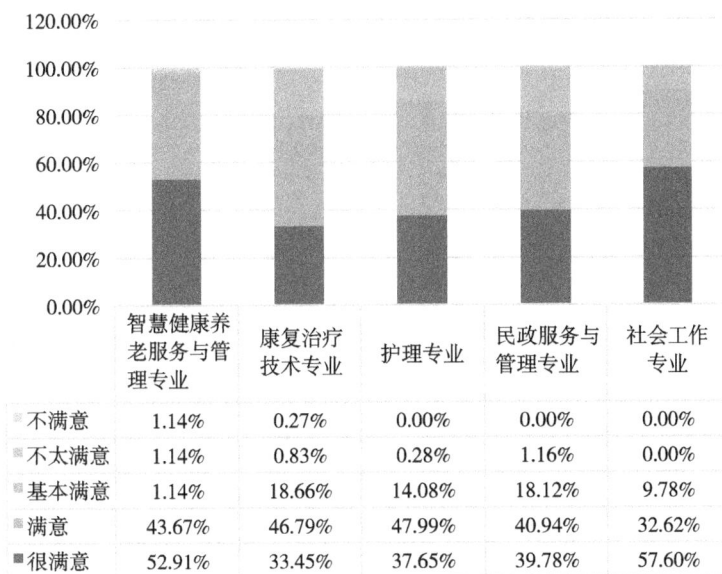

	智慧健康养老服务与管理专业	康复治疗技术专业	护理专业	民政服务与管理专业	社会工作专业
不满意	1.14%	0.27%	0.00%	0.00%	0.00%
不太满意	1.14%	0.83%	0.28%	1.16%	0.00%
基本满意	1.14%	18.66%	14.08%	18.12%	9.78%
满意	43.67%	46.79%	47.99%	40.94%	32.62%
很满意	52.91%	33.45%	37.65%	39.78%	57.60%

图 1-36　各专业毕业生对专业整体教学水平满意度情况

　　②主干课程的实用度。

　　毕业生对专业群及各专业的满意度均较高，这表明了学生在校期间有较好的就读体验且在学业上有了较大的收获，而对于高职院校的毕业生，其学业上的收获不仅局限于知识上的获取，更侧重于实用技能的掌握。因此本次调研进一步统计并分析了毕业生对本专业的核心课程实用度方面的评价，智慧健康养老服务与管理专业、康复治疗技术专业、护理专业、民政服务与管理专业、社会工作专业的统计结果依次见表1-16至表1-20。

表 1-16　智慧健康养老服务与管理专业主干课程的实用度

课程名称	实用，大多数是岗位需要的	一般，在岗位工作中用得不多	不够用，理论教学与实践教学失衡	没有用，在岗位工作中几乎用不上	没有上过该课程，无从评价
智慧养老机构管理与实务	70.59%	23.53%	5.88%	0.00%	0.00%
老年常见病预防与护理	76.48%	11.76%	5.88%	5.88%	0.00%
智慧老年康复护理	76.47%	17.65%	0.00%	5.88%	0.00%

续表

课程名称	实用，大多数是岗位需要的	一般，在岗位工作中用得不多	不够用，理论教学与实践教学失衡	没有用，在岗位工作中几乎用不上	没有上过该课程，无从评价
智慧养老产业经营与管理	64.71%	17.65%	5.88%	11.76%	0.00%
智慧健康养老照护	76.48%	11.76%	5.88%	5.88%	0.00%
老年营养与膳食	58.83%	23.53%	11.76%	5.88%	0.00%

表 1-17 康复治疗技术专业主干课程的实用度

课程名称	实用，大多数是岗位需要的	一般，在岗位工作中用得不多	不够用，理论教学与实践教学失衡	没有用，在岗位工作中几乎用不上	没有上过该课程，无从评价
作业治疗技术	54.63%	33.34%	8.33%	2.77%	0.93%
传统康复治疗技术	72.23%	20.38%	1.85%	2.77%	2.77%
物理因子治疗技术	64.84%	26.85%	5.55%	2.77%	0.00%
运动治疗技术	77.78%	14.82%	4.62%	1.85%	0.93%
肌肉骨骼康复技术	69.45%	24.08%	2.77%	2.77%	0.93%
神经康复技术	61.12%	31.48%	4.62%	1.85%	0.93%

表 1-18 护理专业主干课程的实用度

课程名称	实用，大多数是岗位需要的	一般，在岗位工作中用得不多	不够用，理论教学与实践教学失衡	没有用，在岗位工作中几乎用不上	没有上过该课程，无从评价
护理学基础	91.49%	4.27%	2.12%	0.00%	2.12%
健康评估	82.98%	14.90%	0.00%	0.00%	2.12%
内科护理	93.62%	4.26%	0.00%	0.00%	2.12%
外科护理	93.62%	4.26%	0.00%	0.00%	2.12%
妇产科护理	91.49%	6.39%	0.00%	0.00%	2.12%
老年护理	87.23%	10.64%	0.00%	0.00%	2.12%
儿科护理	89.37%	8.51%	0.00%	0.00%	2.12%
急救护理	95.75%	2.13%	0.00%	0.00%	2.12%

表 1-19 民政服务与管理专业主干课程的实用度

课程名称	实用，大多数是岗位需要的	一般，在岗位工作中用得不多	不够用，理论教学与实践教学失衡	没有用，在岗位工作中几乎用不上	没有上过该课程，无从评价
民政工作	61.91%	32.15%	4.16%	0.59%	0.59%
社区管理	66.08%	30.36%	2.97%	0.59%	0.00%
社会福利服务	56.55%	38.10%	4.16%	1.19%	0.00%
婚姻与收养实务	53.39%	39.88%	5.35%	2.38%	0.00%
社会救助实务	62.50%	32.15%	4.16%	1.19%	0.00%

表 1-20　社会工作专业主干课程的实用度

课程名称	实用，大多数是岗位需要的	一般，在岗位工作中用得不多	不够用，理论教学与实践教学失衡	没有用，在岗位工作中几乎用不上	没有上过该课程，无从评价
社会工作导论	72.74%	15.91%	6.81%	4.54%	0.00%
个案工作	62.50%	31.82%	2.27%	3.41%	0.00%
小组工作	80.75%	12.40%	3.41%	3.41%	0.00%
社区工作	81.82%	12.50%	2.27%	3.41%	0.00%
社会工作实务	71.59%	21.59%	3.41%	3.41%	0.00%
社会工作行政	52.28%	38.64%	4.54%	3.41%	1.13%

根据上述 5 个表，可以较直观地看到毕业生对老年服务与管理专业群各个专业主干课程的实用度评价。在这 5 个专业中，护理专业毕业生对本专业主干课程实用度评价是最高的，该专业的 8 门主干课程均有超过 80% 的毕业生认为课上所学是大多数岗位实际需要的，其中急救护理课程为该专业乃至整个专业群中实用度评价最高的一门课程，有 95.75% 的毕业生对该课程教学内容的实用性表达了认可。而从整体来看，老年服务与管理专业群所涉及的所有主干课程在教学内容方面均展现了较高的实用性，毕业生对所有课程的实用性评价均超过了 50%。

③教学内容的调整建议。

本次调研统计了老年服务与管理专业群毕业生是否认为该专业群的教学需要做一些调整，根据样本数据显示，对于"增加实践、实习环节"选项，有 69.25% 参与调研的毕业生认为该调整是需要的，其次是"提高课堂学生参与度"（52.13%）和"优化课程考核方式"（43.80%），以上三类教学内容调整建议为学生最多考虑的。与此同时，还有 10.51% 的毕业生认为老年服务与管理专业群的教学内容已十分完善，没有进一步调整优化的必要。

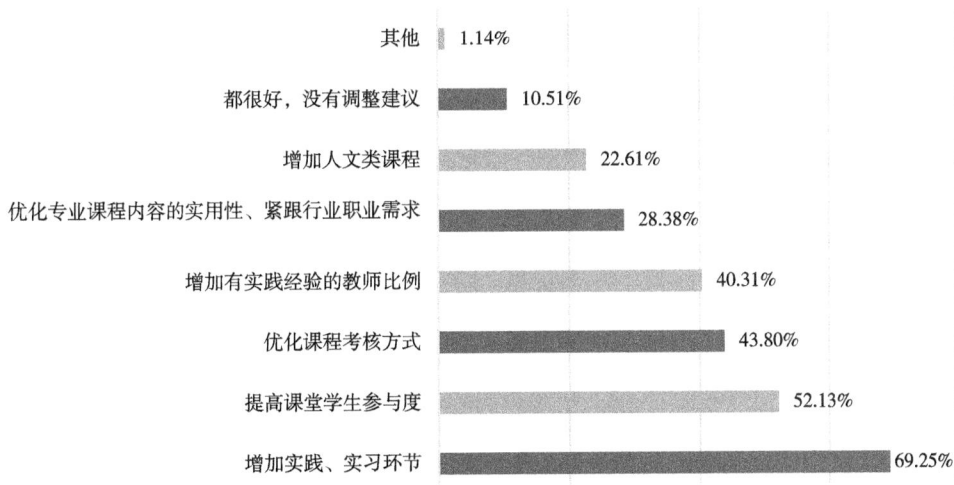

其他　1.14%

都很好，没有调整建议　10.51%

增加人文类课程　22.61%

优化专业课程内容的实用性、紧跟行业职业需求　28.38%

增加有实践经验的教师比例　40.31%

优化课程考核方式　43.80%

提高课堂学生参与度　52.13%

增加实践、实习环节　69.25%

图 1-37　专业群毕业生对教学内容是否作出调整的态度及建议

　　具体到各个专业而言，智慧健康养老服务与管理专业排前三的调整建议为"增加实践、实习环节""提高课堂学生参与度""增加有实践经验的教师比例"；康复治疗技术专业排前三的为"增加实践、实习环节""提高课堂学生参与度""优化课程考核方式"；护理专业与康复治疗技术专业一致；而民政服务与管理专业、社会工作专业排名靠前的除有"增加实践、实习环节""提高课堂学生参与度"，还分别有 70.18% 和 67.39% 的毕业生认为该专业应优化专业课程内容的实用性、紧跟行业职业需求。除此，这两个专业在专业群中也是相对有较高比例的毕业生认为本专业的教学内容已很完善，无须作任何调整，所占比例分别为 16.96% 和 11.96%，详细数据如图 1-38 所示。

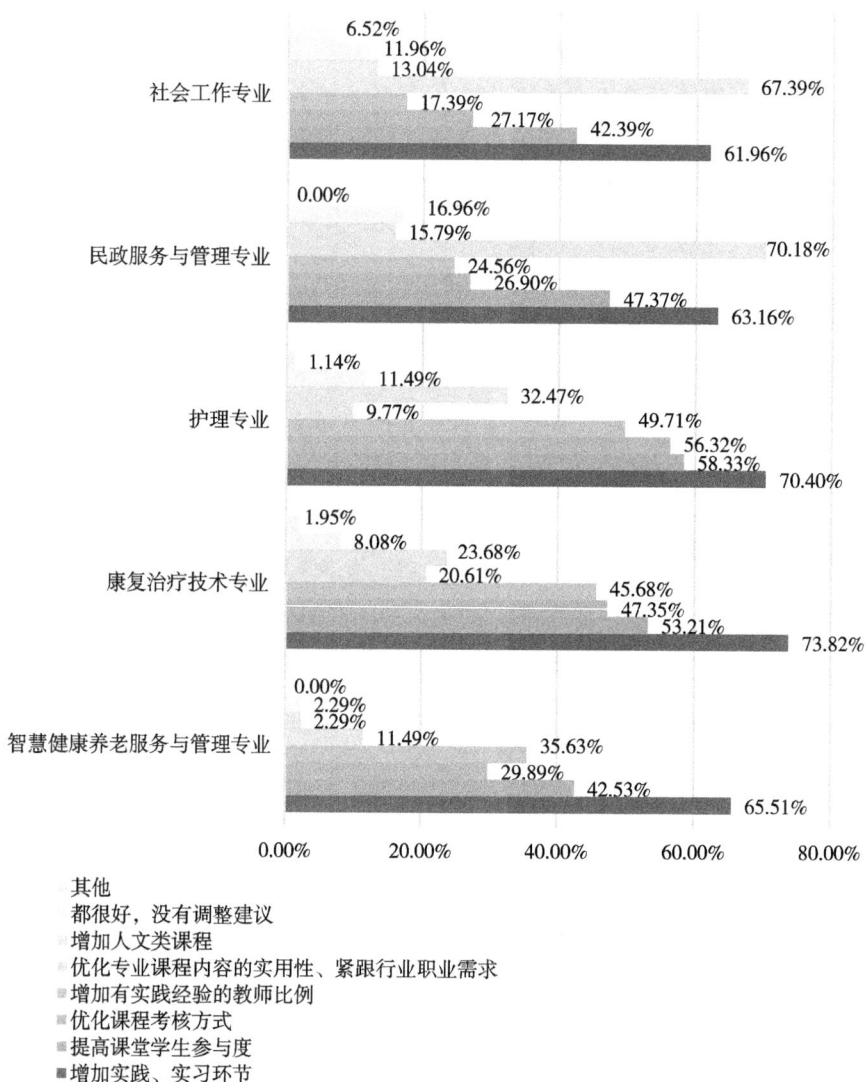

其他
都很好，没有调整建议
增加人文类课程
优化专业课程内容的实用性、紧跟行业职业需求
增加有实践经验的教师比例
优化课程考核方式
提高课堂学生参与度
增加实践、实习环节

图 1-38　专业群各专业毕业生对教学内容是否作出调整的态度及建议

根据该部分的调研数据，可以得出老年服务与管理专业群的毕业生对于其在校期间的学习情况反馈较好，对专业群各个专业的教学内容及教学质量均有较高的满意度。

3. 学生就业情况

本次调研针对老年服务与管理专业群毕业生就业及职业发展规划展开了调研，对其刚毕业时的就业情况、目前就业情况及未来岗位发展预期进行了较为全面的调查，下文将详细分析相关统计数据。

（1）就业基本情况。

①毕业半年内的就业去向。

数据分析结果显示，老年服务与管理专业群五个专业的学生在毕业后半年内的就业率较高，达到了96.84%，选择在对口行业就业或创业的毕业生比例也较大，共计占总人数的35.86%，在相似行业内就业或创业的毕业生人数略低于选择对口行业的人数，共计占总人数的14.47%。除此之外，有36.60%的学生在毕业后选择继续攻读本科以提升学历背景，还有0.65%的学生在毕业后选择服兵役，详细数据如图1-39所示。

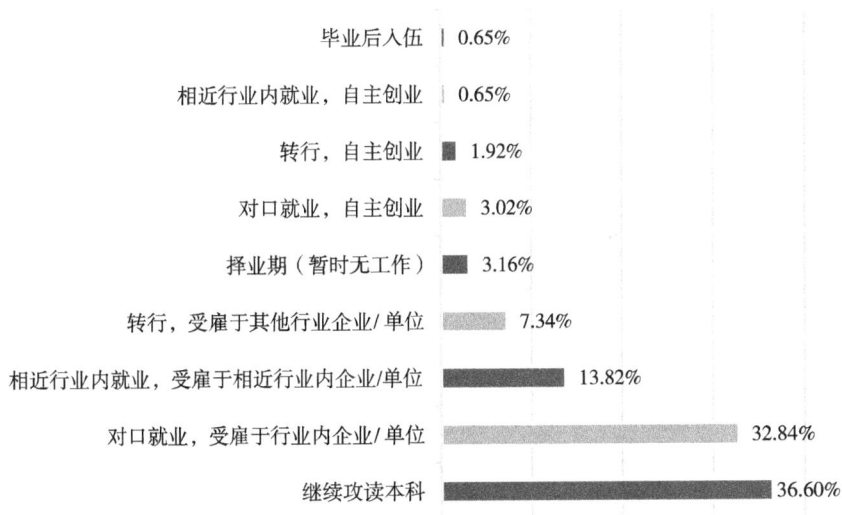

图 1-39　专业群各专业毕业生毕业半年内的去向

具体的就业情况会因专业不同而有细微变化，智慧健康养老服务与管理专业的学生毕业半年内的就业率为97.11%，其中在对口行业岗位就业的比例为43.18%；康复治疗技术专业的学生毕业半年内的就业率为92.09%，其中在对口行业岗位就业的比例为36.45%；护理专业的学生毕业半年内的就业率为96.92%；民政服务与管理专业的学生毕业半年内的就业率为97.38%；社会工作专业的学生毕业半年内的就业率为96.14%，专业群内各专业毕业生半年内去向的具体数据如图1-40所示。

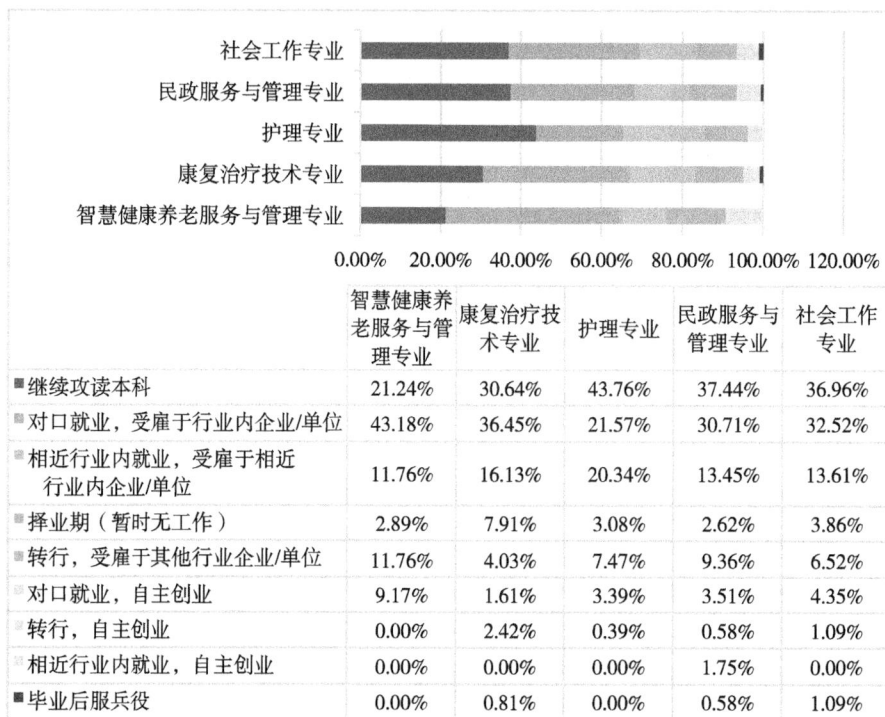

	智慧健康养老服务与管理专业	康复治疗技术专业	护理专业	民政服务与管理专业	社会工作专业
■继续攻读本科	21.24%	30.64%	43.76%	37.44%	36.96%
■对口就业，受雇于行业内企业/单位	43.18%	36.45%	21.57%	30.71%	32.52%
■相近行业内就业，受雇于相近行业内企业/单位	11.76%	16.13%	20.34%	13.45%	13.61%
■择业期（暂时无工作）	2.89%	7.91%	3.08%	2.62%	3.86%
■转行，受雇于其他行业企业/单位	11.76%	4.03%	7.47%	9.36%	6.52%
■对口就业，自主创业	9.17%	1.61%	3.39%	3.51%	4.35%
■转行，自主创业	0.00%	2.42%	0.39%	0.58%	1.09%
■相近行业内就业，自主创业	0.00%	0.00%	0.00%	1.75%	0.00%
■毕业后服兵役	0.00%	0.81%	0.00%	0.58%	1.09%

图1-40　专业群各专业毕业生毕业半年内的去向

②就业考虑因素。

在选择工作时，专业群毕业生考虑的因素排在第一位的是与专业对口情况（共630名调研对象选择该选项），第二位的是薪酬福利（共562名调研对象选择该选项），第三位的是发展前景（共517名调研对象选择该选项）。以上三个选项均有一半以上的调研对象选择，具体数据如图1-41所示。

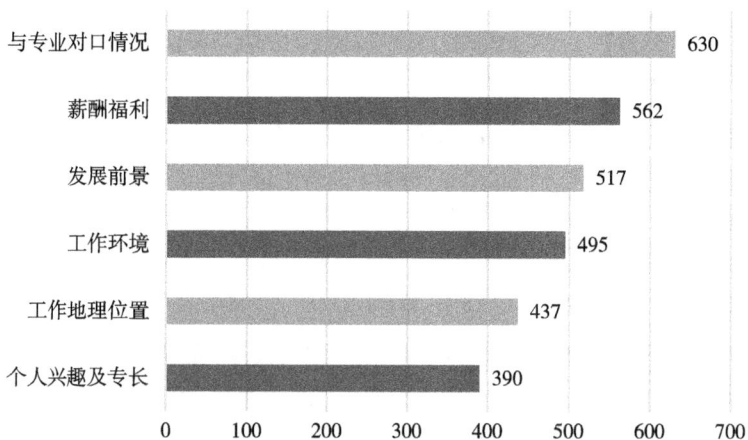

图1-41　专业群各专业毕业生就业考虑的因素（单位：人）

由此可见，老年服务与管理专业群的毕业生对于所学专业的认可度是较高的，因此在毕业后找工作时，才会把找到的工作能将所学知识加以运用放在首要考虑因素。同时结合图1-40的统计结果可见，该专业群毕业生在智慧健康养老行业的就业意愿大且就业机会多。

③就业单位人员规模。

除去服兵役、继续攻读本科等因素和数据，老年服务与管理专业群的毕业生目前就职的单位或企业的人员规模大多数为300人及以上，占目前在职调研对象总数的46.29%。其次是人员规模小于50人的小型企业单位，占总数的27.28%，具体数据如图1-42所示。

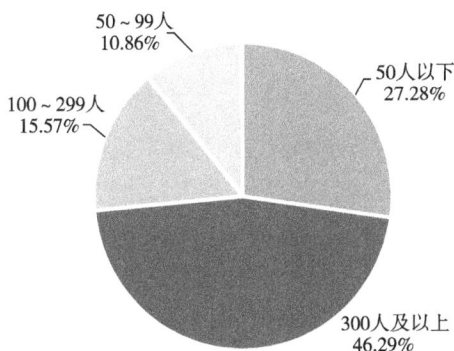

图1-42　专业群各专业毕业生所在单位的规模情况

④未来岗位发展方向。

综合分析，专业群中五个专业的毕业生，未来岗位发展方向排在前三的为：向技术岗位方向发展（46.96%）、尚未明确（22.62%）、管理岗位方向发展（18.65%）。也有少部分毕业生选择服务岗位方向发展（5.82%）、培训岗位方向发展（2.51%）、销售岗位方向发展（1.72%）以及进一步提高个人学历背景（1.72%），如图1-43所示。

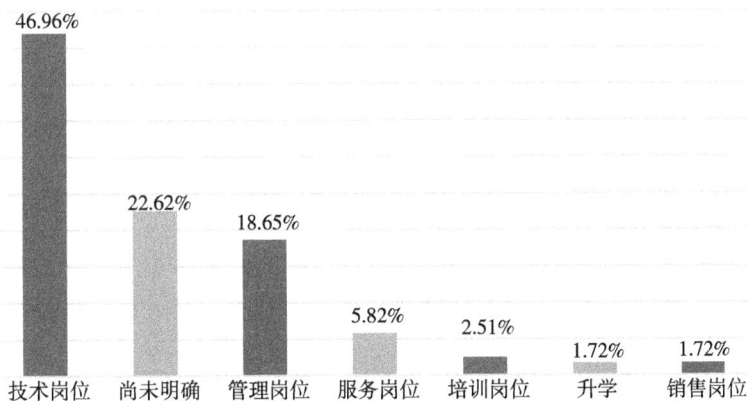

图1-43　未来岗位发展方向

根据上述就业情况涉及数据的统计与分析，可以得出老年服务与管理专业群学生在择业时，有较大的意愿从事行业相关的工作，且毕业半年内的专业对口就业率较高。与此同时，在未来职业规划方面，也有较多的毕业生选择朝向技术岗位发展晋升。这表明老年服务与管理专业群相关行业岗位的技术性强，而学生在校期间能够掌握行业岗位要求的技术能力，并具备依靠自身的技术能力实现职业发展的潜力。

（2）智慧健康养老行业就业的岗位情况。

聚焦目前仍在专业对口行业相关企业单位就职的毕业生，将进一步通过一系列的调研数据来分析智慧健康养老行业就业的岗位情况，同时还将分析部分毕业生离开智慧健康养老行业转行的原因及其主要去向。

①对口就业工作单位类型。

智慧健康养老服务与管理专业毕业生对口就业的工作单位类型按照人数占比从高到低的顺序依次为民营养老院（39.53%）、养老公寓/养老社区服务中心（18.61%）、公办养老院（13.95%）、居家养老服务中心（9.31%）、社区基层管理机构（4.65%）、老年产品生产企业（2.32%）和养老技能培训学校（2.32%），如图1-44所示。在"其他"选项的调研数据中，与养老行业相关度较高的工作单位类型包含有养老机构物业公司、养老专业课培训公司等。

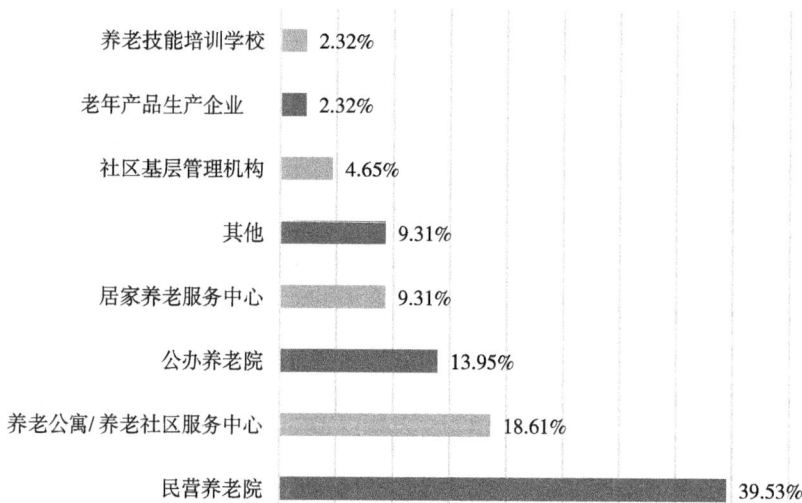

图1-44　智慧健康养老服务与管理专业毕业生对口就业的工作单位类型

康复治疗技术专业毕业生对口就业的工作单位类型按照人数占比从高到低的顺序依次为综合性医院（51.34%）、康复机构（25.89%）、社区卫生服务中心（含乡镇）（7.59%）、特殊学校教育机构（4.02%）、养老机构（3.57%）、民营医院（3.13%）、孤独症治疗中心（2.23%）和康复器械类企业（1.34%），如图1-45所示。

在"其他"选项的调研数据中，与该专业行业相关度较高的工作单位类型包含有社会福利中心、诊所等。

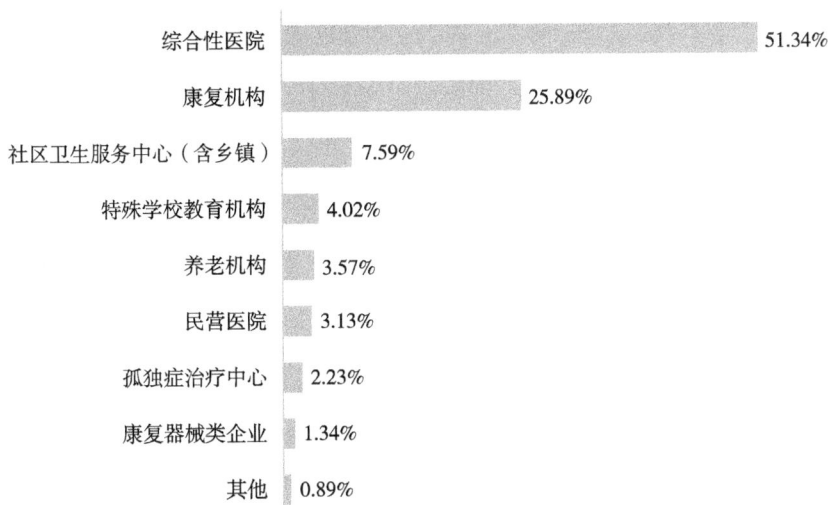

图 1-45　康复治疗技术专业毕业生对口就业的工作单位类型

护理专业毕业生对口就业的工作单位类型按照人数占比从高到低的顺序依次为三级综合性医院（50.22%）、二级综合性医院（20.48%）、中医院（8.43%）、社区卫生服务中心（站）（含乡镇）（8.03%）、口腔医院（4.02%）、妇幼保健院（3.21%）、体育医院或运动队医务室（0.80%）、眼科医院（0.80%）、儿童医院（0.40%）、康复医院（机构）（0.40%）、社区基层管理机构（0.40%），具体数据如图 1-46 所示。

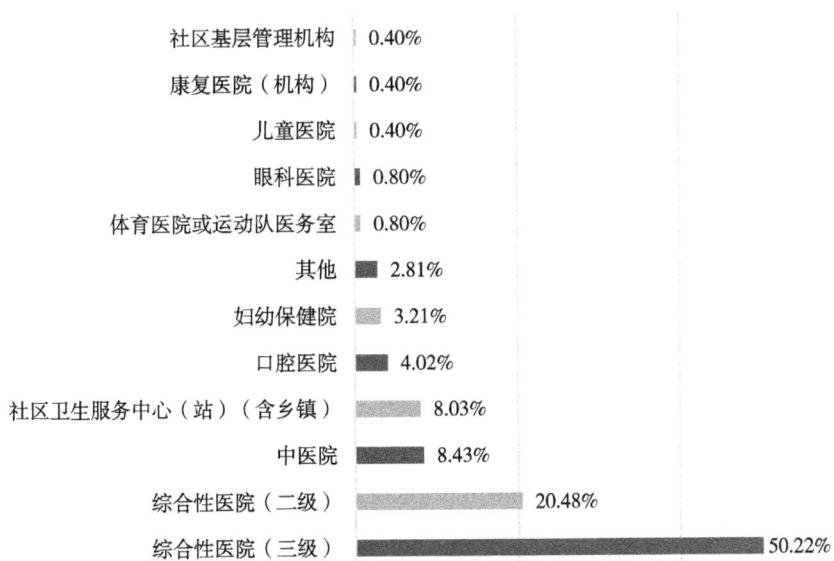

图 1-46　护理专业毕业生对口就业的工作单位类型

在"其他"选项的调研数据中，与该专业行业相关度较高的工作单位类型包含有军队医务室、看守所医务室、心理医院、传染病医院、健康管理机构及骨科医院等。

民政服务与管理专业毕业生对口就业的工作单位类型按照人数占比从高到低的顺序依次为社工服务中心（48.28%）、养老公寓/养老社区服务中心（10.34%）、社区居委会相关工作（10.34%）、各级民政行政机构（6.90%）、儿童福利院或社会福利院（6.90%）、婚姻登记处（中心）（3.45%），具体数据如图1-47所示。

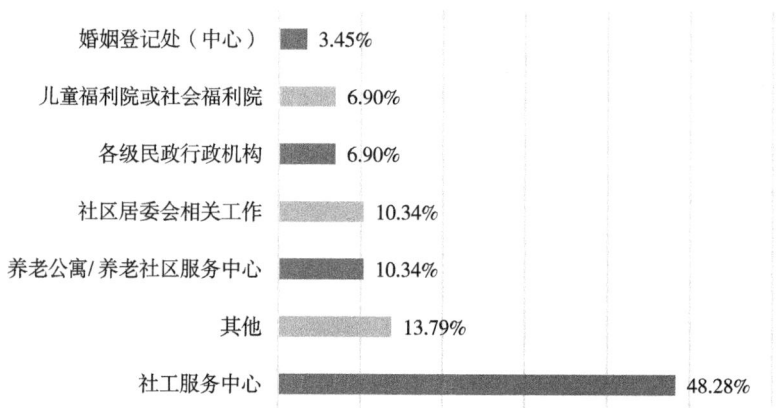

图1-47　民政服务与管理专业毕业生对口就业的工作单位类型

社会工作专业毕业生对口就业的工作单位类型按照人数占比从高到低的顺序依次为社工机构/协会（33.33%）、社区居委会相关工作（26.67%）、社会福利院或儿童福利院（13.33%）、非营利社会组织（6.67%）、各级民政行政机构（6.67%）、养老公寓/养老社区服务中心（6.67%），如图1-48所示。

在"其他"选项的调研数据中，与该专业行业相关度较高的工作单位类型包含有乡镇政府和儿童服务站等。

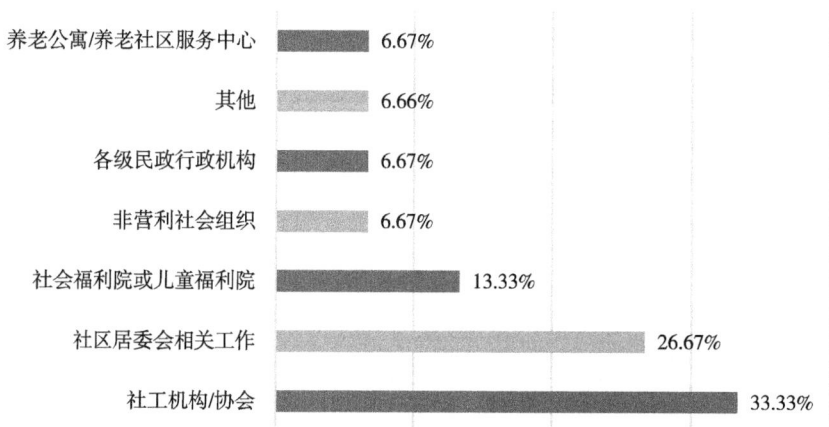

图1-48　社会工作专业毕业生对口就业的工作单位类型

②对口就业工作岗位类型。

根据调研毕业生填写的问卷数据，提取出高频次出现且与行业相关度高的具体岗位类型，详情见表1-21。

表1-21 对口就业工作岗位类型

专业名称	调研对口就业岗位
智慧健康养老服务与管理专业	一线养老护理、养老机构经营与管理岗、养老护理团队管理岗、养老机构行政管理类岗位、养老护理员培训讲师、陪护项目主管、老年社会工作者、老年产品/服务营销岗
康复治疗技术专业	养老机构一线护理岗、保健按摩师、健康管理员、康复产品营销岗、老年社会工作者、自闭症儿童康复、康复治疗师、孤独症治疗机构老师、特教老师、康复理疗、医生助理、社交康复师、医务科干事、理疗仪器推拿、乡镇卫生院检验岗、中医康复师、中医理疗师、物理因子治疗师、言语治疗师、心理治疗师、作业治疗师、运动治疗师
护理专业	病房护士、门诊护士、医务室护士、口腔医院护士、健康管理师、一线外科护士岗、行政管理类岗位、一线内科护士岗、全科护士、隔离酒店护士、防保科护士、手术室护士、教师、麻醉护士、新生儿科监护室护士、发热门诊护士、保健医生、防疫护士、重症医学科护士、手术室护士、急诊护士、健康顾问、感控科主任、ICU护士、急诊主管护师、医技护士、心内科护士、体检科护士、预防接种、血透室护士、护理部干事
民政服务与管理专业	民政行政管理、社会事务管理、彩票发行与销售管理
社会工作专业	党务工作岗、活动策划岗、社会组织培育岗、信访接待岗、老年社会工作岗、养老护理团队管理岗、儿童社会工作岗、精神卫生社会工作岗、社会工作服务中心经营与管理岗、社区社会工作岗、行政管理岗、行政事务岗、行政业务岗

③非对口就业的原因。

除了上述在专业对口岗位工作的毕业生，也有部分老年服务与管理专业群的毕业生选在非对口行业就业。根据图1-49所示，在众多转行因素中，排名第一的是"迫于现实，先就业再择业"，占比总数的24.75%，其次是"工资待遇比较低"，占比16.23%。

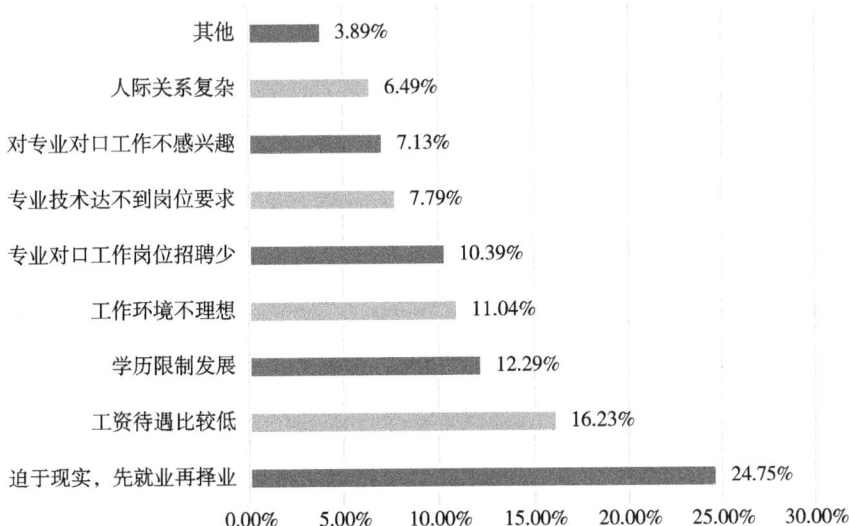

图1-49 专业群毕业生转行的原因

（3）就业薪资和待遇情况。

下文重点对老年服务与管理专业群毕业生的薪资水平进行调研与数据分析，并对毕业生初入职场时的薪资水平和目前的薪资水平进行对比。

①刚参加工作时的薪资水平。

老年服务与管理专业群的学生在毕业之初参加工作时，绝大部分的毕业生薪资水平在3000元/月及以下，占比总数的68.39%，其次是3001~4000元/月，占比总数的13.77%，具体数据如图1-50所示。

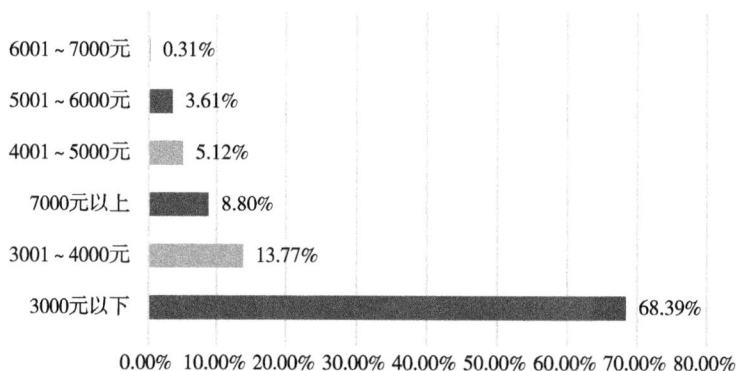

图1-50 专业群毕业生刚参加工作时的薪资水平（单位：月）

②目前岗位的薪资水平。

根据调研数据显示，老年服务与管理专业群的毕业生目前的薪资水平分布情况比刚参加工作时的要高，具体如图1-51所示。绝大部分的调研样本薪资水平在6001~7000元/月，占比总数的23.57%，其次为7001~8000元/月，占比总数的20.38%，具体薪资区间分布情况如图1-51所示。

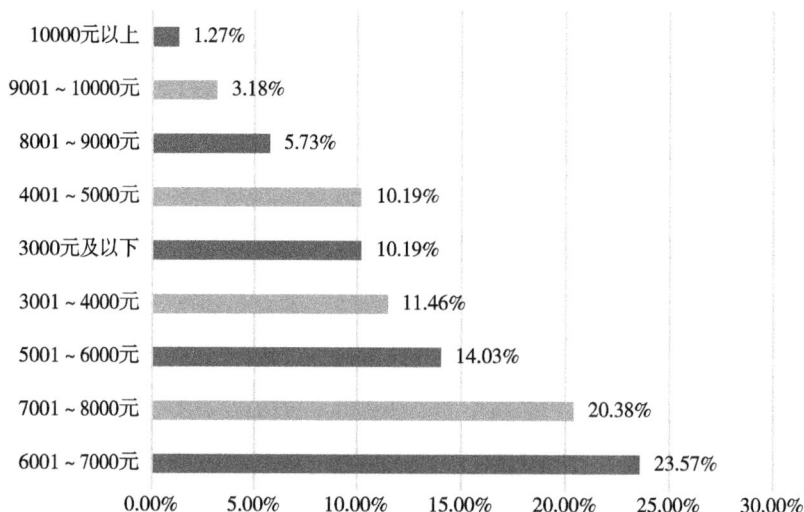

图1-51 专业群毕业生目前的薪资水平（单位：月）

（五）学校调研

1. 调研内容

（1）调研目标学校智慧健康养老服务与管理相关专业基本情况：相关专业招生规模、招生前景、专业核心课程。

（2）学校对智慧健康养老服务与管理相关专业人才培养情况；对人才的知识、能力、素质、职业任职资格以及证书方面的要求；对人才的实践教学课程，职业发展规划；教学质量评价。

（3）院校与企业合作情况：合作模式、质量及人才就业情况。

2. 调研情况汇总

（1）招生就业情况。

①智慧健康养老服务与管理专业。

北京劳动保障职业学院：每年招生 100 人左右，2021 年就业率 80% 以上。对口就业率在 50%～60%，该专业毕业生主要从事养老护理员等岗位。

北京社会管理职业学院：专业开设于 2007 年，近 3 年每年招生 100 人左右，就业率基本在 90% 以上；在养老行业康养领域，对口就业率在 70% 以上，该专业毕业生主要从事社区养老、行政业务管理、老人照护、销售等。

江苏经贸职业技术学院：专业开设于 2007 年，每年招生 100 多人，男女比例 3∶7，对口就业率 50%，该专业毕业生主要从事照护社工、社区居家专员等。

长沙民政职业技术学院：专业开设于 1999 年，2019 年有 165 名新生，2020 年和 2021 年均招 257 名新生，男女比例为 2∶3。2022 年就业率为 95% 左右，对口就业率在 65% 左右。该专业学生毕业后可在各类养老机构、社区养老服务单位和老龄产业相关机构等从事机构管理、健康咨询、养老照护、康复保健、养老秘书、产品营销等工作；可参考自主创业相关政策，在社区养老、智慧养老、老年产品销售等养老相关产业进行创业；也可参加专升本考试进入省内本科院校或申请境外大学继续深造。

调研数据显示，调研院校近 3 年智慧健康养老服务与管理专业招生规模 50～100 人的占 25%，专业招生规模 101～150 人的占 50%，专业招生规模 151～200 人的占 25%。具体招生情况如图 1-52 所示。

从问卷数据上看，75% 的受访教师认为智慧健康养老服务与管理专业招生情况前景很好，市场需求大；25% 的教师认为该专业招生基本稳定，如图 1-53 所示。

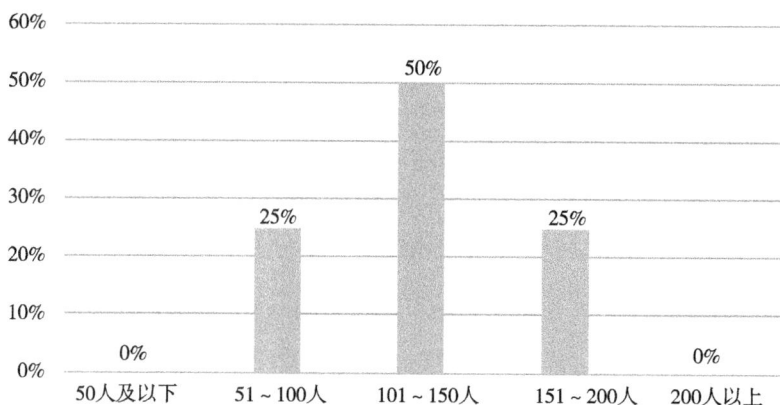

图 1-52　智慧健康养老服务与管理专业招生情况

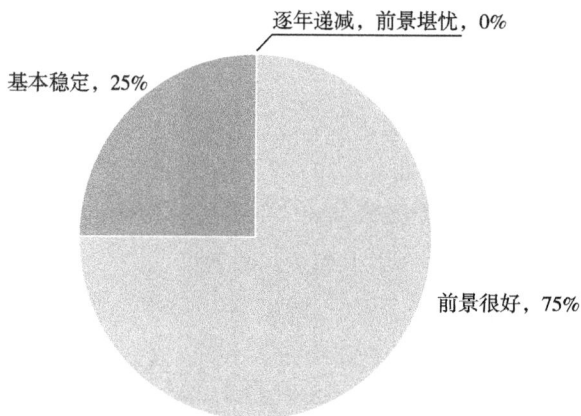

图 1-53　智慧健康养老服务与管理专业招生前景

②康复治疗技术专业。

重庆三峡医药高等专科学校：康复治疗技术专业开设于 2010 年，2019 级、2020 级和 2021 级每级 300 多人，女生居多。近 3 年的就业率基本在 94% 左右，该专业毕业生就业主要是在康复治疗科，少数涉及中医康复。

重庆医药高等专科学校：康复治疗技术专业开设于 2008 年，近 3 年的招生规模在 280 ~ 300 人，男女比例在 1：4 ~ 1：5。对口就业率大概在 90% 以上。该专业毕业生主要以从事康复治疗师为主，其次在社区医院、公立医院工作。

长沙民政职业技术学院：康复治疗技术专业开设于 1997 年，近 3 年每年是 200 人的招生计划，以女生居多，男女比例为 1：4。总体就业率在 92% 以上，对口就业率在 80% 以上。该专业毕业生主要从事康复治疗师的岗位，大多数到医院、中医院、康复中心工作。

江苏经贸职业技术学院：康复治疗技术专业在 2016 年开设，2017 年开始招生，每年只招一个班，人数在50人左右，只面向江苏省招生。男女比例为1：3，就业情况尚可。本专业毕业生主要做医技人员、护士、康复治疗师和医生等，医生是按照医师职称发展；康复治疗师是按照医技职称发展，包括康复治疗师、初级康复治疗师、中级康复治疗师、副主任康复治疗师、主任康复治疗师。

清远职业技术学院：康复治疗技术专业始建于1999年，现有在校学生200多人，就业率始终保持在98%以上。专业招生男女比例基本上是1：1。毕业后适合在各级综合医院康复科、康复医院、康复中心、社区卫生服务中心（站）、疗养院等各级康复机构、保健康复机构和老年看护机构的康复医学治疗技术岗位等工作。岗位有物理治疗师、作业治疗师、言语治疗师、传统康复治疗师岗位。

肇庆医学高等专科学校：康复治疗技术专业开设于2006年，近3年分别招生92人、122人、110人。男女比例为1：1，就业率为95%，对口就业率为82%。该专业毕业生主要在各级医院康复科、康复医院、疗养院或社会福利院康复中心担任康复治疗师，体育运动行业担任康复保健师。

调研数据显示，调研院校近3年康复治疗技术专业招生规模101~150人占40%，专业招生规模151~200人占20%，专业招生规模200人以上占40%。具体招生情况如图1-54所示。

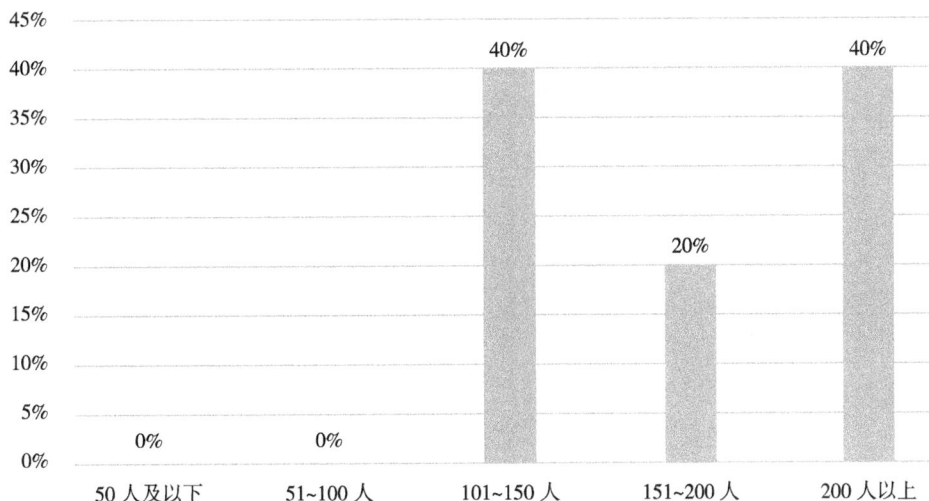

图1-54 康复治疗技术专业招生情况

从问卷数据上看，60%的教师认为康复治疗技术专业招生情况基本稳定，40%的教师认为未来学生规模前景良好。从整体上来看，康复治疗技术专业发展空间广阔，如图1-55所示。

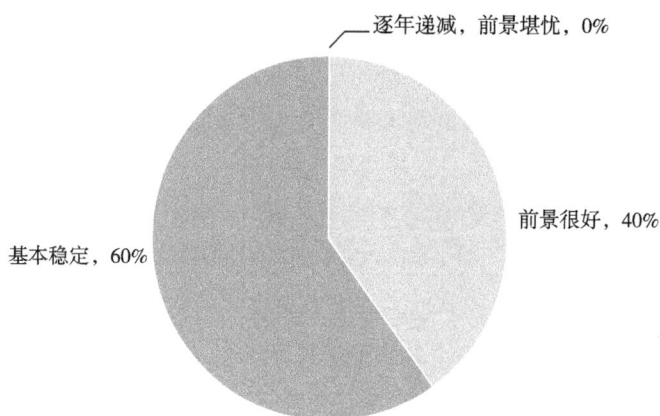

图 1-55　康复治疗技术专业招生前景

③护理专业。

四川卫生康复职业学院：护理专业毕业生就业率保持在 90% 以上，毕业生能在各级医疗机构、社区卫生服务机构、养老服务机构从事临床护理、社区护理、老年护理以及其他专科护理岗位的护理工作。

重庆三峡医药高等专科学校：护理专业开设于 1951 年，近 3 年毕业生就业率达到 98%。该专业毕业生主要从事临床护理、社区护理、健康保健等岗位。

广东岭南职业技术学院：护理专业是 2015 年开始正式招生，目前护理专业全日制高职在校生 1528 人，每年招生稳定在 20 个班左右。男女比例 1：4，对口就业率在 95% 左右。该专业毕业生基本上是在医院的临床部门。

广东省食品药品职业学院：护理专业开设于 2014 年，每年招生 110 人左右，生源状况一般是以粤东、粤西的为主。就业率是 100%，对口就业率为 97%～98%。该专业毕业生主要以从事医院的临床护理为主，大多数是留在三级医院、二级医院，也有从事社区医院的岗位。

广州卫生职业技术学院：护理专业开设于 1902 年，护理专业一般是稳定在 12～13 个班，每个班 60～65 人，生源主要来自广东、湖南、江西、广西、重庆、河南、新疆。就业率在 90% 以上，对口就业率不低于 80%。护理专业毕业的学生除了做临床护士，也有一些在助产等岗位就职。

惠州卫生职业技术学院：护理专业毕业生主要从事临床护理岗位、社区护理岗位、临床保健、养老保健等工作。

调研数据显示，调研院校近 3 年护理专业招生规模 50 人及以下占 20%，专业招生规模 51～100 人占 40%，专业招生规模 101～150 人占 40%。具体招生情况如图 1-56 所示。

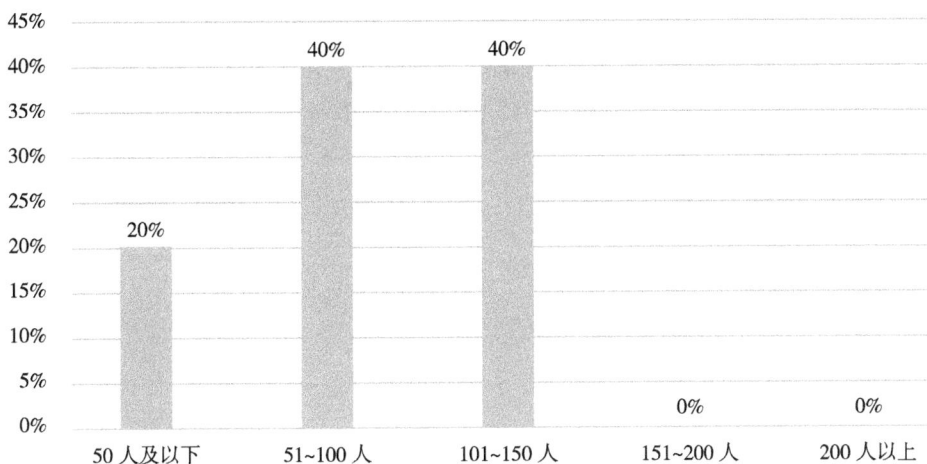

图 1-56　护理专业招生情况

从问卷数据上看，所有受访老师认为护理专业招生情况前景很好，市场需求大，如图 1-57 所示。

前景很好，100%

基本稳定，0%　　逐年递减，前景堪忧，0%

图 1-57　护理专业招生前景

④民政服务与管理专业。

新疆农业职业技术学院：民政服务与管理专业开设于 2017 年，近 3 年招生稳定，每年招生 100 人左右，生源比较稳定，主要为南疆少数民族学生。男女比例约为 1 : 3，就业率在 98% 以上，对口就业率在 60% 左右。该专业毕业生主要从事的岗位有村委会民政协理员、村委会村干部、街道工作人员、社区工作人员、社工机构、养老院、敬老院、月子中心等。

兰州职业技术学院：该专业办了 4 年后停止招生，学生毕业后可在城乡社区、家庭服务业、企事业单位、医院、军队、学校、政府机关等部门从事与提高全民生活质量相关的工作。

和田职业技术学院：民政服务与管理专业开设于 2021 年，年招生 200 人左右；目前在校生 500 人左右，生源主要来自新疆。男女比例约为 2.6∶1。

调研数据显示，调研院校近 3 年民政服务与管理专业招生规模 50 人及以下占 20%，专业招生规模 51~100 人占 40%，专业招生规模 101~150 人占 40%。具体招生情况如图 1-58 所示。

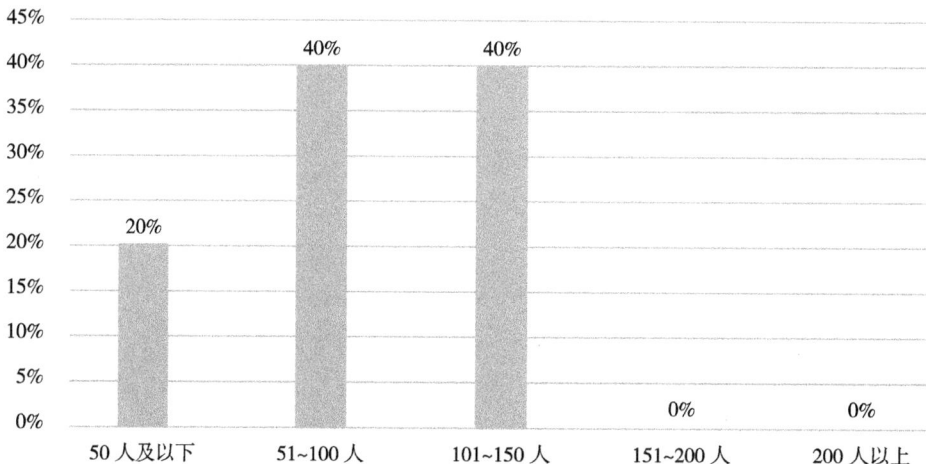

图 1-58　民政服务与管理专业招生情况

从问卷数据上看，80% 的教师认为民政服务与管理专业招生情况基本稳定，20% 的教师认为该专业未来招生前景堪忧，如图 1-59 所示。

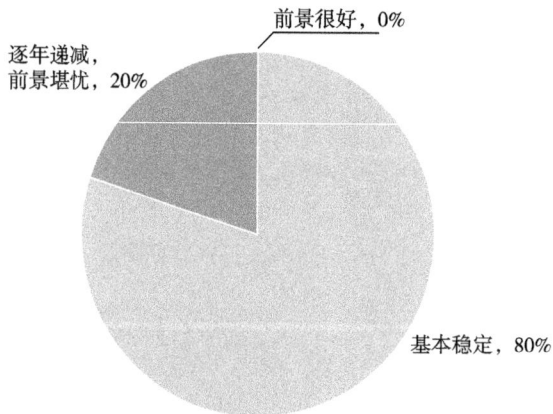

图 1-59　民政服务与管理专业招生前景

⑤社会工作专业。

重庆青年职业技术学院：2007 年开设社会工作专业，每年招生都保持在 60~70 人，就业率在 90% 以上，对口就业率在 60%~70%。本专业毕业生主要在各级各类医院、疾病预防控制中心、卫生行政管理部门、社区卫生服务中心、社工机构、养老院和疗养院等单位，从事心理健康服务、医疗纠纷调解、医疗救助、促进医患和谐等工作。

重庆护理职业学院：2020年开设社会工作专业，2020年招生30人，2021年招生28人。实习岗位均属于社工岗位，主要在社工机构和养老机构从事服务工作。

四川省志翔职业技术学校：2022年开设社会工作专业，招生40人左右，毕业生一般从事社区工作。

重庆商务职业学院：2013年开设社会工作专业，就业率为98%，对口就业率在75%左右。本专业毕业生主要在社工机构，对应的岗位是一线的社工，有的毕业生选择创办社工组织。

北京社会管理职业学院：1987年开设社会工作专业，每年招生都保持在80～90人，2020年以前女生多，2020年以后男女比例为1：1。对口就业率为40%～50%，本专业毕业生在专业社会工作组织及工、青、妇等群团组织及其他社会组织、街道社区、企事业单位、民政系统等从事一线服务、行政事务及基层管理工作。

调研数据显示，调研院校近3年社会工作专业招生规模51～100人占80%，专业招生规模50人及以下占20%。具体招生情况如图1-60所示。

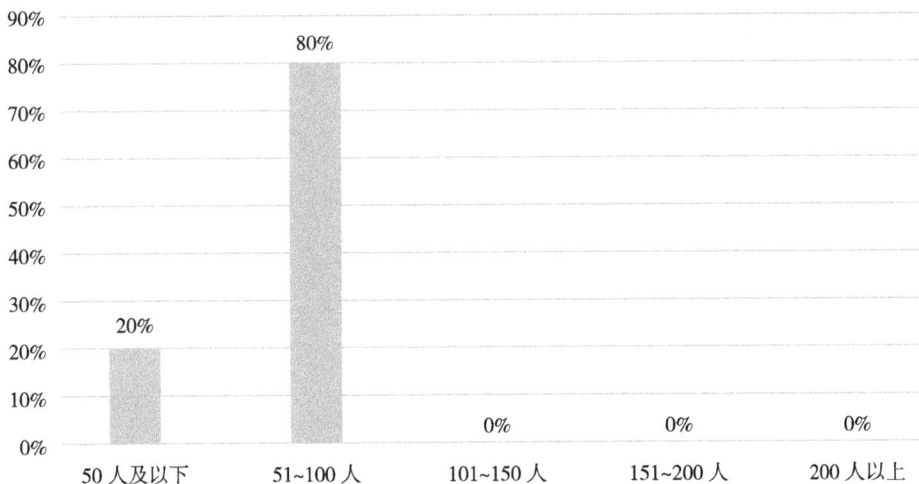

图1-60 社会工作专业招生情况

从问卷数据上看，60%的教师认为社会工作专业招生情况基本稳定，40%的教师认为学生规模前景良好。从整体上来看，社会工作专业未来可期，如图1-61所示。

（2）课程设置情况。

①智慧健康养老服务与管理专业。

通过问卷调研数据可知，智慧健康养老照护（100%）、智慧老年康复护理（75%）、智慧养老机构管理与实务（75%）在核心课程设置中分别占据前三名。另外，除了如图1-62显示的六门核心课程，其他课程如老年人能力评估实务、老年人生活与基础照护实务、老年人生活能力康复训练、老年活动策划与设计、社区居家智慧康养管理、养老机构智慧运营与管理等也被各大高职院校纳入核心课程。

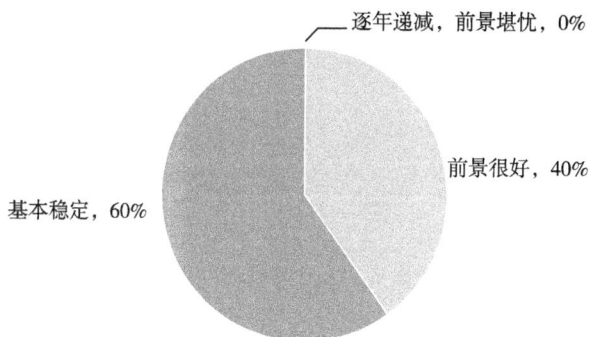

图 1-61　社会工作专业招生前景

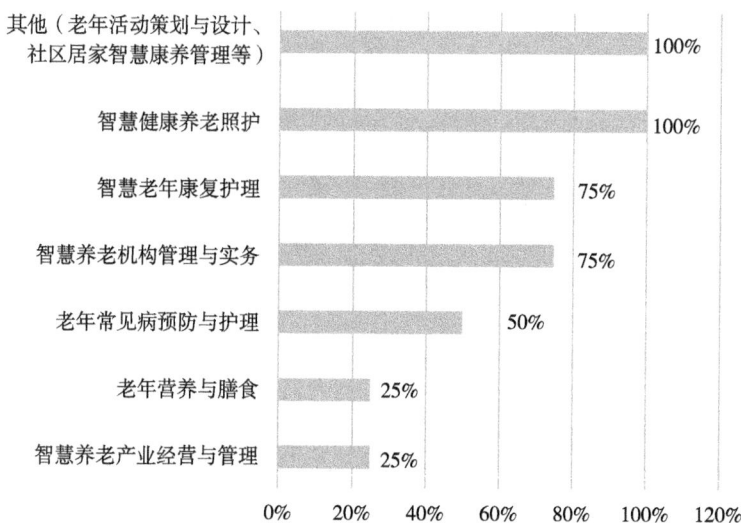

图 1-62　智慧健康养老服务与管理专业核心课程开设情况

除了核心课程，在调研过程中，个别院校还开设了健康管理、食品营养与检测、人体形态沟通等特色课程。

②康复治疗技术专业。

通过问卷调研数据可知，运动治疗技术（80%）、传统康复治疗技术（60%）和作业治疗技术（40%）在核心课程设置中分别占据前三名。另外，除了如图 1-63 显示的六门核心课程，其他课程如针灸推拿治疗技术、言语治疗技术、康复评定学等也被各大高职院校纳入核心课程。

除了核心课程，在进行深度访谈过程中，个别院校也展现了学校的特色课程，如人体解剖学、人体运动学、临床疾病康复、儿童康复技术、病理与生理学、病原微生物与免疫学等。

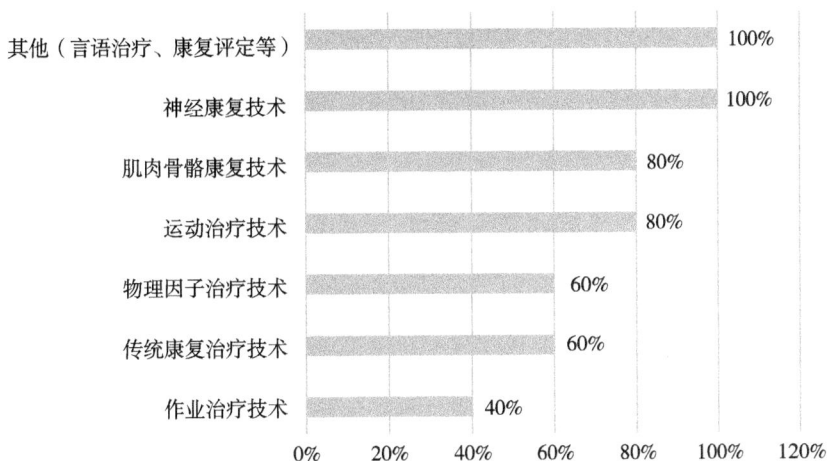

图 1-63　康复治疗技术专业核心课程开设情况

③护理专业。

通过问卷调研数据可知，护理学基础、内科护理、外科护理、妇产科护理在核心课程设置中并列占据首位，是高职院校必开的专业核心课程。其次，健康评估、儿科护理的比例也占据 80%。

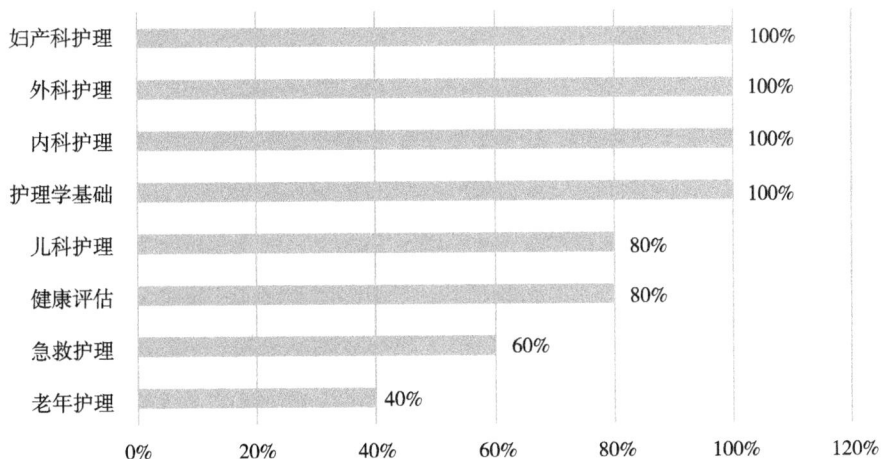

图 1-64　护理专业核心课程开设情况

除了核心课程，个别院校还会根据专业岗位要求设置包括护士人文修养与礼仪、精神疾病护理、社区护理、基础护理综合实训、康复护理、护理管理学等特色课程。

④民政服务与管理专业。

通过问卷调研数据可知，社区管理、民政工作在核心课程设置中分别占据前两名，占比均为 80%。除此之外，其他课程如群众工作实务、社会工作方法、基层政权建设、营养配餐与家庭餐制作等也是高职院校考虑的核心课程，占比 40%。

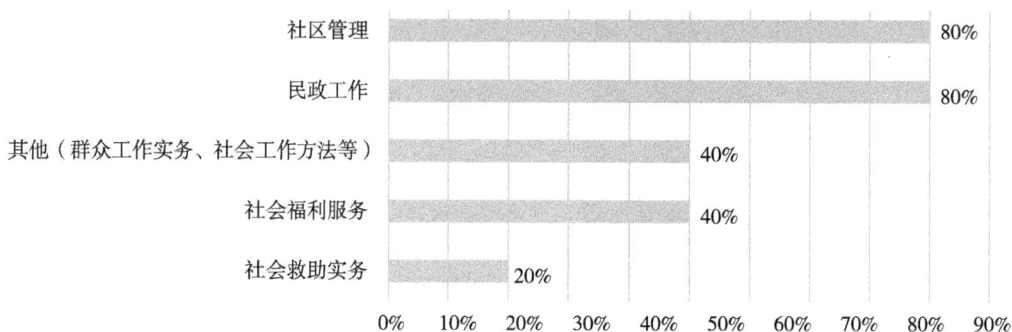

图 1-65　民政服务与管理专业核心课程开设情况

除了核心课程，在调研过程中，个别院校针对学生实际情况以及薄弱项，还开设了服务礼仪、科技（专业）应用文写作、茶艺与插花、化妆与造型设计等特色课程。

⑤社会工作专业。

通过问卷调研可知，个案工作、小组工作、社区工作在核心课程设置中分别占据前三名，调研学校核心课程开设情况如图 1-66 所示。

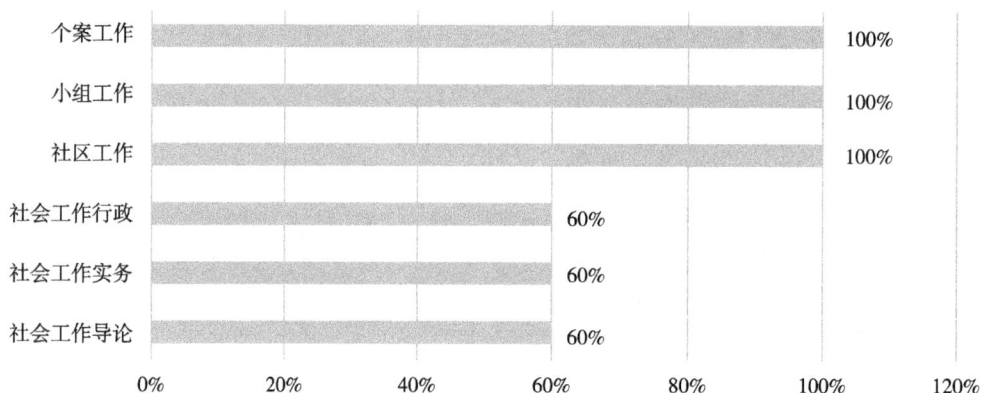

图 1-66　社会工作专业核心课程开设情况

此外，除了专业核心课程，各学院还结合了自身独特优势，开发特色课程以增强专业和学生的核心竞争力。如北京社会管理职业学院开发出了儿童、青少年与老年基础，老年食物，社区治理、社区管理与服务这三个方向的特色课程；重庆青年职业技术学院开发了医学概论、营养与膳食等核心课程；重庆商务职业学院积极开发了社区管理与文化旅游相结合的独特课程。

（3）专业素养及能力要求。

①智慧健康养老服务与管理专业。

根据问卷调研数据分析可知，调研院校的专业教师注重培养学生心理疏导相关知识、康乐活动组织技能、护理技能、管理组织技能、紧急救助相关技能等，如图 1-67 所示。

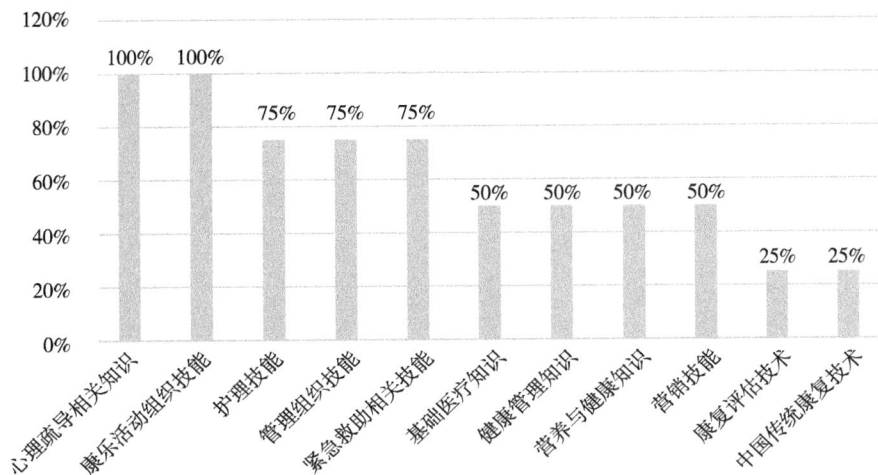

图 1-67　智慧健康养老服务与管理专业人才应具备的知识与技能

从调研数据来看，专业教师较为注重学生服务意识、服务礼仪、信息处理、劳动意识、沟通协调、团结协作、安全意识、压力承受、应急处理等能力的培养，如图 1-68 所示。

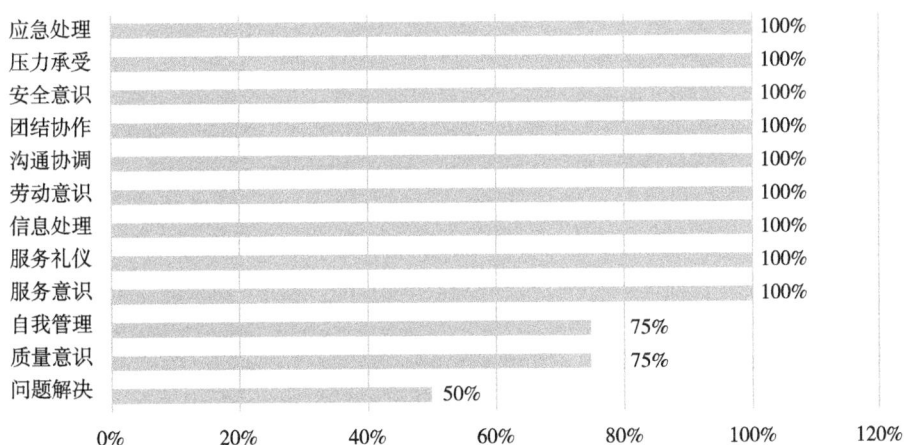

图 1-68　智慧健康养老服务与管理专业人才应具备的综合素质

②康复治疗技术专业。

根据问卷调研数据分析可知，调研院校的专业教师注重培养学生基础医疗知识、正常人体结构与机能的基础知识、诊断学基础知识、康复评估技术、言语治疗技术、作业治疗技术、运动治疗技术、中国传统康复技术、物理因子治疗技术、神经康复治疗技术、肌肉骨骼康复技术、紧急救助相关技能等能力，其次是心理疏导相关知识等能力，最后是健康管理知识、管理组织技能等能力，如图 1-69 所示。

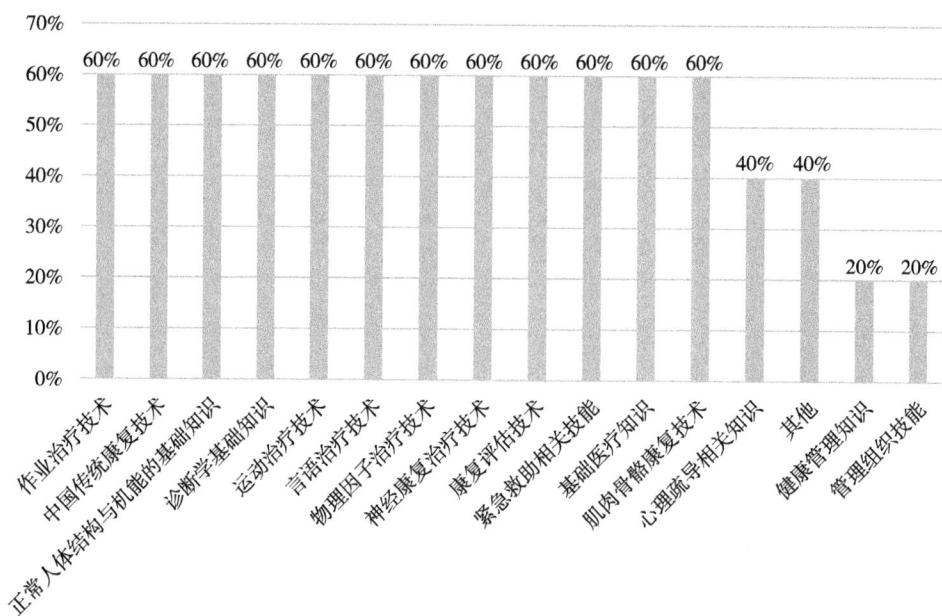

图 1-69　康复治疗技术专业人才应具备的知识与技能

从调研数据来看，专业教师较为注重学生服务意识、沟通协调、团结协作、安全意识、质量意识、应急处理等能力的培养，如图 1-70 所示 。

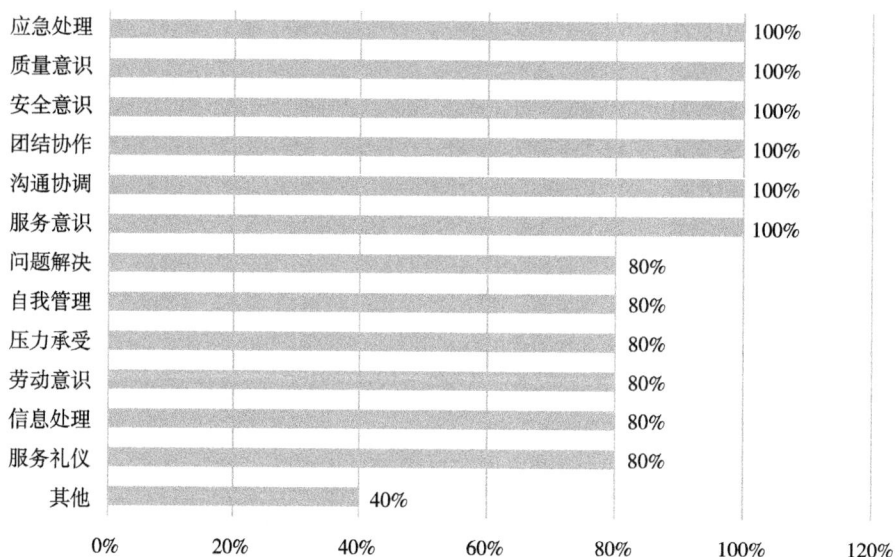

图 1-70　康复治疗技术专业人才应具备的综合素质

③护理专业。

根据问卷调研数据分析可知，调研院校的专业教师注重培养学生基础医疗知识、临床护理技能、健康管理知识、紧急救助相关技能、心理疏导相关知识、康乐活动组织技能、管理组织技能，如图 1-71 所示。

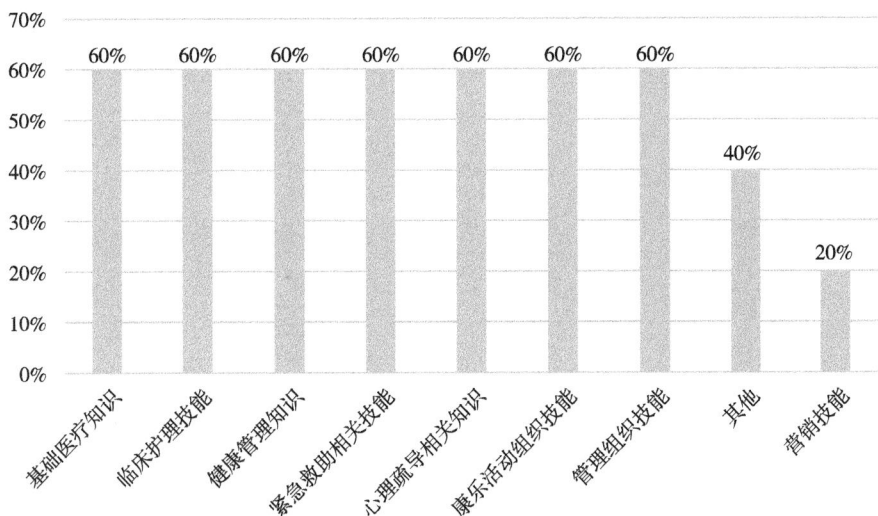

图 1-71 护理专业人才应具备的知识与技能

从调研数据来看，专业教师较为注重学生服务意识、服务礼仪、信息处理、沟通协调、团结协作、压力承受、应急处理等能力的培养，如图 1-72 所示。

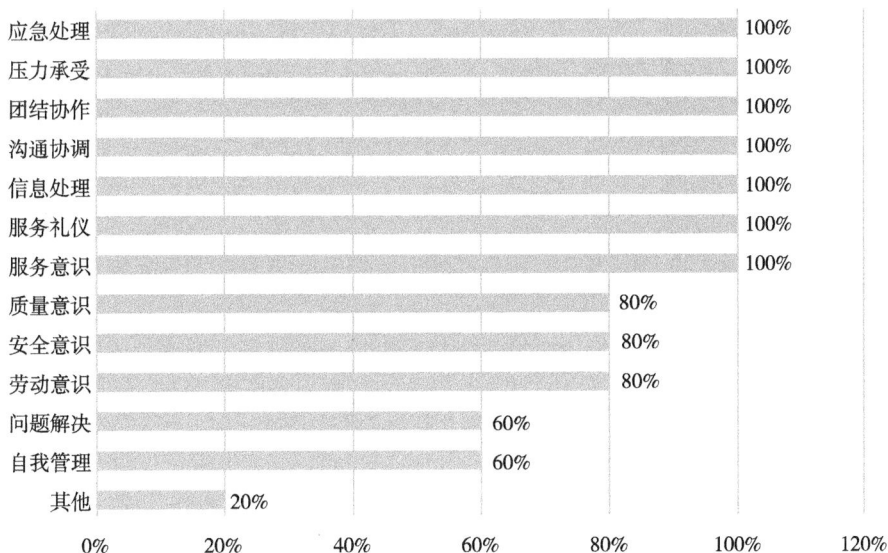

图 1-72 护理专业人才应具备的综合素质

④民政服务与管理专业。

根据问卷调研数据分析可知，调研院校的专业教师注重培养学生管理组织技能、人际沟通能力、民政政策与法规知识、社区服务知识等，其次是心理疏导相关知识等，最后是健康管理知识、紧急救助相关技能、康乐活动组织技能、营销技能等，如图 1-73 所示。

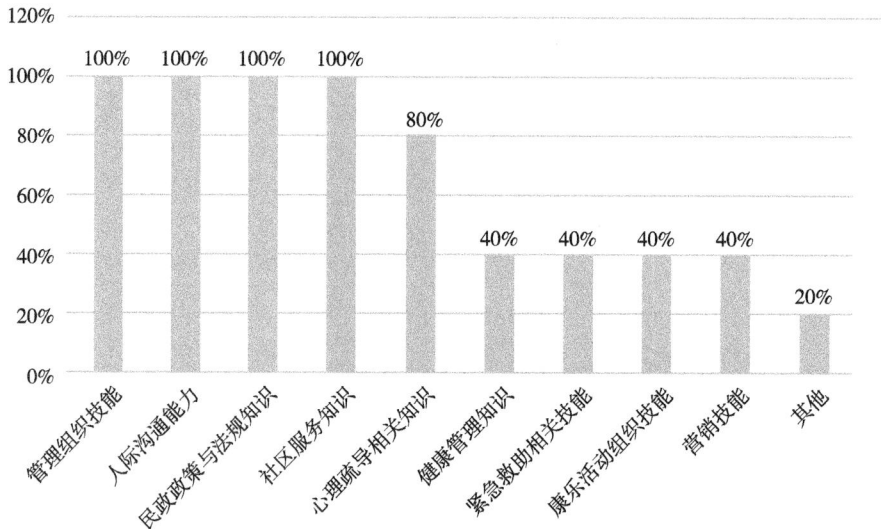

图 1-73 民政服务与管理专业人才应具备的知识与技能

从调研数据来看，专业教师较为注重学生服务意识、信息处理、沟通协调、压力承受、应急处理等能力的培养，如图 1-74 所示。

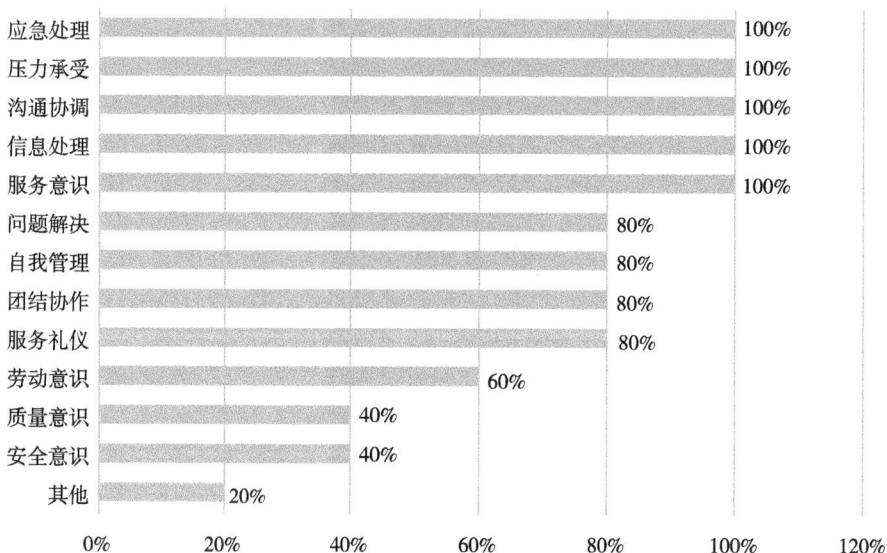

图 1-74 民政服务与管理专业人才应具备的综合素质

⑤社会工作专业。

根据问卷调研数据分析可知，调研院校的专业教师注重培养学生人际沟通能力、社会工作专业知识、民政政策与法规知识、心理疏导相关知识、康乐活动组织技能等能力，其次是管理组织技能、基础医疗知识、健康管理知识、紧急救助相关技能等能力，最后是营销技能，如图 1-75 所示。

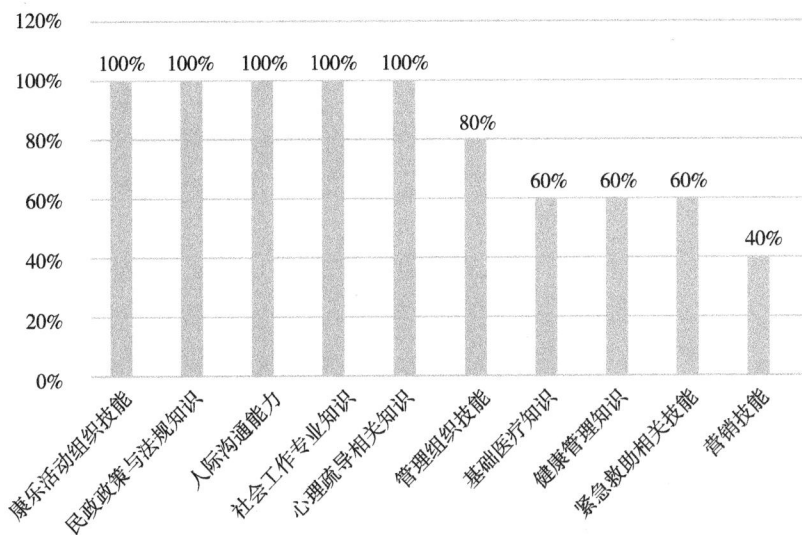

图 1-75 社会工作专业人才应具备的知识与技能

从调研数据来看，专业教师较为注重学生服务意识、信息处理、沟通协调、团结协作、质量意识、压力承受、应急处理、自我管理、问题解决等能力的培养，如图 1-76 所示。

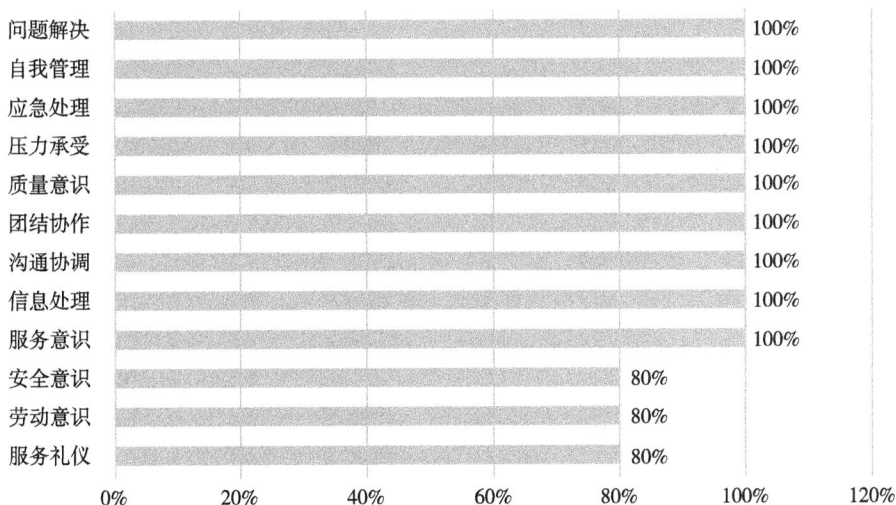

图 1-76 社会工作专业人才应具备的综合素质

通过对五个专业的人才综合素质培养调研分析结果归纳可知，老年服务与管理专业群相关专业主要培养学生的服务意识、信息处理、沟通协调、压力承受、应急处理等综合素质。

（4）教学开展形式。

①智慧健康养老服务与管理专业。

智慧健康养老服务与管理专业教学组织实施有 25% 采用"2.5+0.5"的教学组织安排，"2+1"模式的占比为 50%，其他教学模式（工学交替）占比为 25%。北京劳动保障职业学院计划尝试进行"1.5+1.5"教学模式。

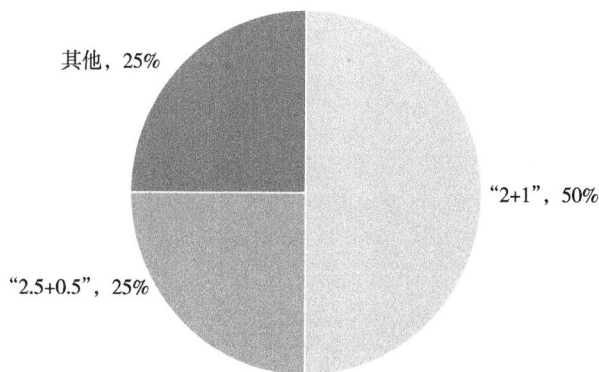

图 1-77　智慧健康养老服务与管理专业教学组织实施采用哪种教学组织安排

在教学过程中，常用的教学方法主要为项目教学法、模块化教学法、案例教学法、任务驱动教学法、虚拟仿真教学法，如图 1-78 所示。

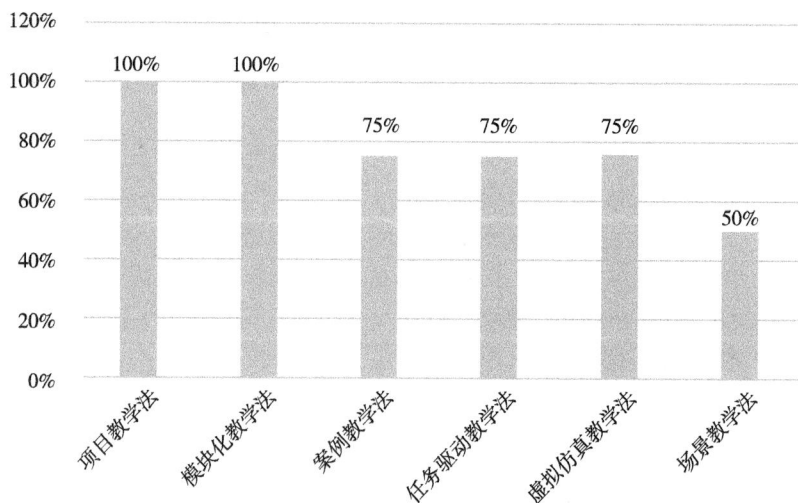

图 1-78　智慧健康养老服务与管理专业教学方法

②康复治疗技术专业。

康复治疗技术专业教学组织实施 100% 采用"2+1"教学模式，对教师进行教学评价主要采用"学生评价 + 系部督导评价 + 学院督导评价"模式。

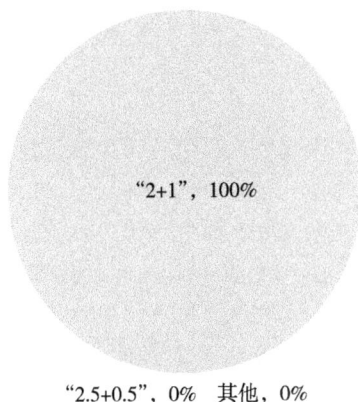

"2.5+0.5"，0%　其他，0%

图 1-79　康复治疗技术专业教学组织实施采用哪种教学组织安排

在教学过程中，案例教学法、任务驱动教学法、场景教学法、项目教学法、虚拟仿真教学法、模块化教学法皆常用，如图 1-80 所示。

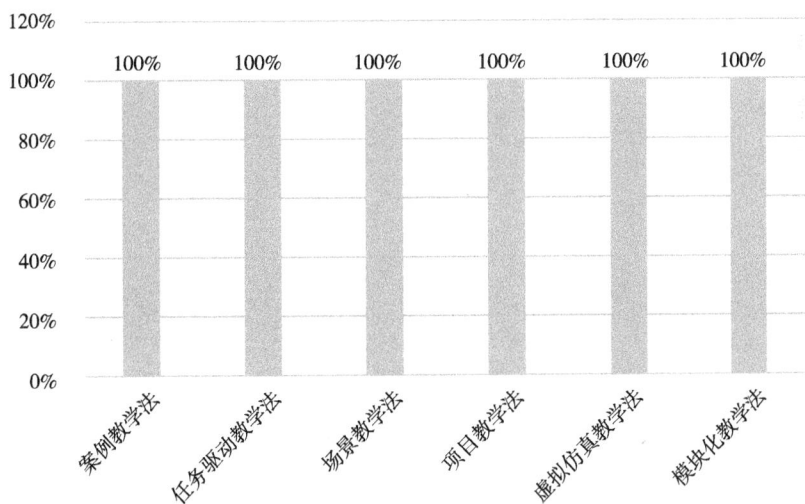

图 1-80　康复治疗技术专业教学方法

③护理专业。

护理专业教学组织实施 100% 采用"2+1"教学模式。对教师进行教学评价主要采用建立健全教学督导机构；强调教学过程管理，完善相关教学制度；健全教师评教、学生评教制度；定期开展教师座谈会、学生座谈会。

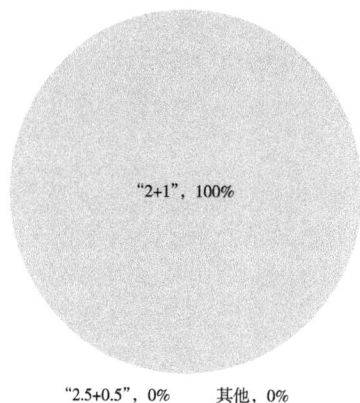

"2+1"，100%

"2.5+0.5"，0%　　　　其他，0%

图 1-81　护理专业教学组织实施采用哪种教学组织安排

在教学过程中，常用的教学方法主要为案例教学法、场景教学法、任务驱动教学法、项目教学法，如图 1-82 所示。

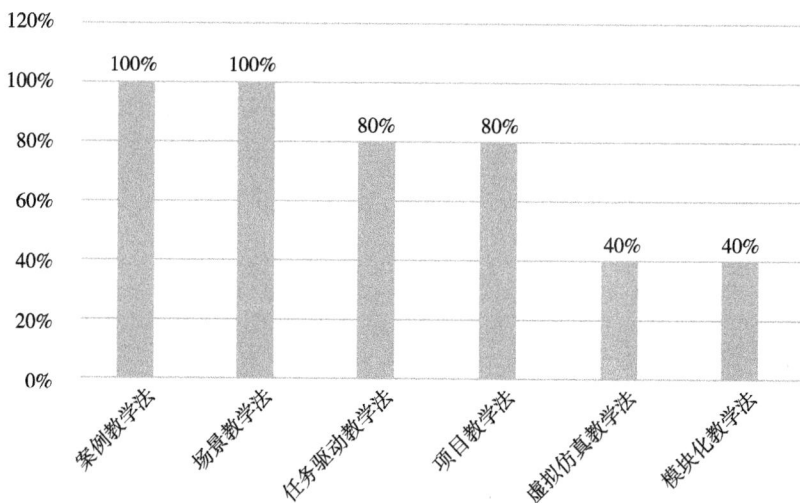

图 1-82　护理专业教学方法

在调研过程中，个别学校强调他们侧重各种案例教学法、任务驱动教学法等，但是这些教学法需要在实施得当的情况下才能发挥其突出的教学效果。同时这些教学方法并不能取代传统大班的讲授法。此外，教学要注重实践，学校要安排学生临床实习，由专业教师指导其岗位轮岗和集训。

④民政服务与管理专业。

民政服务与管理专业教学组织实施有 20% 采用"2.5+0.5"的教学组织安排，"2+1"模式的占比为 40%，其他教学模式（如"124"民政服务与管理人才培养模式，"1+1+N"实践教学基地群等）占比为 40%。对教师进行教学评价主要从教学设计、组织、实施、课堂、课外等维度来分析。

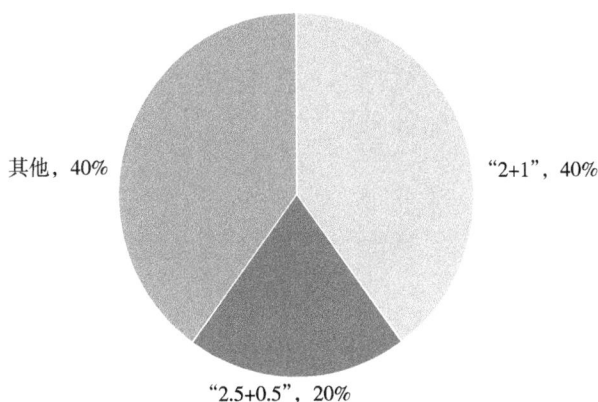

图1-83　民政服务与管理专业教学组织实施采用哪种教学组织安排

在教学过程中，常用的教学方法主要为案例教学法、任务驱动教学法、场景教学法，如图1-84所示。

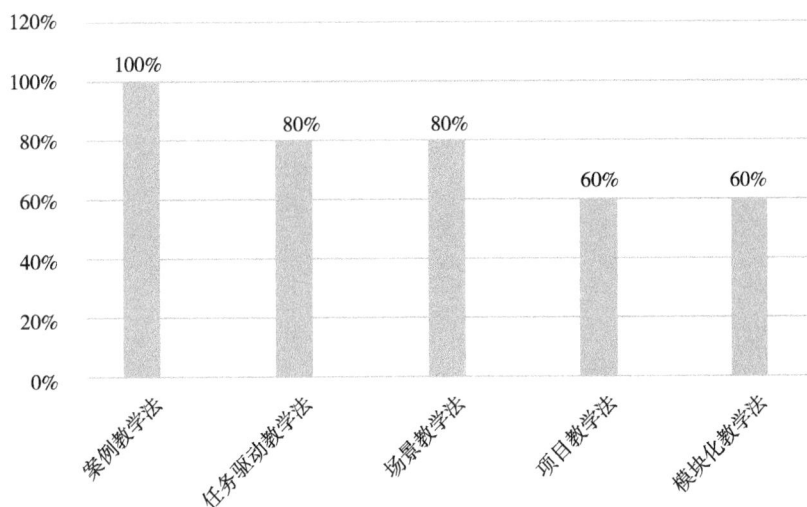

图1-84　民政服务与管理专业教学方法

⑤社会工作专业。

社会工作专业教学组织实施有60%采用"2.5+0.5"的教学组织安排，"2+1"模式的占比为40%。此外，有教师认为采用"2.5+0.5"的教学组织安排，实习时间较短，一方面不利于学生学习专业技能，另一方面合作实习企业对此模式接受度不高，如图1-85所示。

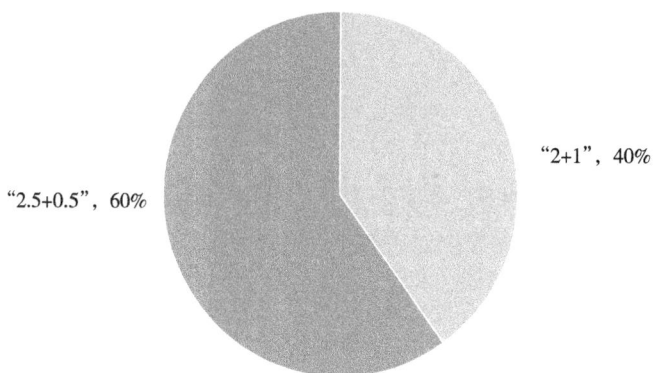

图 1-85　社会工作专业教学组织实施采用哪种教学组织安排

在教学过程中，教师更多采用案例教学法、任务驱动教学法、场景教学法、项目教学法，如图 1-86 所示。

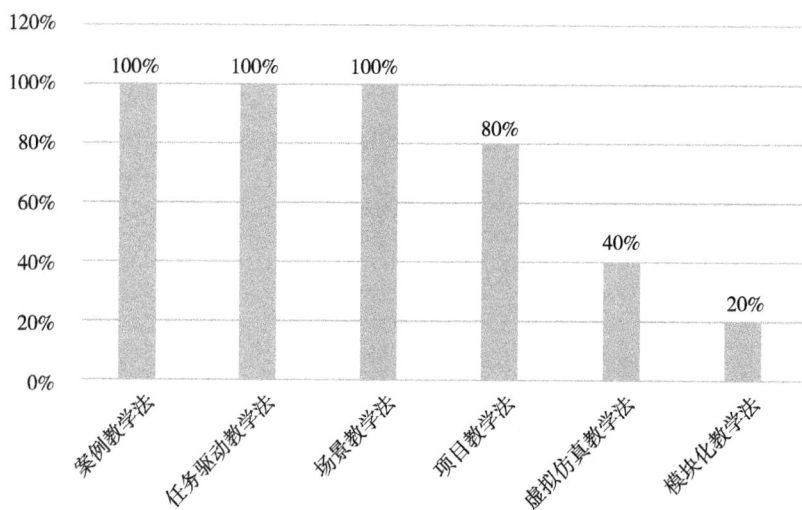

图 1-86　社会工作专业教学方法

通过对五个专业教学组织安排和教学方法调研分析结果归纳可知，老年服务与管理专业群相关专业教学组织安排主要形式为"2.5+0.5"的教学组织安排，教学方法主要为案例教学法、场景教学法。

四、调研结论

本次针对老年服务与管理专业群相关专业开展的调研，收集大量行业大数据信息、企业相关信息、学校相关信息、毕业生就业情况等，通过对调研数据和信息的归纳总结分析，得出如下结论。

（一）行业当下及未来的人才需求

大数据分析的结果为岗位需求调查分析、岗位职责与专业技能知识以及专业人员职业能力的提升提供了可靠的原始参考资料。尤其是各企业岗位职责和岗位要求的详细描述使得项目组能够实时了解当前养老行业的用人需求标准，为职业能力分析会的开展提供了相当有价值的参考资料。

川渝地区对养老行业的人才需求量大，智慧养老服务产业发展潜力巨大，高层次、技能型、可持续发展、"下得去、留得住、用得上"的高技能人才是养老服务产业人才的需求重点。目前养老行业人才仍呈紧缺状态，并且随着行业的发展对人才的要求也越来越高，校园招聘或校企合作培养人才成为目前多数企业招收人才的重要招聘渠道之一，通过校园招聘或校企合作等方式可大批量招收专业能力水平较高的技能人才，减少企业培训成本，并且高职院校培养的人才综合素质更能满足企业对高技能高素质的人才需求。

全国现代学徒制工作专家指导委员会主任委员赵鹏飞在对 2022 年智慧养老的发展展望中表示，鉴于我国人口老龄化规模庞大，老龄化速度较快，若继续依赖实体养老机构改善养老保障服务，不仅经济成本巨大，而且效果难以保证，也不符合大多数老年人希望居家养老的愿望。因此，发展"智慧养老"，依托智能信息技术，实现分散养老资源的集中、精确、高效供给，是我国应对"未富先老"时代老龄化冲击的有效选择，具有重要的推广意义。这对智慧养老、智慧护理、智慧康养、智慧社工、医养结合、物联网、大数据、人工智能等方面的人才有了更高的要求，与此同时，随着技术的不断发展与进步，我国"智慧养老"模式在提升养老保障服务成效方面将发挥不可忽视的积极作用。

（二）企业对专业毕业生的期望

1. 综合能力方面

加大对学生的基本能力培养力度，如开设相关课程提高学生的基础写作能力；专业语境下的沟通能力，如沟通技巧（与老人、家属、政府管理人员的沟通）、管理技巧等，而非只关注基础的照护、护理、康复治疗操作；加强学生的临床实践能力，加强老年疾病、心理、沟通等知识，培养学生更强的沟通能力；团队合作能力；策划能力、文书综合表达能力等。

2. 专业基础知识学习方面

加强养老政策学习（关注国家对养老行业的调整，各地对养老护理员等岗位的调整）；加强学生的技能操作，掌握基础的办公软件；注重案例教学，将理论知识通过实际案例或模块的形式教授给学生；加强专业方向性学习，使得人才培养更有针对性。

3. 课程设置方面

开设职业规划或就业指导等相关课程，帮助学生树立正确的就业观并了解真正的养老服务工作的内容与性质，降低在校期间对行业岗位的高预期、高幻想，利于学生在毕业后更好地适应工作环境。建议采用人才分类培养模式，如护理、前台楼层等细分岗位技能，开设加强培训的课程；在校期间设置更多关于智慧化养老的课程。

4. 培养学生的创新意识与创新能力方面

创新意识主要体现在学生应了解新媒体发展所带来的有趣的新鲜事物，并在提供服务的过程中加以运用；创新能力指学生应积极学习并掌握养老行业相关的新兴技术与系统的运用，以适应社会的高速发展，提高就业竞争力。

5. 实训方面

一方面应更注重学生在读期间的实习实践，安排学生进行有针对性的实训活动，让学生有更多的机会接触真正的工作环境，加强学生对自己所学专业的理解与认可度。可以增加实操技能，学校实践课程停留在理论且学生操作时间短，建议学校每周安排2~3节实践课程。另一方面加强专业联合培养方式，增加学生的实操性技能。其他方面，学校直接与企业合作，学校的实践课程与企业联合培养，实现产教深度融合。

6. 提高个人竞争力方面

随着智慧化养老模式的发展，越来越多的计算机等理工科专业的学生开始接触养老行业，用智慧化系统或智慧化平台取代人力服务。而在技术层面，老年服务与管理专业群的学生相对处于弱势，学校应该思考在智慧化行业高速发展的情况下，如何让本专业学生在信息技术专业人才面前依然保有优势，要注重培养护理类和老年服务类的专业技术型人才，培养其专业技术能力。

7. 学生心理建设方面

学校要让学生正确认识养老院的工作状态，讲清楚进入企业后会面临的实际情况，减少学生的落差感。促使学生很好地转换成社会工作者，一方面需要机构工作人员引导，另一方面在于学生自己心态的转变。

（三）教学工作的优化点

学校对智慧健康养老服务与管理相关专业未来发展趋势普遍看好，针对目前专业现状，可从以下几个方面进行优化。

在证书选择上，加强调研，和市场需求对接，考取对智慧健康养老服务与管理相关专业就业更为重要的证书，更有利于学生就业，增加考证的对应教学。

在专业协同上，智慧健康养老服务与管理、康复治疗技术、护理、民政服务与管理、社会工作专业要协同并进。很多项目需要护理、康复、社工等专业协同合作。在专业群未来的发展过程中，要加强专业协调顶层设计，把专业群的资源协调起来形成合力。要进一步思考怎么把专业群融合在一起，特别是同一个项目里，要能够体现专业群的协作融合能力。

在人才培养上，第一，跟岗实训是必要之举，该专业群学生要持续学习，所以对于这个专业群的学生而言，一年跟岗实训非常必要，在适当情况下，可以考虑"1.5+1.5"教学模式。在实习过程中要培养学生的临床思维、临床技能、分析判断能力与应对能力。第二，有条件的学校要积极开展与我国港澳台地区或者国外相关院校、企业合作，引进更先进的理念和经验。第三，人才培养方向需要进行多岗位培养，实现学生技能应用多样化，增强学生和专业的核心竞争力。

在教学建设上，第一，需要引进更先进的实训设备，提高教师技能水平，建设企业教师工作站，切实推动专任教师企业顶岗锻炼制度，提升教师实践能力；开展新形态教材建设，引入信息技术改革传统教学模式；改革考核和评价机制。第二，案例教学法、任务驱动教学法等在教学实践中要因地制宜，发挥该类教学模式的长处，但不能否认传统大班的讲授法。各院校要做到各种教学方法融会贯通，灵活运用。

（四）专业群毕业生的就业岗位及职业发展路径

通过对老年服务与管理专业群的大数据行业分析，对企业、毕业生及学校的调研分析，结合重庆城市管理职业学院的培育方向，得到老年服务与管理专业群毕业生的主要就业岗位以及职业生涯发展路径，见表1-22。

表1-22　老年服务与管理专业群职业生涯发展路径

发展阶段	照护岗	健康咨询岗	销售岗	运营岗	后勤岗	产品岗	培训岗	社会服务岗	行政岗	康复治疗技术岗	康复治疗管理岗	发展年限	护理技术岗	护理管理岗	发展年限
VII													N6-专科护士	护理部主任	—
VI	照护主任	健康管家总监	销售总监	运营总监	采购总监	产品总监	高级讲师	区域总监	区域总监　办公室主任	康复治疗主任技师	康复科主任	—	N5-专科护士	护理部副主任	—
V													N4-高级责任护士	科护士长	10年以上
IV								站长		康复治疗副主任技师/治疗区组长	康复科副主任/治疗区组长	5~8年	N3-高级责任护士	护理组长病区护士长	8~10年
III	照护主管	健康管家经理	销售经理	运营经理	采购经理	产品经理	中级讲师	社工督导	社会中心行政主管　办公室副主任	康复治疗主管技师	物理治疗/作业治疗/言语治疗组（PT/OT/ST组长）	3~5年	N2-（初级）责任护士		5~8年

发展阶段	照护岗	健康咨询岗	销售岗	运营岗	后勤岗	产品岗	培训岗	社会服务岗	行政岗		康复治疗技术岗	康复治疗管理岗	发展年限	护理技术岗	护理管理岗	发展年限
II	照护主管	健康管家主管	销售主管	运营主管	采购主管	产品主管	初级讲师	一线社工/社工项目主管	社会中心行政专员	民政专干	康复治疗师	—	1～3年	N 1 -（初级）责任护士（病房护理、ICU、门诊护理、急诊护理、社区护理、院感等）	—	1～5年
I	照护员	健康管家/养老顾问	业务员	运营专员	采购专员	产品专员	助教	社工助理	社会中心行政助理	民政助理/政务协管员	康复治疗士（物理治疗、作业治疗、言语治疗、传统康复治疗、矫形治疗、康复教育、社区康复、产后康复）	—	0.5～1年	N0- 助理护士	—	0.5～1年

老年服务与管理专业群课程体系构建报告

一、开展老年服务与管理专业群课程体系构建的必要性

重庆城市管理职业学院始建于 1984 年，是由重庆市人民政府举办、民政部与重庆市人民政府共建的公办全日制普通高等学校，是中国特色高水平专业群（A 档）建设单位、国家示范性骨干高职院校、全国文明校园、国家优质专科高职院校、全国职业教育先进单位、全国普通高校毕业生就业工作先进集体、国家技能人才培育工作作出突出贡献单位、教育部职业院校教学诊断与改进工作试点院校、重庆市首批市级示范性高职院校、重庆市优质高职院校。学校全面贯彻落实党的教育方针，遵循高等职业教育人才培养工作规律，积极开展人才培养模式改革和教学质量工程，深化政校企合作，为地方和区域经济社会发展培养高素质技能型专门人才。学校积极响应国家对职业教育发展的号召，确立了老年服务与管理专业群（包括智慧健康养老服务与管理、康复治疗技术、护理、民政服务与管理、社会工作 5 个专业）的专业群建设与发展逻辑，专业群立足"居家养老为基础、社区养老为依托、机构养老为补充"的养老服务体系，聚焦养老服务业的高端"医、养、康、护、保"五位一体有效融合，根据养老服务业的核心岗位开展了老年服务与管理专业群标准研制工作。经过前期的人才需求调研与专业群相关岗位的职业能力分析，充分认识到我国智慧健康养老行业的发展方向与市场需求结构正在发生重大变化。

（一）智慧养老产业人才需求更迭

随着我国老龄化程度加深、"银发经济"的崛起、养老产业快速发展，养老产业人才的需求量和需求类型随之上涨，传统养老模式已无法满足日益增长的养老需求，运用信息化手段为老年人提供智慧健康养老服务已成为我国积极应对老龄化的新思路。2018 年国务院机构改革，新成立卫生健康委老龄健康司和民政部养老服务司，医疗健康在养老产业发展中的作用被空前重视。在市场层面，各方资本和企业如地产、保险、医疗、康护、器械、互联网、大健康等产业链相关企业纷纷涉足。党的十九大报告中指出：积极应对人口老龄化，构建养老、孝老、敬老政策体系和社会环境，加快老龄事业和产业发展，为养老产业长期发展指明了方向，老龄政策为我国智慧养老产业发展提供了政策支持，信息技术与传统健康养老不断融合，人工智能、互联网等新兴技术助力养老产业发展。近期，工业和信息化部、民政部、国家卫生健康委共同印发《智慧健康养老产业发展行动计划（2021—2025 年）》（工信部联电子〔2021〕154 号），为我国智慧健康养老持续发展再次加码助力。

老年服务与管理专业群人才培养定位是，坚持以习近平新时代中国特色社会主义思想为指导，牢固树立新发展理念，具有"爱心、责任、服务、奉献"职业精神，德智体美劳全面发展。面向新产业、新业态和智慧健康养老服务业发展目标、主要任务等方面的部署，彻底改变传统养老服务人才仅以照护单一技能为主的服务内容，强势推进养老服务业人才结构优化和产业转型升级。智慧健康养老产业有效发挥了"互联网＋医养服务"，遵循"医、养、康、护、保"的内在逻辑，充分利用信息技术手段、优化养老资源结构、整合医疗资源、提升边际产出效率，逐步转向医养结合服务智能化、智慧化，有效提高老年人的生活质量和生活自理能力。

（二）高职教育的行业需求

高职教育的终极目标是服务经济社会发展。培养出的人才如果不能满足行业对用人的基本需求，那么教育将毫无意义。而实现高职教育的基本途径便是构建课程体系，课程是联结学校各要素的纽带，是教育活动的核心环节。专业群课程体系是指在一定教育价值理念指导下，将5个专业所包含的共通内容的各个构成要素加以排列组合，使各个课程要素在动态过程中统一指向老年服务与管理专业群课程体系目标实现的系统。课程体系是高校人才培养方案落实于实践的具体化体现，是实施人才培养方案的载体，是教育者和教育理念付诸实践的桥梁。

因此，在重庆城市管理职业学院老年服务与管理专业群标准研制的过程中，构建科学合理且相对稳定和动态更新相结合的课程教学体系是至关重要的一步，这一步的合理与否决定了学校培养出的人才是否能满足企业用人需求，以及是否能适应瞬息万变的智慧健康养老行业发展。

本报告将详细介绍重庆城市管理职业学院针对老年服务与管理专业群所开展的课程体系构建工作，包括其实施过程与获得的显著成效。

二、课程体系构建研讨会的组织与实施

（一）课程体系构建研讨会的会前准备工作

1.前期调研工作

课程体系构建会议前期，项目组首先成立了由学校专业负责人、智邻科技项目团队共同组成的调研小组，对老年服务与管理专业群相关企业的岗位专家、学校毕业生以及院校专家进行了充分的调研。根据调研对象的不同，调研工作主要划分为四部分，即老年服务与管理专业群相关的企业调研、毕业生调研、院校调研以及互联网相关人才需求的大数据调研。通过以上四类的调研工作，调研小组对智慧健康养老行业的人才结构现状及行业企业的人才需求状况有了全面的宏观认识，对重庆城市管理职业学院老年服务与管理专业群毕业生的岗位发展走向和职业成长优势有了深入的了解与分

析，并对行业相关岗位的实际招聘信息以及不同岗位对人才知识能力等方面的具体要求有了直观的认识。

前期调研工作的具体步骤及成效如图 2-1 所示。

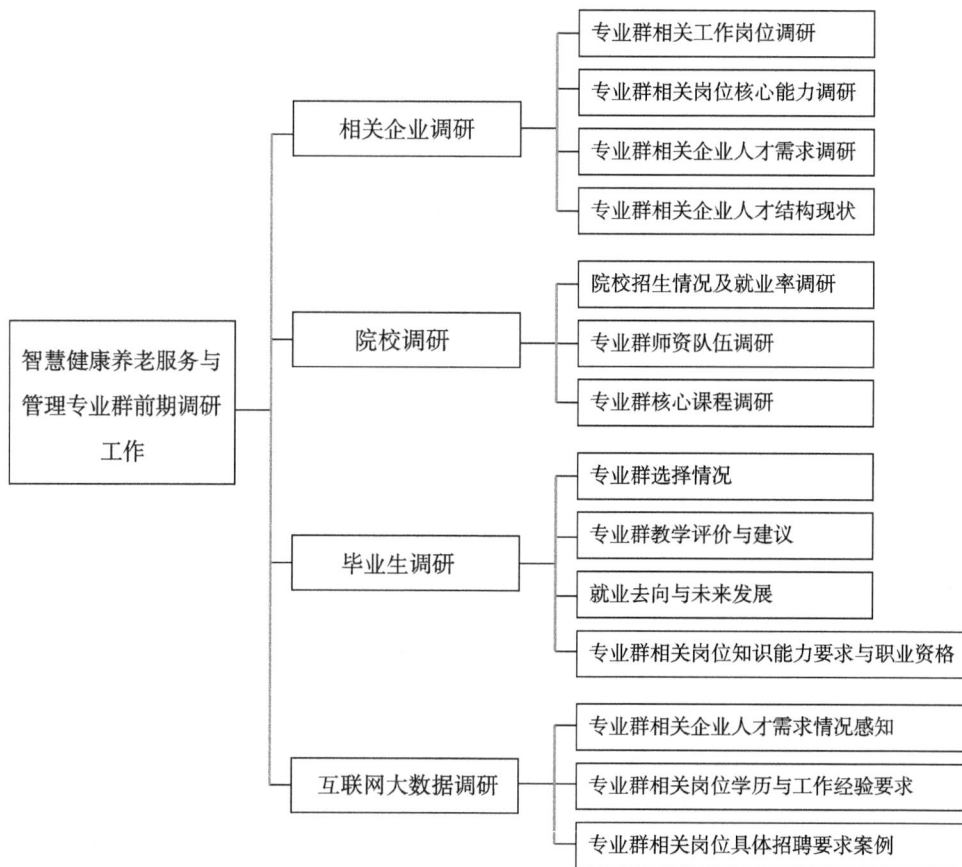

图 2-1　老年服务与管理专业群主要调研内容

2. 专业群相关岗位的职业能力分析

通过前期大量的数据收集与不同来源信息的横向比对以及分析，调研小组归纳整理出适合老年服务与管理专业群学生的 11 个岗位群发展方向及 33 个就业核心岗位，见表 2-1。

在此基础上，项目组召开了老年服务与管理专业群相关行业岗位的职业能力分析研讨会，会上邀请了 10 多名行业专家，与校领导和教师共同按照岗位标准要求及学校专业人才培养目标要求，讨论确定了相应岗位的职业能力，这为构建专业群课程体系奠定了坚实的基础。

表 2-1　老年服务与管理专业群职业生涯发展路径

发展阶段	照护岗	健康咨询岗	销售岗	运营岗	后勤岗	产品岗	培训岗	社会服务岗	行政岗		康复治疗技术岗	康复治疗管理岗	发展年限	护理技术岗	护理管理岗	发展年限
VII													—	N6-专科护士	护理部主任	—
VI	照护主任	健康管家总监	销售总监	运营总监	采购总监	产品总监	高级讲师	区域总监	区域总监	办公室主任	康复治疗主任技师	康复科主任		N5-专科护士	护理部副主任	—
V														N4-高级责任护士	科护士长	10年以上
IV								站长	社会中心行政主管	办公室副主任	康复治疗副主任技师/治疗区组长	康复科副主任/治疗区组长	5~8年	N3-高级责任护士	护理组长病区护士长	8~10年
III	照护主管	健康管家经理	销售经理	运营经理	采购经理	产品经理	中级讲师	社工督导			康复治疗主管技师	物理治疗/作业治疗/言语治疗组（PT/OT/ST组长）	3~5年	N2-（初级）责任护士	—	5~8年
II		健康管家主管	销售主管	运营主管	采购主管	产品主管	初级讲师	一线社工/社工项目主管	社会中心行政专员	民政专干	康复治疗师	—	1~3年	N1-（初级）责任护士（病房护理、ICU、门诊护理、急诊护理、社区护理、院感等）	—	1~5年
I	照护员	健康管家/养老顾问	业务员	运营专员	采购专员	产品专员	助教	社工助理	社会中心行政助理	民政助理/政务协管员	康复治疗师（物理治疗、作业治疗、言语治疗、传统康复治疗、矫形治疗、康复教育、社区康复、产后康复）	—	0.5~1年	N0-助理护士	—	0.5~1年

（二）课程体系构建研讨会的顺利召开

2022 年 10 月 16 日 9:00 ~ 18:00，重庆城市管理职业学院以腾讯视频会议的方式召开了"老年服务与管理专业群课程体系构建"线上研讨会。会议邀请了智慧健康养老服务与管理、康复治疗技术、护理、民政服务与管理、社会工作各专业负责人与教研室主任、企业专家和高校的课程构建专家共 22 人，共同探讨重庆城市管理职业学院老年服务与管理专业群课程体系的构建事宜。

在课程体系构建研讨会环节，明晰了研讨会是"居家养老为基础、社区养老为依托、机构养老为补充"的养老服务体系，聚焦养老服务业的高端"养护医结合"，根据养老服务业的核心岗位开展专业群建设。校企专家针对当前在智慧养老产业发展愈加追求复合型人才、创新型人才等背景下，展开了重庆城市管理职业学院老年服务与管理专业群五大专业人才课程设计与岗位能力如何实现良好对接的课程体系研讨。其中，各院校专家（包括本校专家与外校专家）和企业专家围绕岗位职业能力与实施教学的对接性，学生在校学习与实际工作岗位的一致性，学生与行业、岗位、社会"零距离、真接触"的现实性以及专业群培养方向与我国"十四五"规划中对智慧健康养老服务发展的新寄望的一致性等维度与内容，就学校应该开设什么样的课程、所开课程能否满足学生就业岗位的职业能力要求等问题展开了热烈的探讨，目的在于实现理实一体化，实现高职教育、行业教育和岗位教育的有机结合，并实现学生在校也能获得职业技能训练及职业素养培养等目标。

三、课程体系构建研讨会的结论与成效

（一）专业群相关行业人才需求特征

经过前期多维度的调研工作及研讨会上与行业、教育领域专家的沟通，再结合目前我国智慧健康养老行业的发展实际，项目组明确了老年服务与管理专业群相关行业人才需求的主要类型。

1. 基础岗服务型人才

国务院在全国人大常委会审议的关于加强和推进老龄工作进展情况的报告指出，当前我国人口老龄化形势严峻，到 2050 年前后，老年人口规模和比重、老年抚养比和社会抚养比相继达到峰值。养老服务作为支撑养老服务业的基础，肩负着守护最美"夕阳红"的重要使命，然而，与持续攀升的老龄人口以及广大老年人多层次、多样化的养老服务需求相比，当前我国养老服务人才尤其是高素质的养老护理专业人才，还存在供给不足、年龄偏大、专业能力欠缺等问题，成为制约养老服务高质量发展的重要因素，当务之急是落实相关政策待遇。劳动强度大、工资待遇差、社会认可度低等造

成一线护理员大量流失，很多择业者不愿踏进养老服务行业。

2. 高技能实用型人才

为了促进整个养老行业的发展，不仅要培养养老等基础服务型人才，还需要吸引更多专业人才加入养老照护大军。这就要求服务型人才应积极转变为高技能服务型人才，及时掌握行业的新技术、新方法，提高自身服务的技能水平。要不断完善基于岗位价值、能力素质、业绩贡献的工资分配机制。老年人护理与康复治疗作为一份特殊工作，不仅要求护理员有爱心、有耐心，也需要具备一定的专业技能。加强养老服务人才队伍建设，要继续鼓励技工院校开设养老相关专业；也可通过开展养老服务业培训和职业技能比赛，提升从业人员的综合素质和专业技能。学生可以通过"理论＋实践"课的方式，学习生活照料、康复护理、急救知识和心理护理等养老护理知识，经考核合格后获得养老护理员结业证书，培养储备养老服务技能型人才。

3. 高素质复合型人才

高素质复合型人才，如适应行业企业运营管理趋势的运营管理人才，其与以往对人才的需求有所差别，区别在于复合型人才培养重在利用更加先进科学的知识与技能了解现代运营管理相关知识，同时还要能够带领团队实现目标，解决各类问题。随着我国大健康战略的需要，社会对健康管理、健康教育人才的需求，智慧健康养老行业取得了迅速发展，老年照护也对复合型人才有更大的需求。老年服务与管理专业群聚焦健康养老产业人才核心能力要求，组建企业与学校联合培养模式，践行健康中国战略，聚焦健康养老产业，推进专业群布局，培养新时代老年照护与机构运营相结合的智慧健康养老产业高素质复合型人才。

（二）课程体系与职业能力的对接

根据智慧健康养老行业最新的发展业态与重庆城市管理职业学院老年服务与管理专业群的教学优势和教学实际，课程体系构建研讨会讨论了老年服务与管理专业群6门专业群平台课程、35门专业核心课程与6门专业拓展课程，详情见表2-2。

表2-2　老年服务与管理专业群课程体系与职业能力对接

序号	课程类型	课程名称	总学时	对接职业能力编号
1	专业群平台课	安全管理与应急处理	32	123、113、109、05、117、130、128、129、05、113-04、127、08、05、19
2		社会政策与法规	32	25-05-05、27-04-01、35-05、44-01-09、44-02-02、66-01、78-01-02、85-06-05、86-01、89-02-03、90-03-01、91-02-05、96-01、132-06-04

续表

序号	课程类型	课程名称	总学时	对接职业能力编号
3	专业群平台课	老年心理学	32	04–01、04–02、07–02、10–02、10–03、14–01–01、20–01–11、25–06–02、30–01–08、41–04–01、45–02–01、52–01–02、81–01–07、93–01–05、93–07–02、95–02、95–03、97–01–01、143–01
4		康护人文素养	32	99、100、101、102
5		老年医学基础	32	03–03、20–01–03、20–01–02、20–04–03、22–01–02、31–01、31–02、31–03–02、34–01–01、35–01–08、37–01–01、38–01–01
6		社会服务与市场营销	32	20、21、22、45、46–84
7	专业核心课	（社工）社会工作项目设计与评估	45	88、27、28、87、29
8		（社工）社会工作行政	60	95、96、98、97、94、93、28、87、92
9		（社工）小组社会工作	72	88、27
10		（社工）个案工作	64	88、27
11		（社工）社区工作	72	88、27
12		（社工）社会调查方法	60	88、27、29、92
13		（社工）社会工作导论	45	88、94
14		（民政）福利彩票管理实务	36	72、77、89
15		（民政）社会救助实务	64	89、90
16		（民政）福利机构经营与管理	60	04–01、05、08、09、10、11–02、11–03、12、14、15、16、17、19、21、36、47、48、56、57、58、60、61、62、63、73、143
17		（民政）福利机构经济法	60	17、27–05、32–03、33–03、35–04、35–05、38–04、43–03、46、52、58、59、60、61、64–3、65、68、71、72、73、78
18		（民政）民政秘书实务	38	45、62–01、85、89、93、94、95
19		（民政）社区管理	64	91、85、86
20		（民政）社区女性关注	62	27、85–06、87–02、87–04
21		（康复）康复评定技术	60	34–02、32、31、30、35、34–02、35、33–04
22		（康复）运动治疗技术	76	35、33–01、33–02、33–03、34–02
23		（康复）物理因子治疗技术	46	33、35
24		（康复）神经康复技术	32	33、35
25		（康复）作业治疗技术	54	35、33–01、33–02、33–03、34–02
26		（康复）传统康复治疗技术	57	35、33–01、33–02、33–03、34–02
27		（康复）言语治疗技术	76	35、33–01、33–02、33–03、34–02
28		（养老）智慧养老产业经营与管理	64	20、21、22
29		（养老）智慧健康养老机构管理与实务	54	10–02、10–03、10–04、19

续表

序号	课程类型	课程名称	总学时	对接职业能力编号
30	专业核心课	（养老）智慧老年健康咨询与管理	54	21、23、24、25、20-02、20-03、22-02、22-03
31		（养老）老年营养与膳食	64	06、09、10、11、12、13、14、15、16、17、18、23、24、25
32		（养老）智慧健康养老照护	72	01、02、06、09、10、11、12、13、14、15、16、17、18、23、24、25
33		（养老）智慧老年康复 护理	64	03、06、09、10、11、12、13、14、15、16、17、18、23、24、25
34		（养老）老年活动策划与设计	60	03、04
35		（护理）健康评估	48	122、99、116、126
36		（护理）基础护理（一、二）	140	44、99、100、101、102、143
37		（护理）急救护理学	48	44、99、100、101、102、105、106、107、108、127、128、129、130、143
38		（护理）外科护理（一、二）	134	44、99、100、101、102、103、104、109、110、111、112、113、114、115、116、117、118、119、120、121、143
39		（护理）妇产科护理	57	44、99、100、101、102、143
40	专业拓展课程	常见老年疾病护理与照护	54	135、14、115、112、04、10、134、07、01、02、09、11、15、13、06、14、16、24、17、23、12、25、10、18
41		老年人康复指导技术	54	03、04
42		传染病预防与护理	54	102、136、141、137、140、138、142、114、109、139
43		健康教育	54	04、133、131、124、111、132、88、95、87、93、97、98、94、96
44		中医养生保健	54	20-01-01、20-01-08、20-01-10、20-04-01、20-04-05、22-01-01、22-01-08、22-01-10、133-02、135-01、135-01-03
45		老年社会工作实务	54	88、95、87、93、97、98、94、96

老年服务与管理专业群核心课程标准

高等职业教育专科
"老年活动策划"课程标准

一、课程基本信息

课程编码	01080024	课程类型（理论或实践）	理论与实践结合	学分	3
适用专业	智慧健康养老服务与管理				
先修课程	老年学理论与实践				
后续课程	顶岗实习				
总学时	60		实践学时		30
大纲执笔人	向雪		批准人		

二、课程定位

"老年活动策划"是智慧健康养老服务与管理专业产业管理方向的专业课程。我国人口老龄化的快速进展，催生了老年服务与管理人才的迫切需求，而与智慧健康养老服务与管理专业密切相关的老年活动策划课程，更是成为专业教师倍加关注和探究的课题。目前，从老年服务与管理人才培养的角度，系统论述这一课题的教材尚未面世，因而，本课程的教学实施具有开拓价值。

三、课程学习目标

高职高专教育中，课程的设置必须根据培养目标和需要，重在概念的引入、基本理论和背景应用的讲解。通过本课程的教学，应使学生比较全面系统地掌握老年活动策划的基础知识和实际操作技能，更重要的还在于能使学习者体验基于问题的学习方法，为增强就业能力和职业适应能力，打下坚实的基础。"老年活动策划"是涉及老年学、心理学、生理学、社会学、教育学、伦理学、运动康复学、策划学等相关理论，具体付诸老年服务与管理专业教育实践的应用性学科。本课程从培养老年服务与管理专业人才的角度，分析老年活动策划的基本概念、基本理论以及程序和方法。

四、课程能力标准要求

（一）能力习得

（1）了解老年人活动的正确方法；

（2）合理安排老年人的活动；

（3）掌握老年策划的特点和条件；

（4）了解各种形式的老年活动策划；

（5）熟悉各类形式的活动的优劣；

（6）休闲类活动策划；

（7）竞技类活动策划；

（8）其他类型活动策划；

（9）熟悉掌握老年活动策划书的书写和创作。

（二）素质要求

（1）具有良好的职业道德和踏实的工作作风；

（2）具有良好的竞争意识和开拓创新精神；

（3）具有胜任老年服务与管理工作的良好业务素质和身体素质；

（4）具有团队合作精神和良好的心理素质。

五、课程主要内容

（一）能力单元与学时分配

序号	能力单元名称	讲授（学时）	实操（学时）	专家讲座（学时）	参观（学时）	讨论（学时）	其他（学时）
1	前言：重新认识老年	4					
2	认识老年人活动	4					
3	认识老年人活动策划与组织	4					
4	课堂习作策划方案	2	4				
5	策划组织学习体育健身类活动	2	4				
6	策划组织竞赛类活动	2					
7	策划组织专业技术老年人老有所为活动	2					
8	策划组织普通群众老年人老有所为活动	2					

续表

序号	能力单元名称	讲授（学时）	实操（学时）	专家讲座（学时）	参观（学时）	讨论（学时）	其他（学时）
9	策划组织老年人茶话会、外出类活动	2					
10	策划组织老年人展示类活动	2					
11	课堂习作	2	2				
12	活动策划小组实践	2	20				
合计		30	30				

（二）教学任务描述

第 1 教学单元	
课题	单元一：认知老年人活动 任务一：我国老年人活动现状
目的要求	掌握老年人活动的概念
重点	了解我国老年人活动的现状
难点	了解我国老年人活动的现状
教学方法	讲授法；多媒体演示法；讨论法；分组学习法

教学过程	教学环节	说明	备注
	1	课程导入	约 5 分钟
	2	通过多媒体阐述本节课主要教学内容	约 10 分钟
	3	提出问题并引起探讨	约 5 分钟
	4	回顾本节课重点	约 5 分钟

作业布置	试阐述我国老年人活动的现状

第 1 教学单元	
课题	单元一：认知老年人活动 任务二：活动的概念及特点
目的要求	1.掌握老年人活动的概念 2.了解老年人活动的特点
重点	老年人活动的概念、特点
难点	老年人活动的概念、特点
教学方法	讲授法；多媒体演示法；讨论法；分组学习法

续表

教学过程	教学环节	说明	备注
	1	课程导入	约5分钟
	2	通过多媒体阐述本节课主要教学内容	约15分钟
	3	提出问题并引起探讨	约5分钟
	4	回顾本节课重点	约5分钟
作业布置	1. 简述老年人活动的概念及特点 2. 简述老年人活动的特点		

第1教学单元

课题	单元一：认知老年人活动
目的要求	了解老年人活动的类型
重点	老年人活动的类型
难点	老年人活动的类型
教学方法	讲授法；多媒体演示法；讨论法；分组学习法

教学过程	教学环节	说明	备注
	1	课程导入	约5分钟
	2	通过多媒体阐述本节课主要教学内容	约10分钟
	3	提出问题并引起探讨	约5分钟
	4	回顾本节课重点	约5分钟
作业布置	简述老年人活动的类型		

第2教学单元

课题	单元二：认知老年人活动的策划与组织 任务一：认识老年人活动策划与组织
目的要求	1. 掌握老年人活动策划与组织的概念和原则 2. 了解老年人活动策划的阶段及主要工作
重点	老年人活动策划与组织的概念、原则
难点	老年人活动策划与组织的相关概念及分类
教学方法	讲授法；多媒体演示法；讨论法；分组学习法

教学过程	教学环节	说明	备注
	1	课程导入	约5分钟
	2	通过多媒体阐述本节课主要教学内容	约25分钟
	3	提出问题并引起探讨	约5分钟
	4	回顾本节课重点	约5分钟
作业布置	简述老年人活动策划与组织的概念及原则		

续表

第2教学单元		
课题	单元二：认知老年人活动的策划与组织 任务三：撰写老年人活动策划与组织方案	
目的要求	1. 掌握老年人活动策划与组织方案的构成要素 2. 会撰写老年人活动策划方案	
重点	老年人活动策划与组织方案撰写步骤	
难点	老年人活动策划与组织方案的撰写	
教学方法	讲授法；多媒体演示法；讨论法；分组学习法；案例分析法	

教学过程	教学环节	说明	备注
	1	课程导入	约5分钟
	2	通过多媒体阐述本节课主要教学内容	约30分钟
	3	通过案例法、讲解法等突出教学重点	约20分钟
	4	提出问题并引起探讨	约5分钟
	5	回顾本节课重点	约5分钟

作业布置	1. 老年人活动策划与组织方案的构成要素 2. 策划和组织一个老年活动，并撰写其方案

第2教学单元		
课题	单元二：认知老年人活动的策划与组织 任务三：活动方案撰写注意事项认知	
目的要求	1. 会策划和组织老年活动 2. 了解老年人活动策划方案撰写的注意事项	
重点	1. 老年活动的策划与组织的内涵 2. 老年人活动策划与组织方案撰写的注意事项	
难点	老年人活动策划与组织方案撰写的注意事项	
教学方法	讲授法；多媒体演示法；讨论法；分组学习法	

教学过程	教学环节	说明	备注
	1	课程导入	约10分钟
	2	通过多媒体阐述本节课主要教学内容	约20分钟
	3	提出问题并引起探讨	约15分钟
	4	回顾本节课重点	约10分钟

作业布置	试阐述老年人活动策划方案撰写的注意事项

第3教学单元	
课题	单元三：策划组织老年专业技术人员发挥余热活动
目的要求	1. 学生们可以策划组织老年专业技术人员发挥余热活动 2. 让学生能够针对不同专业技术老年人进行策划

重点	1. 老有所为的概念 2. 不同类型的老年专业技术人员老有所为方案策划流程		
难点	1. 不同岗位的老年专业技术人员活动策划组织方案的撰写 2. 不同老年专业技术人员活动策划案例分析		
教学方法	视频资料、案例分析、课件演示、讲解、角色扮演		
教学过程	教学环节	说明	备注
	1	课程导入	约 5 分钟
	2	通过多媒体阐述本节课主要教学内容	约 10 分钟
	3	通过案例法、讲解法等突出教学重点	约 55 分钟
	4	提出问题并引起探讨	约 15 分钟
	5	回顾本节课重点	约 5 分钟
作业布置	1. 策划组织老年专业技术人员发挥余热活动的流程及步骤 2. 请为老年教育工作者设计一次公开讲座的活动		

第 4 教学单元			
课题	单元四：策划组织普通老年群众老有所为活动 任务一：老年义务宣传员活动策划与组织		
目的要求	1. 让学生了解普通老年群众老有所为活动；2. 学生能够策划普通老年群众老有所为活动		
重点	1. 普通老年群众老有所为活动；2. 普通老年群众老有所为活动方案策划流程		
难点	1. 普通老年群众老有所为活动策划组织方案的撰写；2. 普通老年群众老有所为活动策划案例分析		
教学方法	视频资料、案例分析、课件演示、讲解、角色扮演		
教学过程	教学环节	说明	备注
	1	课程导入	约 5 分钟
	2	通过多媒体阐述本节课主要教学内容	约 10 分钟
	3	通过案例法、讲解法等突出教学重点	约 55 分钟
	4	提出问题并引起探讨	约 15 分钟
	5	回顾本节课重点	约 5 分钟
作业布置	1. 简述策划组织普通老年群众老有所为活动的流程 2. 请为普通老年群众设计一次老年志愿者活动的策划		

第 5 教学单元			
课题	单元五：策划组织老年人学习文化知识类活动		
目的要求	1. 知识目标 （1）了解老年人学习文化知识类活动的意义及注意事项 （2）了解学习文化知识类活动等的材料、工具，熟悉基本方法 2. 能力目标 （1）培养学生具有初步的组织老年人学习文化知识类活动的组织能力 （2）培养学生具有初步的设计、制作、评价的能力和合作、探索、创造的精神 3. 情感目标 培养学生尊老爱老的习惯：安全使用工具、保持环境卫生。初步学会欣赏美进而创造美的意识		
重点	老年人学习文化知识类策划活动方案的撰写		
难点	老年人典型文化知识活动的基本表现方法		
教学方法	视频演示、案例示范、小组实训		
教学过程	教学环节	说明	备注
	1	课程导入	10 分钟
	2	通过多媒体阐述本节课主要教学内容	20 分钟
	3	通过案例法、讲解法等突出教学重点	50 分钟
	4	提出问题并引起探讨	15 分钟
	5	回顾本节课重点	5 分钟
作业布置	1. 简述策划组织老年人学习文化知识类活动的准备工作 2. 请为普通老年群众设计一次老年人学习电脑活动的策划		

第 6 教学单元			
课题	单元六：策划组织学习、体育健身类老年活动		
目的要求	1. 掌握学习、体育健身类老年活动的操作流程及注意事项 2. 掌握学习、体育健身类老年活动的具体操作流程及方法		
重点	掌握学习、体育健身类老年活动的具体操作流程及方法		
难点	掌握学习、体育健身类老年活动的具体操作流程及方法		
教学方法	讲授法；多媒体演示法；讨论法；分组学习法		
教学过程	教学环节	说明	备注
	1	课程导入	约 10 分钟
	2	通过多媒体阐述本节课主要教学内容	约 20 分钟
	3	通过讲解法等突出教学重点	约 50 分钟
	4	分组实践训练	约 100 分钟
	5	提出问题并引起探讨	约 15 分钟
	6	回顾本节课重点	约 5 分钟
作业布置	1. 简述策划组织老年学习类活动的注意事项 2. 简述策划组织老年体育健身类活动的注意事项 3. 请为某养老机构的 20 位患有糖尿病的老年人举办一次中医保健讲座 4. 请为一家社区老年日间照料中心策划一项可以长期坚持的体育健身类活动		

第 7 教学单元			
课题	单元七：策划组织歌舞类老年活动		
目的要求	1. 知识目标 （1）掌握身心活化及音乐照护的相关概念，了解活动所需相关器材的操作方法 （2）熟悉不同老年群体老有所乐的相关活动流程 2. 能力目标 （1）能够运用身心活化及音乐照护技能组织老年人老有所乐活动 （2）能够挖掘老年群体的文艺特长，策划组织主题丰富多彩的歌舞活动 3. 情感目标 （1）培养学生独立思考、组织协调、创新能力 （2）培养学生敬老、爱老孝老的为老服务意识		
重点	老有所乐类活动方案的撰写；掌握身心机能活化运动与音乐照护活动操作技能		
难点	老有所乐活动方案对不同群体长者的适用性		
教学方法	视频演示、案例示范、小组实训		
教学过程	教学环节	说明	备注
	1	课程导入	
	2	通过多媒体阐述本节课主要教学内容	
	3	通过案例法、讲解法等突出教学重点	
	4	提出问题并引起探讨	
	5	小组汇报	
	6	回顾本节课重点	
作业布置	1. 简述健康环、手指棒及音乐照护活动中各种乐器的使用方法 2. 请撰写为半自理长者进行音乐照护的策划方案		

第 8 教学单元	
课题	单元八：策划组织歌舞类老年活动
目的要求	1. 知识目标 （1）掌握身心活化及音乐照护的相关概念，了解活动所需相关器材的操作方法 （2）熟悉不同老年群体老有所乐的相关活动流程 2. 能力目标 （1）能够运用身心活化及音乐照护技能组织老年人老有所乐活动 （2）能够挖掘老年群体的文艺特长，策划组织主题丰富多彩的歌舞活动 3. 情感目标 （1）培养学生独立思考、组织协调、创新能力 （2）培养学生敬老、爱老、孝老的为老服务意识
重点	老有所乐类活动方案的撰写；掌握身心机能活化运动与音乐照护活动操作技能
难点	老有所乐活动方案对不同群体长者的适用性
教学方法	视频演示、案例示范、小组实训

教学过程	教学环节	说明	备注
	1	课程导入	
	2	通过多媒体阐述本节课主要教学内容	
	3	通过案例法、讲解法等突出教学重点	
	4	提出问题并引起探讨	
	5	小组汇报	
	6	回顾本节课重点	
作业布置	1.简述健康环、手指棒及音乐照护活动中各种乐器的使用方法 2.请撰写为半自理长者进行音乐照护的策划方案		

第 9 教学单元			
课题	单元九：策划组织竞赛类老年活动 任务一：策划组织棋牌类竞赛活动		
目的要求	让学生了解老年竞赛类活动的类型 学生能够策划组织棋牌类老年竞赛活动		
重点	1.老年竞赛类活动的类型 2.老年棋牌类竞赛活动方案的策划流程		
难点	老年棋牌类竞赛活动组织方案策划的流程 老年棋牌类竞赛活动组织方案的撰写		
教学方法	视频资料、案例分析、课件演示、讲解、角色扮演		
教学过程	教学环节	说明	备注
	1	课程导入	约 5 分钟
	2	通过多媒体阐述本节课主要教学内容	约 10 分钟
	3	通过案例法、讲解法等突出教学重点	约 55 分钟
	4	提出问题并引起探讨	约 15 分钟
	5	回顾本节课重点	约 5 分钟
作业布置	1.简述策划老年棋牌类竞赛活动的流程 2.请为老年群众设计一次老年棋牌竞赛活动的策划方案		
第 9 教学单元			
课题	单元九：策划组织竞赛类老年活动 任务二：策划组织知识类竞赛活动		
目的要求	学生能够策划组织知识类老年活动		
重点	老年知识类竞赛活动方案的策划流程		
难点	老年知识类竞赛活动组织方案策划的流程 老年知识类竞赛活动组织方案的撰写		
教学方法	视频资料、案例分析、课件演示、讲解、角色扮演		

教学过程	教学环节	说明	备注
	1	课程导入	约 5 分钟
	2	通过多媒体阐述本节课主要教学内容	约 10 分钟
	3	通过案例法、讲解法等突出教学重点	约 55 分钟
	4	提出问题并引起探讨	约 15 分钟
	5	回顾本节课重点	约 5 分钟
作业布置	1. 简述策划老年知识竞赛类活动的流程 2. 请为老年群众设计一次老年知识竞赛类活动的策划方案		

第 9 教学单元			
课题	单元九：策划组织竞赛类老年活动 任务三：策划组织体育类竞赛活动		
目的要求	学生能够策划组织体育类老年活动		
重点	老年体育类竞赛活动方案的策划流程		
难点	老年体育类竞赛活动组织方案策划的流程 老年体育类竞赛活动组织方案的撰写		
教学方法	视频资料、案例分析、课件演示、讲解、角色扮演		
教学过程	教学环节	说明	备注
	1	课程导入	约 5 分钟
	2	通过多媒体阐述本节课主要教学内容	约 10 分钟
	3	通过案例法、讲解法等突出教学重点	约 55 分钟
	4	提出问题并引起探讨	约 15 分钟
	5	回顾本节课重点	约 5 分钟
作业布置	1. 简述策划老年体育竞赛类活动的流程 2. 请为老年群众设计一次老年体育竞赛类活动的策划方案		

第 10 教学单元	
课题	单元十：策划组织老年人候鸟式养老活动 任务一：策划组织老年人候鸟式养老活动
目的要求	1. 掌握候鸟式养老内涵；2. 候鸟式养老的好处；3. 候鸟式养老的条件；4. 会撰写候鸟式养老活动的策划方案
重点	候鸟式养老的条件 撰写候鸟式养老活动的策划方案
难点	撰写候鸟式养老活动的策划方案
教学方法	讲授法；多媒体演示法；讨论法；分组学习法；案例分析法

教学过程	教学环节	说明	备注
	1	课程导入	约10分钟
	2	通过多媒体阐述本节课主要教学内容	约60分钟
	3	通过案例法、讲解法等突出教学重点	约65分钟
	4	提出问题并引起探讨	约25分钟
	5	回顾本节课重点	约10分钟
作业布置	1.简述候鸟式养老内涵及候鸟式养老的好处 2.试阐述候鸟式养老的条件 3.策划和组织一次候鸟式养老活动并撰写其方案		

第 10 教学单元

课题	单元十：策划组织旅游类老年活动 任务二：策划组织老年人旅游分享活动		
目的要求	1.旅游攻略的概念；2.老年分享活动的意义；3.会撰写老年人旅游分享活动的方案		
重点	1.老年旅游攻略含义 2.撰写老年人旅游分享活动的活动方案		
难点	撰写老年人旅游分享活动的活动方案		
教学方法	讲授法；多媒体演示法；讨论法；分组学习法；案例分析法		
教学过程	教学环节	说明	备注
	1	课程导入	约10分钟
	2	通过多媒体阐述本节课主要教学内容	约60分钟
	3	通过案例法、讲解法等突出教学重点	约65分钟
	4	提出问题并引起探讨	约25分钟
	5	回顾本节课重点	约10分钟
作业布置	1.简述老年旅游攻略含义 2.策划组织老年人旅游攻略分享活动		

六、学习者能力测试指导

（一）考核目的

为全面掌握学生对本课程的学习动态，发现和总结教与学环节中的经验和问题，建立一个以调查、分析、创作技能考核为主线的、开放式的、全过程的考核体系，依据课程建设规划，制订本考核方案。

（二）考核原则

1.坚持能力本位原则

在考核过程中以能力强弱衡量学生成绩的高低。

2.全过程化考核原则

每一阶段都对学生进行阶段性考核，从始至终全过程进行考核。

3.难度均衡性原则

在试题的难易程度上要保证均衡，既反映学生对知识整体的掌握情况，又反映学生个体的能力差异。

4.成绩考核原则

该课程的总成绩由形成性考核成绩（占总成绩的40%）和期末考核成绩（占总成绩的60%）两部分构成。

（三）考核说明

半期鉴定任务一：撰写活动策划方案	
鉴定能力要素（即鉴定学生何种能力）	自主学习能力，资料收集能力、统筹计划能力
鉴定工具、手段（鉴定采用何种工具、量表、手段）	资料收集法、分析法
鉴定过程描述（阐述鉴定实施主要环节）	全班学生分成4个小组，每组5人，每个小组独立制订一份老年活动策划方案
分值比重（本项目在总成绩中的比重）	20%
半期鉴定任务二：各小组方案活动实施	
鉴定能力要素（即鉴定学生何种能力）	统筹计划能力、团队组织能力、任务执行能力
鉴定工具、手段（鉴定采用何种工具、量表、手段）	运用实训基地的所有场地和道具，实施一次完整的活动组织
鉴定过程描述（阐述鉴定实施的主要环节）	全班学生分成5个小组，每组5~6人，每个小组按策划方案（待定）完成一次活动组织
分值比重（本项目在总成绩中的比重）	20%
期末鉴定任务三：主题活动策划并实践组织	
鉴定能力要素（即鉴定学生何种能力）	自主学习能力，团队组织能力、任务执行能力、统筹能力
鉴定工具、手段（鉴定采用何种工具、量表、手段）	运用实训基地的所有场地和道具，组织一次老年主题活动
鉴定过程描述（阐述鉴定实施的主要环节）	全班按策划方案（待定）各自分成不同的工作小组，如现场志愿者组、道具组、后勤组等，策划并组织一场老年人参与的活动
分值比重（本项目在总成绩中的比重）	60%

七、教学资源配置

（一）教材及参考书籍

1.主教材

张沙骆，刘隽铭.老年人活动策划与组织［M］.北京：北京师范大学出版社出版，"十二五"职业教育国家规划教材，2021.

2.参考资料

唐车霞.老年活动策划与组织［M］.南京：南京大学出版社，2019.

3.智慧职教平台

由高等教育出版社建设和运营的职业教育数字教学资源共享平台和在线教学服务平台。

4.主要设备与设施

智慧健康养老服务与管理各实训室、各校企合作机构实地。

5.主讲教师

向雪，专任老师，助教，16年教学经历，现任重庆城市管理职业学院智慧康养学院教师。

（二）教学组织的特点（建议）

部分实践课程集中排课；带领学生进入养老机构，在行业工作人员的指导下进行见习和实训操作。

高等职业教育专科
"老年营养与膳食"课程标准

一、课程基本信息

课程编码	01080019	课程类型 （理论或实践或理实一体）	理实一体	适用专业	老年服务与管理专业
学分	3	总学时	64	实践学时	32
先修课程	老年常见病预防与护理				
后续课程	顶岗实习				
执笔人	杜庆		批准人		

二、课程定位

"老年营养与膳食"是智慧健康养老服务与管理专业的专业核心课程之一，是一门将营养学应用到老年营养理论研究与实践的科学。以涉及老年人的营养与饮食保健为主，研究与老年人这一特殊人群的营养有关的健康问题。通过本课程的学习，能够了解老年人机体所需要的各种营养素及其营养素的化学组成特点和生理功能、营养评价、食物来源和供给量，了解老年人常用食物的营养价值和食疗作用，了解老年人的生理特点和合理营养的要求，了解老年人常见疾病的发病病因和临床症状，了解老年人保健食品的分类和功效。掌握老年人膳食的评价方法、老年人食谱的编制、老年人常见疾病的饮食疗法等技能，并能运用所学的营养学知识帮助老年人建立良好的饮食习惯。是公共营养师、健康管理师职业资格证书的支撑课程之一。

三、课程学习目标

本课程通过课堂讲授、专题讨论、上机实习、自学等方式进行教学。通过本课程的学习，学习者应该达到以下要求。

（一）社会主义核心价值观目标

（1）树立富强、民主、文明、和谐的价值目标；

（2）树立自由、平等、公正、法治的价值取向；

（3）树立爱国、敬业、诚信、友善的价值准则。

（二）情感态度目标

（1）具备社会责任情感、敬老爱老情感；

（2）具备求实的科学态度、积极的生活态度等。

（三）职业素养目标

（1）对从事老年营养评价、老年营养指导、老年营养教育工作充满热情，并且具有高度的责任感；

（2）具备严谨的学习和做人的态度，具备自主学习、独立思考、发现问题、分析问题和解决问题的能力；

（3）具备团队合作精神，敢于提出与别人不同的见解，也敢于放弃自己错误的观点；

（4）具备文字、口头表达与交流技巧。

（四）知识目标

（1）掌握老年人所需要的几种营养素的特点及其需求量；

（2）掌握老年人所常用的食物的分类及其每类食物的营养特点；

（3）掌握老年人合理膳食的基本理论；

（4）掌握老年人常见疾病的饮食调养；

（5）掌握老年人饮食营养保健和饮食卫生保健。

（五）技能目标

（1）能够对老年人的膳食情况进行调查、分析与评价，并且根据老年人的生理特点和饮食中出现的问题编制科学合理的食谱；

（2）能够对老年人常见的疾病进行饮食调养；

（3）能够运用所学的营养学知识，帮助老年人建立良好的饮食习惯和卫生习惯，并且能够广泛地推广老年营养知识。

四、课程主要内容

（一）能力单元与学时分配

序号	能力单元名称	讲授（学时）	实操（学时）	专家讲座（学时）	参观实践（学时）	讨论（学时）	其他（学时）
1	老年人所需营养素的认知及能量需求	8					
2	老年人常见食物的营养价值认知	6					
3	老年人的合理营养与平衡膳食	4	2				
4	调查与评价老年人膳食营养状况	4	4		4		
5	老年人营养配餐与食谱编制	4	2				
6	老年人常见病的饮食调养	8			4		
7	老年人的膳食指导	8			4	2	
合计		42	8		12	2	

（二）教学任务描述

能力单元一：老年人所需营养素的认知及能量需求	
教学目的	通过学习，让学生了解老年人机体所需的营养素的化学组成特点和营养分类，掌握各种营养素的生理功能、营养评价、食物来源以及老年人的适宜供给量。了解每种营养素在消化道的消化过程，掌握三种产能营养素的消化和吸收。了解热能的单位，熟悉热能的单位换算，掌握食物中的热能的计算方法以及蛋白质、脂肪、碳水化合物三种产能营养素的计算
教学重点与难点	蛋白质、脂类、碳水化合物、食物中的热量计算、生热营养素的计算
教学时数	8
建议教学方法与手段	图片、视频、讲授、讨论
考核方式	习题作业
任务1-1：讨论老年人肌体所需要的几大营养素	
相关知识点	蛋白质、脂类、碳水化合物、无机盐、维生素、水六种营养素的生理功能、消化与吸收、营养评价、食物来源、老年人的适宜摄入量
相关实操技能	讨论每种营养素对老年人的健康体现在哪些地方
相关实训	无
教师注意事项	采用课堂讲授法为主，辅以提问和讨论方式让学生掌握相关的知识点
学习资源	主讲教材、辅助教材、网络

续表

任务 1-2：食物的热量计算	
相关知识点	热能单位、能量系数、食物中的热量计算、人体热能的消耗、生热营养素的计算
相关实操技能	通过实际的操作，掌握食物中热能的计算方法和三种产能营养素的计算方法
相关实训	无
教师注意事项	辅以案例的形式让学生更加牢固地掌握热能的计算方法
学习资源	主讲教材、辅助教材、网络

能力单元二：老年人常见食物的营养价值认知	
教学目的	通过学习，让学生了解食物的组织结构特点，掌握各类食物的营养素含量和营养特点，掌握常见食物的营养价值和食疗作用。了解与掌握乳类、蛋类正确的食用方法和茶、酒正确的饮用方法。指导老年人能根据机体的营养需要，合理选择和搭配各种食物
教学重点与难点	无
教学时数	6
建议教学方法与手段	图片、视频、讲授
考核方式	习题作业
任务 2-1：老年人常见植物性食物的营养价值	
相关知识点	粮谷、豆类、薯类的营养价值，蔬菜、水果和坚果的营养价值
相关实操技能	指导老年人能根据机体的营养需要，合理选择和搭配各种食物
相关实训	无
教师注意事项	辅以案例的形式让学生更加形象地掌握老年常见植物性食物的营养价值和食疗作用，强化实操技能
学习资源	主讲教材、辅助教材、网络
任务 2-2：老年人常见动物性食物的营养价值	
相关知识点	肉类与水产品的营养价值，乳、蛋类的营养价值
相关实操技能	指导老年人能根据机体的营养需要，合理地选择动物性食物并进行科学搭配
相关实训	无
教师注意事项	辅以案例的形式让学生更加形象地掌握老年人常见动物性食物的营养价值和食疗作用，强化实操技能
学习资源	主讲教材、辅助教材、网络

能力单元三：老年人的合理营养与平衡膳食	
教学目的描述	通过学习，让学生了解老年人的生理代谢特点和营养需要，掌握老年人各种营养素的适宜摄入量。了解合理营养与平衡膳食的原则和要求，学会平衡膳食宝塔的使用
教学重点与难点	我国居民膳食营养素参考摄入量、膳食结构、膳食指南、膳食宝塔
教学时数	6
建议教学方法与手段	讲授、案例教学、课堂指导实操
考核方式	习题作业

续表

任务 3-1：我国居民膳食营养素参考摄入量认识	
相关知识点	居民膳食营养素参考摄入量
相关实操技能	无
相关实训	无
教师注意事项	正确演示、分析引导、辅以案例的形式让学生更加牢固地掌握我国居民膳食营养素参考摄入量的内容
学习资源	主讲教材、辅助教材、网络
任务 3-2：老年人生理代谢特点与营养需要	
相关知识点	老年人生理特点、营养需求特点
相关实操技能	观察老年人
相关实训	无
教师注意事项	正确演示、分析引导、辅以案例的形式让学生更加牢固地掌握老年人生理代谢特点与营养需要特点
学习资源	主讲教材、辅助教材、网络
任务 3-3：膳食结构、膳食指南及膳食宝塔认知	
相关知识点	膳食结构、膳食指南、膳食宝塔
相关实操技能	膳食宝塔的搭建
相关实训	无
教师注意事项	正确演示、分析引导、辅以案例的形式让学生更加牢固地掌握膳食结构、膳食指南及膳食宝塔的内容
学习资源	主讲教材、辅助教材、网络

能力单元四：调查与评价老年人膳食营养状况	
教学目的的描述	通过学习，让学生掌握膳食调查的方法、膳食调查评价过程、营养状况体格测量的主要指标和方法
教学重点与难点	膳食调查、膳食摄入量计算与分析、体格测量
教学时数	12
建议教学方法与手段	讲授、讨论、视频、演示
考核方式	项目考核
任务 4-1：调查与评价老年人膳食	
相关知识点	膳食调查、膳食分析与评价
相关实操技能	老年人膳食调查、分析与评价
相关实训	无
教师注意事项	通过正确演示、分析引导、辅以案例的形式让学生更加牢固地掌握食谱的调查与分析方法
学习资源	主讲教材、辅助教材、网络

任务4-2：评价老年人营养状况	
相关知识点	体格测量
相关实操技能	各指标的测量方法练习
相关实训	无
教师注意事项	通过正确演示、分析引导、辅以案例的形式让学生更加牢固地掌握老年人体格各指标的测量方法与评价老年人营养状况
学习资源	主讲教材、辅助教材、网络

能力单元五：老年人营养配餐与食谱编制	
教学目的描述	通过学习，让学生掌握合理营养与平衡膳食的概念，掌握老年人营养餐编制的理论依据和原则，食谱编制的方法
教学重点与难点	合理营养、均衡膳食、食谱编制
教学时数	6
建议教学方法与手段	讲授、讨论、视频
考核方式	项目考核
学习资源	主讲教材、辅助教材、网络
任务5-1：老年人营养配餐	
相关知识点	合理营养、均衡膳食、营养配餐的原则
相关实操技能	无
相关实训	无
教师注意事项	通过正确演示、分析引导、辅以案例让学生掌握合理营养与平衡膳食的概念，掌握老年人营养餐编制的理论依据和原则
学习资源	主讲教材、辅助教材、网络
任务5-2：老年人食谱编制方法	
相关知识点	营养素计算法、食物交换法
相关实操技能	营养素计算法编制食谱、食物交换法编制食谱
相关实训	无
教师注意事项	正确演示、分析引导、辅以案例让学生掌握营养素计算法编制食谱、食物交换法编制食谱的方法，能编制出食谱
学习资源	主讲教材、辅助教材、网络

能力单元六：老年人常见病的饮食调养	
教学目的描述	通过学习，让学生了解老年病的发病病因和临床症状，掌握常见病的饮食调养和食疗方法
教学重点与难点	血液与心脑血管系统疾病的饮食调养、内分泌和代谢性疾病的饮食调养、膳食营养与肿瘤预防
教学时数	12

建议教学方法与手段	讲授、讨论、视频
考核方式	项目考核

任务 6-1：心脑血管疾病的饮食调养

相关知识点	冠心病、高血压、高血脂
相关实操技能	高血压的测量、高血压的食谱编制
相关实训	无
教师注意事项	正确演示、分析引导、辅以案例让学生掌握老年人心脑血管疾病的饮食调养和食疗方法
学习资源	主讲教材、辅助教材、网络

任务 6-2：内分泌和代谢性疾病的饮食调养

相关知识点	糖尿病、肥胖、骨质疏松
相关实操技能	糖尿病的食谱编制
相关实训	无
教师注意事项	正确演示、分析引导、辅以案例让学生掌握老年人内分泌和代谢性疾病的饮食调养和食疗方法
学习资源	主讲教材、辅助教材、网络

任务 6-3：呼吸系统疾病的饮食调养

相关知识点	慢性支气管炎、肺气肿
相关实操技能	慢性支气管炎、肺气肿的饮食指导
相关实训	无
教师注意事项	正确演示、分析引导、辅以案例让学生掌握老年人呼吸系统疾病的饮食调养和食疗方法
学习资源	主讲教材、辅助教材、网络

任务 6-4：肿瘤的预防与饮食调养

相关知识点	肿瘤
相关实操技能	肿瘤的预防与饮食指导
相关实训	无
教师注意事项	正确演示、分析引导、辅以案例让学生掌握肿瘤的饮食调养和食疗方法
学习资源	主讲教材、辅助教材、网络

能力单元七：老年人的膳食指导

教学目的描述	通过学习，让学生了解老年人的饮食习惯，了解饮食营养与饮食卫生保健。掌握食物的性味作用。了解老年人不同体质的饮食调养原则，掌握药膳的使用原则和烹制要求。了解体内的毒素及来源，掌握饮食防毒与排毒方法
教学重点与难点	食品安全、保健食品
教学时数	14
建议教学方法与手段	讲授、讨论、视频、实操
考核方式	项目考核

续表

任务 7-1：老年人膳食卫生指导	
相关知识点	食品的生物性污染、食品的化学性污染、食品的物理性污染
相关实操技能	无
相关实训	无
教师注意事项	通过正确演示、分析引导、辅以案例让学生掌握老年人膳食卫生指导的正确方法
学习资源	主讲教材、辅助教材、网络、视频
任务 7-2：老年人的膳食营养指导	
相关知识点	良好的饮食习惯、饮食禁忌、食物搭配禁忌
相关实操技能	指导老年人建立良好的饮食习惯
相关实训	无
教师注意事项	通过正确演示、分析引导、辅以案例让学生掌握老年人膳食营养指导的正确方法
学习资源	主讲教材、辅助教材、网络、视频
任务 7-3：老年人四季膳食指导	
相关知识点	春、夏、秋、冬各季的膳食原则
相关实操技能	无
相关实训	无
教师注意事项	通过正确演示、分析引导、辅以案例让学生掌握老年人四季膳食指导的正确方法
学习资源	主讲教材、辅助教材、网络、视频
任务 7-4：老年人保健品选购	
相关知识点	保健食品概述、保健食品的功效成分、保健食品的原料
相关实操技能	保健食品的选购
相关实训	无
教师注意事项	通过正确演示、分析引导、辅以案例让学生掌握老年人保健品的辨别方法和选购方法
学习资源	主讲教材、辅助教材、网络、视频

五、"课程思政"育人元素融入课程教学的途径和方法

序号	知识点	育人元素	融入途径、方式	预期效果	备注
1	老年人营养学知识认知	心系责任、尊老爱老、服务奉献	走进社区调查老年人对营养知识的了解情况。带领学生参与社区营养知识科普活动	学生内心感受的表达，激发学生帮助老年人普及营养知识的服务意识	
2	老年人的合理营养与平衡膳食	团结合作、服务奉献	在老年群体中普及膳食指南、膳食宝塔内容；纠正老年人群中的不良饮食习惯；帮助老年人群建立良好的饮食习惯	采用行为学观察法。在与老年人的接触中观察学生的耐心、爱心、恒心和责任心的体现	

续表

序号	知识点	育人元素	融入途径、方式	预期效果	备注
3	调查与评价老年人膳食营养状况	团结合作、勇于批判	将走进家庭、走进社区、走进养老机构,将老年人的膳食营养调查融入实践教学课堂,让学生们对其所学知识"学有所用"	在这个项目中训练学生的团结合作精神,并在团队合作中勇于去批判别人的观点和坚持正确的自我判断。避免无主见,盲目随从	
4	老年人营养配餐与食谱编制	团结合作、科学严谨、服务奉献	社会实践活动	在这个项目中训练学生的科学严谨、团结合作精神。在制作营养食谱过程中,训练学生的服务意识和服务精神,为老年人制作膳食就得从老年人的特征和需求出发	
5	老年人常见疾病的饮食调养	科学严谨、团结合作、服务奉献	组织学生到养老机构协助医护人员进行膳食指导和营养治疗	学生内心感受的表达:通过和患有慢性疾病的老年人接触,让学生直面疾病给老年人的身体和心理带来的困扰。激发学生帮助老年人进行常见疾病饮食调养和营养治疗的热情和责任	
6	老年人的膳食指导和保健品选购指导	法治、敬业、诚信	社会实践	将参观保健品专卖店的实践教学渗透理论教学中,完善了原有教学内容,丰富了教学的情感体验,使学生在指导老年人选购保健品过程中体会如何避免"利字当头",体现"大仁大爱"之心。敢于批判不规范的行为。发挥专业课教师的育人功能,更好实现以培养学生为目标,贯彻"立德树人"要求	

六、课程评价方法

根据课程的性质进行能力鉴定方法的改革,由传统的闭卷考试改为由过程考核和期末实操相结合的考核方式。采用百分制的形式,如课程成绩 = 课堂出勤 10%+ 书面作业 10%+ 课堂表现 10%+ 项目测试 70%。

七、教学资源配置

(一)主教材

杜庆.老年膳食与营养配餐〔M〕.北京:机械工业出版社,2017.

(二)参考教材:

蔡美琴.医学营养学(第2版)〔M〕.上海:上海科学技术文献出版社,2007.
路新国,刘煜.中国饮食保健学〔M〕.北京:中国轻工业出版社,2002.
臧少敏,王友顺.老年营养与膳食保健(第二版)〔M〕.北京:北京大学医学出版社,2022.
劳动与社会保障部,中国就业培训技术指导中心和教育培训中心.营养配餐员

［M］.北京：中国劳动社会保障出版社，2003.

（三）信息化教学资源

校内合格课程资源库、职教资源库。

（四）校内实训室

校外公办或民办养老机构。

（五）主讲教师

主讲教师是智慧健康养老服务与管理的专职教师杜庆，副教授，有 14 年的从事营养学相关的教学经验。

八、其他说明

（一）行业／企业参与课程开发情况

该课程标准能力单元的设置是在和重庆市养老机构专家以及重庆城市管理职业学院老年服务与管理教研室任课教师充分讨论，同时参考养老护理员能力标准的基础上确定的。

（二）教学组织的特点

排课方式没有特殊的要求，但教学内容上有的是安排的校外调查、养老机构参观实践。

高等职业教育专科
"智慧健康养老机构管理与实务"课程标准

一、课程基本信息

课程编码	0103010294	课程类型 （理论或实践或理实一体）	理实一体	学分	3
适用专业	智慧健康养老服务与管理				
先修课程	智慧健康养老服务与管理、老年照护基础				
后续课程	顶岗实习				
总学时	54		实践学时	32	
执笔人	雷雨		批准人		

二、课程定位

"智慧健康养老机构管理与实务"课程是在我国日趋严峻的人口老龄化形势、养老服务事业快速发展、社会对养老服务管理人才巨大需求的背景下，与行业合作共同为智慧健康养老服务与管理专业开发设计的一门专业核心课程，该课程既是高校专业课也是行业培训课程。

三、课程学习目标

（一）总目标

通过本课程的学习，增强学生职业意识，认识养老机构管理，让学生具备核心竞争力，提升就业层次和就业稳定性。在课程中有机融入"课程思政"内容，树立爱岗敬业、乐于奉献职业精神，提高养老机构管理的实际工作能力。

（二）分目标

1. 态度目标
培养学生"爱众亲仁"的良好职业道德；"博学笃行"的优秀专业品质；热爱老年

服务事业，爱岗敬业；有强烈的职业意识、乐于奉献的精神和高度的社会责任感；有廉洁自律的领导者风范；有很好的团队合作精神；有较高的人文、科学素养。

2. 知识目标

培养学生具有"以人为本""以服务为中心""安全第一""质量第一"的现代服务理念；具备从事养老行业所必需的基本理论与基本知识；具备养老机构依法管理所必需的政策法规知识；具备基层管理岗位所必需的基本理论与基本知识；具备应用现代化管理手段所必备的基本理论及基本知识；具备为老年人服务的相关基本理论与基本知识。

3. 技能目标

培养学生敏锐的观察力；较强的计划、组织、协调、领导和控制能力；较强的语言表达能力和交流沟通能力；较强的公文写作能力；较强的综合分析、判断和决策能力；突发事件应急处置能力；有一门以上的专业技术指导能力；学习、掌握和应用现代化管理新知识、新技术的能力和开拓进取的创新能力。

课程的培养目标既符合本专业人才培养目标，也符合高技能应用型人才培养目标。

四、课程能力标准要求

通过本课程的学习，学习者应该具备以下知识、技能与素质。

（一）知识要求

（1）具有"以人为本""以服务为中心""安全第一""质量第一"的现代服务管理理念；

（2）具备公共事业管理所必需的基本理论与基本知识；

（3）具备老年社会福利机构依法管理所必需的政策法规基本理论与基本知识；

（4）具备经营管理所必需的基本理论与基本知识；

（5）具备为老年人服务的相关基本理论与基本知识；

（6）具备与老年人、员工和上级沟通的知识。

（二）技能要求

（1）具有高度的责任心、敏锐的观察力；

（2）具有较强的组织、协调能力；

（3）具有较强的语言表达能力；

（4）具有较强的公文写作能力；

（5）具有较强的综合分析、判断能力；

（6）具有突发事件应急处置能力；

（7）具有与老人、员工、上级的沟通能力；

（8）具有一门专业技术指导能力；

（9）具有学习、掌握和应用现代化管理新知识、新技术的能力；

（10）具有开拓进取的创新能力。

（三）素质要求

（1）具备该行业相应的职业道德，包括爱岗敬业、诚实守信、遵守相关法律法规等；

（2）具备该行业相对应的团队协作精神；

（3）具备该行业相对应的创新精神；

（4）具备该行业相对应的职场安全与健康意识；

（5）具备文字、口头表达与交流技巧。

五、课程主要内容

（一）能力单元与学时分配

序号	能力单元名称	讲授（学时）	实操（学时）	专家讲座（学时）	参观（学时）	讨论（学时）	其他（学时）
1	养老机构基本认知的能力	6	6				
2	养老机构建设及建筑评估规划能力	4	6			2	
3	养老机构业务管理能力	8	6				
4	养老机构日常管理能力	10			6		
合计		28	18	0	6	2	0

（二）教学任务描述

能力单元一：养老机构基本认知的能力	
教学目的	了解养老机构及养老机构日常管理
教学重点与难点	重点介绍机构性质、自理能力评估、机构设置、人员编制、护理等级评定、入住程序等内容。难点是养老机构内部管理和政府对养老机构管理
教学时数	12
建议教学方法与手段	讲授与实操相结合
任务1-1：自理能力评估任务描述	
相关知识点	老年护理学
相关实操技能	老年群体自理能力评估量表的使用
教师注意事项	课堂节奏的把握、学生的技能引导

学习资源	https://mooc1.chaoxing.com/course-ans/courseportal/228832796.html?clazzId=0
任务 1-2：护理等级评估任务描述	
相关知识点	老年护理学
相关实操技能	结合老年人自理能力评估结果对老年护理等级进行评估
教师注意事项	课堂节奏的把握、学生的技能引导
学习资源	https://mooc1.chaoxing.com/course-ans/courseportal/228832796.html?clazzId=0

能力单元二：养老机构建设及建筑评估规划能力	
教学目的	了解养老机构建设及养老机构建筑设计
教学重点与难点	重点介绍养老机构的论证和机构申报审批程序（以自学为主）
教学时数	12
建议教学方法与手段	讲授、讨论与实操相结合
任务 2-1：养老机构建设任务描述	
相关知识点	养老机构的论证、机构申报审批程序
相关实操技能	养老机构建筑规划评估
教师注意事项	课堂节奏的把握、学生的技能引导
学习资源	https://mooc1.chaoxing.com/course-ans/courseportal/228832796.html?clazzId=0
任务 2-2：养老机构建筑规划评估任务描述	
相关知识点	养老机构建筑标准、评估标准等
相关实操技能	养老机构建筑规划评估
教师注意事项	课堂节奏的把握、学生的技能引导
学习资源	https://mooc1.chaoxing.com/course-ans/courseportal/228832796.html?clazzId=0

能力单元三：养老机构业务管理能力	
教学目的	了解护理、膳食、财务和质量管理等相关内容
教学重点与难点	重点介绍护理管理内容与方法，难点为质量管理
教学时数	14
建议教学方法与手段	讲授与实操
任务 3-1：护理、膳食和财务等日常管理任务描述	
相关知识点	老年人日常护理管理、后勤管理和财务管理知识等
相关实操技能	不同护理等级的老年人的护理管理方式
教师注意事项	课堂节奏的把握、学生的技能引导
学习资源	https://mooc1.chaoxing.com/course-ans/courseportal/228832796.html?clazzId=0
任务 3-2：养老机构质量管理任务描述	
相关知识点	ISO 质量管理八项原则

续表

相关实操技能	ISO9001 质量管理标准体系、信息化管理、"5S"管理
教师注意事项	课堂节奏的把握、学生的技能引导
学习资源	https://mooc1.chaoxing.com/course-ans/courseportal/228832796.html?clazzId=0

能力单元四：养老机构日常管理能力	
教学目的	了解养老机构制度建设、信息化管理及经营等相关内容
教学重点与难点	重点介绍最新的信息化管理方式，难点为日常经营
教学时数	16
建议教学方法与手段	讲授与参观
任务 4-1：养老机构制度建设及任务描述	
相关知识点	管理学、决策学等
相关实操技能	养老机构日常管理制度形成、建设和改进完善等
教师注意事项	课堂节奏的把握、学生的技能引导
学习资源	http://jp.csmzxy.com/syyljg/index.html
任务 4-2：养老机构经营任务描述	
相关知识点	管理学
相关实操技能	养老机构信息化管理系统软件结构功能介绍、业务管理、医疗管理、药政管理模块上机操作
教师注意事项	课堂节奏的把握、学生的技能引导
学习资源	https://mooc1.chaoxing.com/course-ans/courseportal/228832796.html?clazzId=0

六、学习者能力测试方法

（一）能力测试的方法与手段

序号	能力单元名称	测试的方法与手段			
		鉴定要求	采用方法	鉴定人	鉴定地点
1	养老机构基本认知的能力	熟悉并熟练掌握养老机构基本情况	作业	任课教师	教室
2	养老机构建设及建筑评估规划能力	了解养老机构的建设及建筑规划评估的相关政策法规内容	口试	任课教师	教室
3	养老机构业务管理能力	了解护理、膳食、财务和质量管理等相关内容	报告	任课教师	教室
4	养老机构日常管理能力	了解养老机构制度建设、信息化管理及经营等相关内容	实操	任课教师	教室

（二）课程成绩评价办法

本课程考核将申请课程能力鉴定改革，以总成绩 = 平时成绩（30%）+ 四个模块的考核内容（70%）的形式进行，课堂出勤缺课 1/3 将按重修处理。

七、教学资源配置

（一）主教材

许虹，李冬梅.养老机构管理［M］.杭州：浙江大学出版社，2021.

（二）主讲教师

雷雨，男，经济学硕士，副教授，教龄 18 年，重庆城市管理职业学院智慧健康养老服务与管理专业带头人。

八、"课程思政"育人元素融入课程教学的途径和方法

序号	知识点	育人元素	融入途径、方式	预期效果	备注
1	职业认知与发展	积极向上、乐观豁达	每名同学在课堂上介绍自己对职业的认识，分析自我与职业环境、职业规划，引导学生向积极的方向发展	激发每名同学的自我认识、关照意识，养成勤思、勤悟的习惯	
2	课程认知	环保节约	在制订经营管理方案中融入环保意识	让同学们把环保、节约的意识用到工作中	
3	安全管理	责任、规范	导入养老机构安全管理案例，小组讨论对养老机构安全管理问题的认识，警醒同学们强化责任心、养成规范意识，坚守安全底线	警醒同学们强化责任心、养成规范意识，坚守安全底线	
4	老年人意外预防	严谨、慎独	在养老机构的一线管理过程中提问如何保护老年人安全，避免伤害，引导同学们思考讨论，明白严谨、慎独精神在养老机构安全管理中的重要性	让同学们明白严谨、慎独精神在老年照护工作中的重要性	
5	养老机构氛围营造	责任	在实操过程中模拟真实场景，真做、真交流、真体验，提问如何在养老机构营造家庭养老的感觉，引导同学们思考讨论，知悉新的养老观念	让同学们明白责任观念、责任意识在养老机构工作中的重要性	
6	突发异常行为改善	尊重、善良	在实操过程中模拟真实场景，真做、真交流、真体验，让同学们观察、感受、体会养老机构突发异常行为老年人中的尊重、隐私保护的重要性，唤起同学们人性本善的良知	让同学们体会养老机构安全管理中尊重、隐私保护的重要性	
7	养老机构安宁照护	珍爱生命、敬畏生命	案例导入，引发学生对生命末期的思考	让同学们体会到生命的珍贵与神圣	

序号	知识点	育人元素	融入途径、方式	预期效果	备注
8	尊老爱老	吃苦、大爱	讲述优秀毕业生工作经历与工作中的感动故事，激发同学们的爱心，引导同学们养成吃苦耐劳的品质	激发同学们的爱心，引导同学们养成吃苦耐劳的品质	

九、其他说明

（一）行业／企业参与课程开发情况

重庆合展养老产业有限公司。

重庆医科大学附近璧山青岗老年养护中心。

（二）教学组织的特点

1.鲜明的工学结合特色

与行业专家共同开发课程、编写教材，选择适用的教学内容，共同制定课程标准，共同参与教学条件建设，共同实施课程教学，工学结合、校企合作在本课程建设中得到了完美的体现。

2.实用、领先的课程内容

本课程直接针对我国养老机构服务与管理中存在的问题，科学选择教学内容，既能满足学生养老机构管理能力培养的需要，又能满足行业在职人才培训的需要。课程既注重传统养老机构的管理方法，又把先进的管理理念（如 ISO 质量管理八项原则）和方法（如 ISO9001 质量管理标准体系、信息化管理、"5S" 管理等）融入课程，提高了课程教学水平，促进了行业与国际接轨。

高等职业教育专科
"智慧健康养老照护"课程标准

一、课程基本信息

课程编码	01100019	课程类型 （理论或实践或理实一体）	理实一体	适用专业	智慧健康养老服务 与管理专业
学分	4	总学时	72	实践学时	34
先修课程	老年服务与管理概论、老年医学基础、老年生活照护				
后续课程	老年照护组织与管理、老年常见病预防与护理、老年康复护理				
执笔人	李莉		批准人		

二、课程定位

"智慧健康养老照护"课程适用于智慧健康养老服务与管理专业，是该专业的核心课程。该课程对接老年照护（中级）职业技能标准，培养学生智慧健康养老照护核心技能和职业素养。该课程涵盖照护评估与计划、用药照护、躯体功能障碍照护、认知功能障碍照护、应急照护、安宁照护等养老照护人员岗位需求内容。通过学习，使学生具备专业的智慧健康养老照护知识和技能，具备良好的沟通表达能力和突发情况应急处理能力，养成积极主动的服务意识、热情周到的服务态度、全心全意为老服务的精神等职业素养。

三、课程目标

（一）社会主义核心价值观目标

（1）树立富强、民主、文明、和谐的价值目标；

（2）树立自由、平等、公正、法治的价值取向；

（3）树立爱国、敬业、诚信、友善的价值准则。

（二）情感态度目标

（1）具备民族团结、社会责任情感；

（2）具备社会主义公民道德、社会公德和家庭美德意识；

（3）具备求真务实的学习工作态度、积极乐观的生活态度。

（三）职业素养目标

（1）树立正确积极的职业观，具备爱岗敬业、诚实守信、遵纪守法的职业道德；

（2）具备尊老敬老、以人为本的职业精神；

（3）具备自律奉献、乐于服务的意识；

（4）具备团队合作精神及创新意识；

（5）具备责任担当、严谨慎独、包容大爱的职业素养。

（四）知识目标

（1）掌握照护组长岗位职责、能力要求、素质要求。

（2）掌握评估室的环境与设施要求；老年人日常生活活动、精神状态、感知觉与沟通、社会参与等评估内容及要求。

（3）掌握照护级别、照护内容、照护计划、照护工作流程。

（4）掌握口服药的种类与保管、口服药注意事项；掌握雾化吸入的种类、药物与注意事项；掌握眼、耳、鼻药物的种类与使用注意事项。

（5）掌握正常关节活动范围、关节活动度评定与训练方法、正常平衡能力程度、平衡能力评定与训练方法、正常 ADL 程度、ADL 评定与训练方法、吞咽机制、吞咽评定与训练方法。

（6）掌握认知功能评定与训练的方法；反常精神行为症状的识别、评估与照护方法；异常进食、如厕、睡眠等行为的观察与改善。

（7）掌握心脏骤停及判断方法，心肺复苏及成功标志；导致老年人跌倒的危险因素、跌倒的危害，止血、骨折的急救措施；缺氧评估、用氧安全；烫伤的原因，烫伤病情判断和急救措施。

（8）掌握临终老人症状、照护方法；临终老年人"身心社灵"与社会照护需求。

（五）技能目标

（1）能够认识到照护组长与照护员岗位的区别，能够进行职业发展规划。

（2）能够进行老年人能力评估。

（3）能够根据案例制订老年人照护方案。

（4）能够协助老年人服药、雾化吸入药物和使用眼、耳、鼻药物。

（5）能够为失能老年人进行关节活动度、平衡能力、ADL、吞咽功能的评定与训练。

（6）能够为失智老年人进行认知功能的评定与训练；能够进行反常精神行为症状的评估与照护；能够进行异常进食、如厕、睡眠等行为改善。

（7）能够进行心肺复苏；能够对跌倒老人进行救助；能够对缺氧的老年人吸氧；能够对烫伤的老人进行急救。

（8）能够观察临终老年人的症状并进行照护；能够为临终老年人进行心理、灵性与社会等方面的照护。

四、课程主要内容

（一）能力单元与学时分配

序号	能力单元名称	讲授（学时）	实操（学时）	专家讲座（学时）	参观（学时）	讨论（学时）	其他（学时）
1	职业认知与发展					2	
2	照护评估与计划	2	2			2	
3	用药照护	4	4				
4	躯体功能障碍照护	8	10			2	
5	认知功能障碍照护	8	10			2	
6	应急照护	2	6				
7	安宁照护	4	2			2	
合计		28	34			10	

（二）教学任务描述

能力单元一：职业认知与发展	
教学目的	树立积极的职业观、人生观、价值观，培养职业素养
教学重点与难点	重点：树立积极的职业观、人生观、价值观 难点：树立积极的职业观
教学时数	2
教学方法与手段	小组讨论、个人展示、点评、总结
育人案例引用	职场情境案例：《青春养老人在成长》
考核方式	口试职业定位、素质与能力要求和个人职业能力发展规划
任务1-1：职业定位与要求	
相关知识点	照护组长岗位职责、能力要求、素质要求
相关技能	能够认识到照护组长与照护员岗位的区别

相关实训	讨论岗位职责、能力要求、素质要求
注意事项	正向引导学生对职业的认知，调动学生的热情；鼓励学生表达真实的感受
学习资源	网络资源、教辅资料、毕业生视频
任务1-2：职业发展规划	
相关知识点	职业分析、目标、计划
相关技能	能够进行职业发展规划
相关实训	进行个人职业发展分析、制订职业目标与计划
注意事项	启发学生思考，对学生的展示作出积极客观的评价
学习资源	教辅资料、行业资讯、网络资源

能力单元二：照护评估与计划	
教学目的	树立以老人为中心的职业照护理念，能够进行老年人能力评估，能制订老年人照护方案
教学重点与难点	重点：老年人能力评估 难点：老年人照护方案制订
教学时数	6
教学方法与手段	讲授、小组实训、作业展示、点评、总结
育人案例引用	案例：《国家老龄事业发展规划》
考核方式	1. 每名同学进行老年人能力评估实操考核 2. 每名同学根据案例制订一份老年人照护方案
任务2-1：老年人能力评估	
相关知识点	评估室的环境与设施要求；老年人日常生活活动、精神状态、感知觉与沟通、社会参与等评估内容及要求
相关技能	能够进行老年人能力评估
相关实训	根据相关案例，分组开展老年人能力评估实训
注意事项	做好分组实训的组织，让每名同学都参与
学习资源	能力评估表、评估实训场地、用具与设施、教辅资料
任务2-2：照护方案制订	
相关知识点	照护级别、照护内容、照护计划、照护工作流程
相关技能	能够根据案例制订老年人照护方案
相关实训	分小组进行老年人照护方案讨论
注意事项	启发学生思考，培养学生树立以老人为中心的整理照护理念
学习资源	机构案例、教辅资料、网络资源

能力单元三：用药照护	
教学目的	树立细心、责任心、慎独的职业素养与职业精神，能够为老年人进行用药照护，能够防范用药安全事故的发生

教学重点与难点	重点：安全用药 难点：细心、责任心、慎独的职业素养
教学时数	8
教学方法与手段	知识讲授、实操示范、操作练习与展示
育人案例引用	职场情境案例：养老故事会——照护员协助拒绝配合的老年人服药
考核方式	每名同学进行老年人用药照护实操考核
任务 3-1：服药协助	
相关知识点	口服药的种类与保管、口服药注意事项
相关技能	能够协助老年人服药
相关实训	分小组进行协助老年人服药实操训练
注意事项	启发学生思考，鼓励学生学、做、练，培养学生人文关怀素养
学习资源	教学视频，服药实训场地、用具与设施，机构案例
任务 3-2：雾化吸入	
相关知识点	雾化吸入的种类、药物与注意事项
相关技能	能够协助老年人雾化吸入药物
相关实训	分小组进行协助老年人雾化吸入药物实操训练
注意事项	启发学生思考，鼓励学生学、做、练，培养学生人文关怀素养
学习资源	教学视频，雾化吸入药物实训场地、用具与设施，机构案例
任务 3-3：外用药使用	
相关知识点	眼、耳、鼻药物的种类与使用注意事项
相关技能	能够为老年人使用眼、耳、鼻药物
相关实训	分小组进行为老年人使用眼、耳、鼻药物实操训练
注意事项	启发学生思考，鼓励学生学、做、练，培养学生人文关怀素养
学习资源	教学视频，外用药使用实训场地、用具与设施，机构案例

能力单元四：躯体功能障碍照护	
教学目的	培养爱心、细心、责任心的职业素养，能够协助康复师为躯体功能障碍的老年人进行康复评定与训练
教学重点与难点	重点：平衡能力评定与训练、ADL 评定与训练 难点：关节活动度评定与训练、吞咽评定与训练
教学时数	20
教学方法与手段	知识讲授、实操示范、操作练习、小组讨论、操作展示、点评、总结
育人案例引用	职场情境案例：偏瘫老人赵爷爷希望照护人员能帮助进行康复训练，尽快恢复肢体功能
考核方式	每名同学进行实操考试
任务 4-1：关节活动度的评定与训练	
相关知识点	正常关节活动范围、关节活动度评定与训练方法

续表

相关技能	能够进行关节活动度评定与训练
相关实训	分小组进行关节活动度评定与训练实操
注意事项	启发学生思考，鼓励学生学、做、练，培养学生人文关怀素养
学习资源	教学视频、教辅资料、相关实训用具与设施

任务4-2：平衡能力的评定与训练

相关知识点	正常平衡能力程度、平衡能力评定与训练方法
相关技能	能够进行平衡能力评定与训练
相关实训	分小组进行平衡能力评定与训练实操
注意事项	启发学生思考，鼓励学生学、做、练，培养学生人文关怀素养
学习资源	教学视频、教辅资料、相关实训用具与设施

任务4-3：ADL的评定与训练

相关知识点	正常ADL程度、ADL评定与训练方法（良肢位、床上体位、翻身、桥式、体位转移、进食、穿衣）
相关技能	能够进行ADL评定与训练
相关实训	分小组进行ADL评定与训练实操
注意事项	启发学生思考，鼓励学生学、做、练，培养学生人文关怀素养
学习资源	教学视频、教辅资料、相关实训用具与设施

任务4-4：吞咽能力的评定与训练

相关知识点	吞咽机制、吞咽评定与训练方法
相关技能	能够进行吞咽评定与训练
相关实训	分小组进行吞咽评定与训练实操
注意事项	启发学生思考，鼓励学生学、做、练，培养学生人文关怀素养
学习资源	教学视频、教辅资料、相关实训用具与设施

能力单元五：认知功能障碍照护	
教学目的	培养爱心、细心、责任心的职业素养，能够为老人进行认知功能的评定与训练，能够进行反常精神行为症状的评估与照护，能够进行异常进食、如厕、睡眠等行为改善
教学重点与难点	重点：认知功能的评定与训练，反常精神行为症状的评估与照护，异常进食、如厕、睡眠等行为改善 难点：反常精神行为症状的评估与照护，异常进食、如厕、睡眠等行为改善
教学时数	20
教学方法与手段	知识讲授、实操示范、操作练习、小组讨论、情景剧展示、点评、总结
育人案例引用	职场情境案例：养老故事会——照护员小张对失智老人异常进食行为进行劝阻、批评老人，遭到老人行为攻击
考核方式	1. 每组情景剧展示 2. 同学制订照护方案

续表

任务 5-1：认知功能的评定与训练	
相关知识点	认知功能评定与训练的方法
相关技能	能够进行认知功能的评定与训练
相关实训	分小组进行认知功能评定与训练实操
注意事项	启发学生思考，鼓励学生学、做、练，培养学生人文关怀素养
学习资源	教学视频、教辅资料、网络资源、相关实训用具与设施
任务 5-2：反常精神行为症状的评估与照护	
相关知识点	反常精神行为症状的识别、评估与照护方法
相关技能	能够进行反常精神行为症状的评估与照护
相关实训	分小组进行反常精神行为症状的评估与照护实操
注意事项	启发学生思考，鼓励学生学、做、练，培养学生人文关怀素养
学习资源	教学视频、教辅资料、网络资源、相关实训用具与设施
任务 5-3：异常进食、如厕、睡眠等行为改善	
相关知识点	异常进食、如厕、睡眠等行为的观察与改善
相关技能	能够进行异常进食、如厕、睡眠等行为改善
相关实训	分小组进行异常进食、如厕、睡眠等行为改善实操训练
注意事项	启发学生思考，鼓励学生学、做、练，培养学生人文关怀素养
学习资源	教学视频、教辅资料、网络资源、相关实训用具与设施

能力单元六：应急照护	
教学目的	培养争分夺秒抢救和尽心尽力关爱的职业精神，能够对突发意外的老年人进行紧急救护
教学重点与难点	重点：心脏骤停应对、跌倒应对、缺氧应对、烫伤应对 难点：心脏骤停应对、跌倒应对
教学时数	8
教学方法与手段	知识讲授、实操示范、操作练习、小组讨论、点评、总结
育人案例引用	行业案例 1：新闻——《沈阳村医心肺复苏救老太致其肋骨骨折，被告上法庭》 职场情境案例 2：养老故事会——情景剧《心肺复苏，生死救援》
考核方式	老年照护案例分析
任务 6-1：心脏骤停应对	
相关知识点	心脏骤停及判断方法，心肺复苏及成功标志
相关技能	能够进行心肺复苏
相关实训	分小组进行心肺复苏实操训练
注意事项	启发学生思考，鼓励学生学、做、练，培养学生人文关怀素养
学习资源	教学视频、教辅资料、网络资源、相关实训用具与设施

任务 6-2：跌倒应对	
相关知识点	导致老人跌倒的危险因素、跌倒的危害，止血、骨折的急救措施
相关技能	能够对跌倒老年人进行救助
相关实训	分小组对跌倒老年人进行救助实操训练
注意事项	启发学生思考，鼓励学生学、做、练，培养学生人文关怀素养
学习资源	教学视频、教辅资料、网络资源、相关实训用具与设施
任务 6-3：缺氧应对	
相关知识点	缺氧评估、用氧安全
相关技能	能够对缺氧的老人吸氧
相关实训	分小组进行吸氧实操训练
注意事项	启发学生思考，鼓励学生学、做、练，培养学生人文关怀素养
学习资源	教学视频、教辅资料、网络资源、相关实训用具与设施
任务 6-4：烫伤应对	
相关知识点	烫伤的原因，烫伤病情判断和急救措施
相关技能	能够对烫伤的老年人进行急救
相关实训	分小组对烫伤的老年人进行急救实操训练
注意事项	启发学生思考，鼓励学生学、做、练，培养学生人文关怀素养
学习资源	教学视频、教辅资料、网络资源、相关实训用具与设施

能力单元七：安宁照护	
教学目的	培养珍爱生命、敬畏生命的人生观，培养大爱精神，能够为临终老年人进行"身心社灵"的照护
教学重点与难点	重点：临终老年人的症状观察与照护、临终老年人"身心社灵"与社会照护 难点：临终老年人的症状观察与照护、临终老年人"身心社灵"与社会照护
教学时数	8
教学方法与手段	知识讲授、实操示范、操作练习、小组讨论、点评、总结
育人案例引用	养老故事案例 1：《宋丹丹女士握着母亲的手陪伴母亲安然离世》；行业故事案例 2：纪录片《生命力》片段
考核方式	老年照护案例分析
任务 7-1：临终老人身体照护	
相关知识点	临终老人症状、照护方法
相关技能	能够观察临终老年人的症状并进行照护
相关实训	分小组进行临终老年人的症状观察与照护实操
注意事项	启发学生思考，鼓励学生学、做、练，培养学生人文关怀素养
学习资源	教学视频、教辅资料、网络资源、相关实训用具与设施

任务 7-2：临终老人心理、灵性与社会照护	
相关知识点	临终老年人"身心社灵"与社会照护需求
相关技能	能够为临终老年人进行"身心社灵"与社会等方面的照护
相关实训	分小组进行临终老年人"身心社灵"与社会照护方案讨论
注意事项	启发学生思考，培养学生人文关怀素养
学习资源	教学视频、教辅资料、网络资源、育人案例

五、"课程思政"育人元素融入课程教学的途径和方法

序号	融入知识点	育人元素	育人案例	融入途径、方式	育人效果评价方式
1	职业素养；照护工作中的沟通技巧	尊老孝老、爱岗敬业、以人为本、自尊自爱、自信自强	职场情境案例1：《青春养老人在成长》职场情境案例2：养老故事会——《机构来了个"00后"》	图文讲述行业典型人物故事；播放育人案例微视频；组织学生开展情景剧体验	采取"自评＋互评＋师评"；达到育人目标
2	长期照护的内涵；长期照护计划的内容	社会责任感、责任担当、以人为本、和谐发展	案例1：《国家老龄事业发展规划》案例2：《世界老年失智宣传片》	情境案例；总结归纳	采取"自评＋互评＋师评"；达到育人目标
3	"为老人测量生命体征"的操作方法	严谨慎独、人文关怀	职场情境案例：养老故事会——照护员小孙帮助不配合工作的张爷爷测量每日生命体征	组织学生开展情景剧体验	采取"自评＋互评＋师评"；达到育人目标
4	"协助老人服药"的操作要点	人文关怀、严谨慎独、一丝不苟	职场情境案例：养老故事会——照护员协助拒绝配合的老人服药	组织学生开展情景剧体验	采取"自评＋互评＋师评"；达到育人目标
5	隔离技术操作	爱国主义、人道主义、责任担当、一丝不苟	国内外养老机构疫情防控新闻报道	图文讲述院感防控案例	采取"自评＋互评＋师评"；达到育人目标
6	为失能老人进行功能评估的方法	尊老敬老、勤学勤思	职场情境案例：偏瘫老人赵爷爷希望照护人员帮助进行康复训练，尽快恢复肢体功能	组织学生根据视频思考评估事项和制订训练方案	采取"自评＋互评＋师评"；达到育人目标
7	为失能老人进行关节活动训练的方法	人文关怀、吃苦耐劳	职场情境案例：养老故事会——新来的照护员小刘准备为周奶奶制订功能训练方案	组织学生开展情景剧体验	采取"自评＋互评＋师评"；达到育人目标
8	失智老人异常行为的应对措施	理解包容、不怕失败	职场情境案例：养老故事会——照护员小张对失智老人异常进食行为进行劝阻、批评老人，遭到老人行为攻击	组织学生开展情景剧体验	采取"自评＋互评＋师评"；达到育人目标

续表

序号	融入知识点	育人元素	育人案例	融入途径、方式	育人效果评价方式
9	心脏骤停的判断要点；心肺复苏操作流程，讲解技术要点	生命至上、法治信仰、严谨慎独	行业案例1：新闻——《沈阳村医心肺复苏救老太致其肋骨骨折，被告上法庭》 职场情境案例2：养老故事会——情景剧《心肺复苏，生死救援》	新闻案例播放；情景剧微视频播放及情景剧体验	采取"自评+互评+师评"；达到育人目标
10	老年人摔倒时的应对照护方法	防患于未然、严谨慎独	职场情境案例：养老故事会——张爷爷摔倒，照护员小李紧急处理	播放育人案例微视频；组织学生开展情景剧体验	采取"自评+互评+师评"；达到育人目标
11	安宁照护的内涵；安宁照护与一般护理的区别	唯物主义生死观、人文关怀	养老故事案例1：《宋丹丹握着母亲的手陪伴母亲安然离世》 行业故事案例2：纪录片《生命力》片段 职业情境案例3：养老故事会——《温暖人生的最后一程》	图文讲述行业故事；播放育人案例微视频；组织学生开展情景剧体验	采取"自评+互评+师评"；达到育人目标

六、课程评价方法

课程成绩 = 课堂出勤 10%+ 书面作业 10%+ 课堂表现 10%+ 项目测试 70%。

围绕"爱老护老"育人目标，基于"一对接，三结合"教学评价机制，开展知识、能力和素质全方位多元评价。

七、教学资源配置

（一）教材、参考书目、育人案例主要来源

黄岩松，李敏.智慧健康养老照护［M］.武汉：华中科技大学出版社，2017.

中国就业培训技术指导中心，人力资源和社会保障部社会保障能力建设中心.养老护理员职业培训系列教材［M］.北京：中国劳动社会保障出版社，2020.

中国研究型医院学会.健康照护师职业培训系列教材［M］.北京：中国科学技术出版社，2022.

育人案例主要来源：养老企业真实案例、社会新闻、典型人物等。

（二）信息化教学资源

"智慧职教"等在线开放教学平台。

（三）主要设备与设施

校内、校外实训室及各种实训设施。

（四）主讲教师

李莉，副教授、主管护师，从事教学工作14年、临床经验12年，智慧康养学院。

八、其他说明

（一）产教融合，行业 / 企业参与课程开发情况

该课程教学内容融入行业真实案例，行业专家参与课程教学内容设计。

（二）教学组织的特点（建议）

排课方式相对集中，实践内容多，应安排有实训条件且能满足6个小组同时实训的教室。

高等职业教育专科
"智慧老年健康咨询与管理"课程标准

一、课程基本信息

课程编码	0105020004	课程类型 （理论或实践或理实一体）		理实一体	适用专业	智慧健康养老服务与 管理（统招）
学分	4	总学时		54	实践学时	30
先修课程	老年常见病预防与护理					
后续课程	老年营养与膳食					
执笔人	聂麟懿			批准人		

二、课程定位

"智慧老年健康咨询与管理"是智慧健康养老服务与管理专业的专业限选课。课程符合养老服务专业人才培养目标，培养智慧健康养老服务与管理专业学生形成对老年人群的健康监测、健康评估、健康指导、健康干预的能力，提升学生的健康素养和服务意识，支撑健康管理师等职业资格证书的获取。

三、课程目标

（一）社会主义核心价值观目标

（1）树立富强、民主、文明、和谐的价值目标；
（2）树立自由、平等、公正、法治的价值取向；
（3）树立爱国、敬业、诚信、友善的价值准则。

（二）情感态度目标

（1）具备民族团结、社会责任情感等；
（2）具备社会主义公民道德、社会公德和家庭美德意识等；
（3）具备求实的科学态度、积极的生活态度等。

（三）职业素养目标

（1）具备爱岗敬业、诚实守信、遵纪守法等职业道德；

（2）具备团队协作精神、创新精神；

（3）具备老年服务职场安全意识与健康意识；

（4）具备老年服务礼仪与规范意识；

（5）具备工匠精神；

（6）具备健康预防的理念。

（四）知识目标

（1）掌握健康管理的基本知识和技能，包括健康监测、健康风险评估、健康教育、不同生活方式的健康管理、人群及疾病的健康管理；

（2）了解健康管理在中国的需求以及应用前景、健康信息管理、中医治未病理论及健康管理与健康体检、健康保险的相关知识。

（五）技能目标

（1）能将中医治未病方法与技能运用于老年人群健康管理方案的制订与实施；

（2）能正确对老年人群开展健康风险评估；

（3）能正确运用健康风险评估结果制订健康干预计划，开展健康教育活动；

（4）能正确运用营养、运动等生活方式健康管理知识，对老年群体实施健康管理。

四、课程主要内容

（一）能力单元与学时分配

序号	能力单元名称	讲授（学时）	实操（学时）	专家讲座（学时）	参观（学时）	讨论（学时）	其他（学时）
1	课程概论	2	0	0	0	2	0
2	老年人健康监测	4	0	0	0	2	0
3	中医治未病的理念和方法	4	0	0	0	4	0
4	老年人健康风险评估	2	2	0	0	2	0
5	老年人健康教育	4	0	0	0	4	0
6	老年人的营养与膳食管理	4	0	0	0	6	0
7	老年人的运动管理	2	0	0	0	4	0
8	疾病管理	2	0	0	0	4	0
合计		24	2	0	0	28	0

（二）教学任务描述

能力单元一：课程概论	
教学目的	通过本单元学习要求学生巩固健康、亚健康的概念，掌握健康管理的概念，健康管理的服务流程及步骤，了解健康管理的背景及现状，健康管理的基本策略
教学重点与难点	健康管理的概念；健康管理的服务流程及步骤
教学时数	4
教学方法与手段	采用课堂讲授法为主，加以案例分析说明
考核方式	课堂表现 + 课堂作业 + 期末考核
任务 1-1：理解健康与亚健康的概念	
相关知识点	健康，亚健康
相关实操技能	完成关于亚健康的小测验，加深对亚健康的理解
相关实训	无
教师注意事项	组织学生参与测验并积极思考，注意控制课堂气氛
学习资源	亚健康测验表
任务 1-2：理解健康管理的服务步骤与流程	
相关知识点	健康管理的工作步骤
相关实操技能	通过案例分析讨论，完成课堂练习
相关实训	无
教师注意事项	组织学生参与测验并积极思考，注意控制课堂气氛
学习资源	相关案例
任务 1-3：理解健康管理的基本策略	
相关知识点	健康管理的基本策略
相关实操技能	无
相关实训	无
教师注意事项	结合实际解释说明，帮助学生理解相关理论
学习资源	无

能力单元二：老年人健康监测	
教学目的	通过本单元学习要求学生了解健康监测的相关概念，熟悉老年人健康信息的管理，掌握老年人健康监测的内容途径及老年人信息采集的方法
教学重点与难点	老年人健康调查表的选用和健康信息的收集方法，老年人体格测量方法
教学时数	6
教学方法与手段	采用课堂讲授法为主，兼以案例、讨论教学方法
考核方式	课堂表现 + 任务完成情况 + 期末考核

续表

任务 2-1：老年人健康信息收集	
相关知识点	老年人健康信息采集的方法；健康信息收集的技能
相关实操技能	以小组为单位，选择适合的健康调查表，通过角色扮演，开展老年人的健康调查。通过模拟练习掌握健康信息收集技能要求
相关实训	无
教师注意事项	注意引导学生积极参与，激发学生兴趣
学习资源	体质判定标准表，相关案例
任务 2-2：老年人的体格测量	
相关知识点	体质指数的计算；老年人身高、体重、腰围、臀围、血压的测量方法和注意事项
相关实操技能	按照本任务点知识要求，小组成员相互进行体格测量并记录，计算体质指数，做好测量信息登记
相关实训	无
教师注意事项	注意引导学生积极参与，激发学生兴趣
学习资源	相关案例

能力单元三：中医治未病的理念和方法	
教学目的	通过本单元学习要求学生了解中医养生理论及方法，掌握中医体质的相关概念、类型、判别和调理方法，熟悉治未病的基础知识及理论
教学重点与难点	中医体质的类型及判别方法；不同体质的调理方法
教学时数	8
教学方法与手段	采用课堂讲授法为主，兼以案例、讨论教学方法
考核方式	课堂表现 + 任务完成情况 + 期末考核
任务 3-1：中医体质的辨识	
相关知识点	中医体质的基础知识，九大体质的区别，体质类型的判定方法
相关实操技能	结合案例和体质判定标准表，开展体质辨识，加深对体质学的理解
相关实训	无
教师注意事项	注意引导学生积极参与，激发学生兴趣
学习资源	体质判定标准表，相关案例
任务 3-2：结合中医体质的健康管理服务	
相关知识点	不同体质的饮食、运动、生息调养
相关实操技能	结合案例为不同体质的老年人群提供健康管理建议
相关实训	无
教师注意事项	注意引导学生积极参与，激发学生兴趣
学习资源	相关案例

能力单元四：老年人健康风险评估	
教学目的	通过本单元学习要求学生了解健康风险的表示方法，熟悉老年人健康风险评估的原理和评估工具，掌握老年人健康风险的评估方法
教学重点与难点	老年人健康风险评估的方法；健康评估报告的分析和解释
教学时数	6
教学方法与手段	采用课堂讲授法为主，兼以案例运算、小组讨论教学方法
考核方式	课堂表现＋任务完成情况＋期末考核
任务 4-1：老年人一般健康风险评估	
相关知识点	一般健康风险评估流程，组合危险分数的计算；评价年龄的计算
相关实操技能	结合案例和附表，进行一般健康风险评估的实操练习，计算案例人物的健康风险和评价年龄、预期年龄
相关实训	无
教师注意事项	注意引导学生积极参与，激发学生兴趣
学习资源	危险分数转化表，健康评价年龄表，相关案例
任务 4-2：生命质量评估	
相关知识点	生命质量评估表的得分计算
相关实操技能	结合案例和附表，进行生命质量评估练习，计算案例人物的 8 大维度得分，进行评价
相关实训	无
教师注意事项	注意引导学生积极参与，激发学生兴趣
学习资源	生活质量评估表，相关案例

能力单元五：老年人健康教育	
教学目的	通过本单元学习要求学生了解老年人跟随随访的形式内容和步骤，掌握老年人健康教育的计划制订步骤和开展健康教育的技巧
教学重点与难点	老年人健康教育计划制订的步骤；开展健康教育的技巧
教学时数	8
教学方法与手段	采用课堂讲授法为主，兼以案例、讨论教学方法
考核方式	课堂表现＋任务完成情况＋期末考核
任务 5-1：老年人健康教育计划的制订	
相关知识点	老年人健康教育的步骤，计划目标的制订
相关实操技能	结合案例开展小组任务，结合案例讨论并制订老年人的健康教育计划
相关实训	无
教师注意事项	注意引导学生积极参与，激发学生兴趣
学习资源	相关案例
任务 5-2：老年人健康教育实践	
相关知识点	老年人健康教育中的语言沟通技巧和非语言沟通技巧

续表

相关实操技能	结合案例开展小组任务，结合案例讨论并开展角色扮演，通过模拟练习为老年人进行一对一健康教育，帮助学生进一步掌握在健康教育中的语言沟通技巧和非语言沟通技巧
相关实训	无
教师注意事项	注意引导学生积极参与，激发学生兴趣
学习资源	相关案例

能力单元六：老年人的营养与膳食管理	
教学目的	通过本单元学习要求学生掌握营养学基本理论，身体活动的健康效益，营养与运动的基本知识在健康管理中的应用，了解成瘾行为的特征及干预方法
教学重点与难点	营养学基础理论，膳食宝塔的运用，老年人膳食指导的方法
教学时数	10
教学方法与手段	采用课堂讲授法为主，兼以案例教学等
考核方式	课堂表现＋期末考核
任务 6-1：营养学基础的认知	
相关知识点	营养素基础，各类营养素的概念、生理功能、食物来源及推荐摄入量平衡膳食原则
相关实操技能	无
相关实验	无
教师注意事项	结合实际解释说明，帮助学生理解相关理论
学习资源	居民膳食宝塔挂图
任务 6-2：老年人的膳食指导	
相关知识点	中国老年人营养状况现状，中国居民膳食宝塔解读，中国居民膳食指南（2022）解读，中国老年人膳食指南解读
相关实操技能	结合中国居民膳食指南（2022）和中国老年人膳食指南，为案例老年人科学搭配一日三餐
相关实验	无
教师注意事项	结合实际解释说明，帮助学生理解相关理论
学习资源	居民膳食宝塔挂图

能力单元七：老年人的运动管理	
教学目的	通过本单元学习要求学生掌握老年人的运动方案的制订方法，运动处方的要点；熟悉运动处方制定的原则；了解老年人常见的运动类型
教学重点与难点	运动方案的制订方法，运动处方的要点
教学时数	6
教学方法与手段	采用课堂讲授法为主，兼以案例教学等
考核方式	课堂表现＋期末考核

续表

	任务 7-1：老年人身体活动的评估
相关知识点	身体活动客观评估方法；身体活动的主观评估方法；各类评估表的运用；功能性体适能力评估方法
相关实操技能	无
相关实验	无
教师注意事项	结合实际解释说明，帮助学生理解相关理论
学习资源	无
	任务 7-2：运动强度的确定
相关知识点	运动强度的靶心率的计算；运动强度的代谢当量的运用；自感用力度（RPE）的运用
相关实操技能	无
相关实验	无
教师注意事项	结合实际解释说明，帮助学生理解相关理论
学习资源	无
	任务 7-3：老年人的运动处方的制定
相关知识点	制定运动处方的流程；运动处方前的健康筛查方法；制定运动处方的信息收集要点；运动实验评估方法；运动处方的原则；运动处方的实施
相关实操技能	结合案例开展小组任务，结合案例讨论并制订符合案例的老年人运动计划
相关实验	无
教师注意事项	结合实际解释说明，帮助学生理解相关理论
学习资源	居民膳食宝塔挂图

	能力单元八：疾病管理
教学目的	通过本单元学习要求学生掌握 COPD、高血压、脑卒中、糖尿病等常见慢性病的健康风险评估以及健康指导和干预；熟悉 COPD、高血压、脑卒中、糖尿病等常见慢性病的危险因素；了解 COPD、高血压、脑卒中、糖尿病等常见慢性病的概念；高血压的临床症状及治疗
教学重点与难点	COPD、高血压、脑卒中、糖尿病等常见慢性病的健康风险评估以及健康指导和干预
教学时数	6
教学方法与手段	采用课堂讲授法为主，兼以案例教学等
考核方式	课堂表现＋期末考核
	任务 8-1：COPD 高血压的健康风险评估及健康管理
相关知识点	COPD 的概念、流行病学，高血压的危险因素，高血压的健康风险评估以及健康指导和干预
相关实操技能	无
相关实验	无
教师注意事项	结合实际解释说明，帮助学生理解相关理论
学习资源	案例

续表

任务8-2:高血压的健康风险评估及健康管理	
相关知识点	高血压的概念、流行病学,高血压的危险因素,高血压的健康风险评估以及健康指导和干预
相关实操技能	无
相关实验	无
教师注意事项	结合实际解释说明,帮助学生理解相关理论
学习资源	案例
任务8-3:脑卒中的健康风险评估及健康管理	
相关知识点	脑卒中的概念、流行病学,高血压的危险因素,高血压的健康风险评估以及健康指导和干预
相关实操技能	无
相关实验	无
教师注意事项	结合实际解释说明,帮助学生理解相关理论
学习资源	案例
任务8-4:糖尿病的健康风险评估及健康管理	
相关知识点	糖尿病的概念、流行病学,高血压的危险因素,高血压的健康风险评估以及健康指导和干预
相关实操技能	无
相关实验	无
教师注意事项	结合实际解释说明,帮助学生理解相关理论
学习资源	案例

五、"课程思政"育人元素融入课程教学的途径和方法

序号	知识点	育人元素	融入途径、方式	预期效果	备注
1	健康的影响因素——物理环境因素	生态文明"绿水青山就是金山银山"	结合国家生态文明建设、环保措施案例,引入物理因素对健康的影响	感悟生态文明建设成果	
2	健康的影响因素——社会环境因素	"四个自信"	结合"抗疫"案例视频引入——健康影响因素中的社会因素	了解影响健康的社会因素,提升爱国主义情怀	
3	健康管理的重要性	职业认同感、荣誉感以及职业工匠精神	《"健康中国2030"规划纲要》,使学生了解国家政策,培养学生的职业荣誉感	了解国家政策,提升职业荣誉感	
4	治未病的概念	中国优秀传统医学文化教育	播放相关视频及引用中医传统文化相关案例	增强学生的民族自豪感	

序号	知识点	育人元素	融入途径、方式	预期效果	备注
5	治未病——体质学说	以人为本、因人而异	通过案例、问答引入体质学说的概念，引导学生领悟"以人为本""因人制宜"的中医思想	领悟传统中医思想，增强学生的民族自豪感	
6	膳食指南	工匠精神，职业素养	平衡膳食部分，讲解《中国居民膳食指南》的修订过程，让学生体会匠人精神	培养职业工匠精神	
7	老年人的膳食要点	杜绝浪费、勤俭节约	结合膳食指南，引用图片、案例启发学生思考、讨论	掌握膳食指南的要点，并在学习中结合内容加深对"杜绝浪费"的领悟	
8	疾病管理的健康教育	以人为本、尊老、爱老传统美德	引入案例，引导学生思考对老年群体健康干预任务的实施并展开角色扮演体验尊老爱老传统美德	培养与老年人沟通交流的能力，强化老龄服务职业道德培养	

六、课程评价方法

课程成绩 = 课堂出勤 15%+ 任务项目及课后作业 15%+ 课堂表现 10%+ 期末考试 60%。

七、教学资源配置

（一）主教材

朱霖.老年人健康管理实务［M］.北京：人民卫生出版社，2022.

（二）参考资料

郭清，王大辉.健康管理学案例与实训教程［M］.杭州：浙江大学出版社，2016.
郭清.健康管理学［M］.北京：人民卫生出版社，2011.
张庆军，祝淑珍，李俊琳，等.实用健康管理学［M］.北京：科学出版社，2017.
张开金，夏俊杰.健康管理理论与实践［M］.南京：东南大学出版社，2013.

（三）信息化教学资源

"学习通""智慧老年健康咨询与管理"课程教学资源平台。

（四）主要设备与设施

多媒体教学设备、手机、无线网络、"学习通"App 等。

（五）主讲教师

聂麟懿，重庆城市管理职业学院智慧康养学院专任教师、讲师，从事教学工作 10 余年；教学及科研方向：公共卫生管理、健康管理、健康营养等。

八、其他说明

无。

高等职业教育专科
"智慧老年康复护理"课程标准

一、课程基本信息

课程编码	0108020013	课程类型 （理论或实践或理实一体）		理实一体	适用专业	智慧健康养老 服务与管理
学分	3	总学时		64	实践学时	22
先修课程	老年常见病预防与护理、老年健康照护					
后续课程	社区康复、老年康复护理实训					
执笔人	王娟			批准人		

二、课程定位

"智慧老年康复护理"这门课程是智慧健康养老服务与管理专业的核心课，时间安排在老年服务与管理专业 3 年制学习期间的第 7 学期，3 课时 / 周，内容包括老年康复护理总论、老年康复护理评估、老年康复护理基本治疗技术等。"智慧老年康复护理"既是本校智慧健康养老服务与管理专业的一门专业核心课，也是一门应用广泛的学科，它的重要性日益凸显。课程的开设是智慧健康养老服务与管理专业学科的重要基础，是培养医学生的临床实践能力和基本技能的关键学科，同时，该门课程还有助于帮助学生考取"康复护理员""康复治疗师"职业资格证书。

三、课程目标

（一）社会主义核心价值观目标

（1）树立富强、民主、文明、和谐的价值目标；
（2）树立自由、平等、公正、法治的价值取向；
（3）树立爱国、敬业、诚信、友善的价值准则。

（二）情感态度目标

（1）适应社会主义市场经济需要，德、智、体、美等方面全面发展，满足城市建设、管理和服务第一线需要；

（2）具有"爱心、责任、服务、奉献"的专业品质，并具有较强综合职业能力、职业道德和创新精神；

（3）具有较强的学习能力、交流能力、实践能力、创业能力、社会适应能力以及良好的职业道德和创新精神，能够面向老龄化社会发展和老年公共事业管理、服务一线的高素质技术技能人才。

（三）职业素养目标

（1）具备爱岗敬业、诚实守信、遵纪守法等职业道德；
（2）具备团队协作精神、创新精神；
（3）具备职场安全与健康意识；
（4）具备职场礼仪与规范意识；
（5）具备工匠精神。

（四）知识目标

（1）掌握老年常见疾病的康复护理措施；
（2）理解老年康复护理的理论基础等相关知识；
（3）了解老年康复医学的概况及基本内容。

（五）技能目标

（1）能识读康复护理常用的康复评定标准；
（2）能够正确使用常规康复测绘仪器；
（3）能够正确使用常用的康复器械工具；
（4）能够掌握康复护理的基本方法。

四、课程主要内容

（一）能力单元与学时分配

序号	能力单元名称	讲授（学时）	实操（学时）	专家讲座（学时）	参观（学时）	讨论（学时）	其他（学时）
1	老年康复护理总论	2					
2	老年康复护理评估	12		2		2	

序号	能力单元名称	讲授（学时）	实操（学时）	专家讲座（学时）	参观（学时）	讨论（学时）	其他（学时）
3	老年康复护理基本治疗技术	6	4				
4	神经系统疾病康复护理	10	2	2		2	
5	骨关节肌肉疾病康复护理	6			4		
6	慢性内科疾病康复护理	6	2			2	
合计		42	8	4	4	6	

（二）教学任务描述

能力单元一：老年康复护理总论	
教学目的	了解老年康复的相关内容
教学重点与难点	重点：残疾的评定、残疾的预防 难点：残疾的预防
教学时数	2
教学方法与手段	图片、视频、讲授、微课、动画
考核方式	1. 以小组为单位，课前查阅资料、讨论、制作PPT、编排情景剧 2. 以小组为单位运用PPT进行讲解；现场情景剧展示 3. 点评、答辩、鉴定
任务1-1：康复护理概论	
相关知识点	康复与康复医学、老年康复护理
相关实操技能	无
相关实训	学生分组讨论康复与康复医学职业道德、礼仪、政策
教师注意事项	引导式教学、学生讨论为主
学习资源	视频资料、行业相关的资料：康复与康复医学、老年康复护理
任务1-2：老年社区康复、老年残疾问题	
相关知识点	老年社区居家康复护理、残疾的评定、残疾的预防
相关实操技能	无
相关实训	学生分组讨论老年残疾的评定、残疾的预防
教师注意事项	引导式教学、学生讨论为主
学习资源	视频资料、行业相关的资料：老年社区康复护理、老年残疾问题

能力单元二：老年康复护理评估	
教学目的	掌握运动功能评定、日常生活活动能力和生存质量的评定
教学重点与难点	重点：运动功能评定；日常生活活动能力和生存质量的评定；难点：运动功能评定
教学时数	16
教学方法与手段	图片、视频、讲授、微课、动画

续表

考核方式	笔试：制订老年人常用生活活动能力和生存质量评定计划 PPT 展示：设计老年人运动功能评定表
任务 2-1：运动功能评定	
相关知识点	肌力评定、肌张力评定、关节活动度的评定
相关实操技能	掌握肌力评定、肌张力评定、关节活动度的评定方法
相关实训	设计老年人运动功能评定表
教师注意事项	引导式教学、学生操作，教师指导
学习资源	视频资料、图片、在线学习：肌力评定、肌张力评定、关节活动度的评定
任务 2-2：日常生活活动能力和生存质量的评定	
相关知识点	Barthel 指数评定、独立生活能力评定、生存质量评定（社会功能评定）
相关实操技能	掌握 Barthel 指数评定、独立生活能力评定、生存质量评定（社会功能评定）方法
相关实训	根据实例，评定该老人独立生活能力
教师注意事项	引导式教学、学生操作，教师指导
学习资源	视频资料、图片、在线学习：Barthel 指数评定、独立生活能力评定、生存质量评定

能力单元三：老年康复护理基本治疗技术	
教学目的	掌握物理治疗、作业治疗基本方法
教学重点与难点	重点：物理治疗、作业治疗基本方法 难点：物理治疗、作业治疗注意事项
教学时数	10
教学方法与手段	图片、视频、讲授、微课、动画
考核方式	笔试：根据自拟案例制订一份作业治疗计划 情景剧视频展示：为老年人进行作业治疗
任务 3-1：物理治疗	
相关知识点	运动疗法、其他物理因子治疗
相关实操技能	掌握运动疗法、其他物理因子治疗的操作方法
相关实训	根据左侧下肢瘫痪实例，制订运动疗法计划
教师注意事项	引导式教学、学生操作，教师指导
学习资源	视频资料、图片、在线学习：运动疗法、其他物理因子治疗
任务 3-2：作业治疗	
相关知识点	作业治疗的种类、作业治疗的作用及在老年疾病中的应用
相关实操技能	掌握作业治疗计划的制订及操作方法
相关实训	对抑郁症患者，制订作业治疗计划
教师注意事项	引导式教学、学生操作，教师指导
学习资源	视频资料、图片、在线学习：作业治疗的种类、作业治疗的作用及在老年疾病中的应用

能力单元四：神经系统疾病康复护理	
教学目的	掌握老年常见神经系统疾病的康复护理技能
教学重点与难点	重点：康复护理评估、康复护理措施、康复教育 难点：康复护理评估、康复护理措施
教学时数	16
教学方法与手段	图片、视频、讲授、微课、动画
考核方式	现场情景剧展示：用康复护理程序的方法（评估—计划—实施、评价—康复教育）为老年脑卒中患者进行康复护理
任务 4-1：老年脑卒中的康复护理	
相关知识点	基础知识、康复护理评估（及主要功能障碍）、康复护理措施、康复教育、病例分析
相关实操技能	掌握老年脑卒中康复护理评估方法及措施
相关实训	根据实例，为老年脑卒中患者进行康复护理评估并采取相关康复护理措施
教师注意事项	引导式教学、学生操作，教师指导
学习资源	视频资料、图片、在线学习：老年脑卒中的康复护理
任务 4-2：老年失智的康复护理	
相关知识点	基础知识、康复护理评估（及主要功能障碍）、康复护理措施、康复教育、病例分析
相关实操技能	掌握老年失智康复护理评估方法及措施
相关实训	根据实例，为老年失智患者进行康复护理评估并采取相关康复护理措施
教师注意事项	引导式教学、学生操作，教师指导
学习资源	视频资料、图片、在线学习：老年失智的康复护理

能力单元五：骨关节肌肉疾病康复护理	
教学目的	掌握常见的骨关节肌肉疾病康复护理技能
教学重点与难点	重点：康复护理评估、康复护理措施、康复教育 难点：康复护理评估、康复护理措施
教学时数	10
教学方法与手段	图片、视频、讲授、微课、动画
考核方式	现场情景剧展示：用康复护理程序的方法（评估—计划—实施、评价—康复教育）为老年颈椎病患者进行康复护理
任务 5-1：颈肩腰痛的康复护理	
相关知识点	基础知识、康复护理评估（及主要功能障碍）、康复护理措施、康复教育、病例分析
相关实操技能	掌握颈肩腰痛的康复护理评估方法及措施
相关实训	根据实例，为老年颈椎病患者制订康复护理计划
教师注意事项	引导式教学、学生操作，教师指导
学习资源	视频资料、图片、在线学习：颈肩腰痛的康复护理
任务 5-2：退行性膝关节炎的康复护理	
相关知识点	基础知识、康复护理评估（及主要功能障碍）、康复护理措施、康复教育、病例分析

续表

相关实操技能	掌握退行性膝关节炎的康复护理评估方法及措施评估
相关实训	根据实例，为退行性膝关节炎患者进行康复护理评估
教师注意事项	引导式教学、学生操作，教师指导
学习资源	视频资料、图片、在线学习：退行性膝关节炎

能力单元六：慢性内科疾病康复护理	
教学目的	掌握常见的慢性内科疾病康复护理技能
教学重点与难点	重点：康复护理评估、康复护理措施、康复教育 难点：康复护理评估、康复护理措施
教学时数	8
教学方法与手段	图片、视频、讲授、微课、动画
考核方式	现场情景剧展示：用康复护理程序的方法（评估—计划—实施、评价—康复教育）为老年高血压病患者进行康复护理
任务 6-1：高血压病的康复护理	
相关知识点	基础知识、康复护理评估（及主要功能障碍）、康复护理措施、康复教育、病例分析
相关实操技能	掌握高血压病的康复护理评估方法及措施
相关实训	根据实例，为高血压病患者制订康复护理计划
教师注意事项	引导式教学、学生操作，教师指导
学习资源	视频资料、图片、行业相关的资料：高血压病
任务 6-2：COPD 的康复护理	
相关知识点	基础知识、康复护理评估（及主要功能障碍）、康复护理措施、康复教育、病例分析
相关实操技能	掌握 COPD 的康复护理评估方法及措施
相关实训	根据实例，为 COPD 患者进行康复评估、制订康复护理计划
教师注意事项	引导式教学、学生操作、教师指导
学习资源	视频资料、图片、行业相关的资料：COPD
任务 6-3：冠心病的康复护理	
相关知识点	基础知识、康复护理评估（及主要功能障碍）、康复护理措施、康复教育、病例分析
相关实操技能	掌握冠心病的康复护理评估方法及措施
相关实训	根据实例，为冠心病患者进行康复评估、制订康复护理计划
教师注意事项	引导式教学、学生操作，教师指导
学习资源	视频资料、图片、行业相关的资料：冠心病

五、"课程思政"育人元素融入课程教学的途径和方法

序号	知识点	育人元素	融入途径、方式	预期效果	备注
1	老年常见内科疾病、康复护理评估	评估疾病的过程是认识疾病客观规律的过程	对疾病的评估是从现象到本质，从感性到理性，又从理性认识再回到医疗实践中去的反复验证的过程	从实践中积累知识、从评估中得到教益，从而提高评估水平	
2	老年常见内科疾病、康复教育	康复教育要遵循整体原则、具体原则、动态原则和安全原则	对患者的康复教育是去粗取精、去伪存真、由表及里的过程	从实践中积累知识、从失误中得到教益，从而达到提高疗效、预防疾病的目的	

六、课程评价方法

采用百分制，其中平时成绩占 10%，读书报告会占 15%，技能考核占 45%，模拟面试占 30%，总分 100 分。

七、教学资源配置

（一）教材、参考书目

罗治安，张慧 . 社区康复（第 2 版）［M］. 北京：人民卫生出版社，2014.

陈锦秀，汤继芹 . 康复护理学（第 3 版）［M］. 北京：中国中医药出版社，2021.

陈瑜 . 老年人心理健康［M］. 北京：中国医药科技出版社，2017.

（二）信息化教学资源

"智慧职教"在线开放教学平台等。

（三）主要设备与设施

校内、校外实训室，各种实训设施。

（四）主讲教师

主讲人：重庆市康复护理协会相关负责人。

讲座主题：康复护理行业的发展趋势。

时间：安排在第 5~8 周，具体时间另定。

地点：学院学术报告厅或大多媒体教室。

主讲人：重庆市临床康复护理医疗机构专家。

讲座主题：康复护理行业需要什么样的康复人才。

时间：安排在第 12～15 周，具体时间另定。

地点：学院学术报告厅或大多媒体教室。

八、其他说明

产教融合，行业 / 企业参与课程开发情况。

人员：刘荣、漆春燕。

单位：重庆合展至善老年护养中心。

所做的工作：参与康复护理实训计划的制订、教学组织的特点（建议）。

排课的方式：集中。

预计到重庆医科大学大学城医院现场参观教学、重庆海吉亚肿瘤医院见习。

高等职业教育专科
"智慧养老产业经营与管理"课程标准

一、课程基本信息

课程编码	0108020012	课程类型 （理论或实践或理实一体）	理实一体	适用专业	智慧健康养老服务与 管理（中高"3+2"；统招）
学分	3	总学时	64	实践学时	28
先修课程	智慧健康养老机构管理与实务				
后续课程	现代养老产品研发				
执笔人	聂麟懿			批准人	

二、课程定位

"智慧养老产业经营与管理"是智慧健康养老服务与管理专业人才培养方案中规定学生必须修读的专业核心课程。通过本课程的学习，让学生掌握老年产业的基本内涵，所涉及的产业门类，国内外的现状，国内的发展瓶颈，不同地区的发展差异，重点发展板块，我国未来老年产业发展趋势和方向，了解最前沿的老年产业信息和政策等各方面的内容，为进一步的专业实践工作打下良好基础。

三、课程学习目标

（一）社会主义核心价值观目标

（1）树立富强、民主、文明、和谐的价值目标；
（2）树立自由、平等、公正、法治的价值取向；
（3）树立爱国、敬业、诚信、友善的价值准则。

（二）情感态度目标

（1）具备民族团结、社会责任情感等；

（2）具备社会主义公民道德、社会公德和家庭美德意识等；

（3）具备求实的科学态度、积极的生活态度等。

（三）职业素养目标

（1）具备爱岗敬业、诚实守信、遵纪守法等职业道德；

（2）具备团队协作精神、创新精神；

（3）具备老年服务职场安全意识与健康意识；

（4）具备老年服务礼仪与规范意识；

（5）具备工匠精神。

（四）知识目标

（1）掌握智慧养老产业的概念，中国老年政策，适老化住宅的设计与改造要点，老年产品的开发与市场运作要求；

（2）了解老年食品的开发与销售、老年金融产品的开发与需求。

（五）技能目标

（1）能运用调查分析老年产业市场现状及需求，并预测市场发展；

（2）能正确解读老年产业政策法规；

（3）能采用营销手段开发老年销售市场；

（4）能把握适老化建筑的要点，指导或检查适老化建筑是否符合规范。

四、课程主要内容

（一）能力单元与学时分配

序号	能力单元名称	讲授（学时）	实操（学时）	专家讲座（学时）	参观（学时）	讨论（学时）	其他（学时）
1	智慧养老产业概论	8	4			2	
2	老年住宅产业	16	8			2	
3	老年保健品的开发与设计	4	2			2	
4	老年用品的产品开发与设计	4	4				
5	老年金融产品的认知与发展	4	2			2	
合计		36	20			8	

（二）教学任务描述

能力单元一：智慧养老产业概论	
教学目的	通过本单元学习要求学生熟悉产业的概念，产业的分类及发展基础、市场条件，掌握老年产业的相关概念、基本特征及产业链；了解中国老年产业的发展现状，通过本单元的学习，让学生首先对老年产业有个基本的认识
教学重点与难点	产业的基本特征；老年产业的分类；老年产业链
教学时数	14
教学方法与手段	采用课堂讲授法为主，加以案例分析说明以及学生讨论练习
考核方式	课堂表现 + 课堂作业 + 期末考核
任务 1-1：理解产业相关的概念	
相关知识点	产业概念及分类、产业发展条件及市场条件
相关实操技能	通过案例分析讨论，完成课堂练习
相关实训	无
教师注意事项	组织学生参与测验并积极思考，注意控制课堂气氛
学习资源	相关案例
任务 1-2：收集整理与智慧养老行业相关的政策法规，组织学生进行解读	
相关知识点	老年产业发展
相关实操技能	组织学生课下收集资料、课上解读分析
相关实训	无
教师注意事项	组织学生积极参与讨论，注意控制课堂气氛
学习资源	相关案例
任务 1-3：以老年产业为主题撰写老年产业项目创业计划书	
相关知识点	老年产业概况、中国老年产业发展现状
相关实操技能	组织学生课下收集资料，课上解读分析
相关实训	无
教师注意事项	组织学生积极参与讨论，注意控制课堂气氛
学习资源	相关案例

能力单元二：老年住宅产业	
教学目的	通过本单元学习要求学生通过课程内容的讲述及实际操作让学生掌握适合老年人居住的房屋结构、适老化设施及老年人居住的旧房改造，以及养老地产的开发与运营
教学重点与难点	适老化的改造评估和设计要点 养老地产的运营
教学时数	26
教学方法与手段	采用课堂讲授法为主，兼以案例、讨论教学方法
考核方式	课堂表现 + 任务完成情况 + 期末考核

续表

任务2-1：认识老年人住宅的辅助设施	
相关知识点	主要是防止老年人跌倒和蹲下动作的支撑及各种其他提高老年人在家养老质量的设置
相关实操技能	分组进行本项任务的工作内容，每组必须有男有女。结合课堂内容，通过自己日常的观察，分别以中国常见的房型为范本，进行住宅适老化设计
相关实训	无
教师注意事项	课堂节奏的把握、学生的技能引导
学习资源	各种老年人网站，图书馆阅览室相关资料
任务2-2：老年人住宅的适老化改造	
相关知识点	主要是防止老年人跌倒和蹲下动作的支撑及各种其他提高老年人在家养老质量的设置
相关实操技能	分组进行本项任务的工作内容，每组必须有男有女。通过图片的形式向学生展示一间老年人的住宅结构，让学生结合课程所学知识内容，进行该房屋的适老化改造
相关实训	无
教师注意事项	课堂节奏的把握、学生的技能引导
学习资源	各种老年人网站，图书馆阅览室相关资料
任务2-3：老年人住宅社区的适老化设计	
相关知识点	要求学生掌握老年住宅公共空间的适老化设计要点，养老社区设计规划要求
相关实操技能	要求学生走访附近的小区住宅，拍照记录，并总结出该小区户外公共区域设计是否符合适老化设计标准
相关实训	无
教师注意事项	课堂节奏的把握、学生的技能引导
学习资源	各种老年人网站，图书馆阅览室相关资料
任务2-4：养老地产的设计开发及运营	
相关知识点	通过大量现实案例展示目前养老地产的概论，发展经营模式及设计开发特点，让学生对养老房地产行业的规范要求、发展趋势、经营现状有基础认识
相关实操技能	案例展示、观看视频及小组讨论分析
相关实训	
教师注意事项	课堂节奏的把握，学生的技能引导
学习资源	各种老年人网站，图书馆阅览室相关资料

能力单元三：老年保健品的开发与设计	
教学目的	通过课程内容的讲述让学生掌握各种常见的老年人保健品的说明、适应证及使用方法，购买注意事项等，在此基础上，让学生了解老年人保健品的营销策略
教学重点与难点	由于老年人在保健品的购买方面容易有误区，因此怎样把握正确引导老年人的购买和营销是重点难点的教学内容
教学时数	8
教学方法与手段	采用课堂讲授法为主，兼以案例教学，任务实施课堂讨论等方法
考核方式	课堂表现＋任务完成情况＋期末考核

续表

任务 3-1：掌握老年人保健品市场的常见品种及知识	
相关知识点	鱼油、卵磷脂、蜂胶、补钙类产品、褪黑素、银杏胶囊等
相关实操技能	分组进行本项任务的工作内容，每组必须有男有女。分别指出保护老年人心脏的保健品组合、控制血压血糖的保健品组合、改善睡眠增强记忆力的保健品组合等
相关实训	无
教师注意事项	注意引导学生积极参与、激发学生兴趣
学习资源	相关案例
任务 3-2：老年保健品市场调查	
相关知识点	消费心理学、营销学、保健品基础知识等
相关实操技能	分组进行本项任务的工作内容，每组必须有男有女。结合课堂知识点，设计调查问卷，开展社会调查，了解保健品的市场销售现状和老年人对保健品的需求，并形成一份调查报告
相关实训	无
教师注意事项	注意引导学生积极参与、激发学生兴趣
学习资源	相关案例

能力单元四：老年用品的产品开发与设计	
教学目的	通过课程内容的讲述让学生掌握常见的老年人辅助用品及生活服务产品的现状、使用及开发
教学重点与难点	产品的开发
教学时数	8
教学方法与手段	采用课堂讲授法为主，兼以案例教学、任务实施课堂讨论等方法
考核方式	课堂表现＋课后作业＋任务完成情况＋期末考核
任务 4-1：掌握常见老年人生活辅助用品的使用及收集新近开发的老年人用品	
相关知识点	康复设备及提高生活质量的设施
相关实操技能	分组进行本项任务的工作内容，每组必须有男有女。轮流讲解常见的老年人生活辅助用品的使用方法及讲解自己接触到的新的老年人用品
相关实训	无
教师注意事项	结合实际解释说明，帮助学生理解相关理论
学习资源	相关案例、网络图片
任务 4-2：老年人生活服务产品的创意设计开发	
相关知识点	社区服务、家庭服务、医疗服务等
相关实操技能	分组进行本项任务的工作内容，每组必须有男有女。小组讨论并查阅资料尝试开发设计创新老年服务产品，形成设计初稿
相关实训	无
教师注意事项	注意引导学生积极参与，在任务中了解学生在处理过程中存在的问题
学习资源	相关案例、量表

能力单元五：老年金融产品的认知与发展	
教学目的	通过课程学习让学生掌握金融产品的基本概况，老年人的常见金融产品的开发与销售
教学重点与难点	社会基本养老保险制度、老年金融需求
教学时数	8
教学方法与手段	采用课堂讲授法为主，兼以案例教学、任务实施课堂讨论等方法
考核方式	课堂表现＋课后作业＋任务完成情况＋期末考核
任务5：老年金融需求及群体行为特征	
相关知识点	老年人的金融服务需求
相关实操技能	收集老年人寻求金融服务中的一些上当案例
相关实训	无
教师注意事项	结合实际解释说明，帮助学生理解相关理论
学习资源	相关案例、网络图片

五、"课程思政"育人元素融入课程教学的途径和方法

序号	知识点	育人元素	融入途径、方式	预期效果	备注
1	中国老年产业现状与犯罪	敬业、奉献的社会主义核心价值观，态度和爱国主义教育	通过介绍老年产业的发展历程、对比老年人养老生活的改变融入	梳理正确的人生观、价值观，培养学生的爱国主义情操	
2	适老化建筑设计老年产品的开发与设计	创新能力	通过各种新型的设计方案融入	培养学生敢于思考、勇于创新的精神	

六、课程评价方法

课程成绩＝课堂出勤15%＋任务项目及课后作业15%＋课堂表现10%＋期末考试60%。

七、教学资源配置

（一）主教材

乌丹星.老年产业概论［M］.北京：中国纺织出版社，2015.

（二）参考资料

《中国老龄产业发展报告（2021—2022）》。

（三）信息化教学资源

"云课堂"网络课程平台，微课视频。

（四）主要设备与设施

多媒体教学设备及情景实训室等。

（五）主讲教师

聂麟懿，重庆城市管理职业学院健康与老年服务学院专任教师、讲师，从事教学工作 10 余年；教学及科研方向：公共事业管理、公共卫生管理等。

八、其他说明

重庆合展养老产业有限公司参与了课程开发。

高等职业教育专科
"传统康复治疗技术"课程标准

一、课程基本信息

课程编码	1031037	课程类型 （理论或实践或理实一体）	理实一体	适用专业	康复治疗技术、老年服务与管理
学分	3	总学时	57	实践学时	28
先修课程	经络腧穴学				
后续课程	岗位实习				
执笔人	蒋宗伦			批准人	

二、课程定位

"传统康复治疗技术"是一门理实一体化的专业核心课。通过课程的学习，使学生具备康复治疗师专门人才所必需的传统康复基本知识和基本技能，初步形成解决临床（诊查、预防、治疗、养生等）实际问题的能力，能够应用传统康复方法治疗残疾，并能与其他康复治疗方法联合使用，预防功能障碍的发生或对已经发生的障碍进行康复治疗。同时，注重学生综合素质教育，加强学生的职业道德观念，培养学生良好的思想品德，爱国主义情怀和辩证思维能力。该课程也是康复治疗师、保健按摩师资格证考试的必需科目。

三、课程目标

（一）社会主义核心价值观目标

（1）树立富强、民主、文明、和谐的价值目标；

（2）树立自由、平等、公正、法治的价值取向；

（3）树立爱国、敬业、诚信、友善的价值准则。

（二）情感态度目标

（1）具备社会责任感、对康复患者的同情感；

（2）具备社会主义公民道德、社会公德和家庭美德意识等；

（3）具备求实的科学精神、积极的生活态度等；

（三）职业素养目标

（1）具备爱岗敬业、诚实守信、遵纪守法等职业道德；

（2）具备传统康复治疗团队协作精神、创新精神；

（3）具备传统康复治疗职场安全与健康意识；

（4）具备传统康复治疗职场礼仪与规范意识；

（5）具备勇于探索、精益求精的工匠精神；

（四）知识目标

（1）掌握经络腧穴、推拿基本手法等基础知识，常见疾病的传统康复治疗手段；

（2）熟悉拔罐技术、刮痧技术、中医养生保健、传统运动功法等知识；

（3）了解传统康复发展历史、治疗原则、方药等知识。

（五）技能目标

（1）能正确定位腧穴，准确进行毫针操作，能正确运用电针、穴位注射、头针等技术；

（2）能熟练操作成人推拿手法、小儿推拿手法；

（3）能运用拔罐技术、刮痧技术；

（4）能综合运用传统康复治疗手段进行临床常见病证操作治疗的技能；

（5）能运用已学知识，进一步获取和更新传统康复相关知识的能力。

四、课程主要内容

（一）能力单元与学时分配

序号	能力单元名称	讲授（学时）	实操（学时）	专家讲座（学时）	参观（学时）	讨论（学时）	其他（学时）
1	中国传统康复理论构建	4			2		
2	针灸技术基础操作	8	8				
3	推拿技术基础操作	8	8				

续表

序号	能力单元名称	讲授（学时）	实操（学时）	专家讲座（学时）	参观（学时）	讨论（学时）	其他（学时）
4	拔罐技术基础操作	1	2				
5	刮痧技术基础操作	1	2				
6	方药基础知识构建	2					
7	常见病传统康复治疗	4	2			3	
8	中医养生保健	2	0				
合计		30	22		2	3	

（二）教学任务描述

能力单元一：中国传统康复理论构建	
教学目的	使学生掌握中医阴阳五行、经络腧穴基本理论
教学重点与难点	阴阳五行基本理论，经络腧穴基本理论
教学时数	6
教学方法与手段	课堂讲授，课外参观
考核方式	提问、作业
任务 1-1：中国传统康复历史沿革	
相关知识点	中国传统康复技术的起源，发展过程，主要著作和现代研究情况
相关实操技能	查阅传统康复治疗技术发展史相关著作的能力
相关实训	无
教师注意事项	讲授条理要清晰，对发展史分段讲授
学习资源	网络信息，教辅资料，在线学习
任务 1-2：中医基本理论	
相关知识点	阴阳五行，病因学说
相关实操技能	学习中医经典著作的能力
相关实训	无
教师注意事项	结合学情，讲解要深入浅出
学习资源	教辅资料，在线学习
任务 1-3：经络与腧穴理论构建	
相关知识点	经络理论、腧穴理论
相关实操技能	十四经穴与经外奇穴的取穴及操作技巧
相关实训	十四经穴与经外奇穴的取穴技巧及操作应用
教师注意事项	条理清晰，有熟练的取穴和操作技能，实验中注意安全等
学习资源	网络信息，教辅资料，利用光盘、模型学习

能力单元二：针灸技术基础操作	
教学目的描述	能够熟练操作各种常规针灸技术
教学重点与难点	毫针基本操作技术、穴位注射、电针的基本运用、晕针的处理
教学时数	16
教学方法与手段	影视教学，演示法，现代技术模型模拟实验
任务2-1：毫针刺法、艾灸技术、电针的运用	
相关知识点	毫针基础知识，艾灸基础知识，电针基础知识
相关实操技能	毫针、艾灸、电针操作技能
相关实验	影视教学，人体取穴（模型模拟），真人取穴操作
教师注意事项	有熟练的取穴和操作技能，教会学生在职场中的自我保护，防止职业暴露和医疗安全事故发生
学习资源	网络信息、教辅资料、利用光盘、模型学习
任务2-2：穴位注射操作运用	
相关知识点	经络学知识、腧穴知识、人体结构学知识、药物知识
相关实操技能	穴位选取、药物选取、注射操作技能
相关实验	穴位注射操作
教师注意事项	有熟练的取穴和操作技能，教会学生在职场中的自我保护，防止职业暴露和医疗安全事故发生
学习资源	网络信息、教辅资料，利用光盘、模型、现代职业教育技术设备学习

能力单元三：推拿技术基础操作	
教学目的描述	利用推拿治疗技术辅助要素；确定推拿治疗技术对象；熟悉推拿治疗技术基本内容
教学重点与难点	推拿治疗的适应证、禁忌证、注意事项；推拿治疗技术中体位的选择；推拿治疗技术中介质的应用；推拿补泻、止痛、神经反射的基本操作技能；推拿对人体各个系统影响的基本手法
教学时数	16
教学方法与手段	课堂讲授、实操、讨论
任务3-1：成人常用手法操作	
相关知识点	推拿基本要求，适应证与禁忌证，手法操作，注意事项
相关实操技能	成人六大类手法操作技能
相关实验	成人推拿手法操作
教师注意事项	讲授条理要清晰，实训要详细负责，特别注意实训安全等
学习资源	网络信息、教辅资料、在线学习
任务3-2：小儿推拿技术操作	
相关知识点	小儿推拿注意事项，基本手法，常用穴位
相关实操技能	小儿推拿手法操作技能
相关实验	小儿推拿操作

续表

教师注意事项	让学生明确小儿生理、病理特点，防止误诊误治
学习资源	网络信息、教辅资料、按摩床等

能力单元四：拔罐技术基础操作	
教学目的描述	能够熟练运用拔罐技术
教学重点与难点	拔罐方式的选择，疾病的拔罐治疗
教学时数	3
教学方法与手段	课堂讲授、实习实训、讨论
任务 4：常用拔罐技术操作	
相关知识点	人体结构知识，拔罐操作流程，操作方式，适应证、禁忌证，注意事项
相关实操技能	拔罐方法操作技能
相关实验	拔罐操作
教师注意事项	现场指导学生实验、注重分组练习，职场安全宣教
学习资源	网络信息、教辅资料，在线学习

能力单元五：刮痧技术基础操作	
教学目的描述	能够熟练应用刮痧技术
教学重点与难点	刮痧部位的选择，晕痧的处理
教学时数	3
教学方法与手段	课堂讲授、实操、讨论
任务 5：常用刮痧技术操作	
相关知识点	人体结构学知识，经络腧穴知识，刮痧部位，操作方式
相关实操技能	刮痧操作技能
相关实验	项丛刮的操作
教师注意事项	分组训练，注意学生安全
学习资源	网络信息、教辅资料、企业／行业相关的资料

能力单元六：方药基础知识构建	
教学目的描述	能熟悉方药的构成来源，经方的作用，运用中药进行康复的能力
教学重点与难点	方药的构成，常用中成药的选择
教学时数	2
教学方法与手段	课堂讲授、在线学习、讨论
任务 6：中药方剂的认识	
相关知识点	中药基础知识，方剂基础知识，常用中成药
相关实操技能	常用中成药的选择技能

相关实验	利用文献查阅中医经典方剂
教师注意事项	讲解注意学情，做好引导
学习资源	网络信息、教辅资料、企业 / 行业相关的资料

能力单元七：常见病传统康复治疗	
教学目的描述	能综合运用传统康复治疗技术治疗骨伤疾病
教学重点与难点	疾病的诊断，常用传统康复治疗技术的选择
教学时数	9
教学方法与手段	课堂讲授、讨论、实操
任务 7-1：治疗颈椎病任务描述	
相关知识点	颈椎解剖知识、病理知识、诊断知识
相关实操技能	落枕治疗技术，颈型、神经根型、脊髓型、椎动脉型、交叉神经型颈椎病治疗技术
相关实验	落枕治疗术、颈型、神经根型、脊髓型、椎动脉型、交叉神经型颈椎病治疗术
教师注意事项	分组模拟练习、注意学生安全
学习资源	网络信息、教辅资料、企业 / 行业相关的资料、影视光盘
任务 7-2：治疗腰椎间盘突出症任务描述	
相关知识点	腰椎部解剖知识、病理知识、诊断知识
相关实操技能	腰椎间盘突出症治疗技术
相关实验	腰椎间盘突出症传统康复治疗术
教师注意事项	分组模拟练习、注意学生安全
学习资源	网络信息、教辅资料、企业 / 行业相关的资料、影视光盘
任务 7-3：治疗腰肌劳损任务描述	
相关知识点	腰部解剖知识、病理知识、诊断知识
相关实操技能	腰肌劳损治疗技术
相关实验	腰肌劳损治疗术
教师注意事项	分组模拟练习、注意学生安全
学习资源	网络信息、教辅资料、企业 / 行业相关的资料
任务 7-4：治疗肩关节周围炎任务描述	
相关知识点	肩关节解剖知识、病理知识、诊断知识
相关实操技能	肩关节周围炎治疗技术
相关实验	肩关节周围炎术
教师注意事项	分组模拟练习、注意学生安全
学习资源	网络信息、教辅资料、企业 / 行业相关的资料

能力单元八：中医养生保健	
教学目的描述	熟悉中医养生保健常用技术
教学重点与难点	中医养生的理论基础，常用养生方式的操作
教学时数	2
教学方法与手段	影视教学、在线学习、讨论
任务8：常用养生保健方法	
相关知识点	经络学知识、腧穴知识、人体结构学知识、传统运动功法操作
相关实操技能	太极拳、八段锦、五禽戏操作技能
相关实验	太极拳操作
教师注意事项	熟悉操作，注意学生训练中的安全问题
学习资源	网络信息、教辅资料、利用光盘学习

五、"课程思政"育人元素融入课程教学的途径和方法

序号	知识点	育人元素	融入途径、方式	预期效果	备注
1	中国传统康复治疗技术发展历史	爱国主义情怀，文化自信	讲述历史上中医经典著作、医学大家在世界上的领先地位、影响	树立爱国意识、文化自信	
2	经络与腧穴总论	敬业、进取	讲述经络的发现及腧穴的发展	培养学生探索进取的精神	
3	毫针刺法	职业安全	艾滋病传播途径引申	具有安全防护意识	
4	穴位注射	爱心、细心、责任心等职业素养	讲述未核对信息造成注射医疗事故的故事	培养学生的爱心、细心、责任心等职业素养	
5	推拿流派	创新思维和意识	讲述各流派的故事	培养创新思维	
6	成人推拿手法	工匠精神	讲述、示范	培养工匠精神	
7	拔罐技术	探求科学	罐具的演变过程	使学生具有不断探索的精神	
8	刮痧技术	尊重科学、爱国	从美国电影《刮痧》引申	尊重科学、爱国	
9	中药概述	对科学的献身精神	神农尝百草的故事	献身科学的意识	
10	颈椎病的康复治疗实训	团队协作、交流沟通能力培养	分组训练	培养团队协作意识、良好的交流沟通能力	

六、课程评价方法

采用百分制，实行平时鉴定成绩和期末综合实操成绩相结合。平时成绩占40%（课堂出勤10%+书面作业20%+课堂表现10%），期末笔试占60%。注重学生学习过程中的态度、方法，激发学生学习的兴趣，培养学生职业综合素质。按比例分配为最终

考核成绩；以提高学生实际操作能力为导向，期末只进行综合技能测试。

七、教学资源配置

（一）主教材

肖文冲，蒋宗伦，郭新荣.中国传统康复治疗技术［M］.武汉：华中科技出版社，2022.

（二）参考资料

陈健尔，李艳生.中国传统康复技术［M］.北京：人民卫生出版社，2019.

（三）主要设备与设施

（1）校内：
①推拿按摩实训中心；
②康复实训中心；
③按摩手法测试仪；
④教学光盘；
⑤足部反射区治疗系统；
⑥人体经络腧穴光电模型。
（2）校外：
①重庆市江北区中医院针灸理疗科；
②陆军医科大学西南医院康复科；
③重庆医科大学附属第一医院康复科。

（四）主讲教师

姓名	年龄（岁）	单位	职称
蒋宗伦	45	重庆城市管理职业学院	副教授、副主任医师
席小芳	28	重庆城市管理职业学院	讲师
唐成林	50	重庆医科大学	教授、副主任医师

高等职业教育专科
"康复评定技术"课程标准

一、课程基本信息

课程编码	01031028	课程类型 （理论或实践或理实一体）	理论与实践	适用专业	康复治疗技术
学分	3	总学时	60	实践学时	30
先修课程	正常人体结构、正常人体机能、康复医学导论、人体发育学等				
后续课程	神经疾病康复、骨骼肌肉康复、内外科疾患康复等				
执笔人	叶海霞		批准人		

二、课程定位

"康复评定技术"是康复治疗技术及社区康复专业学生的专业基础课，是本专业学生的必修课程。康复评定是学生毕业后作为一名康复治疗师所必备的且非常重要的一种技能，同时康复评定也是学生学习物理疗法、作业疗法、疾病康复的基础，有不可替代的地位。本课程的目的在于使学生学会临床常用的康复评定技术和方法，形成正确的评定观念，为成为一名合格的康复治疗师打下坚实基础。

三、课程学习目标

（一）社会主义核心价值观目标

（1）树立富强、民主、文明、和谐的价值目标；
（2）树立自由、平等、公正、法治的价值取向；
（3）树立爱国、敬业、诚信、友善的价值准则。

（二）情感态度目标

（1）具备民族团结、社会责任情感等；
（2）具备社会主义公民道德、社会公德和家庭美德意识等；

（3）具备求实的科学态度、积极的生活态度等。

（三）职业素养目标

（1）具备爱岗敬业、诚实守信、遵纪守法等职业道德；

（2）具备康复治疗团队协作精神、创新精神；

（3）具备康复治疗安全与健康意识；

（4）具备高度的责任心、同情心、爱心、耐心和细心。

（四）知识目标

（1）掌握基本生理指标测量、人体形态学测量、关节活动度评定、肌力评定、肌张力评定、平衡协调能力的评定、步态分析及 ADL 评定的相关基本理论；

（2）理解心肺功能评定、疼痛的评定、运动控制障碍评定及高级脑功能障碍评定的相关理论；

（3）了解环境的评定、生活质量评定的相应理论；

（4）掌握基本医学英文词汇。

（五）技能目标

（1）能独立并规范地完成基本生理指标测量、人体形态学测量、关节活动范围测量、徒手肌力和肌张力测定、协调与平衡功能的评定、疼痛的评定和感觉功能评定；

（2）能应用量表进行 ADL、言语功能、认知功能的评定；

（3）能应用仪器设备进行等速肌力测定、肺功能测定、心功能评定和步态分析；

（4）有较好的语言表达能力，能够与患者进行良好的沟通交流；

（5）能够运用网络资源进行学习。

四、课程主要内容

（一）能力单元与学时分配

序号	能力单元名称	讲授（学时）	实操（学时）	专家讲座（学时）	参观（学时）	讨论（学时）	其他（学时）
1	掌握康复评定总论	4					
2	掌握运动功能评定相关知识	18	18			2	
3	掌握感觉、认知功能评定知识	4	4				
4	掌握心肺功能评定相关知识	2	2				

序号	能力单元名称	讲授（学时）	实操（学时）	专家讲座（学时）	参观（学时）	讨论（学时）	其他（学时）
5	掌握日常生活能力和环境评定相关知识	2	2			2	
合计		30	26			4	

（二）教学任务描述

能力单元一：掌握康复评定总论	
教学目的	学生须掌握康复评定的基本概念、康复评定的工作流程、康复评定的注意事项
教学重点与难点	康复评定的三个层面、常用的康复评定实施方法
教学时数	4
教学方法与手段	理论讲授、视频学习、案例分析
考核方式	理论考试
任务1：掌握康复评定的基本概念、康复评定的工作流程、康复评定的注意事项	
相关知识点	基本概念、工作流程
相关实操技能	案例分析
相关实训	无
教师注意事项	引导学生理解及重视康复评定、注意学生多角度分析
学习资源	中国康复医学论坛、怡康复论坛

能力单元二：掌握运动功能评定相关知识	
教学目的	学生必须熟练掌握并操作人体形态、关节活动度、肌力、肌张力、反射、步态、平衡协调、运动模式的评定
教学重点与难点	各种运动功能评定技术的操作
教学时数	38
教学方法与手段	案例分析、理论讲授、视频学习、仪器使用、实际操作
考核方式	理论，操作
任务2-1：掌握人体形态评定	
相关知识点	让学生熟悉人体异常姿势，会测量肢体长度和围度
相关实操技能	视频、肢体长度和围度的测量
相关实训	人体形态评定
教师注意事项	引导学生对视频中的病态人物姿势进行分析，把知识运用于实践
学习资源	中国康复医学论坛、怡康复论坛
任务2-2：掌握关节活动度评定	
相关知识点	学生能进行全身各个关节的关节活动度评定

相关实操技能	用量角器测量全身各个关节的关节活动度
相关实训	关节活动度的测量
教师注意事项	让学生多操作、熟悉
学习资源	中国康复医学论坛、怡康康复论坛

任务 2-3：掌握肌力、肌张力评定

相关知识点	全身肌肉的肌力及肌张力的评定
相关实操技能	徒手肌力评定、改良 Ashorth 评定
相关实训	用徒手肌力评定测量全身各关节肌力，用改良 Ashorth 测肌张力
教师注意事项	让学生多操作、熟悉
学习资源	中国康复医学论坛、怡康康复论坛

任务 2-4：掌握发育性反射与反应的评定

相关知识点	脊髓、脑干、中脑及大脑皮质水平的反射
相关实操技能	熟悉脊髓、脑干、中脑及大脑皮质水平的反射的评定方法
相关实训	无
教师注意事项	让学生把深浅反射和发育性反射区别开
学习资源	中国康复医学论坛、怡康康复论坛

任务 2-5：掌握步态分析

相关知识点	掌握正常步态、常见异常步态以及步态的评定办法
相关实操技能	各种步态的评定方法
相关实训	异常步态的评定
教师注意事项	本节较难且重要，注意慢慢引导学生
学习资源	中国康复医学论坛、怡康康复论坛

任务 2-6：掌握平衡和协调功能的评定

相关知识点	平衡和协调的相关理论及其评定办法
相关实操技能	平衡和协调的评定
相关实训	参观相关器材，进行评定联系
教师注意事项	让学生多熟悉
学习资源	中国康复医学论坛、怡康康复论坛

任务 2-7：掌握运动控制障碍的评定

相关知识点	运动控制的概念、理论模型及常用的评定办法
相关实操技能	运动控制的常用评定办法
相关实训	Brunnstrom 评定
教师注意事项	本节为中枢神经损伤打下基础
学习资源	中国康复医学论坛、怡康康复论坛

能力单元三：掌握感觉、认知功能评定相关知识	
教学目的	感觉、认知功能评定及分析
教学重点与难点	常见病理表现的原因及评定
教学时数	8
教学方法与手段	小组学习法、案例分析、理论教学
考核方式	理论，操作
任务 3-1：掌握感觉功能评定	
相关知识点	躯体感觉传导通路、躯体感觉分类及检查步骤与方法
相关实操技能	感觉障碍的定位诊断
相关实训	无
教师注意事项	结果记录与分析
学习资源	中国康复医学论坛、怡康康复论坛
任务 3-2：掌握认知功能评定	
相关知识点	认知功能评定方法及内容
相关实操技能	评定测试的方法
相关实训	无
教师注意事项	认知障碍的临床表现
学习资源	中国康复医学论坛、怡康康复论坛

能力单元四：掌握心肺功能评定相关知识	
教学目的	心脏功能评定和肺功能评定
教学重点与难点	运动试验的方法和结果分析
教学时数	4
教学方法与手段	理论教学、参观学习
考核方式	理论，操作
任务 4-1：掌握心功能评定	
相关知识点	心电运动试验方法的选择及禁忌证和适应证
相关实操技能	心电运动试验结果分析
相关实训	进行运动试验
教师注意事项	6 分钟步行试验及心功能分级
学习资源	视频、网络
任务 4-2：掌握肺功能评定	
相关知识点	肺活量、时间肺活量、潮气量、最大氧气摄入量和代谢当量的概念以及肺功能评定的基本方法
相关实操技能	评定结果的记录与分析
相关实训	无
教师注意事项	让学生熟悉
学习资源	相关医学网站

能力单元五：掌握日常生活能力和环境评定相关知识	
教学目的	作业活动及生活质量、社会心理及环境的评定及分析
教学重点与难点	Bathel、FIM 的评定
教学时数	6
教学方法与手段	案例分析、理论、实践调查
考核方式	理论，调研
任务 5-1：掌握日常生活能力的评定	
相关知识点	ADL 的评定方法、定义及常用的评定工具和使用方法
相关实操技能	ADL 的评定方法
相关实训	无
教师注意事项	学生重点掌握 Bathel、FIM 的评定
学习资源	中国康复医学论坛、怡康复论坛
任务 5-2：掌握环境的评定	
相关知识点	家居环境、社区环境、公共环境的评定
相关实操技能	环境改良的评定
相关实训	学生进入病人家庭、社区、公共环境进行调研
教师注意事项	引导学生自学能力
学习资源	相关医学网站

五、"课程思政"育人元素融入课程教学的途径和方法

序号	知识点	育人元素	融入途径、方式	预期效果	备注
1	认识康复评定	实事求是、科学严谨的学术态度、循证医学	列举临床案例，引入循证医学和康复评定	树立实事求是、科学严谨的学术态度	
2	认识 ICF	辩证思维、人与环境的关系	通过介绍 ICF 的发展历史，引导学生思考	培养学生的辩证思维，正确认识人和环境的关系	
3	残疾的分类	关爱残疾人；职业认识	播放 6 类残疾的相关视频	培养学生关爱残疾人的意识，有良好的职业认知，树立友善观	
4	人体形态评定	职业规范、医德	相关新闻引入	培养学生的医德	
5	关节活动度的评定	医患关系、信任的力量	案例讲解	意识到良好医患关系的重要性	
6	肌力的评定	团队协作、交流沟通能力	小组训练	培养团队协作意识及良好的交流沟通能力	
7	发育性反射与反应的评定	关爱儿童、认识儿童生长发育规律	婴儿教具的使用	激发大家关爱儿童和用心细心的服务意识	
8	平衡和协调功能评定	爱岗敬业、信任的力量	案例讲解	意识到爱岗敬业在处理良好医患关系中的重要性	

续表

序号	知识点	育人元素	融入途径、方式	预期效果	备注
9	心肺功能评定	爱国、奉献精神	案例讲解，寻找爱国人物——感受中国温度	通过新冠疫情树立爱国、奉献精神	
10	康复评定技术实操	工匠精神	学生反复操作练习	培养工匠精神	

六、学习者能力测试方法

（一）能力测试的方法与手段

序号	能力单元名称	测试的方法与手段			
		鉴定要求	采用方法	鉴定人	鉴定地点
1	掌握康复评定总论	熟练掌握相关理论知识	理论考试；知识竞答	叶海霞	待定
2	掌握运动功能评定相关知识	熟练掌握理论知识和熟练进行实际操作	理论考试；知识竞答；实践操作；小组作业	叶海霞	待定
3	掌握感觉和认知功能评定	熟练掌握理论知识和熟练进行实际操作	理论考试；知识竞答；实践操作；小组作业	叶海霞	待定
4	掌握心肺功能评定	熟练掌握理论知识和熟练进行实际操作	理论考试；知识竞答；实践操作；小组作业	叶海霞	待定
5	掌握日常生活能力及环境评定	熟练掌握理论知识和熟练进行实际操作	理论考试；知识竞答；实践操作；小组作业	叶海霞	待定

（二）课程成绩评价办法

采用百分制：学生成绩分为平时成绩与期末成绩，平时成绩包括作业完成情况、平时课堂表现情况等，占30%；期末成绩包括理论考核、实践操作考核、小组作业等，占70%，两项之和为总分。

七、教学资源配置

（一）主教材

王玉龙，周菊芝.康复评定技术［M］.北京：人民卫生出版社，2019.

（二）参考资料

周立峰，杨毅.康复评定技术［M］.武汉：华中科技大学出版社，2012.

张玉梅，宋鲁平.康复评定常用量表（第二版）［M］.北京：科学技术文献出版社，2019.

（三）信息化教学资源

中国康复医学论坛
怡康康复论坛
爱爱医
丁香园

（四）主要设备与设施

多媒体、相关视频材料、相关的操作器材和机器；
康复评定室。

（五）主讲教师

叶海霞，专任教师，助教／副主任康复治疗师，教学时间8年；工作单位：重庆城市管理职业学院。

吴雪莲，外聘教师，副主任康复治疗师，教学时间6年；工作单位：重庆医科大学附属第二医院。

郑兵，外聘教师，主管康复治疗师，教学时间6年；工作单位：重庆医科大学附属第二医院。

八、其他说明

行业／企业参与课程开发情况：

虞乐华，重庆医科大学附属第二医院主任医师，参与制订授课计划及康复评定课程资源库建设。

吴雪莲，重庆医科大学附属第二医院副主任治疗师，参与授课、制订授课计划，参与康复评定课程建设。

郑兵，重庆医科大学附属第二医院主管治疗师，参与授课、制订授课计划，参与康复评定课程建设。

高等职业教育专科
"物理因子治疗技术"课程标准

一、课程基本信息

课程编码	01031023	课程类型 （理论或实践或理实一体）	理论＋实践	学分	2
适用专业	康复治疗技术、社区康复				
先修课程	正常人体功能、人体运动、疾病诊断，康复评定、临床疾病概论				
后续课程	岗位实习				
总学时	46		实践学时	23	
执笔人	张迎春		批准人		

二、课程定位

"物理因子治疗技术"是康复医学的主要分支学科之一，是一门重要的基础性应用学科。这门课程的目的在于帮助学生掌握物理因子治疗技术的基本知识理论及应用性操作技术和方法，学会主要物理因子治疗技术操作和临床疾病的选择。

三、课程学习目标

通过本课程的学习，学习者应该掌握以下知识和技能：

（1）能比较系统地掌握物理因子治疗技术的基本知识，构建康复治疗中物理因子治疗技术的知识网络体系和操作技巧；

（2）能根据临床疾病的应用进行物理因子治疗仪器的选择，与临床操作实践相联系；

（3）能进行常用物理因子治疗仪器的操作，掌握一些适应证、禁忌证、注意事项；

（4）熟悉了解物理因子治疗技术的基本原理知识，能根据患者病情需要；掌握临床物理因子治疗技术的处理选择原则，增加临床实践操作处理能力；

（5）掌握物理因子治疗技术的相关知识，并运用这些知识，懂得如何应对临床疾病。

四、课程能力标准要求

通过本课程的学习，学习者应该具备以下知识、技能与素质。

（一）理论知识要求

（1）通晓物理因子治疗技术的基本概念、研究对象、研究方法；

（2）通晓各种物理因子治疗技术的相关知识，学习各种常见疾病运用物理因子治疗技术的临床选择；

（3）通晓物理因子治疗技术运用原理，适应证、禁忌证、注意事项；

（4）掌握各种物理因子治疗技术的共性和特性及区别；

（5）掌握各种物理因子治疗技术的操作方法，操作流程的描述。

（二）实操技能要求

（1）掌握常见物理因子治疗技术仪器的具体实训操作；

（2）能根据具体案例进行分析选择相对应的物理因子仪器操作治疗；

（3）能运用物理因子治疗技术解决临床疾病所产生的问题。

（三）素质要求

具有人道主义精神，关心爱护患者，耐心、体贴地与之沟通；努力掌握常见物理因子治疗技术的基本理论与技术，并能运用这些知识达到治疗疾病的目的。

五、课程主要内容

（一）能力单元与学时分配

序号	能力单元名称	讲授（学时）	实操（学时）	专家讲座（学时）	参观（学时）	讨论（学时）	其他（学时）
1	全面认识物理因子治疗技术	1	1				
2	物理因子——电	6	6				
3	物理因子——光	4	4				
4	物理因子——声	4	4				
5	物理因子——磁	2	2				
6	物理因子——热	2	2				
7	物理因子——冷	1	1				
8	物理因子——水	2	2				

序号	能力单元名称	讲授（学时）	实操（学时）	专家讲座（学时）	参观（学时）	讨论（学时）	其他（学时）
9	物理因子——其他因子	1	1				
合计		23	23				

（二）教学任务描述

能力单元一：全面认识物理因子治疗技术	
教学目的描述	1. 能说出常见物理因子对应的技术名称、共性和特性 2. 合理制订物理治疗方案并能正确书写治疗处方
教学重点与难点	物理因子治疗技术的共性和特性区别
教学时数	2
教学方法与手段	理论讲授、视频学习、案例分析
任务 1-1：认识物理因子治疗技术——过去、现在、未来	
相关知识点	物理因子治疗的环境、分类、治疗方案的制订
相关实操技能	案例分析：骨折功能恢复分析
相关实验	无
教师注意事项	引导学生案例讨论、注意学生多角度分析
学习资源	中国康复医学会网站、康复医学杂志等
任务 1-2：物理因子治疗技术的安全与防护	
相关知识点	治疗安全与防护、治疗师职业防护
相关实操技能	举例分析：职场、治疗师本身的安全与防护
相关实验	无
教师注意事项	引导学生案例讨论、注意学生多角度分析
学习资源	中国康复医学会网站、康复医学杂志等

能力单元二：物理因子——电	
教学目的描述	直流电疗法、低频电疗法、中频电疗法、高频电疗法
教学重点与难点	各种电治疗仪的概念、基本特性 各种电治疗仪的操作流程、适应证、注意事项
教学时数	12
教学方法与手段	仪器操作、案例分析、理论讲授、视频观摩
任务 2-1：直流电疗法	
相关知识点	常规直流电治疗技术、直流电离子导入治疗技术
相关实操技能	理论 + 实训操作（案例分析）
相关实验	无

教师注意事项	引导学生对相关治疗技术的临床操作应用进行分析，把知识运用于实践操作
学习资源	中国康复医学会网站、康复医学杂志等

任务2-2：低频电疗法	
相关知识点	神经肌肉电刺激治疗技术、功能性电刺激治疗技术、间动电治疗技术、经皮电刺激治疗技术、感应电治疗技术
相关实操技能	理论＋实训操作（案例分析）
相关实验	无
教师注意事项	向学生说明各种低频仪器的操作方法及注意事项
学习资源	相关操作视频及网站

任务2-3：中频电治疗技术	
相关知识点	音频电治疗技术、调制中频电治疗技术、干扰电治疗技术、音乐电治疗技术
相关实操技能	理论＋实训操作（案例分析）
相关实验	无
教师注意事项	引导学生学会分析各种中频电治疗仪的适应证和禁忌证以及注意事项
学习资源	相关操作视频及网站

任务2-4：高频电治疗技术	
相关知识点	短波治疗技术、超短波治疗技术、共鸣火花治疗技术、微波治疗技术
相关实操技能	理论＋实训操作（案例分析）
相关实验	无
教师注意事项	引导学生学会分析各种中频电治疗仪的适应证和禁忌证以及注意事项
学习资源	相关操作视频及网站

能力单元三：物理因子——光	
教学目的描述	能学会应用红外线治疗技术、可见光治疗技术、紫外线治疗技术、激光治疗技术
教学重点与难点	几种光的治疗生物剂量和操作技巧，以及治疗疾病时的防护措施
教学时数	8
教学方法与手段	小组讨论、案例分析、实践操作
任务3：光疗法	
相关知识点	红外线治疗技术、可见光治疗技术、紫外线治疗技术、激光治疗技术
相关实操技能	各种光疗法的具体操作技巧（理论＋实践——案例分析）
相关实验	无
教师注意事项	引导学生多角度分析
学习资源	相关操作视频及网站

能力单元四：物理因子——声	
教学目的描述	掌握超声波的治疗技术及超声波雾化、超声波药物透入治疗技术在临床疾病的诊疗中的应用
教学重点与难点	超声波的操作注意事项，超声波操作技巧
教学时数	8
教学方法与手段	小组学习法、案例分析、视频教学、实训操作
任务4：超声波疗法	
相关知识点	常规剂量治疗技术、超声波雾化吸入治疗技术、超声波药物透入治疗技术
相关实操技能	小组讨论：什么疾病应用超声波？剂量如何测定？有什么注意事项？ 案例分析、情景演练、小组讨论：这个患者怎么啦？
相关实验	无
教师注意事项	引导学生积极参与讨论
学习资源	视频、网络、情景表演的道具

能力单元五：物理因子——磁	
教学目的描述	能运用磁学原理治疗相关疾病，能掌握静磁场、动磁场、低频脉冲电磁场治疗技术的操作
教学重点与难点	静磁场和动磁场的区别，低频脉冲电磁场治疗技术的操作技巧
教学时数	4
教学方法与手段	理论、视频教学、实训操作
任务5：磁场疗法	
相关知识点	静磁场治疗技术、动磁场治疗技术、低频脉冲电磁场治疗技术
相关实操技能	理论 + 实训操作
相关实验	无
教师注意事项	引导学生积极参与学习
学习资源	视频、网络教学

能力单元六：物理因子——热	
教学目的描述	能学会石蜡疗法、湿热敷治疗法、泥疗法、热气流疗法的操作技能，能合理选择治疗方法和治疗对象，应对治疗过程中出现的问题和注意事项
教学重点与难点	石蜡疗法的操作技巧，其他几种疗法的适应证和禁忌证以及注意事项
教学时数	4
教学方法与手段	小组学习法、案例分析、视频教学、实训操作
任务6：传导热疗法	
相关知识点	石蜡治疗技术、湿热敷治疗技术、泥疗治疗技术、热气流治疗技术
相关实操技能	案例分析、实训操作技巧
相关实验	无

教师注意事项	引导学生积极参与操作学习
学习资源	视频、网络、实训的道具

能力单元七：物理因子——冷	
教学目的描述	能掌握冷疗技术（冷治、冷冻）适应证、禁忌证、注意事项
教学重点与难点	冷疗法的操作注意事项，适应证的选择
教学时数	2
教学方法与手段	小组学习法、案例分析、视频教学、实训操作
任务 7：冷疗法	
相关知识点	冷治疗技术、冷冻治疗技术
相关实操技能	案例分析、小组讨论：运动员受伤后可以运用哪些冷疗法
相关实验	无
教师注意事项	引导学生积极参与讨论
学习资源	视频、网络教学

能力单元八：物理因子——水	
教学目的描述	能掌握浸浴、淋浴、涡流浴等水疗技术的操作要领，适应证、禁忌证、注意事项
教学重点与难点	水疗的操作注意事项，操作技巧
教学时数	4
教学方法与手段	小组学习法、案例分析、视频教学、实训操作
任务 8：水疗法	
相关知识点	水中浸浴治疗技术、水中运动治疗技术、水淋浴治疗技术、涡流浴治疗技术
相关实操技能	理论 + 实训操作
相关实验	无
教师注意事项	引导学生积极参与实训操作
学习资源	视频、网络教学

能力单元九：物理因子——其他因子	
教学目的描述	学习了解正压治疗技术、负压治疗技术、正负压治疗技术、冲击波治疗技术、生物反馈治疗技术
教学重点与难点	理解正压、负压、正负压、冲击波、生物反馈治疗技术的原理
教学时数	2
教学方法与手段	理论、视频教学、实训操作
任务 9：正负压、冲击波、生物反馈疗法	
相关知识点	正压治疗技术、负压治疗技术、正负压治疗技术、冲击波治疗技术、生物反馈治疗技术

续表

相关实操技能	理论＋实训操作
相关实验	无
教师注意事项	引导学生积极参与学习
学习资源	视频、网络教学

六、"课程思政"育人元素融入课程教学的途径和方法

序号	知识点	育人元素	融入途径、方式	预期效果	备注
1	物理因子的发展历史	以"爱心"教育为核心的医学人文素质	历代医学人故事讲解，介绍国内外知名专家事迹	培养对专业的热爱及创新精神	
2	电疗法的安全操作的重要性	思想认识和理论素养在"知"与"行"中得到熏陶和提升	用电安全事件及相关医疗事故新闻事件导入	学生能认识到临床工作中需要有科学严谨的态度及医德医风，建立良好的医患关系	
3	光疗的操作注意事项	对患病人员的换位思考	光疗后的反应和处理，列举临床案例	学生能共情到患者，了解疾病治疗过程中产生的感受，尊重患者，尊重生命	
4	超声、磁疗、其他疗法	对患者的细心耐心	物理因子治疗技术中安全细节分类介绍	学生能对工作认真负责，培养职业素养	
5	水疗法	加强临床工作的责任心	案例讲解，强调巡逻观察患者反应的重要性	强化临床治疗中的安全性，培养规范操作意识	
6	传导热疗法	对工作的热爱和对患者的关心	案例讲解，介绍安全操作的重要性	热爱工作，遵守职业道德	

七、学习者能力测试方法

（一）能力测试的方法与手段

序号	能力单元名称	测试的方法与手段
1	掌握物理因子治疗技术相关理论	课堂提问成绩、案例分析成绩的总和
2	掌握物理因子电治疗技术的操作	现场演示操作，并提问相关知识，把此作为测查的手段
3	掌握物理因子光的相关知识	现场操作，并作案例分析
4	掌握物理因子声的相关知识	让学生自己感受和操作，并且得到其相关信息，即把所学运用到实践中，以此作为测查手段
5	掌握物理因子磁的相关知识	能找出日常生活中磁治疗的相关知识的运用能力
6	掌握物理因子热的相关知识	能操作传导热疗法中的石蜡疗法，熟悉其他热疗法
7	掌握物理因子冷的相关知识	能掌握冷疗法的禁忌证、适应证和注意事项
8	掌握物理因子水的相关知识	掌握水疗法的适应证、禁忌证、注意事项
9	掌握物理因子其他因子的相关知识	熟悉压力疗法、冲击波疗法、生物反馈疗法等治疗技术

（二）课程成绩评价办法

采用百分制：课程成绩形成包含三部分，一是平时成绩占 30%（包括考勤、提问、作业等）；二是技能鉴定成绩占 40%；三是期末卷面成绩占 30%，以此组成学生的总成绩。

八、教学资源配置

（一）主教材

张伟杰，贾建昌，贾柯其，等．物理因子治疗技术［M］.武汉：华中科技大学出版社，2021.

（二）参考资料

杨毅，胡德．康复医学导论［M］.北京：中国医药科技出版社，2019.
殷秀珍，黄永禧．现代康复医学诊疗手册［M］.北京：中国协和医科大学联合出版社，1995.
朱珊珊，汪军民．常用康复治疗方法图解［M］.武汉：湖北科学技术出版社，2001.
马诚，成鹏．实用康复治疗技术［M］.上海：上海第二军医大学出版社，2005
郭铁城，黄晓琳，尤春景．康复医学临床指南［M］.北京：科学出版社，2013.

（三）信息化教学资源

中国康复医学会网站康复医学杂志；
华西康复论坛；
中华医学会物理医学与康复学分会。

（四）主要设备与设施

多媒体、相关视频材料、物理因子治疗仪器操作实验室。

（五）课程需要邀请来自行业／企业的专家（讲座／指导）

到行业见习，并由康复物理治疗行业专家老师讲解有关物理因子治疗仪器的临床应用的相关知识。

高等职业教育专科
"神经康复技术"课程标准

一、课程基本信息

课程编码	01030115	课程类型 （理论或实践或理实一体）	理论与实践	适用专业	康复治疗技术
学分	1	总学时	32	实践学时	16
先修课程	康复评定、运动治疗技术、作业治疗技术、言语治疗等				
后续课程	顶岗实习				
执笔人	叶海霞		批准人		

二、课程定位

"神经康复技术"是社区康复和康复治疗技术专业的专业核心课程，是本专业学生的必修课。神经疾患是临床疾病康复治疗疾病最庞大最重要的一块，是学生将来临床康复工作中面对的最多的一类疾病，因此是必须掌握的技能。

三、课程学习目标

（一）社会主义核心价值观目标

（1）树立富强、民主、文明、和谐的价值目标；
（2）树立自由、平等、公正、法治的价值取向；
（3）树立爱国、敬业、诚信、友善的价值准则。

（二）情感态度目标

（1）具备民族团结、社会责任情感等；
（2）具备社会主义公民道德、社会公德和家庭美德意识等；
（3）具备求实的科学态度、积极的生活态度等。

（三）职业素养目标

（1）具备爱岗敬业、诚实守信、遵纪守法等职业道德；

（2）具备康复治疗团队协作精神、创新精神；

（3）具备康复治疗安全与健康意识；

（4）具备高度的责任心、同情心、爱心、耐心和细心。

（四）知识目标

通过本课程的学习，学习者应该形成：

（1）能很好地理解中枢神经损伤和疾病功能恢复的理论基础；

（2）能较熟练地操作并应用神经生理学治疗技术——Bobath 技术、Brunnstrom 技术、PNF 技术及运动再学习技术，能区分几种治疗技术并能在治疗中进行适当的选择；

（3）能说出临床常见的神经疾患脑卒中、脊髓损伤、多发性硬化、帕金森病、周围神经损伤、颅脑损伤的功能障碍表现；

（4）能对临床常见的神经疾患脑卒中、脊髓损伤、多发性硬化、帕金森病、周围神经损伤、颅脑损伤进行正确完整的康复功能评定；

（5）能对临床常见的神经疾患脑卒中、脊髓损伤、多发性硬化、帕金森病、周围神经损伤、颅脑损伤等制订康复治疗计划并进行正确有效的康复治疗；

（6）能理论结合实践，并很好地将所学应用于临床康复工作中。

（五）技能目标

（1）能熟练操作应用 Bobath 技术、Brunnstrom 技术、PNF 技术及运动再学习技术等；

（2）能对临床常见的神经疾患脑卒中、脊髓损伤、多发性硬化、帕金森病、周围神经损伤、颅脑损伤等进行康复评定；

（3）能对临床常见的神经疾患脑卒中、脊髓损伤、多发性硬化、帕金森病、周围神经损伤、颅脑损伤等进行正确有效的康复治疗；

（4）有较好的语言表达能力，能与患者进行良好的沟通交流。

四、课程主要内容

（一）能力单元与学时分配

序号	能力单元名称	讲授（学时）	实操（学时）	专家讲座（学时）	参观（学时）	讨论（学时）	其他（学时）
1	熟悉神经伤病康复概述	2					
2	掌握神经生理治疗技术	2	2				
3	掌握临床常见神经伤病的康复	12	10			4	
合计		16	12			4	

（二）教学任务描述

能力单元一：熟悉神经伤病康复概述	
教学目的描述	1.学生熟悉神经伤病康复学，熟悉其适用范围和基本内容 2.学生须知晓中枢神经伤病功能恢复的理论基础
教学重点与难点	脑的可塑性和大脑的功能转移重组
教学时数	2
教学方法与手段	理论讲授、举例说明
任务1：熟悉神经伤病康复基本内容，熟悉中枢神经伤病功能恢复的理论基础	
相关知识点	脑的可塑性和大脑的功能转移重组
相关实操技能	无
相关实验	无
教师注意事项	注意让学生理解脑功能重组的方式
学习资源	中国康复医学论坛、怡康康复论坛

能力单元二：掌握神经生理治疗技术	
教学目的描述	让学生掌握几种神经生理治疗技术的理论基础和操作方法
教学重点与难点	中枢神经伤病后的异常运动模式，异常运动模式的分期 几种神经生理治疗技术的操作
教学时数	4
教学方法与手段	理论讲授、操作练习、小组讨论、案例分析
任务2-1：掌握Bobath技术	
相关知识点	反射性抑制、控制关键点、促进正常姿势反射、感觉刺激，脑卒中的康复治疗
相关实操技能	进行Bobath技术的操作练习
相关实验	进行Bobath技术的操作练习
教师注意事项	引导学生理解进行Bobath技术的治疗方法

续表

学习资源	中国康复医学论坛、怡康康复论坛

任务 2-2：掌握 Brunnstrom 技术

相关知识点	中枢神经系统损伤后的恢复阶段，偏瘫患者的异常运动模式，Brunnstrom 治疗技术和训练方法
相关实操技能	Brunnstrom 治疗技术和训练方法
相关实验	Brunnstrom 治疗技术和训练方法
教师注意事项	引导学生理解偏瘫患者异常运动模式
学习资源	中国康复医学论坛、怡康康复论坛

任务 2-3：掌握 PNF 技术

相关知识点	PNF 技术模式，PNF 基本程序和基本技术
相关实操技能	PNF 技术模式，PNF 基本程序和基本技术
相关实验	PNF 技术模式，PNF 基本程序和基本技术
教师注意事项	引导学生理解掌握 PNF 的基本运动模式
学习资源	中国康复医学论坛、怡康康复论坛

任务 2-4：掌握运动再学习技术

相关知识点	运动再学习的基本原理、治疗步骤、基本技术
相关实操技能	运动再学习的基本技术
相关实验	运动再学习的基本技术
教师注意事项	引导学生深入学习掌握运动再学习的四个基本步骤
学习资源	中国康复医学论坛、怡康康复论坛

能力单元三：掌握临床常见神经伤病的康复

教学目的描述	掌握临床常见神经疾患脑卒中、脊髓损伤、多发性硬化、帕金森病、周围神经损伤、颅脑损伤等的功能障碍、康复评定和康复治疗方法
教学重点与难点	脑卒中、脊髓损伤和周围神经损伤的康复治疗方法
教学时数	26
教学方法与手段	理论讲授、小组讨论、案例分析、操作实践、临床观摩

任务 3-1：掌握脑卒中的康复

相关知识点	脑卒中的功能障碍、康复评定、康复治疗及其并发症的处理
相关实操技能	脑卒中的康复治疗方法
相关实验	脑卒中的康复治疗方法
教师注意事项	注意引导学生认识脑卒中，学会其治疗方法
学习资源	中国康复医学论坛、怡康康复论坛

任务 3-2：掌握多发性硬化的康复

相关知识点	多发性硬化概念、临床表现、康复评定及康复治疗

相关实操技能	多发性硬化的康复治疗
相关实验	无
教师注意事项	注意多发性硬化概念的理解
学习资源	中国康复医学论坛、怡康康复论坛

任务3-3：掌握帕金森氏病的康复	
相关知识点	帕金森的概念、临床特征、康复评定及康复治疗
相关实操技能	帕金森的康复治疗
相关实验	无
教师注意事项	注意帕金森四大临床表现特征
学习资源	中国康复医学论坛、怡康康复论坛

任务3-4：掌握脊髓损伤的康复	
相关知识点	脊髓损伤的临床表现、康复评定及康复治疗方法
相关实操技能	脊髓损伤的康复评定及康复治疗方法
相关实验	脊髓损伤的康复评定及康复治疗方法
教师注意事项	注意学生必须掌握脊髓损伤的康复评定方法
学习资源	中国康复医学论坛、怡康康复论坛

任务3-5：掌握周围神经损伤的康复	
相关知识点	臂丛神经、桡神经、尺神经、正中神经、坐骨神经、腓总神经等损伤的功能障碍表现、康复治疗
相关实操技能	模仿相应的周围神经损伤的表现
相关实验	进行周围神经损伤的康复治疗
教师注意事项	注意掌握各种周围神经损伤的功能障碍表现
学习资源	中国康复医学论坛、怡康康复论坛

任务3-6：掌握颅脑损伤的康复	
相关知识点	颅脑损伤的功能障碍表现、康复评定及康复治疗方法
相关实操技能	颅脑损伤的康复评定及康复治疗
相关实验	颅脑损伤的康复评定及康复治疗
教师注意事项	注意颅脑损伤后的认知功能是最重要的一方面
学习资源	中国康复医学论坛、怡康康复论坛

五、"课程思政"育人元素融入课程教学的途径和方法

序号	知识点	育人元素	融入途径、方式	预期效果	备注
1	神经康复总论	培养学生人文素质	神经解剖讲解	尊重人类、尊重生命	
2	神经生理治疗技术	创新思维	各种神经康复技术的分类介绍	学生具有创新意识	

续表

序号	知识点	育人元素	融入途径、方式	预期效果	备注
3	脑卒中的康复	职业规范、医德	相关新闻引入	培养学生的医德	
4	颅脑损伤的康复	爱心、细心、责任心等职业素养	案例讲解	培养学生的职业素养	
5	脊髓损伤的康复	爱国、奉献精神	人物案例讲解,介绍国内知名康复专家事迹	培养学生的为国争光、爱国情怀	
6	周围神经病损的康复	职业安全	案例讲解,介绍不规范操作可能产生的后果	树立规范操作意识	
7	帕金森病的康复	医患关系、信任的力量	案例讲解	意识到良好医患关系的重要性	
8	多发性硬化的康复	实事求是、科学严谨的学术态度、循证医学	列举临床案例	树立实事求是、科学严谨的学术态度	
9	神经康复技术实操	工匠精神	学生反复操作练习	培养工匠精神	

六、学习者能力测试方法

(一)能力测试的方法与手段

序号	能力单元名称	测试的方法与手段			
		鉴定要求	采用方法	鉴定人	鉴定地点
1	熟悉神经伤病康复概述	熟练掌握相关理论知识	理论考试;知识竞答	叶海霞	待定
2	掌握神经生理治疗技术	熟练掌握理论知识和熟练进行实际操作	理论考试;知识竞答;实践操作;小组作业	叶海霞	待定
3	掌握临床常见神经伤病的康复	熟练掌握理论知识和熟练进行实际操作	理论考试;知识竞答;实践操作;病例分析	叶海霞	待定

(二)课程成绩评价办法

采用百分制:学生成绩分为平时成绩与期末成绩,平时成绩包括作业完成情况、平时课堂表现情况等,占30%;期末成绩包括理论考核、实践操作考核、病例分析等,占70%,两项之和算总分。

七、教学资源配置

(一)主教材

彭力,尚经轩,罗萍.常见疾病康复[M].武汉:华中科技大学出版社,2019.

175

（二）参考资料

燕铁斌.神经康复治疗学［M］.北京：电子工业出版社，2019.
刘惠林.神经病患康复治疗技术［M］.北京：人民卫生出版社，2019.
中国康复医学论坛。
怡康康复论坛。
爱爱医网站。
丁香园网站。

（三）主要设备与设施

多媒体、相关视频材料、相关的操作器材和机器；
康复实训室；
康复门诊及相关医院康复科。

（四）主讲教师

叶海霞，专任教师，讲师／主管康复治疗师，教学时间11年；工作单位：重庆城市管理职业学院。

吴雪莲，外聘教师，主管康复治疗师，教学时间9年；工作单位：西南大学医院。

郑兵，外聘教师，主管康复治疗师，教学时间8年；工作单位：西南大学医院。

八、其他说明

（一）行业／企业参与课程开发情况

虞乐华，重庆医科大学附属第二医院主任医师，参与制订授课计划及神经康复课程资源库建设。

吴雪莲，西南大学医院副主任治疗师，参与授课、制订授课计划，参与神经康复课程建设。

郑兵，西南大学医院主管治疗师，参与授课、制订授课计划，参与神经康复课程建设。

（二）教学组织的特点（建议）

排课的方式：集中排课。
部分内容去企业现场教学，针对实际患者进行病例分析。

高等职业教育专科
"言语治疗技术"课程标准

一、课程基本信息

课程编码	01030117	课程类型 （理论或实践或理实一体）	专业核心课	适用专业	康复治疗技术
学分	4	总学时	76	实践学时	38
先修课程	康复医学导论、正常人体结构、人体运动、疾病诊断，康复评定、临床疾病概论				
后续课程	内外疾患康复学、岗位实习				
执笔人	李红旭		批准人		

二、课程定位

"言语治疗技术"是现代康复的核心技术之一，是一门重要的康复技术实践学科，教学内容包括失语症、构音障碍、语言发育迟缓、口吃、吞咽障碍的概述、评定、鉴别诊断及训练规划和言语治疗，课程学习后学生应掌握失语症、构音障碍、儿童语言发育迟缓、听力障碍所致的语言障碍、口吃、吞咽障碍等相关理论知识及技能。

鉴于言语治疗对大专层面的学生较难掌握，因此，本课程仅要求学生初步认识言语障碍、吞咽障碍的原因、性质、评定与基本治疗方法。目的在于帮助学生掌握言语治疗技术的基本理论及应用性技术和方法，培养学生尊重、关爱服务对象的职业素养。

根据人才培养方案，"言语治疗技术"课程作为本专业的专业核心课，在康复治疗技术专业第二学年第一学期开设，以专业基础课程为前导，为后续顶岗实习打下基础，从而进一步培养能够从事言语治疗工作的高素质技术技能人才。"言语治疗技术"的教学过程包括课堂讲授与实践。课堂讲授注重基础理论与临床相结合；实践包括课堂操作实践活动等；通过实践，巩固和加深对基本理论知识的理解，强化基本操作技能。同时，以 ICF 理论为基础，将 ICF 框架应用于课程的授课，能够让学生多维度关心言语功能障碍患者，提升学生的临床思维，还能够进一步提高学生对理论知识与实践操作技能的整合能力。

本课程采取就业导向、能力本位、以学生为主体，以学生发展为本，以培养学生综合职业能力和全面提升学生素质为中心，关注学生的职业成长和个人发展需求。以工作过程为导向、采取行动导向教学、理实一体化教学等。

三、课程学习目标描述

推进社会主义核心价值观融入全课程教育，通过"言语治疗技术"课程教学，培养又红又专、德才兼备、全面发展的高素质技术技能人才，培养中国特色社会主义的合格建设者和可靠接班人。

（一）社会主义核心价值观目标

（1）树立富强、民主、文明、和谐的价值目标；
（2）树立自由、平等、公正、法治的价值取向；
（3）树立爱国、敬业、诚信、友善的价值准则。

（二）情感态度目标

（1）具备民族团结、社会责任情感等，具备配合包括康复医师、康复评估、康复治疗师、康复护理等共同协调沟通合作的团队协作精神；
（2）具备社会主义公民道德、社会公德和家庭美德意识等；
（3）具备求实的科学态度、积极的生活态度等，具备对疾病认识和康复治疗技术相结合的技能，能发明新技术和方法应用临床，具有实践、创新的精神；
（4）具备关心、尊重病患，一心一意为病患群体服务的良好的职业道德。

（三）职业素养目标

（1）树立大爱、博爱观，全心全意为人民身心健康服务的思想，热爱专业、认真负责、精益求精和取信病人的态度，具备爱心、耐心、责任心等职业道德；
（2）具备社会主义公民道德、社会公德和家庭美德意识，树立社会主义民主法治、自由平等、公平正义理念，养成爱国、敬业、诚信、友善的优良品质；
（3）具备为病患服务的理念与职业道德，爱岗敬业、诚实守信、遵守相关法律法规，具备积极思考、主动学习的习惯和较强的自主学习能力；
（4）正确认识康复治疗师的自身价值，建立积极的专业情感；
（5）养成求真务实、严谨慎独的工作态度和规范的康复行为习惯；
（6）形成自觉遵守法律法规和康复操作规程、维护医患双方合法权益的观念；
（7）初步学会运用批判性思维方式分析和处理学习、生活和工作中的问题；
（8）具备及时完成阶段性工作任务的习惯，及时反复练习所学知识，通过实践增强技能，并初步形成能够根据岗位需求和自身实际不断学习、不断完善自我的意识；

（9）具备良好的团队协作精神；

（10）具备康复治疗工作的职场安全与健康意识；

（11）具备康复治疗工作的职场礼仪与规范意识；

（12）具备"敬业、精益、专注、创新"的工匠精神。

（四）知识目标

（1）掌握言语治疗的相关概念；

（2）理解言语的发生机制；

（3）掌握失语症、构音障碍、儿童语言发育迟缓、吞咽障碍的分类、临床表现、评定和治疗方法；

（4）熟悉失语症、构音障碍、儿童语言发育迟缓、吞咽障碍评定及治疗的机理、适应证和禁忌证；

（5）了解听力障碍口吃的分类、病因、评定和治疗方法。

（五）技能目标

1. 专业能力

（1）能初步进行失语症的评定与治疗；

（2）能初步进行构音障碍的评定与治疗；

（3）能初步进行吞咽障碍的评定与治疗；

（4）能初步进行儿童语言发育迟缓的评定与治疗；

（5）了解听力障碍口吃的评定与治疗。

2. 方法能力

能够针对不同患者选择合适的言语治疗方法。

3. 社会能力

能够熟练分析患者的病情，进行言语治疗的综合治疗。

四、课程主要内容

（一）能力单元与学时分配

序号	能力单元名称	讲授（学时）	实操（学时）	专家讲座（学时）	参观（学时）	讨论（学时）	其他（学时）
1	认识言语治疗	4			2		2
2	失语症的评定与治疗	8	8			2	
3	构音障碍的评定与治疗	6	8				

序号	能力单元名称	讲授（学时）	实操（学时）	专家讲座（学时）	参观（学时）	讨论（学时）	其他（学时）
4	儿童语言发育迟缓的评定与治疗	4	4				
5	听力障碍的评定与听力障碍儿童的听觉语言训练	4	2				
6	口吃的评定与治疗	4	2				
7	吞咽障碍的评定与治疗	8	8				
合计		38	32		2	2	2

（二）教学任务描述

能力单元一：认识言语治疗	
教学目的描述	知道言语治疗的相关概念，能认识到言语治疗技术是一门新兴的学科，前景广阔。能用解剖生理和语言学知识解释言语的发生
教学重点与难点	1. 言语中枢的划分和语言在脑中的传递及语言的认知过程 2. 言语治疗方法及注意事项
教学时数	8
教学方法与手段	讲授、参观、讨论、点评、归纳
考核方式	课后测验 +PPT 汇报
任务 1-1：认识言语治疗	
相关知识点	言语治疗的概念、方法及注意事项
相关实操技能	无
相关实验	无
教师注意事项	无
学习资源	多媒体
任务 1-2：解释言语的发生	
相关知识点	言语治疗的医学基础、言语治疗的语言学基础
相关实操技能	观看病例录像让学生对言语治疗有一些感性认识，通过教师教授，学生思考理解，使学生初步掌握言语中枢的划分和语言在脑中的传递以及语言的认知过程
相关实验	无
教师注意事项	让学生理解言语治疗技术的重要性和学习的严格性
学习资源	录像、多媒体

能力单元二：失语症的评定与治疗	
教学目的描述	让学生知道失语症的分类和鉴别方法，能辨别失语症的类型。能对失语症患者进行评定和拟订治疗方案
教学重点与难点	失语症的分类和鉴别方法、治疗方法

教学时数	18
教学方法与手段	讲授、讨论、点评、归纳、参观
考核方式	课后测验＋案例分析＋操作考核

任务 2-1：失语症的临床表现和分类

相关知识点	失语症的解剖基础、脑语言中枢、定义、病因、临床表现、分类
相关实操技能	正确运用失语症的临床表现和分类知识鉴别失语症的类型
相关实验	相关案例讨论
教师注意事项	结合案例进行分析，选取案例典型性
学习资源	网络信息、多媒体、视频

任务 2-2：失语症的评定与治疗

相关知识点	失语症的评定方法和治疗方法
相关实操技能	能为失语症患者进行简单的评定和制订治疗方案，会使用言语评定治疗设备
相关实验	失语症的评定与治疗
教师注意事项	结合案例讲解
学习资源	多媒体、言语评定治疗设备、言语治疗室

能力单元三：构音障碍的评定与治疗	
教学目的描述	认识构音障碍的分类、言语症状，掌握评定方法、治疗方法
教学重点与难点	构音障碍的分类、评定方法、治疗方法
教学时数	14
教学方法与手段	讲授、讨论、模拟演示、视频展示
考核方式	课后测验＋案例分析＋操作考核

任务 3-1：构音障碍的评定

相关知识点	构音障碍的定义、分类、言语症状，评定方法
相关实操技能	构音障碍的评定
相关实验	构音障碍的评定
教师注意事项	对评定方法进行正确分析与讲解
学习资源	多媒体、评定材料

任务 3-2：构音障碍的治疗

相关知识点	构音障碍的治疗方法
相关实操技能	构音障碍的治疗
相关实验	构音障碍的治疗
教师注意事项	联系实际进行操作
学习资源	多媒体、治疗材料

能力单元四：儿童语言发育迟缓的评定与治疗	
教学目的描述	让学生理解儿童语言发育迟缓的原因、表现、阶段，学会评定和训练方法
教学重点与难点	儿童语言发育迟缓的阶段，评定和训练方法
教学时数	8
教学方法与手段	讲授、讨论、模拟演示、视频展示
考核方式	课后测验＋案例分析＋操作考核
任务4：儿童语言发育迟缓的评定和治疗	
相关知识点	儿童语言发育迟缓的原因、表现、阶段和评定方法、训练方法
相关实操技能	儿童语言发育迟缓的评定、治疗
相关实验	儿童语言发育迟缓的评定、治疗
教师注意事项	通过讨论，让学生形成人人都应该得到帮助的观念，形成大爱观
学习资源	多媒体、评定治疗材料

能力单元五：听力障碍的评定与听力障碍儿童的听觉语言训练	
教学目的描述	让学生理解听力障碍的分类、病因、预防和检查评定方法、语言训练方法
教学重点与难点	听力障碍的分类和检查评定方法、语言训练方法
教学时数	6
教学方法与手段	讲授、讨论、模拟演示、视频展示
考核方式	课后测验
任务5-1：听力障碍儿童的评定	
相关知识点	听力障碍儿童的分类、病因、预防和检查评定方法
相关实操技能	听力障碍儿童的评定
相关实验	听力障碍儿童的评定
教师注意事项	引导正确对待患者
学习资源	多媒体、评定材料
任务5-2：听力障碍儿童的听觉语言训练	
相关知识点	听力障碍儿童的听觉语言训练方法
相关实操技能	听力障碍儿童的听觉语言训练
相关实验	听力障碍儿童的听觉语言训练
教师注意事项	引导正确对待患者
学习资源	多媒体、视频、训练设施

能力单元六：口吃的评定与治疗	
教学目的描述	让学生掌握口吃的机制和临床表现，能进行口吃的评定拟订治疗方案
教学重点与难点	口吃的机制、临床表现、评定方法和治疗方案

教学时数	6
教学方法与手段	讲授、讨论、模拟演示、视频展示、口吃评定器具
考核方式	课后测验

任务 6-1：口吃的评定	
相关知识点	掌握口吃的机制和临床表现，口吃的评定方法
相关实操技能	能进行口吃的评定
相关实验	口吃的评定
教师注意事项	引导分析口吃的机制
学习资源	多媒体、口吃的评定器材

任务 6-2：口吃的治疗	
相关知识点	口吃的训练方法
相关实操技能	能进行口吃的治疗
相关实验	口吃的治疗
教师注意事项	引导正确的治疗方法
学习资源	多媒体、视频

能力单元七：吞咽障碍的评定与治疗	
教学目的描述	让学生掌握吞咽障碍的机制和临床表现，能进行吞咽障碍的评定并拟订治疗方案
教学重点与难点	吞咽障碍的机制、临床表现、评定方法和治疗方案
教学时数	16
教学方法与手段	讲授、讨论、模拟演示、视频展示、吞咽障碍评定器具
考核方式	课后测验＋案例分析＋操作考核

任务 7-1：吞咽障碍的评定	
相关知识点	掌握吞咽障碍的机制和临床表现，吞咽障碍的评定方法
相关实操技能	能进行吞咽障碍的评定
相关实验	吞咽障碍的评定
教师注意事项	引导分析吞咽障碍的机制
学习资源	多媒体、吞咽障碍的评定器材

任务 7-2：吞咽障碍的治疗	
相关知识点	吞咽障碍的间接训练和直接训练方法
相关实操技能	能进行吞咽障碍的治疗
相关实验	吞咽障碍的治疗
教师注意事项	引导正确的治疗方法
学习资源	多媒体、视频

五、"课程思政"育人元素融入课程教学的途径和方法

序号	知识点	育人元素	融入途径、方式	预期效果	备注
1	言语治疗的相关概念	自强不息的残疾人	通过视频资料及医院实地参观,引发学生讨论和分享对自强不息残疾人的看法	增加对言语障碍患者的理解与尊重,了解言语治疗技术的重要性	
2	失语症的临床表现和分类	对病患的爱与关怀	通过案例与视频资料导入,让学生理解病人在脑梗或其他疾病之后遭遇失语症的无奈和痛苦	增加对失语症患者的理解,不嘲笑不拒绝,提升职业认同感	
3	失语症的评定方法和治疗方法	临床治疗师的专业态度传递出对患者的理解与爱	通过案例与视频资料导入,让学生看到在病患痛苦之中提供支持的临床治疗师,他们用专业的态度完成康复任务	在为失语症患者进行简单的评定和拟订治疗方案中,融入对病患的爱与关怀	
4	构音障碍的定义、分类、言语症状,评定方法	对儿童或者成人构音障碍患者的理解	通过视频资料了解构音障碍患者的症状表现	融入人文关怀,具备爱心,增加工作中的耐心	
5	构音障碍的治疗方法	言语治疗需要治疗师和病患的共同努力	通过案例导入职场真实情境,让学生看到在患者不配合的情况下,治疗师需要作出什么样的努力	培养学生职业奉献精神,提升对患者的服务意识	
6	儿童语言发育迟缓的原因、表现、阶段和评定方法、训练方法	和正常儿童不一样的言语发育迟缓儿童	通过案例视频,让学生看到言语发育迟缓的孩子在生活中面临的困境	通过讨论,让学生形成人人都应该得到帮助的观念,形成大爱观	
7	听力障碍的分类、病因、预防和检查评定方法	异常儿童的异常表现	通过案例导入让学生看到听力障碍儿童的困境	良好的共情能力,不嘲笑、不歧视患者	
8	听力障碍儿童的听觉语言训练方法	听力障碍儿童的异常表现	讨论分析由于听力障碍儿童语言障碍的特点导致他们的心理和智力发育的特点	增加对患儿的理解,增加工作中的耐心	
9	掌握吞咽障碍的机制和临床表现,吞咽障碍的评定方法	吞咽障碍患者的其他症状	通过案例分析,让学生了解吞咽障碍患者的相关症状	让学生充分了解和理解吞咽障碍患者群体,懂得关爱和尊重吞咽障碍患者	
10	吞咽障碍的间接训练和直接训练方法	吞咽障碍患者在训练中容易出现的问题	分析、讨论吞咽障碍患者在训练中容易出现的问题,以及容易导致治疗师出现的负面情绪	克服训练中的厌恶和不耐烦的情绪,形成包容与耐心的职业素养	

六、课程评价方法

（一）能力测试的方法与手段

序号	能力单元名称	测试方法与手段	测试提交方式
1	认识言语治疗	通过学生分组讨论及资料查阅，了解言语治疗的国内外现状并制作 PPT，并由小组代表展示测试完成的过程、分工及结果，教师进行评价。评价标准见附表 1	学习通
2	失语症的评定与治疗	学生分组讨论，并根据 ICF 框架为失语症病例制订评定及治疗方案，教师进行评价。评价标准见附表 2	雨课堂
		小组成员每人随机选择方案中的不同操作进行操作并录制视频，教师进行评价。评价标准见附表 3	学习通
3	构音障碍的评定与治疗	学生分组讨论，并根据 ICF 框架为构音障碍病例制订评定及治疗方案，教师进行评价。评价标准见附表 2	雨课堂
		小组成员每人随机选择方案中的不同操作进行操作并录制视频，教师进行评价。评价标准见附表 3	学习通
4	儿童语言发育迟缓的评定与治疗	学生分组讨论，并根据 ICF 框架为儿童语言发育迟缓病例制订评定及治疗方案，教师进行评价。评价标准见附表 2	雨课堂
		小组成员每人随机选择方案中的不同操作进行操作并录制视频，教师进行评价。评价标准见附表 3	学习通
5	听力障碍的评定与听力障碍儿童的治疗	学生分组讨论，根据 ICF 框架对听力障碍的评定与治疗的理论与操作内容制作知识体系框架，教师进行评价	雨课堂
6	口吃的评定与治疗	学生分组讨论，根据 ICF 框架对口吃的评定与治疗的理论与操作内容制定知识体系框架，教师进行评价	雨课堂
7	吞咽障碍的评定与治疗	学生分组讨论，并根据 ICF 框架为病例吞咽障碍制定评定及治疗方案，教师进行评价。评价标准见附表 2	雨课堂
		小组成员每人随机选择方案中的不同操作进行操作并录制视频，教师进行评价。评价标准见附表 3	学习通

（二）课程成绩评价办法

采用分数制；学生成绩分为两部分，平时成绩及期末理论，各占 50%，平时成绩包括课堂表现、能力测试、组内互评，详见下表。

考核方式		分数	评分参考标准
平时成绩	课堂表现	15	以平时测验的平均分为基础分（满分 15 分），迟到早退 1 次扣 1 分，病事假 1 次扣 2 分，旷课 1 次扣 3 分，累计旷课 3 次及以上共扣 15 分。同时根据学生操作、发言及课程讨论区发言的主动性适当加减分
	能力测试	30	根据相应评分标准表进行评分 （详见上表：能力测试的方法与手段）
	组内互评	5	小组团队成员根据参与课程学习的主动性、责任心、动手能力、团队合作意识、学习情况、学习方法等对组员及自己评分，最终除去最高分及最低分后取平均分
期末理论		50	依据期末考试卷面完成情况进行评定
总分		100	

七、教学资源配置

（一）主教材

王左生，马金．言语治疗技术［M］.北京：人民卫生出版社，2020.

（二）参考资料

席艳玲，黄昭鸣．康复治疗师临床工作指南言语障碍康复治疗技术［M］北京：人民出版社，2020.

（三）主要设备与设施

多媒体、言语评定和治疗设备及材料、相关视频材料

（四）课程

由来自行业／企业的专家共同参与授课。

（五）参观课程

由来自行业／企业的专家全程医院直播参观。

附表 1　能力考核一：认识言语治疗——评分标准

班级：＿＿＿＿＿＿＿＿　　　组号：＿＿＿＿＿＿＿＿

评分项目	评分标准	满分	得分
内容	国内现状：内容完整清晰、真实有效、具有时效性	30	
	国外现状：内容完整清晰、真实有效、具有时效性	20	
PPT 制作	结构合理、逻辑顺畅，幻灯片之间具有层次性和连贯性；过渡恰当，整体风格统一流畅、协调	5	
	整体布局风格（模板设计、版式安排、色彩搭配等）美观合理，构思独特设计巧妙，具体想象力和表现力	5	
	合理使用了文本、图片、表格、图表、图形、动画、动作等表现工具	5	
	PPT 播放流畅、运行稳定、无故障	5	
汇报表现	汇报者精神饱满，能较好地运用姿势、动作、手势、表情，表达设计思路	5	
	条理清晰，表达流畅，主次分明	5	
	声音洪亮圆润、吐字清晰、表达准确、无口头语	5	
	正视听众，保持目光交流，能较好地与听众互动，营造良好的汇报效果	5	
	语言表达得体、流利、基本脱稿	5	
	规定时间（15分钟）内汇报完成则为满分；每超过1分钟扣3分，直至扣完为止	5	

评分项目	评分标准		满分	得分
小组总分			100	
组员得分	≥ 1/ 小组人数 ×100% <1/ 小组人数 × 50% 未参与 0	组员1:		
		组员2:		
		组员3:		
		组员4:		
		组员5:		
		组员6:		
		组员7:		

附表 2　ICF 框架下言语障碍评定及治疗方案评分标准

班级：_____　　组号：_____

评分项目	评分标准		满分	得分
评定方案	健康状况分析：内容完整清晰、结构合理		5	
	身体结构与功能：内容完整，评定方法选择正确		20	
	活动与参与：内容完整，评定方法选择正确		5	
	背景性因素分析：个人因素、环境因素		5	
	核心问题分析		5	
	问题处理原则		5	
治疗方案	治疗目标：长短期目标		5	
	治疗方案：治疗时间、治疗频率、治疗手法、治疗强度		20	
	健康宣教		10	
整体方案 SOAP	S：主观资料		5	
	O：客观资料		5	
	A：评估分析		5	
	P：训练计划		5	
小组总分			100	
组员得分	≥ 1/ 小组人数 100% <1/ 小组人数 50% 未参与 0	组员1:		
		组员2:		
		组员3:		
		组员4:		
		组员5:		
		组员6:		
		组员7:		

附表3 技能考核表——操作技能评分标准

班级：_____ 学号：_____ 姓名：_____

项目	操作内容	评分	考评细则	得分
操作准备	操作者仪态：着装规范	2	着装不规范 -2	
	评估及沟通：评估患者病情，沟通及达到与患者合作，明确该操作的适应证和禁忌证	8	少对一项各 -2	
	患者的准备工作：患者清洁口腔	2	未准备 -2	
	操作前检查：禁忌证相关症状	5	少对项 -5	
	患者体位：患者取好体位	4	体位不正确 -4	
	操作前准备：清洁洗手，口罩佩戴	4	少对一样各 -2	
操作流程	操作选择正确性	10	操作选择不正确 -10	
	操作者体位正确性	5	体位选择不正确 -5	
	操作具体内容准确性	20	操作不正确 -20	
	观察：操作中是否观察患者，发现头晕、恶心、心悸、脉速等应停止操作，做相应处理	5	未观察患者反应 -5	
	操作注意事项	5	不能叙述正确 -5	
操作后	交代训练后注意事项	10	未交代注意事项 -5	
			交代注意事项不正确 -5	
	整理：协助患者取舒适体位 整理用物、分类放置	10	未协助患者取舒适体位 -4	
			污物乱放、未分类放置各 -3	
整体评价	态度：是否认真、仔细、负责	4	态度不认真 -2	
	沟通：是否有效及良好		沟通技巧欠佳 -2	
	整体性、计划性	6	整体操作欠熟练无计划 -6	

总 分：100分　　得 分：

高等职业教育专科
"运动治疗技术"课程标准

一、课程基本信息

课程编码	01031025	课程类型 （理论或实践或理实一体）	理实一体	适用专业	康复治疗技术
学分	4	总学时	76	实践学时	46
先修课程	人体解剖、康复评定技术				
后续课程	神经疾病康复、儿童疾病康复、肌肉骨骼疾病康复				
执笔人	尚经轩		批准人		

二、课程定位

"运动治疗技术"是康复治疗技术专业的核心课程，是康复治疗技术的重要组成部分。其是应用各种形式的主动和被动方法对患者进行运动训练，以促使患者康复的一类技术，是处理患者功能障碍的关键技术之一。本课程以教给学生运动治疗基础知识和基本技能为主，并介绍国内外运动治疗新技术、新成果及临床应用，以此使学生能正确理解运动治疗技术的原理，熟练掌握各种运动治疗技术运用技巧。运动治疗技术的教学过程采用理实一体化的教学模式，巩固和加深学生对基础理论知识的理解，强化基本技能操作，能选用适当的方法、设备为患者进行康复，同时培养学生独立性、创造性思维解决临床遇到的实际问题，为学生今后康复医学治疗技术卫生专业技术资格考试证书打下基础。

三、课程学习目标

（一）社会主义核心价值观目标

（1）树立富强、民主、文明、和谐的价值目标；
（2）树立自由、平等、公正、法治的价值取向；
（3）树立爱国、敬业、诚信、友善的价值准则。

（二）情感态度目标

（1）具备求实的科学态度、积极的生活态度等；

（2）具备仪态大方，态度和蔼，有亲和力的精神面貌；

（3）具有急患者之所急，努力为患者解除痛苦的情感。

（三）职业素养目标

（1）具备爱岗敬业、诚实守信、遵纪守法等职业道德；

（2）具备集体主义观念的团队协作精神，能和他人团结协作，有计划、科学地对患者开展康复治疗项目；

（3）具备保护自己和患者的职场安全与健康意识，操作中注意保护患者，注意采用合理姿势节约体力，预防职业病的发生；

（4）具备发现问题并解决问题的创新精神，能主动学习新知识、新技能，不断提高治疗水平；

（5）具备文字、口头表达与交流技巧，能和患者及家属保持良好的沟通与互动。

（四）知识目标

（1）了解运动治疗常用设备及使用方法；

（2）理解运动治疗基础理论；

（3）理解运动治疗技术中的基本概念及基本原理；

（4）掌握各种运动治疗技术的操作方法及操作要点；

（5）掌握各种运动治疗技术的治疗安全、适应证、禁忌证以及注意事项等。

（五）技能目标

（1）能运用关节活动技术为患者制订合理的训练计划，并能指导患者活动相应关节；

（2）能运用肌力训练技术为患者制订合理的训练计划，并能指导患者训练相应肌群；

（3）能运用平衡与协调训练技术为患者制订合理的训练计划，并能指导患者开展康复训练；

（4）能运用体位转移技术为患者制订合理的训练计划，并能训练患者的转移能力；

（5）能运用牵伸技术为患者制订合理的训练计划，并能牵伸人体主要肌群，指导患者进行自我牵伸；

（6）能运用颈腰椎牵引技术为患者制订合理的治疗计划，并能使用牵引装置；

（7）能运用步行训练技术为患者制订合理的训练计划，并能开展步行训练活动；

（8）能运用呼吸训练方法为患者制订合理的训练计划，并能开展呼吸训练活动；

（9）运用 Bobath 等疗法对患者（主要是偏瘫、脑瘫患者）开展康复训练。

四、课程主要内容

（一）能力单元与学时分配

序号	能力单元名称	讲授（学时）	实操（学时）	专家讲座（学时）	参观（学时）	讨论（学时）	其他（学时）
1	运动治疗技术的认知					4	
2	关节活动训练		4			4	
3	关节松动技术的应用		8			2	
4	肌力训练		6			4	
5	牵伸训练		4			2	
6	牵引治疗		2			2	
7	平衡与协调功能训练		8			2	
8	心肺功能训练		2			6	
9	转移训练		4			0	
10	步行功能训练		2			2	
11	Bobath 技术的应用		2			2	
12	机动（或期末鉴定）		4				
合计			46			30	

（二）教学任务描述

能力单元一：运动治疗技术的认知	
教学目的描述	通过对运动治疗技术基本理论和基本概念的学习，学生应熟悉运动治疗技术的主要内容、本课程的教学方法与学习方法等，掌握运动治疗的机制和常用设备；引导学生养成良好的学习习惯和态度
教学重点与难点	教学重点：运动治疗的机制；教学难点：本课程的教学方法与学习方法
教学时数	4
教学方法与手段	讲授、讨论
考核方式	技能操作
任务 1-1：课程介绍	
相关知识点	运动治疗技术的主要内容、本课程的教学方法与学习方法等，需要 2 课时
相关实操技能	无
相关实验	无

教师注意事项	教师认真做好教学工作，上好第一堂课。注意人身安全，严禁学生嬉戏；注意通过康复医学在我国的飞速发展培养学生的爱国之情
学习资源	相关视频资料

任务 1-2：运动与制动	
相关知识点	运动治疗的机制、运动治疗常用设备
相关实操技能	运动与制动
相关实验	实验名称：运动与制动 实验内容：1. 运动治疗的机制；2. 运动治疗常用设备 所需时间：2 学时
教师注意事项	教师认真做好指导工作；注意人身安全，严禁学生嬉戏；注意培养学生对患者的关爱意识
学习资源	相关视频与常用运动设备

能力单元二：关节活动训练	
教学目的描述	通过对关节活动技术的学习，学生应熟悉关节活动的方向与角度，熟悉关节活动技术及 CPM 的应用范围及注意事项，能够在人体主要的关节或部位上熟悉地运用关节活动技术；同时注意培养学生勤思考、喜操作、善学习的能力，在学习知识的过程中学生应具备严谨、和蔼、科学的职业态度
教学重点与难点	教学重点：关节被动活动训练的操作方法；教学难点：关节运动方向及关节被动活动训练的注意事项
教学时数	8
教学方法与手段	讲授、讨论与实操
考核方式	技能操作
任务 2-1：关节的运动	
相关知识点	关节活动的基本方向、类型；适应证
相关实操技能	关节活动的方向
相关实验	实验名称：关节运动基础的认知 实验内容：1. 屈和伸；2. 内收和外展；3. 内旋和外旋 所需时间：2 学时
教师注意事项	注意培养学生的思考能力和语言表达能力
学习资源	运动治疗设备与网络课程资料
任务 2-2：上肢关节活动训练	
相关知识点	肩关节、肘关节、腕及手指等关节的活动方向
相关实操技能	按照肩关节、肘关节、腕及手指等关节的活动方向进行训练
相关实验	实验名称：上肢关节的活动训练 实验内容：1. 肩关节的活动；2. 肘关节的活动；3. 腕及手指关节的活动 所需时间：2 学时
教师注意事项	教师认真做好指导工作；注意人身安全，严禁学生嬉戏；注意培养学生对患者的关爱以及对技术精益求精的态度
学习资源	治疗床、牵张床、滑轮吊环、上肢训练组合、肋木、肩梯（理疗实训室、运动治疗实训室）等运动治疗设备与网络课程资料

续表

	任务2-3：下肢关节活动训练
相关知识点	髋关节、膝关节、踝关节的活动方向
相关实操技能	按照髋关节、膝关节、踝关节活动方向进行训练
相关实验	实验名称：下肢关节的活动 实验内容：1.髋关节的活动；2.膝关节的活动；3.踝关节的活动 所需时间：2学时
教师注意事项	教师认真做好指导工作，注意人身安全，严禁学生嬉戏；注意培养学生的语言表达，关心、关爱患者
学习资源	治疗床、牵张床、滑轮吊环、肋木、毛巾、踝关节训练器等（理疗实训室、运动治疗实训室）等运动治疗设备与网络课程资料
	任务2-4：CPM的应用
相关知识点	CPM技术的特点及使用
相关实操技能	CPM设备的使用
相关实验	实验名称：CPM的应用 实验内容：1.CPM的特点；2.CPM的应用注意事项；3.CPM的应用 所需时间：2学时
教师注意事项	教师认真做好指导工作，注意人身安全，爱护相关设备，严禁学生嬉戏
学习资源	肘关节、踝关节CPM训练设备（理疗实训室、运动治疗实训室）

	能力单元三：关节松动技术的应用
教学目的描述	通过对关节松动技术的学习，学生应了解关节松动技术、西方按摩术、西方的推拿术、中医推拿术的基本概念与区别，熟悉关节活动的方向与角度，熟悉关节的生理运动、附属运动的基本概念及其关系，掌握关节松动技术的作用、适应证与禁忌证，掌握关节松动技术的手法等级与操作要求，掌握关节松动技术基本手法并能够自如地在人体主要关节上应用；培养学生的自主学习能力和勤于思考的习惯，严谨和科学的职业态度及语言表达能力
教学重点与难点	教学重点：关节松动术的基本手法；教学难点：关节松动术的具体应用
教学时数	10
教学方法与手段	讲授、讨论与实操
考核方式	技能操作
	任务3-1：上肢关节松动技术的应用
相关知识点	患者的体位，关节的滚动、滑动、分离与牵拉以及摆动等运动
相关实操技能	上肢关节的松动方法
相关实验	实验名称：上肢关节松动技术 实验内容：1.肩部关节的松动；2.肘部关节的松动；3.腕部关节的松动；4.手指关节的松动 所需时间：6学时
教师注意事项	教师认真做好指导工作，注意人身安全，爱护相关设备，严禁学生嬉戏，关心关爱患者
学习资源	运动治疗设备与网络课程资料

任务 3-2：下肢关节松动技术的应用	
相关知识点	患者的体位，关节的滚动、滑动、分离与牵拉以及摆动等运动
相关实操技能	下肢关节的松动方法
相关实验	实验名称：下肢关节松动技术 实验内容：1.膝部关节的松动；2.踝部关节的松动 所需时间：4学时
教师注意事项	教师认真做好指导工作，注意人身安全，爱护相关设备，严禁学生嬉戏，关心关爱患者
学习资源	运动治疗设备与网络课程资料

能力单元四：肌力训练	
教学目的描述	通过对肌力训练技术的学习，学生应了解影响肌力的主要因素，熟悉徒手肌力分级标准，熟悉肌力训练技术的临床应用，掌握肌力训练的常用方法并且能够自如地应用徒手肌力训练技术对患者进行康复治疗；同时注意培养学生勤思考、喜操作、善学习的能力，在学习知识的过程中学生应具备严谨、和蔼、科学的职业态度
教学重点与难点	教学重点：徒手肌力训练技术的具体应用；教学难点：肌力训练的常用方法
教学时数	10
教学方法与手段	讲授、讨论与实操
考核方式	技能操作
任务 4-1：肌力基础知识的认知	
相关知识点	影响肌力的主要因素，徒手肌力分级标准，肌力训练的常用方法，肌力训练技术的临床应用
相关实操技能	肌力训练常用方法的认知
相关实验	实验名称：肌力基础知识的认知 实验内容：1.影响肌力的主要因素；2.徒手肌力分级标准；3.肌力训练的常用方法 所需时间：4学时
教师注意事项	教师认真做好指导工作，注意人身安全，爱护相关设备，严禁学生嬉戏，注意培养学生积极向上的生活态度
学习资源	治疗床、滑轮吊环、哑铃、肋木（理疗实训室、运动治疗实训室）等运动治疗设备与网络课程资料
任务 4-2：上肢肌群的肌力训练	
相关知识点	徒手肌力分级标准，上肢各肌群的功能
相关实操技能	上肢各肌群的徒手肌力训练方法
相关实验	实验名称：上肢肌群的肌力训练 实验内容：1.肩部肌群的肌力训练；2.肘部及前臂肌群的肌力训练；3.腕部及手部肌群的肌力训练 所需时间：4学时
教师注意事项	教师认真做好指导工作，注意人身安全，严禁学生嬉戏；注意培养学生积极向上的生活态度
学习资源	治疗床、滑轮吊环、哑铃、肋木（理疗实训室、运动治疗实训室）等运动治疗设备与网络课程资料

任务 4-3：下肢肌群的肌力训练	
相关知识点	徒手肌力分级标准，下肢各肌群的功能
相关实操技能	下肢各肌群的肌力训练方法
相关实验	实验名称：下肢肌群的肌力训练 实验内容：1. 髋部肌群的肌力训练；2. 膝及踝部肌群的肌力训练 所需时间：2 学时
教师注意事项	教师认真做好指导工作，注意人身安全，严禁学生嬉戏；注意培养学生积极向上的生活态度
学习资源	治疗床、滑轮吊环、哑铃、肋木、股四头肌训练椅（理疗实训室、运动治疗实训室）等运动治疗设备与网络课程资料

能力单元五：牵伸训练	
教学目的描述	通过对牵伸技术的学习，学生应熟悉软组织挛缩及其类型，掌握牵伸技术的原理及原则，牵伸技术的种类，牵伸的程序，牵伸技术的临床应用及注意事项，能熟练应用牵伸技术牵伸人体各部主要的肌肉等软组织；培养学生的自主学习能力和勤于思考的习惯，严谨的职业态度以及语言表达能力
教学重点与难点	教学重点：人体各部位的牵伸方法；教学难点：牵伸技术在人体各部位的具体应用
教学时数	6
教学方法与手段	问答、讨论与实操
考核方式	技能操作
任务 5-1：牵伸程序的认知	
相关知识点	软组织挛缩及其类型，牵伸技术的原理及原则，牵伸技术的种类，牵伸技术的程序及注意事项
相关实操技能	牵伸的程序
相关实验	实验名称：牵伸程序的认知 实验内容：1. 软组织挛缩；2. 牵伸技术的种类；3. 牵伸技术的程序及注意事项 所需时间：2 学时
教师注意事项	教师认真做好指导工作，注意人身安全，严禁学生嬉戏；注意培养学生的语言表达能力
学习资源	运动治疗设备与网络课程资料
任务 5-2：上肢肌肉的牵伸训练	
相关知识点	上肢主要肌肉的结构与功能
相关实操技能	上肢关节周围软组织的牵伸方法
相关实验	实验名称：上肢肌肉的牵伸 实验内容：1. 肩部肌肉的牵伸；2. 肘部及前臂肌肉牵伸；3. 腕及手部肌肉牵伸 所需时间：2 学时
教师注意事项	教师认真做好指导工作，注意人身安全，严禁学生嬉戏；注意培养学生关心、关爱患者以及对技术精益求精的学习态度
学习资源	运动治疗设备与网络课程资料

任务5-3：下肢肌肉的牵伸训练	
相关知识点	下肢主要肌肉的结构与功能
相关实操技能	下肢各部位主要肌肉的牵伸方法
相关实验	实验名称：下肢肌肉的牵伸 实验内容：1.髋部肌肉牵伸；2.膝部肌肉牵伸；3.踝部肌肉牵伸 所需时间：2学时
教师注意事项	教师认真做好指导工作，注意人身安全，严禁学生嬉戏；注意培养学生关心、关爱患者以及对技术精益求精的学习态度，同时引导学生自学躯干牵伸技术和机械被动牵伸
学习资源	运动治疗设备与网络课程资料

能力单元六：牵引治疗	
教学目的描述	通过对牵引技术的学习，学生应了解牵引技术的种类，熟悉牵引的治疗作用，常用的牵引装置，掌握颈腰牵引的操作要求、临床应用以及注意事项；能够熟练地应用颈腰牵引装置；引导学生养成自主学习和勤于思考的良好习惯，以及培养严谨、科学的职业态度和语言表达能力
教学重点与难点	教学重点：颈腰牵引装置的操作；教学难点：颈腰牵引的临床应用
教学时数	4
教学方法与手段	讲授、讨论与实操
考核方式	技能操作
任务6-1：颈椎牵引治疗	
相关知识点	颈椎牵引的结构；颈椎牵引的生理作用；常用牵引方法；临床应用及注意事项；不良反应的预防及处理
相关实操技能	颈椎牵引常用的方法
相关实验	实验名称：颈椎牵引的使用 实验内容：1.颈椎徒手牵引；2.颈椎重锤牵引；3.电动颈椎牵引 所需时间：2学时
教师注意事项	教师认真做好指导工作，注意人身安全，严禁学生嬉戏；注意培养学生对技术精益求精的学习态度
学习资源	坐位颈椎牵引装置与网络课程资料
任务6-2：腰椎牵引治疗	
相关知识点	腰椎牵引的结构；腰椎牵引的生理作用；常用牵引方法；临床应用及注意事项；不良反应的预防及处理
相关实操技能	腰椎牵引常用的方法
相关实验	实验名称：腰椎牵引的使用 实验内容：1.腰椎徒手牵引；2.电动骨盆牵引；3.三维多功能牵引 所需时间：2学时
教师注意事项	教师认真做好指导工作，注意人身安全，严禁学生嬉戏；注意引导学生自学四肢关节功能牵引技术
学习资源	腰椎牵引装置与网络课程资料

能力单元七：平衡与协调功能训练		
教学目的描述	通过对平衡与协调训练技术的学习，学生应了解平衡与协调训练相关的机制，熟悉平衡与协调的分类，掌握平衡与协调训练的仪器设备、训练方法、原则、临床应用等，以及能够熟练地运用平衡与协调训练技术；引导学生养成自主学习和勤于思考的良好习惯，以及培养严谨、科学的职业态度和语言表达能力	
教学重点与难点	教学重点：平衡与协调训练的程序与方法；教学难点：平衡与协调的具体训练过程	
教学时数	10	
教学方法与手段	讲授、讨论与实操	
考核方式	技能操作	
任务 7-1：平衡功能基础知识的认知		
相关知识点	平衡训练的原则及相关设备	
相关实操技能	平衡评价方法	
相关实验	实验名称：平衡功能基础知识的认识 实验内容：1. 平衡的种类；2. 平衡反应；3. 平衡功能的评价 所需时间：2 学时	
教师注意事项	教师认真做好指导工作，注意人身安全，严禁学生嬉戏；注意通过我国运动员赛场表现，培养学生爱国之情	
学习资源	治疗床、阶梯、楔形垫、肋木、平衡杠、姿势镜（理疗实训室、运动治疗实训室）等运动治疗设备与网络课程资料	
任务 7-2：平衡功能训练		
相关知识点	平衡训练的原则及相关设备	
相关实操技能	卧位、跪位、坐位、站立的平衡训练方法	
相关实验	实验名称：平衡功能训练 实验内容：1. 仰卧位的平衡训练；2. 前臂支撑下的俯卧位平衡训练；3. 肘膝跪位的平衡训练；4. 双膝跪位和半跪位的平衡训练；5. 坐位的平衡训练；6. 站立位的平衡训练 所需时间：7 学时	
教师注意事项	教师认真做好指导工作，注意人身安全，严禁学生嬉戏；注意培养学生的语言表达能力以及对技术精益求精的态度	
学习资源	治疗床、阶梯、楔形垫、肋木、平衡杠、姿势镜（理疗实训室、运动治疗实训室）等运动治疗设备与网络课程资料	
任务 7-3：协调功能训练		
相关知识点	协调功能训练的程序、原则	
相关实操技能	协调功能训练方法	
相关实验	实验名称：协调功能训练 实验内容：1. 上肢协调功能训练；2. 下肢协调功能训练 所需时间：1 学时	
教师注意事项	教师认真做好指导工作，注意人身安全，严禁学生嬉戏；注意培养学生对技术精益求精的态度	
学习资源	肋木、平衡杠、姿势镜（理疗实训室、运动治疗实训室）等运动治疗设备与网络课程资料	

能力单元八：心肺功能训练	
教学目的描述	通过对心肺功能的学习，学生应了解心肺功能训练的原理，熟悉心肺功能的作用，掌握心肺功能训练的过程或方法，掌握心肺功能训练的适应证与禁忌证以及心功能康复训练过程；引导学生养成自主学习和勤于思考的良好习惯，以及培养严谨、科学的职业态度和语言表达能力
教学重点与难点	教学重点：有氧训练的运动处方以及呼吸训练的具体实施方法；教学难点：有氧训练的运动处方以及呼吸训练方法的选择
教学时数	8
教学方法与手段	讲授、讨论、操作
考核方式	技能操作
任务 8-1：有氧运动	
相关知识点	有氧运动的原理、作用，运动处方，有氧运动的适应证与禁忌证以及心功能康复训练过程
相关实操技能	运动处方的制定
相关实验	实验名称：有氧运动处方制定 实验内容：1. 有氧运动基础认知；2. 运动处方的制定 所需时间：4学时
教师注意事项	教师认真做好指导工作；保证学生安全；注意培养学生热爱运动的习惯
学习资源	哑铃、跑步机等运动治疗设备与网络课程资料
任务 8-2：呼吸功能训练	
相关知识点	呼吸功能训练的目标和适应证，呼吸训练实施的具体操作、合理判断以及注意事项等
相关实操技能	呼吸训练实施的具体操作
相关实验	实验名称：呼吸功能训练 实验内容：1. 呼吸功能训练原理认知；2. 呼吸功能训练实施 所需时间：4学时
教师注意事项	教师认真做好指导工作；注意培养学生对患者的关心、关爱
学习资源	治疗床、沙袋、投篮装置等运动治疗设备与网络课程资料

能力单元九：转移训练	
教学目的描述	通过对转移训练技术的学习，学生应了解转移训练的基本原则、种类，掌握转移的具体方法，掌握转移训练的操作程序和注意事项，熟悉转移训练的适应证与禁忌证；引导学生养成自主学习和勤于思考的良好习惯，以及培养严谨、科学的职业态度和语言表达能力
教学重点与难点	教学重点：转移训练的方法；教学难点：转移训练的操作程序
教学时数	4
教学方法与手段	讲授、讨论与实操
考核方式	技能操作
任务 9-1：偏瘫患者的转移训练	
相关知识点	Bobath 握手、床上转移方法、轮椅的使用方法，偏瘫患者站起与坐下的方法
相关实操技能	翻身方法；卧位平移方法；坐起与躺下方法；站起与坐下方法；床与轮椅间的转移方法

相关实验	实验名称：偏瘫患者的转移训练 实验内容：1. 翻身训练；2. 卧位平移；3. 坐起与躺下；4. 床上坐位转移；5. 站起与坐下；6. 床与轮椅间的转移 所需时间：2 学时
教师注意事项	教师认真做好指导工作，注意人身安全，严禁学生嬉戏；注意培养学生对患者的关心、关爱
学习资源	治疗床、椅子、轮椅（理疗实训室）等运动治疗设备与网络课程资料
任务 9-2：脊髓损伤患者的转移训练	
相关知识点	脊髓损伤平面与体位转移，脊髓损伤患者的床上转移以及床与轮椅间的转移方法
相关实操技能	翻身；由卧位坐起；由坐到卧位；床与轮椅间的转移；站起与坐下
相关实验	实验名称：脊髓损伤患者的转移训练 实验内容：1. 翻身训练；2. 坐起与躺下；3. 坐位转移；4. 站起与坐下 所需时间：2 学时
教师注意事项	教师认真做好指导工作，注意人身安全，严禁学生嬉戏；注意培养学生对患者的关心、关爱的态度
学习资源	治疗床、牵张床、轮椅（理疗实训室）等运动治疗设备与网络课程资料

能力单元十：步行功能训练	
教学目的描述	通过对步行训练技术的学习，学生应熟悉步行的基本过程与步行训练前的准备工作，做好步行训练的基础训练工作，熟悉步行训练装置的使用，掌握步行训练的方法、过程以及注意事项及步行训练的适应证与禁忌证，能熟练地运用步行训练方法开展康复治疗工作；引导学生养成自主学习和勤于思考的良好习惯，以及培养学生敏锐的洞察力、严谨科学的职业态度和语言表达能力
教学重点与难点	教学重点：步行训练的方法、过程以及注意事项；教学难点：步行训练过程中学生针对不同问题的观察能力、思考能力以及解决问题的能力
教学时数	4
教学方法与手段	讲授、讨论与实操
考核方式	技能操作
任务 10-1：步行训练	
相关知识点	步行训练的基础训练工作，步行训练的方法、过程以及注意事项
相关实操技能	步行训练的实施过程
相关实验	实验名称：步行训练 实验内容：1. 基础训练；2. 步行分解训练；3. 助行器的使用 所需时间：2 学时
教师注意事项	教师认真做好指导工作，注意人身安全，严禁学生嬉戏；注意培养学生的耐心与认真
学习资源	平衡杠、台阶、肋木、站立床、步行机等运动治疗设备与网络课程资料
任务 10-2：减重步行训练	
相关知识点	减重步行训练的参数要求以及步行训练的方法
相关实操技能	减重步行训练

相关实验	实验名称：减重步行训练 实验内容：1.减重步行训练系统的使用方法；2.设置减重步行训练系统的参数；3.减重步行以及异常步态的矫治 所需时间：2学时
教师注意事项	教师认真做好指导工作，注意人身安全，严禁学生嬉戏；注意培养学生的耐心与认真
学习资源	平衡杠、台阶、步行减重装置、站立床等运动治疗设备与网络课程资料

能力单元十一：Bobath 技术的应用	
教学目的描述	通过对 Bobath 技术的学习，学生应了解 Bobath 技术起源，掌握 Bobath 技术的理论基础、特点与训练原则，熟悉了解 Bobath 技术的使用；引导学生养成自主学习和勤于思考的良好习惯，以及培养学生严谨科学的职业态度和语言表达能力
教学重点与难点	教学重点：Bobath 技术的理论基础、特点与训练原则以及使用；教学难点：Bobath 技术的理论基础、特点与训练原则
教学时数	4
教学方法与手段	讲授、讨论与实操
考核方式	技能操作
任务 11-1：Bobath 技术的认知	
相关知识点	Bobath 技术起源，Bobath 技术的理论基础、特点与训练原则
相关实操技能	Bobath 基本技术
相关实验	实验名称：Bobath 技术认知 实验内容：1.反射抑制性模式；2.影响张力性姿势；3.关键点的控制，促进正常姿势反射；4.刺激固有感受器和体表感受器 所需时间：2学时
教师注意事项	教师认真做好指导工作，注意人身安全，严禁学生嬉戏；注意培养学生对技术精益求精的学习态度
学习资源	运动治疗设备与网络课程资料
任务 11-2：Bobath 技术在脑卒中患者中的应用	
相关知识点	Bobath 技术的应用
相关实操技能	Bobath 技术的应用
相关实验	实验名称：Bobath 技术在脑卒中患者中的应用 实验内容：1.弛缓期的康复治疗；2.痉挛期的康复治疗；3.恢复期的康复治疗 所需时间：2学时
教师注意事项	教师认真做好指导工作，注意人身安全，严禁学生嬉戏；注意培养学生对技术精益求精的学习态度
学习资源	运动治疗设备与网络课程资料

能力单元十二：机动（或期末鉴定）	
教学目的描述	通过鉴定，学生应学习掌握关节被动技术、关节松动技术、牵伸技术、牵引治疗技术、平衡与协调功能训练、转移训练、步行训练的临床运用与注意事项；引导学生养成自主学习和勤于思考的良好习惯，以及培养学生严谨科学的职业态度和语言表达能力

教学重点与难点	教学重点：关节被动技术、关节松动技术、牵伸技术、牵引治疗技术、平衡与协调功能训练、转移训练、步行训练的临床运用与注意事项；教学难点：关节被动技术、关节松动技术、牵伸技术、牵引治疗技术、平衡与协调功能训练的临床运用与注意事项
教学时数	4
教学方法与手段	讲授、讨论与实操
考核方式	技能操作
任务 12：技能鉴定	
相关知识点	关节被动活动技术、关节松动技术、牵伸技术、牵引治疗技术、平衡与协调功能训练、转移训练、步行训练的操作要点
相关实操技能	技能鉴定
相关实验	实验名称：技能鉴定 实验内容：1.关节被动活动技术；2.关节松动技术；3.牵伸技术；4.平衡与协调功能训练；5.转移训练；6.步行训练 所需时间：4学时
教师注意事项	教师认真做好鉴定工作，注意人身安全；注意培养学生的语言表达能力
学习资源	治疗床等设备

五、"课程思政"育人元素融入课程教学的途径和方法

序号	知识点	育人元素	融入途径、方式	预期效果	备注
1	运动与制动	珍爱生命	案例、图片、视频等讲授	珍惜自己的生命，爱护患者	
2	关节被动活动	细致入微地观察患者情况，保护患者	操作	培养学生爱心、耐心、细心的职业道德	
3	关节松动技术	和患者保持良好互动，追求治疗的精准	操作	培养学生关爱患者的态度，对医疗技术追求精益求精的工匠精神	
4	肌力训练	锻炼身体	操作	提高学生身体素质	
5	有氧运动	体育运动	案例	尊重科学，保护自我	
6	转移训练	使用体力合理转移患者	操作	培养学生能吃苦耐劳、任劳任怨地为患者服务的敬业精神	
7	牵引治疗	治疗设备的时代变化，展现国家的发展与进步	图片	用自己的实际行动为国家建设添砖加瓦	
8	步行功能训练	人行步道以及无障碍设施	图片、视频	能爱护患者，展现人与社会发展的和谐	
9	呼吸功能训练	新冠患者的康复方案	图片、视频	敬畏生命与尊重科学，展现国家力量，激发学生的爱国之情	

六、课程评价方法

课程成绩 = 课堂出勤 10%+ 书面作业 10%+ 课堂操作表现 10%+ 随堂测试 35%+

期末鉴定 35%。

七、教学资源配置

（一）教材、参考书目

1. 主教材

章稼 . 运动治疗技术［M］. 人民卫生出版社，2020.

2. 参考资料

燕铁斌 . 物理治疗学［M］. 北京：人民卫生出版社，2018.

马金 . 运动疗法技术［M］. 武汉：华中科技大学出版社，2023.

（二）信息化教学资源

在线开放教学平台、微课资源等，主要利用康复治疗技术专业国家级教学资源库以及学校"运动治疗技术"课程在线开放教学平台。

（三）主要设备与设施

治疗床、牵张床、滑轮吊环、上肢训练组合、肋木、肩梯、肘关节、踝关节 CPM 训练设备、阶梯、楔形垫、平衡杠、姿势镜、台阶、站立床、步行机。

（四）主讲教师

尚经轩，本课程的主讲教师，副教授，本单位专任教师，具有 20 年的教学经历。

八、其他说明

（一）产教融合，行业 / 企业参与课程开发情况

杨晓香，重庆市沙坪坝区人民医院员工，具有多年康复治疗临床经验。

刘飞，康复治疗师，重庆渝西职工医院员工，具有多年康复治疗临床经验。

（二）教学组织的特点

本课程的排课方式没有特别要求，但上课时必须使用实训室。若有机会，教师应组织学生去企业，进行现场教学。

高等职业教育专科
"作业治疗技术"课程标准

一、课程基本信息

课程编码	80040009	课程类型 （理论或实践或理实一体）	理论与实践	适用专业	康复治疗技术
学分	3	总学时	54	实践学时	24
先修课程	正常人体结构、正常人体机能、人体运动、人体发育、病理学、诊断学				
后续课程	言语治疗技术、康复工程、临床疾病康复、神经疾病康复、内科疾病康复				
执笔人	叶海霞、李光辉		批准人		

二、课程定位

性质："作业治疗技术"课程是康复治疗学专业的必选课。是一门为协助残疾者和患者选择、参与、应用有目的和有意义的活动，以达到最大限度地恢复躯体、作业治疗和作业治疗方面的功能，增进健康，预防能力的丧失及残疾的发生，以发展为目的，鼓励他们参与及贡献作业治疗的科学。

任务：本课程作为康复治疗学的一门主干课程，旨在通过学习，让学生们了解作业治疗的发展历史及趋势；作业治疗的目的、特点、服务对象及范畴；熟悉作业治疗的基本理论、基本概念及常用模式；掌握作业疗法的基本评定方法、评定内容；传统及现代作业治疗技术，日常生活活动分析与训练、功能康复、认知障碍康复、感觉统合等所需要的技能；矫形器、压力衣、辅助具（包括轮椅、助行器）等制作与应用技术；工作康复、环境改造及社区作业治疗应具备的能力等。并力求在作业治疗临床实践中创造性并灵活地应用。

三、课程目标

（一）社会主义核心价值观目标

（1）树立富强、民主、文明、和谐的价值目标；
（2）树立自由、平等、公正、法治的价值取向；
（3）树立爱国、敬业、诚信、友善的价值准则。

（二）情感态度目标

（1）具备民族团结、社会责任情感等；
（2）具备社会主义公民道德、社会公德和家庭美德意识等；
（3）具备求实的科学态度、积极的生活态度等。

（三）职业素养目标

（1）养成踏实严谨、勤勉负责的工作态度；
（2）养成团队协作、沟通理解的工作习惯；
（3）具有自学、探究与创新的工作能力；
（4）具备吃苦耐劳、关爱疾患的工作素养；
（5）热爱康复事业，具有高尚的职业道德。

（四）知识目标

（1）在掌握"实用、够用"的理论知识基础上，让学生重点掌握临床作业治疗工作岗位所要求的技能素质；
（2）掌握作业治疗的作用及适应证、禁忌证；
（3）熟悉常用的作业治疗器械名称及常用的治疗性活动；
（4）熟悉作业治疗计划制订的基本过程；
（5）掌握作业疗法的原则；
（6）掌握康复科常见疾病的功能障碍及治疗方法；
（7）熟悉职业评估方法及职业康复手段；
（8）掌握社区及家庭环境下的作业治疗方法。

（五）技能目标

培养学生具有较强的组织、协调能力；高度的责任心、敏锐的观察力；较强的语言表达能力；较强的综合分析、判断能力；突发事件应急处置能力；医患的沟通能力；

有相应专业技术指导能力；学习、掌握和应用康复技术新知识、新技术的能力；开拓进取的创新能力；通过理论和实践学习，培养学生掌握残疾人作业治疗及康复的能力，同时具备获得国家康复治疗（士）师职业资格的能力。

（1）能进行日常生活活动能力评估和训练，改善患者日常生活自理能力；

（2）能进行感知觉功能评估和训练；

（3）能进行手功能评估和训练，改善手的精细的、协调的、灵巧的功能性活动能力；

（4）能指导患者使用生活辅助器具、轮椅、假手、矫形支具及其他辅助性用品用具等，补偿或扩展活动功能；

（5）能进行简单的认知功能评估和训练；

（6）能指导患者进行简单的手工制作治疗、文体治疗、职业性的活动练习、家居环境改造；

（7）能培养患者进行有关改善日常生活的作业能力，提高生活质量的宣传教育。

四、课程主要内容

（一）能力单元与学时分配

序号	能力单元名称	讲授（学时）	实操（学时）	专家讲座（学时）	参观（学时）	讨论（学时）	其他（学时）
1	作业治疗理论及实践框架	4	2			2	
2	作业治疗功能评定方法	4	4				
3	作业治疗计划的制订	2	2			2	
4	作业治疗计划实施	18	8			2	
5	职业康复	2	2				
合计		30	18			6	

（二）教学任务描述

能力单元一：作业治疗理论及实践框架	
教学目的	1.运用作业治疗实践框架进行案例分析 2.掌握作业治疗的定义及它的研究对象 3.了解知晓各理论学派的主要观点，会运用这些观点来与作业治疗建立联系
教学重点与难点	作业治疗理论；它的作业治疗实践框架的应用
教学时数	8
教学方法与手段	理论讲授、视频学习、案例分析
考核方式	课堂发言、反思日志、作业
任务1-1：掌握作业治疗定义、研究对象、研究取向	
相关知识点	作业治疗定义、研究对象、研究取向

续表

相关实操技能	无
相关实训	无
教师注意事项	引导学生案例讨论、注意学生多角度分析
学习资源	教材、康复论坛、公众号
任务 1-2：掌握作业治疗理论学派主要观点、作业治疗实践框架	
相关知识点	1. 培养学生职业道德和素养 2. 理解作业治疗的定义 3. 了解作业治疗基础理论及临床应用 4. 运用作业活动分析对手工活动进行分析 5. 掌握 ICF 国际健康状况功能分类、作业表现模式、PEO 模式 6. 作业治疗的临床思维
相关实操技能	学生亲属案例分析
相关实训	信息收集
教师注意事项	引导学生案例讨论、注意学生多角度分析
学习资源	《作业治疗访谈》节目华夏作业治疗网

能力单元二：作业治疗功能评定方法	
教学目的	1. 理解评定在作业治疗中的重要意义 2. 理解之前学习的作业治疗实践框架在作业评定中的应用 3. 应用作业表现模式从作业表现、作业构成、物理环境等不同层次进行分析 4. 分析临床思维在作业评定中的应用
教学重点与难点	应用作业表现模式从作业表现、作业构成、物理环境等不同层次进行分析评定 分析临床思维在作业评定中的应用
教学时数	8
教学方法与手段	角色扮演、案例分析、理论讲授、视频
考核方式	
任务 2-1：应用作业表现模式从作业表现层面进行分析评定	
相关知识点	作业治疗规范 作业表现的评定
相关实操技能	角色扮演、案例分析
相关实训	角色扮演
教师注意事项	引导学生对扮演中的人物进行分析，把知识运用于实践
学习资源	教材、怡康康复论坛、爱爱医论坛、丁香园论坛
任务 2-2：应用作业表现模式从作业构成层面进行分析评定	
相关知识点	作业治疗规范 作业构成的评定
相关实操技能	应用作业表现模式从作业构成层面进行分析评定
相关实验	角色扮演、案例分析

教师注意事项	向学生说明作业治疗评定的方法及注意事项
学习资源	作业治疗视频及网站

任务2-3：应用作业表现模式进行物理环境分析评定	
相关知识点	作业治疗规范 环境因素包括内容
相关实操技能	情景表演：一个怕见男生的女生
相关实验	无
教师注意事项	向学生说明作业治疗评定的方法及注意事项
学习资源	教材、怡康康复论坛、爱爱医论坛、丁香园论坛

能力单元三：作业治疗计划的制订	
教学目的描述	1. 理解作业活动分析与合成在作业治疗中的重要意义 2. 理解之前学习的作业治疗实践框架在制订作业治疗计划中的应用 3. 能对作业活动进行分析，通过作业活动分析找出客户作业活动中缺失的成分 4. 针对客户作业活动中缺失的成分制订训练计划 5. 分析临床思维在制订作业治疗计划中的应用
教学重点与难点	作业活动分析与合成 作业治疗实践框架在制订作业治疗计划中的应用
教学时数	6
教学方法与手段	小组讨论、案例分析、角色扮演

任务3-1：任务分析和活动分析	
相关知识点	1. 作业治疗评估概念 2. 作业治疗评估目的 3. 作业治疗评估分类和步骤 4. 作业治疗评估方法的选择 5. 评估的注意事项
相关实操技能	作业治疗评估方法的选择
相关实验	无
教师注意事项	引导学生多角度分析
学习资源	教材、怡康康复论坛、爱爱医论坛、丁香园论坛

任务3-2：作业活动行为评估	
相关知识点	1. 作业活动分析概念 2. 分析方法 3. 作业行为评定
相关实操技能	案例分析
相关实验	无
教师注意事项	1. 引导学生多角度分析 2. 引导学生应用作业治疗实践框架制订作业治疗计划
学习资源	多媒体、作业治疗书籍推荐

任务 3-3：作业治疗计划制订	
相关知识点	1. 作业治疗目标设定 2. 作业活动合成
相关实操技能	社区案例的作业治疗计划制订
相关实验	无
教师注意事项	学生游戏时的安全
学习资源	教材、怡康康复论坛、爱爱医论坛、丁香园论坛

能力单元四：作业治疗计划实施	
教学目的描述	1. 能对客户进行日常生活活动训练 2. 能对客户进行手功能的训练 3. 能对客户进行知觉功能训练 4. 能对客户进行洗浴训练 5. 能对客户进行认知功能的训练 6. 能对客户功能性作业活动进行作业活动分析
教学重点与难点	知觉功能、认知功能的训练、手功能的训练
教学时数	28
教学方法与手段	案例分析、理论讲授、视频
任务 4-1：日常生活活动的训练	
相关知识点	日常生活活动概念 日常生活活动项目
相关实操技能	小组讨论：自我照顾性 ADL 成分分析及训练方法
相关实验	无
教师注意事项	告知日常生活活动分析的原则及注意事项
学习资源	教材、视频、怡康康复论坛、爱爱医论坛、丁香园论坛
任务 4-2：功能性作业活动	
相关知识点	1. 掌握作业活动的治疗作用、作业活动的选择和训练原则、常用作业活动的治疗作用 2. 熟悉治疗性作业活动的概念及分类、常用代表性活动、常用作业活动的注意事项
相关实操技能	案例分析
相关实验	无
教师注意事项	结合案例讲解
学习资源	教材、怡康康复论坛、爱爱医论坛、丁香园论坛
任务 4-3：手功能的训练	
相关知识点	1. 正常手功能 2. 手部损伤 3. 手功能训练、目标和原则 4. 手功能临床检查 5. 手功能评估
相关实操技能	案例分析、角色扮演

相关实验	无
教师注意事项	结合案例讲解
学习资源	教材、怡康康复论坛、爱爱医论坛、丁香园论坛
任务 4-4：认知、知觉功能的训练	
相关知识点	认知障碍 知觉障碍的概念、常见认知障碍的类型及治疗原则 认知康复理论
相关实操技能	常见认知障碍的类型及治疗原则
相关实验	无
教师注意事项	告知知觉、认知功能障碍治疗原则

能力单元五：职业康复	
教学目的描述	1. 理解职业康复在作业治疗中的重要意义 2. 了解职业康复的流程 3. 明确职业康复的内容 4. 针对客户制订职业康复计划
教学重点与难点	作业治疗应激反应，处理应激反应的技巧 自我结构的类型及特点，运用它分析作业治疗生活事件的技巧
教学时数	4
教学方法与手段	小组学习法、案例分析、视频教学、角色扮演
任务 5-1：职业康复内容	
相关知识点	工作、工伤、工作康复、工作分析、功能性能力评估、身体体能评估、工作能力评估、工作重整等基本概念
相关实操技能	小组讨论
相关实验	无
教师注意事项	引导学生积极参与讨论
学习资源	教材、怡康康复论坛、爱爱医论坛、丁香园论坛
任务 5-2：职业康复训练	
相关知识点	影响工作能力的因素、工作康复的基本流程、工作康复的主要成分、功能性能力评估的目的、工作能力评估及工作强化包括的基本内容 "工作相关的肌肉和骨骼系统损伤"发病的常见病因、工作分析所需资料的来源、工作强化中使用的仪器种类、处理疼痛与重返工作问题的方法
相关实操技能	采用小组学习法。学生分为七个小组，每组一个命题。课下收集资料和案例，课上用PPT 展示给大家
相关实验	无
教师注意事项	随时提醒学生课堂纪律，鼓励学生积极发言
学习资源	网络、作业治疗书籍

（三）学习者能力测试方法

序号	能力单元名称	测试的方法与手段
1	作业治疗相关理论及实践框架	课堂提问成绩、角色扮演的方法、案例分析成绩的总和、小组讨论评分
2	作业治疗计划评估	社区案例分析、小组讨论评分、角色扮演成绩的总和
3	作业治疗计划的制订	社区案例分析及计划制订、小组讨论评分、角色扮演成绩的总和
4	作业治疗计划实施	社区案例具体实施
5	职业康复	案例分析能力 知识运用能力
	相关知识点	
	相关实操技能	
	相关实训	列出实验名称、实验内容、所需时间等内容
	学习资源	包括网络信息、教辅资料、在线学习、企业/行业相关的资料等

五、"课程思政"育人元素融入课程教学的途径和方法

序号	知识点	育人元素	融入途径、方式	预期效果	备注
1	能力单元1：作业治疗理论及实践框架	具备自由、平等、公正、法治等价值取向	视频观看及讨论		
2	任务1-2：掌握作业治疗理论学派主要观点、作业治疗实践框架	团队协作精神、创新精神	在手工活动中体现团队协作及创新精神		
3	任务4-1：日常生活活动的训练	培养社会责任情感	在操作中体会残疾人的艰辛		

六、课程评价方法

课程成绩 = 课堂出勤 10%+ 书面作业 15%+ 课堂表现 15%+ 期末考试测试 60%。

七、教学资源配置

（一）主教材

闵水平.作业治疗技术［M］.北京：人民卫生出版社，2022.

（二）参考资料

1.教材

窦祖林.作业治疗学［M］.北京：人民卫生出版社，2021.

杨延平. 作业治疗技术［M］. 武汉：华中科技大学出版社，2021.

何成奇. 作业治疗技能操作手册［M］. 北京：人民卫生出版社，2020.

2. 参考网站

丁香园

爱爱医

世界作业治疗师联盟

加拿大作业治疗网站

中国康复医学杂志

中华物理医学与康复杂志

中华理疗杂志

中国康复

（三）主要设备与设施

多媒体、相关视频材料、实训室设备与器材。

高等职业教育专科
"护理学基础一"课程标准

一、课程基本信息

课程编码	06070011	课程类型	理论与实践一体	适用专业	高职护理
学分	2	总学时	64	实践学时	48
先修课程	正常人体机能、异常人体结构与功能、药理效能、护理学导论、护理礼仪等				
后续课程	内科护理、外科护理、妇产科护理、儿科护理、急救护理等				
执笔人	杨小红			批准人	

二、课程定位

本课程是护理专业的必修课和专业核心课。通过本门课程的学习，学生应掌握包括医院工作环境在内的场所常用的基础护理技术。包括出入院护理技术、安全护理、生活护理、护理相关文件记录等基础知识和护理技术。该课程是继续学习其他护理专业课程的基础，也是护士执业资格考试的必考课程和重点课程。

三、课程目标

（一）价值目标

（1）拥护中国共产党的领导，拥护社会主义制度，坚定中国特色社会主义理想信念；

（2）具备爱国、敬业、诚信、友善的价值取向；

（3）培养学生尊重生命、乐于奉献的良好品质；

（4）实现德智体美劳全面发展，成为中国特色社会主义的合格建设者和可靠接班人。

（二）素养目标

（1）具有"爱心、责任、服务、奉献"的专业品质；

（2）具备民族团结、社会责任情感。

（3）具备社会主义公民道德、社会公德意识；

（4）具备求实的科学态度、积极的生活态度；

（5）具备爱岗敬业、诚实守信、遵纪守法的职业道德；

（6）具备工匠精神；

（7）具备以人为本的职业精神；

（8）具备职场安全与健康意识；

（9）具备职场礼仪与规范意识；

（10）具备团队协作精神、创新精神；

（11）具备自律奉献、乐于服务的意识。

（三）知识目标

（1）掌握常见基础护理技术的理论基础；

（2）理解个体差异，思考相同护理技术操作在实际工作中的具体化应用。

（四）技能目标

（1）能灵活使用各类铺床法根据具体需要整理各类床单位；

（2）能选择和使用正确的方法运送病人；

（3）能正确测量体温、脉搏、呼吸、血压；

（4）能正确书写常用护理文件；

（5）能指导并协助患者进行舒适卧位；

（6）能正确运用防护措施进行职业防护；

（7）正确进行无菌技术操作，正确穿脱隔离衣；

（8）灵活应用促进休息与睡眠的护理措施，正确指导患者活动；

（9）能正确进行口腔、头发、皮肤、会阴部的护理，晨晚间护理及协助卧床患者整理及更换床单；

（10）能正确运用鼻饲等特殊饮食护理技术协助进食、饮水、治疗。

四、课程主要内容

（一）能力单元与学时分配

序号	能力单元名称	讲授（学时）	实操（学时）	专家讲座（学时）	参观（学时）	讨论（学时）	操作考核（学时）
1	出入院护理技术	8	10				2
2	安全护理技术	4	14				2

续表

序号	能力单元名称	讲授（学时）	实操（学时）	专家讲座（学时）	参观（学时）	讨论（学时）	操作考核（学时）
3	生活护理技术	4	12				4
4	综合练习		4				
合计		16	40				8

（二）教学任务描述

能力单元一：出入院护理技术		
教学目标	价值目标	1. 具备爱国、敬业、诚信、友善的价值取向 2. 培养学生尊重生命、乐于奉献的良好品质 3. 实现德智体美劳全面发展，成为中国特色社会主义的合格建设者和可靠接班人
	知识目标	1. 熟悉人体力学在护理工作中的应用原则 2. 了解医院物理环境（尤其是床单位）设置的具体要求 3. 了解医院的概念、性质、任务、种类和医院的组织结构
	技能目标	1. 能根据具体情况选用合适的铺床方式和运送方法 2. 能正确测量体温、脉搏、呼吸、血压 3. 能正确书写常用护理文件
	素养目标	1. 具有"爱心、责任、服务、奉献"的专业品质 2. 具备民族团结、社会责任情感 3. 具备社会主义公民道德、社会公德意识 4. 具备求实的科学态度、积极的生活态度 5. 具备爱岗敬业、诚实守信、遵纪守法的职业道德 6. 具备工匠精神 7. 具备以人为本的职业精神 8. 具备职场安全与健康意识 9. 具备职场礼仪与规范意识 10. 具备团队协作精神、创新精神 11. 具备自律奉献、乐于服务的意识
教学重点与难点、常考知识点		重点：基础生命体征的测量 难点：护理文件的书写
教学时数		20
教学方法与手段		图画、微课、动画、视频、小组讨论、讲授、示范、分组练习等
考核方式		课前线上理论测试＋上课考勤＋课中表现＋操作考核＋课后章节测试
任务1-1：医院和住院环境		
相关知识点		铺备用床、暂空床、麻醉床的流程及注意事项
相关实操技能		正确利用力学原理进行铺床训练
相关实训		铺床法
教师注意事项		严格要求，耐心引导，鼓励学生勤练习、善于提问和思考
学习资源		网络资源（智慧职教、慕课、中国知网等）、图书馆护理类教辅资料

续表

任务1-2：患者入院和出院护理

相关知识点	轮椅、平车、担架使用方法及注意事项
相关实操技能	轮椅、平车、担架的正确使用
相关实训	轮椅运送法、平车运送法、担架运送技术
教师注意事项	严格要求，耐心引导，鼓励学生勤练习、善于提问和思考
学习资源	网络资源（智慧职教、慕课、中国知网等）、图书馆护理类教辅资料

任务1-3：生命体征的观察与护理

相关知识点	测量生命体征的准备工作、操作要点、注意事项
相关实操技能	测量血压、脉搏、呼吸、体温的技术操作
相关实训	练习如何评估及测量基础生命体征
教师注意事项	严格要求，耐心引导，鼓励学生勤练习、善于提问和思考
学习资源	网络资源（智慧职教、慕课、中国知网等）、图书馆护理类教辅资料

任务1-4：医疗与护理文件的书写

相关知识点	医疗与护理文件的重要性及书写要求
相关实操技能	书写各类医疗、护理文件
相关实训	体温单、医嘱单、特别护理记录单、病室交班报告、入院告知书、护理病历的记录及书写
教师注意事项	严格要求，耐心引导，鼓励学生勤练习、善于提问和思考
学习资源	网络资源（智慧职教、慕课、中国知网等）、图书馆护理类教辅资料

能力单元二：安全护理技术

教学目标	价值目标	1.具备爱国、敬业、诚信、友善的价值取向 2.培养学生尊重生命、乐于奉献的良好品质 3.实现德智体美劳全面发展，成为中国特色社会主义的合格建设者和可靠接班人
	知识目标	详见各任务相关知识点
	技能目标	1.能指导并协助患者进行舒适卧位 2.能正确运用防护措施进行职业防护 3.正确进行无菌技术操作、正确穿脱隔离衣 4.促进休息与睡眠的护理措施、正确指导患者活动
	素养目标	1.具有"爱心、责任、服务、奉献"的专业品质 2.具备求实的科学态度、积极的生活态度 3.具备爱岗敬业、诚实守信、遵纪守法的职业道德 4.具备工匠精神 5.具备以人为本的职业精神 6.具备团队协作精神、创新精神
教学重点与难点		重点：正确运用防护措施进行职业防护及无菌、隔离技术 难点：能指导并协助患者进行舒适卧位
教学时数		20
教学方法与手段		图画、微课、动画、视频、小组讨论、讲授、示范、分组练习等

考核方式	课前线上理论测试 + 上课考勤 + 课中表现 + 操作考核 + 课后章节测试

任务 2-1：舒适与安全	
相关知识点	1. 各类卧位及适用范围 2. 疼痛护理 3. 安全管理
相关实操技能	能指导并协助患者进行舒适卧位 正确使用保护具
相关实训	1. 协助患者保持舒适卧位 2. 保护具的使用
教师注意事项	严格要求，耐心引导，鼓励学生勤练习、善于提问和思考
学习资源	网络资源（智慧职教、慕课、中国知网等）、图书馆护理类教辅资料

任务 2-2：护士职业防护	
相关知识点	1. 职业损伤的危险因素 2. 主要防护措施
相关实操技能	洗手与手消毒 防护用品的使用 锐器伤的防护 化疗药物损伤的防护 负重伤的防护
相关实训	洗手、手消毒、正确回针帽
教师注意事项	严格要求，耐心引导，鼓励学生勤练习、善于提问和思考
学习资源	网络资源（智慧职教、慕课、中国知网等）、图书馆护理类教辅资料

任务 2-3：医院感染的预防与控制	
相关知识点	1. 医院感染的概念 2. 清洁、消毒、灭菌 3. 无菌技术 4. 隔离技术 5. 消毒供应中心
相关实操技能	采用正确步骤洗手、正确运用无菌技术、正确穿脱隔离衣
相关实训	七步洗手法、无菌技术、穿脱隔离衣
教师注意事项	严格要求，耐心引导，鼓励学生勤练习、善于提问和思考
学习资源	网络资源（智慧职教、慕课、中国知网等）、图书馆护理类教辅资料

任务 2-4：休息与活动	
相关知识点	1. 休息的意义和条件；2. 睡眠；3. 促进休息和睡眠的护理措施；4. 活动的意义；5. 活动受限的原因和对机体的影响；6. 患者活动能力的评估；7. 对患者活动的指导；8. 关节活动分类与练习
相关实操技能	能正确指导患者进行关节活动
相关实训	被动性关节活动范围练习
教师注意事项	严格要求，耐心引导，鼓励学生勤练习、善于提问和思考
学习资源	网络资源（智慧职教、慕课、中国知网等）、图书馆护理类教辅资料

能力单元三：生活护理技术			
教学目标	价值目标	1. 具备爱国、敬业、诚信、友善的价值取向 2. 培养学生尊重生命、乐于奉献的良好品质 3. 实现德智体美劳全面发展，成为中国特色社会主义的合格建设者和可靠接班人
	知识目标	详见任务 – 相关知识点
	技能目标	1. 能正确进行口腔、头发、皮肤、会阴部的护理、晨晚间护理及协助卧床患者整理及更换床单 2. 能正确运用鼻饲等特殊饮食护理技术协助进食、饮水、治疗 3. 能根据个体情况正确使用导尿术、灌肠术、简易通便术及肛管排气术 4. 正确使用冷热疗法协助治疗
	素养目标	1. 具有"爱心、责任、服务、奉献"的专业品质 2. 具备求实的科学态度、积极的生活态度 3. 具备爱岗敬业、诚实守信、遵纪守法的职业道德 4. 具备工匠精神 5. 具备以人为本的职业精神 6. 具备职场安全与健康意识 7. 具备职场礼仪与规范意识 8. 具备团队协作精神、创新精神
教学重点与难点	能正确运用鼻饲等特殊饮食护理技术协助进食、饮水、治疗 能根据个体情况正确使用导尿术、灌肠术、简易通便术及肛管排气术	
教学时数	20	
教学方法与手段	图画、微课、动画、视频、小组讨论、讲授、示范、分组练习等	
考核方式	课前线上理论测试＋上课考勤＋课中表现＋操作考核＋课后章节测试	
任务 3-1：清洁护理		
相关知识点	1. 口腔健康状况评估；2. 口腔卫生保健；3. 特殊口腔护理；4. 床上梳发洗发；5. 淋浴与盆浴；6. 压疮的预防与护理；7. 会阴部护理；8. 卧床患者床整理及更换床单法；9. 晨晚间护理	
相关实操技能	能帮助卧床患者进行特殊口腔护理、床上擦浴、会阴部护理及更换床单	
相关实训	特殊口腔护理、床上擦浴、会阴部护理、卧床患者更换床单法	
教师注意事项	严格要求，耐心引导，鼓励学生勤练习、善于提问和思考	
学习资源	网络资源（智慧职教、慕课、中国知网等）、图书馆护理类教辅资料	
任务 3-2：饮食与营养		
相关知识点	1. 基本饮食；2. 治疗饮食；3. 试验饮食；4. 营养状况的评估；5. 患者的饮食护理；6. 管饲饮食；7. 要素饮食；8. 胃肠外营养；9. 出入液量的记录	
相关实操技能	对不能自行进食患者以鼻胃管供给多种营养	
相关实训	鼻饲术	
教师注意事项	严格要求，耐心引导，鼓励学生勤练习、善于提问和思考	
学习资源	网络资源（智慧职教、慕课、中国知网等）、图书馆护理类教辅资料	

		能力单元四：综合练习	
教学目标	价值目标	1. 具备爱国、敬业、诚信、友善的价值取向 2. 培养学生尊重生命、乐于奉献的良好品质 3. 实现德智体美劳全面发展，成为中国特色社会主义的合格建设者和可靠接班人	
	知识目标	本学期所学的所有基础护理学知识	
	技能目标	1. 能正确评估患者综合情况 2. 能根据评估情况进行相应护理计划 3. 根据案例正确实施护理服务及评估	
	素养目标	1. 具有"爱心、责任、服务、奉献"的专业品质 2. 具备民族团结、社会责任情感 3. 具备社会主义公民道德、社会公德意识 4. 具备求实的科学态度、积极的生活态度 5. 具备爱岗敬业、诚实守信、遵纪守法的职业道德 6. 具备工匠精神 7. 具备以人为本的职业精神 8. 具备职场安全与健康意识 9. 具备团队协作精神、创新精神	
教学重点与难点、常考知识点	重点：综合分析患者情况 难点：正确实施护理		
教学时数	4		
教学方法与手段	图画、微课、动画、视频、小组讨论、讲授、示范、分组练习等		
育人案例引用	临床真实案例改编		
考核方式	实操考核		

五、"课程思政"育人元素融入课程教学的途径和方法

序号	知识点	育人元素	融入途径、方式	效果评价方式
1	轮椅运送法	遵守操作流程、精益求精的工作态度	角色体验	具备以病人为中心的服务意识
2	基础生命体征的测量与观察	具备"细心、耐心、爱心、责任心"的服务意识	观看操作视频、进行服务评价	意识到"细心、耐心、爱心、责任心"服务的重要性
3	医嘱单的核对	严谨认真、实事求是的工作态度	问题导学	具有一定的批判性思维能力
4	保护具的应用	规矩意识、职业道德、职业素养	体验式教学	在将来的工作中，对待特殊病情的患者也一样要有足够的尊重
5	压疮的预防	慎笃精神、良好职业素养	案例讨论	在实训及护理工作中，具有爱心、耐心、细心、责任心、同情心，能够真正关爱患者、尊重患者、理解患者

六、课程评价方法

成绩构成 / 负责人 / 基本信息		平时成绩（60%）													期末成绩（40%）	
		出勤（5%）旷课1次扣20分，事假1次5分，迟到1次3分				课堂表现及作业（10%）			操作考试（40%）					班级服务（5%）	机试	总计
		课代表				授课教师			授课教师					实训室	合计	
学号	姓名	旷课	事例	迟到	小计	3月	4月	5月	6月	小计	生命体征测量	无菌技术	口腔护理	鼻饲	小计	期末成绩

本课程采取过程性评价与终结性评价相结合的形式，具体通过考勤、操作考核、课堂表现、作业等方式，评价学生该课程的各类目标达到情况，并以分数呈现评价结果。

七、教学资源配置

（一）教材、参考书目和育人案例主要来源

1. 教材
张连辉，邓翠珍.基础护理学（4版）[M].北京：人民卫生出版社，2019.

2. 参考书目
罗先武，王冉.全国护士执业资格考试轻松过[M].北京：人民卫生出版社，2022.
李小寒，尚少梅.基础护理学[M].北京：人民卫生出版社，2022.
张美琴，邢爱红.护理综合实训（2版）[M].北京：人民卫生出版社，2018.

3. 育人案例主要来源
任课教师在临床护理工作中收集的教学案例和网络、微信公众号推送的相关案例等。

（二）信息化教学资源

慕课资源："人卫慕课""中国大学MOOC""智慧职教"等在线开放教学平台。
题库资源：中国医学教育题库。
网站资源：中华护理学会、国家医学考试网、国家卫生健康委人才交流服务中心等。
微信公众号资源：基础护理学微课堂、基础护理教与学、护士网官微等。

（三）信息化教学工具

学习通、人卫教学助手App等。

（四）主要设备与设施

教学一体机、护理学基础实训室及教学相关设施设备等。

（五）主讲教师

杨小红，讲师，重庆城市管理职业学院智慧康养学院康复护理教研室专任教师。

王娟，副主任护师，重庆城市管理职业学院智慧康养学院康复护理教研室专任教师。

吴启芬，主管护师，重庆城市管理职业学院智慧康养学院实训中心教师。

梁春艳，主管护师，重庆城市管理职业学院智慧康养学院实训中心教师。

李雪益，副主任护师，重庆海吉亚医院护士长。

郑菊艳，副主任护师，重庆高新区金凤镇卫生院护理部主任。

八、其他说明

该课程上半部分完成后安排学生到合作医院进一步认知学习，实习期间到医院进行 8 个月以上的临床实践，以保证价值、知识、技能和素养目标的实现。

高等职业教育专科
"护理学基础二"课程标准

一、课程基本信息

课程编码	'0104020042	课程类型	理论与实践一体	适用专业	高职护理
学分	3	总学时	76	实践学时	52
先修课程	护理学基础一、正常人体机能、异常人体结构与功能、药理效能、护理学导论、护理礼仪				
后续课程	内科护理、外科护理、妇产科护理、儿科护理、急救护理等				
执笔人	杨小红		批准人		

二、课程定位

本课程是护理专业的必修课和专业核心课。通过本门课程的学习,学生应掌握包括医院工作环境在内的场所常用的治疗护理、临终护理等基础知识和护理技术。该课程是继续学习其他护理专业课程的基础,也是护士执业资格考试的必考课程和重点课程。

三、课程目标

(一)价值目标

(1)拥护中国共产党的领导,拥护社会主义制度,坚定中国特色社会主义理想信念;

(2)具备爱国、敬业、诚信、友善的价值取向;

(3)培养学生尊重生命、乐于奉献的良好品质;

(4)实现德智体美全面发展,成为中国特色社会主义的合格建设者和可靠接班人。

(二)素养目标

(一)具有"爱心、责任、服务、奉献"的专业品质;

（2）具备民族团结、社会责任情感；

（3）具备社会主义公民道德、社会公德意识；

（4）具备求实的科学态度、积极的生活态度；

（5）具备爱岗敬业、诚实守信、遵纪守法的职业道德；

（6）具备工匠精神；

（7）具备以人为本的职业精神；

（8）具备职场安全与健康意识；

（9）具备职场礼仪与规范意识；

（10）具备团队协作精神、创新精神；

（11）具备自律奉献、乐于服务的意识。

（三）知识目标

（1）掌握常见基础护理技术的理论基础；

（2）理解个体差异，接受相同护理技术操作在实际工作中的具体化应用。

（四）技能目标

（1）能根据个体情况正确使用导尿术、灌肠术、简易通便术及肛管排气术；

（2）正确使用冷热疗法协助治疗；

（3）能根据个体情况进行正确的口服给药、雾化吸入、注射给药；

（4）能进行青霉素、链霉素、先锋霉素皮内试验液的配制及使用，能正确进行破伤风、普鲁卡因等的过敏试验操作并判断结果；

（5）能正确进行静脉输液操作；

（6）能正确采集痰、血液、大小便等；

（7）能正确提供氧气吸入、进行吸痰操作；

（8）能正确进行尸体护理。

四、课程主要内容

（一）能力单元与学时分配

序号	能力单元名称	讲授（学时）	实操（学时）	专家讲座（学时）	参观（学时）	讨论（学时）	操作考核（学时）
1	治疗技术	20	42				8
2	临终关怀	2					
3	综合练习	2	2				
合计		24	44				8

（二）教学任务描述

<table>
<tr><td colspan="4" align="center">能力单元一：治疗技术</td></tr>
<tr>
<td rowspan="4">教学目标</td>
<td>价值目标</td>
<td colspan="2">1.具备爱国、敬业、诚信、友善的价值取向
2.培养学生尊重生命、乐于奉献的良好品质
3.实现德智体美劳全面发展，成为中国特色社会主义的合格建设者和可靠接班人</td>
</tr>
<tr>
<td>知识目标</td>
<td colspan="2">1.能说出排尿活动的评估、影响排尿的因素、排尿异常的护理
2.能说出青霉素、链霉素、先锋霉素皮内试验液的配制原则
能说出药物的种类、领取和保管原则；药疗原则；给药的途径；给药的次数和时间；给药方法
3.能说出静脉输液、输血的基本流程和注意事项
4.能说出冷热疗法的概念、效应、目的、禁忌；影响冷热疗法效果的因素
5.能说出标本采集的基本流程和注意事项
6.能说出病情观察和危重病人抢救的常见技术基本流程和注意事项
7.能说出临终关怀的意义和常用方法</td>
</tr>
<tr>
<td>技能目标</td>
<td colspan="2">1.能正确进行男性、女性导尿操作
2.能根据个体情况进行正确的口服给药、雾化吸入、注射给药。能进行青霉素、链霉素、先锋霉素皮内试验液的配制及使用；能正确进行破伤风、普鲁卡因等的过敏试验操作并判断结果
3.能正确进行静脉输液操作
4.能正确进行冷热敷
5.能正确采集痰、血液、大小便等
6.能正确进行吸痰、吸氧操作
7.能正确进行尸体护理</td>
</tr>
<tr>
<td>素养目标</td>
<td colspan="2">1.具有"爱心、责任、服务、奉献"的专业品质
2.具备民族团结、社会责任情感
3.具备社会主义公民道德、社会公德意识
4.具备求实的科学态度、积极的生活态度
5.具备爱岗敬业、诚实守信、遵纪守法的职业道德
6.具备工匠精神
7.具备以人为本的职业精神
8.具备职场安全与健康意识
9.具备职场礼仪与规范意识
10.具备团队协作精神、创新精神
11.具备自律奉献、乐于服务的意识</td>
</tr>
<tr>
<td>教学重点与难点、
常考知识点</td>
<td colspan="3">重点：各类常用护理治疗技术的掌握
难点：无菌观念和查对制度的习惯养成</td>
</tr>
<tr>
<td>教学时数</td>
<td colspan="3">70</td>
</tr>
<tr>
<td>教学方法与手段</td>
<td colspan="3">图画、微课、动画、视频、小组讨论、讲授、示范、分组练习等</td>
</tr>
<tr>
<td>考核方式</td>
<td colspan="3">课前线上理论测试＋上课考勤＋课中表现＋操作考核＋课后章节测试</td>
</tr>
<tr><td colspan="4" align="center">任务1-1：排泄护理</td></tr>
<tr>
<td>相关知识点</td>
<td colspan="3">1.排尿活动的评估；2.影响排尿的因素；3.排尿异常的护理；
4.排尿相关的护理技术；5.排便的评估；6.影响排便的因素；
7.排便异常的护理；8.排便相关的护理技术</td>
</tr>
<tr>
<td>相关实操技能</td>
<td colspan="3">采用护理技术帮助患者将大小便排泄至体外的技能</td>
</tr>
</table>

相关实训	导尿术、膀胱冲洗术、大量不保留灌肠术、小量不保留灌肠术、保留灌肠术、简易通便术、肛管排气术
教师注意事项	严格要求，耐心引导，鼓励学生勤练习、善于提问和思考
学习资源	网络资源（智慧职教、慕课、中国知网等）、图书馆护理类教辅资料
任务1-2：药物疗法与过敏试验法	
相关知识点	1. 药物的种类、领取和保管；2. 药疗原则；3. 给药的途径；4. 给药的次数和时间；5. 给药方法；6. 安全给药指导；7. 超声、氧气及手压式雾化吸入法；8. 注射原则、用物及药液抽吸法；9. 各注射及局部给药法；过敏反应发生机制及预防措施；10. 过敏试验方法；11. 过敏反应的表现；12. 过敏性休克的急救措施；13. 其他药物过敏试验
相关实操技能	能正确配制皮试药液、能正确判断皮试结果、能进行过敏性休克的急救
相关实训	1. 静脉注射法、肌内注射法、皮下注射法、皮内注射法 2. 超声、氧气雾化吸入 3. 配制青霉素皮内试验液
教师注意事项	严格要求，耐心引导，鼓励学生勤练习、善于提问和思考
学习资源	网络资源（智慧职教、慕课、中国知网等）、图书馆护理类教辅资料
任务1-3：静脉输液与输血	
相关知识点	1. 静脉输液的原理和目的；2. 常用溶液及作用；3. 常用静脉输液的部位和方法；4. 颈外静脉穿刺置管输液法；5. 锁骨下静脉穿刺输液法；6. 经外周中心静脉置管输液法；7. 输液速度及时间的计算；8. 常见输液故障及排除；9. 常见输液反应及护理；10. 输液微粒污染；11. 输血的目的及原则；12. 血液制品的种类及适应证；13. 常见输血反应及护理
相关实操技能	掌握静脉输液技术及应急处理措施
相关实训	密闭式静脉输液法（留置针、一次性钢针）
教师注意事项	严格要求，耐心引导，鼓励学生勤练习、善于提问和思考
学习资源	网络资源（智慧职教、慕课、中国知网等）、图书馆护理类教辅资料
任务1-4：冷热疗法	
相关知识点	1. 冷热疗法的概念、效应、目的、禁忌；2. 影响冷热疗法效果的因素；3. 冷疗法的应用；4. 热疗法的应用
相关实操技能	冷热疗法的实际应用
相关实训	冷湿敷法、温水或乙醇擦浴法、热水袋使用法、红外线灯使用法、热水坐浴法、湿热敷法
教师注意事项	严格要求，耐心引导，鼓励学生勤练习、善于提问和思考
学习资源	网络资源（智慧职教、慕课、中国知网等）、图书馆护理类教辅资料
任务1-5：标本采集	
相关知识点	1. 标本采集的意义、原则；2. 各种标本的采集法
相关实操技能	正确采集各类标本
相关实训	痰标本采集术、咽拭子标本采集术、静脉血标本采集术、尿标本采集术、粪便标本采集术
教师注意事项	严格要求，耐心引导，鼓励学生勤练习、善于提问和思考
学习资源	网络资源（智慧职教、慕课、中国知网等）、图书馆护理类教辅资料

续表

任务 1-6：病情观察和危重病人的抢救	
相关知识点	1.临终关怀的概念和意义；2.临终关怀的发展；3.临终关怀的基本原则及组织形式；4.临终患者的生理状况和护理措施；5.临终患者的心理反应和护理措施；6.死亡教育的概述、意义、内容及方法；7.濒死与死亡的定义；8.死亡过程的分期；9.尸体护理；10.丧亲者的护理
相关实操技能	使用科学的流程和正确的方法进行尸体护理
相关实训	尸体护理
教师注意事项	严格要求，耐心引导，鼓励学生勤练习、善于提问和思考
学习资源	网络资源（智慧职教、慕课、中国知网等）、图书馆护理类教辅资料

能力单元二：临终关怀		
教学目标	价值目标	1.具备爱国、敬业、诚信、友善的价值取向 2.培养学生尊重生命、乐于奉献的良好品质 3.实现德智体美劳全面发展，成为中国特色社会主义的合格建设者和可靠接班人
	知识目标	1.能说出死亡的分期及各期表现 2.能说出传统死亡和脑死亡的判定标准 3.能说出尸体护理的程序及流程
	技能目标	1.能按正常流程进行尸体护理 2.能对逝者家属进行心理抚慰
	素养目标	1.具有"爱心、责任、服务、奉献"的专业品质 2.具备民族团结、社会责任情感 3.具备社会主义公民道德、社会公德意识 4.具备求实的科学态度、积极的生活态度 5.具备爱岗敬业、诚实守信、遵纪守法的职业道德 6.热爱生命、尊重生命
教学重点与难点、常考知识点	重点：尸体护理 难点：死亡分期和相应护理	
教学时数	2	
教学方法与手段	图画、微课、动画、视频、小组讨论、讲授、示范、分组练习等	
考核方式	课前线上理论测试＋上课考勤＋课中表现＋操作考核＋课后章节测试	

能力单元三：综合练习		
教学目标	价值目标	1.具备爱国、敬业、诚信、友善的价值取向 2.培养学生尊重生命、乐于奉献的良好品质 3.实现德智体美劳全面发展，成为中国特色社会主义的合格建设者和可靠接班人
	知识目标	本学期所学的所有基础护理学知识
	技能目标	1.能正确评估患者综合情况 2.能根据评估情况进行相应护理计划 3.根据案例正确实施护理服务及评估

续表

教学目标	素养目标	1. 具有"爱心、责任、服务、奉献"的专业品质 2. 具备民族团结、社会责任情感 3. 具备社会主义公民道德、社会公德意识 4. 具备求实的科学态度、积极的生活态度 5. 具备爱岗敬业、诚实守信、遵纪守法的职业道德 6. 具备工匠精神 7. 具备以人为本的职业精神 8. 具备职场安全与健康意识 9. 具备职场礼仪与规范意识 10. 具备团队协作精神、创新精神 11. 具备自律奉献、乐于服务的意识
教学重点与难点、常考知识点	重点：综合分析患者情况 难点：正确实施护理	
教学时数	4	
教学方法与手段	图画、微课、动画、视频、小组讨论、讲授、示范、分组练习等	
育人案例引用	临床真实案例改编	
考核方式	实操考核	

五、"课程思政"育人元素融入课程教学的途径和方法

序号	知识点	育人元素	融入途径、方式	效果评价方式
1	导尿术	培养学生认真严谨的工作作风	案例分析	深刻认识认真严谨工作作风的重要性，增强职业责任感和使命感
2	静脉输液的不良反应及处理	实事求是、精益求精的工作作风	实事求是、精益求精的工作作风	细心、耐心地为患者提供全面、安全、优质的护理服务
3	尸体护理	尊重生命、热爱生活	情景扮演、角色互换	认识到生命的可贵

六、课程评价方法

成绩构成/负责人/基本信息		平时成绩（60%）													期末成绩（40%）	
		出勤（5%）旷课1次扣20分，事假1次5分，迟到1次3分				课堂表现及作业（10%）				操作考试（40%）				班级服务（5%）	合计	笔试	总计
		课代表				授课教师				授课教师				实训室			
学号	姓名	旷课	事例	迟到	小计	9月	10月	11月	12月	1月	导尿	注射法	静脉输液	采血	吸痰/吸氧	期末成绩

本课程采取过程性评价与终结性评价相结合的形式，具体通过考勤、操作考核、课堂表现及作业等方式，评价学生该课程的各类目标达到情况，并以分数呈现评价结果。

七、教学资源配置

（一）教材、参考书目和育人案例主要来源

1. 教材
张连辉，邓翠珍.基础护理学［M］.北京：人民卫生出版社，2023.
2. 参考书目
罗先武，王冉.全国护士执业资格考试轻松过［M］.北京：人民卫生出版社，2023.
李小寒，尚少梅.基础护理学［M］.北京：人民卫生出版社，2022.
张美琴，邢爱红.护理综合实训［M］.北京：人民卫生出版社，2021.
3. 育人案例主要来源
任课教师在临床护理工作中收集的教学案例和网络、微信公众号推送的相关案例等。

（二）信息化教学资源

慕课资源："人卫慕课""中国大学 MOOC""智慧职教"等在线开放教学平台。
题库资源：中国医学教育题库。
网站资源：中国护士论坛、中国护士网、中华护理学会、国家医学考试网、国家卫生健康委人才交流服务中心等。
微信公众号资源：基础护理学微课堂、基础护理教与学、护士网官微等。

（三）信息化教学工具

学习通、人卫教学助手 App 等。

（四）主要设备与设施

教学一体机、护理学基础实训室及教学相关设施设备等。

（五）主讲教师

杨小红，讲师，重庆城市管理职业学院智慧康养学院康复护理教研室专任教师。
王娟，副主任护师，重庆城市管理职业学院智慧康养学院康复护理教研室专任教师。

吴启芬，主管护师，重庆城市管理职业学院智慧康养学院实训中心教师。

梁春艳，主管护师，重庆城市管理职业学院智慧康养学院实训中心教师。

李雪益，副主任护师，重庆海吉亚医院护士长。

郑菊艳，副主任护师，重庆高新区金凤镇卫生院护理部主任。

八、其他说明

该课程上半部分完成后安排学生到合作医院进一步认知学习，实习期间到医院进行 8 个月以上的临床实践，以保证价值、知识、技能和素养目标的实现。

高等职业教育专科
"外科护理(一)"课程标准

一、课程基本信息

课程编码	0104020038	课程类型	理实一体	适用专业	高职护理
学分	4	总学时	70	实践学时	24
先修课程	正常人体结构、正常人体机能、异常人体结构与功能、药理效能、医用化学与生物化学、微生物与免疫、护理礼仪、医学人文修养、护理学导论、护理学基础(一)、健康评估等				
平行课程	内科护理(一)、护理学基础(二)等				
后续课程	内科护理(二)、外科护理(二)、急救护理、康复护理、老年护理、护理管理、外科护理实践、内科护理实践、基础护理实践、岗位实习				
执笔人	汪琼		批准人		

二、课程定位

"外科护理(一)"是一门临床护理课程,着重阐述和研究如何对外科病人实施整体护理。外科护理是护理专业的必修课程和核心课程,是护士执业资格考试的必考课程和重点课程,是实现人才培养方案中"外科护理知识""外科护理能力"专业知识、技能培养目标的支撑课程。通过"正常人体结构""正常人体机能""异常人体结构与功能""药理效能""医用化学与生物化学""微生物与免疫""护理礼仪""医学人文修养""护理学导论""护理学基础(一)""健康评估"等课程的学习为本课程奠定基础。通过本课程的学习,学生具备外科护士应有的职业素质,知道外科疾病病人护理相关的基本知识,能够完成外科疾病病人护理相关的基本技能,能够评估外科疾病病人的身体、心理和社会状况,能够为常见的外科疾病病人制订护理计划、实施围手术期的整体护理,为"内科护理(二)""外科护理(二)""急救护理""康复护理""老年护理""护理管理""外科护理实践""内科护理实践""基础护理实践""跟岗实习"等课程奠定基础,为今后从事外科护理、重症护理、急救护理等相关岗位工作奠定良好基础。

三、课程目标

（一）素质目标

（1）具备敬佑生命、救死扶伤、甘于奉献、大爱无疆的职业精神；

（2）具备爱岗敬业、吃苦耐劳、严谨慎独、实事求是的工作作风；

（3）具备爱心、耐心、细心、责任心、同情心、一切以病人为中心的职业素养；

（4）具备尊重病人、保护病人隐私的伦理原则；

（5）具备团队合作、探索创新精神；

（6）具备严格的无菌观念、感控意识。

（二）知识目标

（1）了解外科疾病的概念、病因、病理和分类；

（2）知道外科常见疾病病人的护理评估和护理诊断；

（3）知道外科常见急危重症的救护原则和方法；

（4）知道外科常见疾病病人的护理措施和健康教育内容；

（5）知道外科手消毒、穿无菌手术衣、备皮、引流管护理等任务的操作目的、操作步骤及操作方法。

（三）能力目标

（1）能运用健康评估方法，对常见外科疾病病人进行健康评估并提出主要的护理诊断/问题；

（2）能综合运用所学的知识和技能，对常见外科疾病病人实施围手术期的整体护理；

（3）能初步预判常见外科疾病病人在围手术期可能出现的风险问题，并采取预防措施；

（4）能对外科疾病病人进行健康教育；

（5）能完成外科疾病病人护理相关的基本技能；

（6）具备良好的沟通交流能力和一定的评判性思维、临床护理决策能力。

四、课程主要内容

（一）能力单元与学时分配

序号	能力单元名称	讲授（学时）	实训（学时）
1	认知外科护理	2	
2	认知并实践水、电解质及酸碱平衡失调病人的护理	4	2
3	认知营养支持病人的护理	4	
4	认知并实践外科休克病人的护理	4	2
5	认知麻醉病人的护理	4	
6	认知并实践手术室护理工作	4	6
7	认知并实践手术前后病人的护理	4	4
8	认知并实践外科感染病人的护理	4	2
9	认知并实践损伤病人的护理	4	2
10	认知肿瘤病人的护理	2	
11	认知并实践颅脑疾病病人的护理	2	2
12	认知颈部疾病病人的护理	4	
13	认知并实践胸部疾病病人的护理	2	2
14	认知并实践乳房疾病病人的护理	2	2
合计	70	46	24

（二）教学任务描述

能力单元一：认知外科护理		
教学目标	知识目标	1. 知道外科护理学的范畴、外科护士的工作任务和应具备的素质 2. 知道如何学习外科护理学 3. 了解外科护理学的发展
	能力目标	能够采取正确的方法学习外科护理
	素质目标	1. 具备敬佑生命、救死扶伤、甘于奉献、大爱无疆的职业精神 2. 具备爱岗敬业、吃苦耐劳、严谨慎独、实事求是的工作作风 3. 具备爱心、耐心、细心、责任心、同情心的职业素养
教学重点、难点与常考知识点	重点： 1. 外科护士的工作任务 2. 外科护士应具备的素质 难点： 外科护理学的任务 常考知识点： 外科护士应具备的素质	
教学时数	2	

教学方法与手段	采用三段式线上线下混合式教学法，即运用线上和线下相结合的手段，组织学生进行课前自主学习、课中参与学习和课后反思学习。具体采用讲授法、自主探究学习法等方法
育人案例引用	外科护理的发展史；任课教师在临床护理工作中参与的车祸伤、烧伤病人抢救病例
考核方式	课前线上理论测试、上课考勤、课中学习参与情况评价（参与线上主题讨论、主动分享心得体会）、课后线上理论测试

任务 1-1：认知外科护理学的概念与发展

相关知识点	外科护理学的概念、任务与发展
相关实操技能	无
相关实训	无
教师注意事项	做好"课程思政"（外科护理的发展史）及"岗课赛证"融通
学习资源	PPT、思维导图、图片、视频、护考题库及参考资料、育人案例等

任务 1-2：认知外科护理学的学习方法及要求

相关知识点	学习外科护理学的方法及要求
相关实操技能	无
相关实训	无
教师注意事项	做好"岗课赛证"融通
学习资源	PPT、思维导图等

任务 1-3：认知外科护士应具备的素质

相关知识点	外科护士应具备的素质
相关实操技能	无
相关实训	无
教师注意事项	做好"课程思政"（任课教师在临床工作中参与的车祸伤、烧伤病人抢救案例）及"岗课赛证"融通
学习资源	PPT、图片、视频、教辅资料、护理行业相关学习资源、护考题库及参考资料、育人案例等

能力单元二：认知并实践水、电解质及酸碱平衡失调病人的护理		
教学目标	知识目标	1. 知道等渗性缺水、低渗性缺水、高渗性缺水、低钾血症、高钾血症的概念和静脉补钾原则、补液原则 2. 知道等渗性缺水、低渗性缺水、高渗性缺水、低钾血症、高钾血症、代谢性酸中毒、呼吸性酸中毒的临床表现和处理原则 3. 了解体液平衡、酸碱平衡及调节，代谢性碱中毒、呼吸性碱中毒的临床表现和处理原则
	能力目标	1. 能识别三种缺水类型和判断缺水程度 2. 能对低钾血症病人实施整体护理 3. 具备良好的沟通交流能力和一定的评判性思维、临床护理决策能力
	素质目标	1. 具备严谨慎独、实事求是的工作作风 2. 具备细心、责任心的职业素养 3. 具备团队合作精神 4. 具备严格的无菌观念

教学重点、难点与 常考知识点	重点： 1. 水和钠代谢紊乱病人的护理评估 2. 如何选择溶液纠正三种缺水 3. 体液计划的制订 4. 低钾血症病人的护理评估：病因、身体状况、辅助检查 5. 低钾血症病人心电图改变及护理措施 6. 高钾血症病人的护理评估：病因、身体状况、辅助检查 7. 高钾血症病人降钾措施 8. 高钾血症最危险的后果、发生心律失常时的药物选择 9. 代谢性酸中毒病人的病因和发病机制、最突出的临床表现、处理原则 10. 代谢性碱中毒病人的病因和发病机制、处理原则 难点： 1. 三种缺水病人的护理评估、病理生理改变 2. 体液计划的制订：定性、定量、定时 3. 低钾血症病人的护理评估 4. 高钾血症病人的护理评估 5. 代谢性酸中毒的病理生理改变 6. 代谢性碱中毒的病理生理改变 7. 静脉补液的原则 8. 如何判断静脉补液有效 常考知识点： 1. 如何判断低渗性缺水的性质和程度 2. 如何判断高渗性缺水的性质和程度 3. 如何判断等渗性缺水的性质和程度 4. 高渗性缺水的病因 5. 低渗性缺水的病因 6. 等渗性缺水的病因 7. 正常体液的分布 8. 补液计划的制订 9. 低钾血症的病因 10. 高钾血症的病因 11. 低钾血症的典型心电图 11. 低钾血症的临床表现 12. 静脉补钾的注意事项 13. 高钾血症的降钾措施 14. 高钾血症出现心律失常时的处理 15. 代谢性酸中毒的病因 16. 代谢性酸中毒病人的典型表现 17. 代谢性碱中毒的病因
教学时数	6
教学方法与手段	采用三段式线上线下混合式教学法，具体采用讲授法、情境案例教学法、任务驱动法、小组合作学习法、自主探究学习法等方法
育人案例引用	一名低钾血症病人在补钾治疗中死亡的案例
考核方式	课前线上理论测试、上课考勤、课中学习参与情况评价（回答问题、分享心得体会、参与线上主题讨论、护理实践）、课后线上理论测试
任务2-1：认知体液平衡	
相关知识点	体液组成及分布，水、电解质的平衡及调节，酸碱平衡及调节
相关实操技能	无

相关实训	无
教师注意事项	做好"岗课赛证"融通
学习资源	PPT、思维导图、图片、视频、教辅资料、护理行业相关学习资源、护考题库及参考资料等
任务 2-2：认知水和钠代谢紊乱病人的护理	
相关知识点	等渗性缺水、低渗性缺水、高渗性缺水的定义、病因、病理生理及护理（评估、诊断、目标、措施、评价）
相关实操技能	无
相关实训	无
教师注意事项	做好"岗课赛证"融通
学习资源	PPT、思维导图、图片、视频、教辅资料、护理行业相关学习资源、护考题库及参考资料等
任务 2-3：认知并实践钾代谢异常病人的护理	
相关知识点	低钾血症、高钾血症的定义、病因、病理生理及护理（评估、诊断、目标、措施、评价）
相关实操技能	无
相关实训	低钾血症病人的护理实践（2 学时）
教师注意事项	做好"课程思政"（低钾血症病人在补钾治疗中死亡的案例）和"岗课赛证"融通，多措并举提高实训质量
学习资源	PPT、思维导图、图片、视频、教辅资料、护理行业相关学习资源、护考题库及参考资料、育人案例、实训案例及器材等
任务 2-4：认知酸碱平衡失调病人的护理	
相关知识点	代谢性酸中毒、代谢性碱中毒、呼吸性酸中毒、呼吸性碱中毒的定义、病因、病理生理及护理（评估、诊断、目标、措施、评价）
相关实操技能	无
相关实训	无
教师注意事项	做好"岗课赛证"融通
学习资源	PPT、思维导图、图片、视频、教辅资料、护理行业相关学习资源、护考题库及参考资料等

能力单元三：认知营养支持病人的护理		
教学目标	知识目标	1. 知道肠内、肠外营养支持的适应证、方法、并发症等 2. 知道营养支持的基本指征及营养支持途径 3. 了解外科病人代谢特点
	能力目标	1. 能为肠内营养支持病人制订护理计划 2. 具备一定的评判性思维能力
	素质目标	1. 具备一切以病人为中心的职业素养 2. 具备严格的无菌观念

教学重点、难点与常考知识点	重点： 1. 营养支持的基本指征及营养支持途径 2. 营养状况评估：体重的测量方法、体重进行对营养不良的分度、体质指数的临床意义、肱三头肌皮皱厚度测量的临床意义 3. 肠内营养的适应证及禁忌证 4. 肠内营养的不良反应 5. 肠内营养防止误吸的护理措施 6. 肠内营养的注意事项 7. 营养管护理注意事项 8. 肠外营养的适应证及禁忌证 9. 肠外营养输入途径 10. 肠外营养的护理措施：静脉导管的护理、营养液输注的护理、并发症的护理 难点： 1. 体质指数的临床应用 2. 肠内营养液的配制 3. 肠内营养并发症的观察和处理 4. 要素膳食 5. 肠外营养的护理：并发症的观察及处理、营养液输注的注意事项 常考知识点： 1. 按体重进行营养不良分度 2. 以体质指数进行营养不良分度 3. 以肱三头肌皮皱厚度进行营养不良分度 4. 肠内营养并发症的预防 5. 肠内营养输注时的注意事项：输注量、输注时间、营养液的配制及保存时间 6. 肠外营养的途径 7. 肠外营养营养液的护理 8. 肠外营养并发症的护理：穿刺管并发症护理、代谢性并发症护理
教学时数	4
教学方法与手段	采用三段式线上线下混合式教学法，具体采用讲授法、情境案例教学法、自主探究学习法等方法
育人案例引用	无
考核方式	课前线上理论测试、上课考勤、课中学习参与情况评价、课后线上理论测试

任务 3-1：认知营养状况评估

相关知识点	健康史，身体状况，实验室检查
相关实操技能	无
相关实训	无
教师注意事项	做好"岗课赛证"融通
学习资源	PPT、思维导图、图片、视频、教辅资料、护理行业相关学习资源、护考题库及参考资料等

任务 3-2：认知肠内营养支持病人护理

相关知识点	输入途径，输入方法，并发症
相关实操技能	无
相关实训	无
教师注意事项	注意"岗课赛证"融通
学习资源	PPT、思维导图、图片、视频、教辅资料、护理行业相关学习资源、护考题库及参考资料等

任务 3-3：认知肠外营养支持病人护理	
相关知识点	适应证、禁忌证，输入途径、方法，并发症
相关实操技能	无
相关实训	无
教师注意事项	做好"岗课赛证"融通
学习资源	PPT、思维导图、图片、视频、教辅资料、护理行业相关学习资源、护考题库及参考资料等

能力单元四：认知并实践外科休克病人的护理		
教学目标	知识目标	1. 知道休克的概念、不同程度休克的身体状况和处理原则 2. 知道休克常用的监测指标及意义 3. 了解休克的病因、病理生理
	能力目标	1. 能对失血性休克病人实施整体护理 2. 具备良好的沟通交流能力和一定的评判性思维、临床护理决策能力
	素质目标	1. 具备敬佑生命、救死扶伤的职业精神 2. 具备同情心、一切以病人为中心的职业素养 3. 具备团队合作、探索创新精神 4. 具备严格的无菌观念和感控意识
教学重点、难点与 常考知识点	重点： 1. 休克的定义、分类 2. 休克的临床表现 3. 休克的辅助检查 4. 休克的处理原则 5. 休克的护理措施 6. 失血性休克的临床表现 7. 感染性休克的临床表现 8. 感染性休克的处理原则 9. 感染性休克的护理措施 难点： 1. 休克微循环的变化 2. 休克代谢的变化 3. 休克内脏器官的继发性损害 4. 休克的血流动力学监测 5. 感染性休克的病理生理 常考知识点： 1. 休克的定义、分类 2. 轻度、中度及重度休克的表现 3. 中心静脉压的正常值及分析 4. 肺毛细血管楔压的正常值及分析 5. 休克的体位 6. 应用血管活性药物应注意的问题 7. 中心静脉压与补液的关系 8. 休克指数及分析	
教学时数	6	
教学方法与手段	采用三段式线上线下混合式教学法，具体采用讲授法、情境案例教学法、任务驱动法、小组合作学习法、自主探究学习法等方法	

育人案例引用	心脏刀捅伤病人抢救成功的案例
考核方式	课前线上理论测试、上课考勤、课中学习参与情况评价（回答问题、分享心得体会、参与线上主题讨论、护理实践）、课后线上理论测试

任务4-1：认知概述	
相关知识点	休克的病因与分类、病理生理、护理评估、常见护理诊断/问题、护理目标、护理措施、护理评价
相关实操技能	无
相关实训	无
教师注意事项	做好"岗课赛证"融通
学习资源	PPT、思维导图、图片、视频、教辅资料、护理行业相关学习资源、护考题库及参考资料等

任务4-2：认知并实践失血性休克病人的护理	
相关知识点	休克的病因与分类、病理生理、护理评估、常见护理诊断/问题、护理目标、护理措施、护理评价
相关实操技能	无
相关实训	失血性休克病人的护理实践（2学时）
教师注意事项	做好"课程思政"（心脏刀捅伤病人抢救成功的案例）和"岗课赛证"融通，多措并举提高实训质量
学习资源	PPT、思维导图、图片、视频、教辅资料、护理行业相关学习资源、护考题库及参考资料、育人案例、实训案例及器材等

任务4-3：认知感染性休克病人的护理	
相关知识点	感染性休克的病因及发病机制、护理评估、常见护理诊断/问题、护理措施
相关实操技能	无
相关实训	无
教师注意事项	做好"岗课赛证"融通
学习资源	PPT、思维导图、图片、视频、教辅资料、护理行业相关学习资源、护考题库及参考资料等

能力单元五：认知麻醉病人的护理		
教学目标	知识目标	1. 知道麻醉前和全麻病人的护理措施，以及椎管内麻醉并发症的预防和护理 2. 知道各种麻醉方式 3. 了解麻醉常用药品
	能力目标	1. 能为椎管内麻醉病人、全身麻醉病人制订护理计划 2. 具备一定的评判性思维、临床护理决策能力
	素质目标	1. 具备敬佑生命、甘于奉献的职业精神 2. 具备爱岗敬业、吃苦耐劳、严谨慎独、实事求是的工作作风 3. 具备爱心、耐心、细心、责任心、同情心、一切以病人为中心的职业素养 4. 具备尊重病人、保护病人隐私的伦理原则 5. 具备团队合作精神 6. 具备严格的无菌观念和感控意识

教学重点、难点	重点： 1. 麻醉前病人的胃肠道准备 2. 麻醉前用药的目的及常用药物 3. 局麻药物中毒的原因、临床表现、预防和急救措施 4. 腰麻、持硬麻、全麻的方法及麻醉后的体位 5. 腰麻、持硬麻、全麻常见并发症的防治及护理 难点： 1. 腰麻、持硬麻、全麻的方法 2. 腰麻、持硬麻、全麻常见并发症的处理（护理配合） 3. 腰麻、持硬麻的区别（适应证、优缺点、并发症、护理措施）
教学时数	4
教学方法与手段	采用三段式线上线下混合式教学法，具体采用讲授法、情境案例教学法、自主探究学习法等方法
育人案例引用	麻醉意外的临床案例
考核方式	课前线上理论测试、上课考勤、课中学习参与情况评价（回答问题、分享心得体会、参与线上主题讨论）、课后线上理论测试
任务 5-1：认知麻醉前的准备	
相关知识点	麻醉前的病情评估、麻醉前准备
相关实操技能	无
相关实训	无
教师注意事项	做好"岗课赛证"融通
学习资源	PPT、思维导图、图片、视频、教辅资料、护理行业相关学习资源、护考题库及参考资料等
任务 5-2：认知局部麻醉病人的护理	
相关知识点	局麻的定义、方法、药品分类、常用药品，局麻病人的护理
相关实操技能	无
相关实训	无
教师注意事项	做好"岗课赛证"融通
学习资源	PPT、思维导图、图片、视频、教辅资料、护理行业相关学习资源、护考题库及参考资料等
任务 5-3：认知椎管内麻醉病人的护理	
相关知识点	常用椎管内麻醉方法、药物，并发症防治，椎管内麻醉病人的护理
相关实操技能	无
相关实训	无
教师注意事项	做好"课程思政"（椎管内麻醉导致截瘫的案例）及"岗课赛证"融通
学习资源	PPT、思维导图、图片、视频、教辅资料、护理行业相关学习资源、护考题库及参考资料、育人案例等
任务 5-4：认知全身麻醉病人的护理	
相关知识点	常用全身麻醉方法、药物，并发症防治，全身麻醉病人的护理
相关实操技能	无

续表

相关实训	无
教师注意事项	做好"课程思政"（护士自推全麻药死亡的案例）及"岗课赛证"融通
学习资源	PPT、思维导图、图片、视频、教辅资料、护理行业相关学习资源、护考题库及参考资料、育人案例等

任务5-5：认知术后镇痛管理

相关知识点	术后镇痛的意义及方法
相关实操技能	无
相关实训	无
教师注意事项	做好"岗课赛证"融通
学习资源	PPT、思维导图、图片、视频、教辅资料、护理行业相关学习资源、护考题库及参考资料等

能力单元六：认知并实践手术室护理工作		
教学目标	知识目标	1. 知道手术室的无菌操作原则及手术配合要求 2. 知道手术室环境、手术室的管理、手术人员的准备和病人的准备要求 3. 知道外科手消毒、穿无菌手术衣、戴无菌手套等任务的操作目的、操作步骤及操作方法 4. 了解手术物品的准备和无菌处理
	能力目标	1. 能正确辨识外科常用手术器械 2. 能熟练完成外科手消毒 3. 能熟练完成穿全遮盖式无菌手术衣 4. 能熟练完成无接触式戴无菌手套 5. 具备良好的沟通交流能力和一定的评判性思维能力
	素质目标	1. 具备敬佑生命、救死扶伤、甘于奉献的职业精神 2. 具备爱岗敬业、吃苦耐劳、严谨慎独、实事求是的工作作风 3. 具备爱心、耐心、细心、责任心、同情心、一切以病人为中心的职业素养 4. 具备尊重病人、保护病人隐私的伦理原则 5. 具备团队合作、探索创新精神 6. 具备严格的无菌观念和感控意识
教学重点、难点		重点： 1. 手术室的环境及管理 2. 外科手消毒 3. 穿无菌手术衣及戴无菌手套 4. 手术体位安置 5. 手术中的无菌技术原则 6. 巡回护士和器械护士的手术配合职责 难点： 1. 手术室的环境及管理 2. 手术中的无菌技术原则
教学时数		10
教学方法与手段		采用三段式线上线下混合式教学法，具体采用讲授法、情境案例教学法、视频教学法、角色扮演教学法、小组合作学习法、自主探究学习法等方法

育人案例引用	任课教师亲身经历的手术室改革的案例，麻醉科主任推注麻醉药品死亡案例，安徽宿州眼球事件等
考核方式	课前线上理论测试、上课考勤、课中学习参与情况评价（回答问题、分享心得体会、参与线上主题讨论、护理实践）、课后线上理论测试

任务 6-1：认知手术室环境和管理

相关知识点	手术室环境，手术室管理
相关实操技能	无
相关实训	无
教师注意事项	做好"课程思政"（任课教师亲自主持的手术室改革的案例）及"岗课赛证"融通
学习资源	PPT、思维导图、图片、视频、教辅资料、护理行业相关学习资源、护考题库及参考资料、育人案例等

任务 6-2：认知并实践物品的准备和无菌处理

相关知识点	物品的准备，物品的无菌处理
相关实操技能	外科常用手术器械辨识，外科常用手术器械传递
相关实训	外科常用手术器械辨识（实训），外科常用手术器械传递（观看操作视频，见习时到医院实践）（2学时）
教师注意事项	做好"岗课赛证"融通，多措并举提高实训质量
学习资源	PPT、教辅资料、护理行业相关学习资源、护考题库及参考资料、操作视频、手术器械等实训用物

任务 6-3：认知并实践手术人员的准备

相关知识点	更衣，外科手消毒，穿无菌手术衣及戴无菌手套
相关实操技能	免刷手外科手消毒，穿全遮盖式无菌手术衣，无接触式戴无菌手套
相关实训	外科手消毒实训，穿全遮盖式无菌手术衣实训，无接触式戴无菌手套实训（4学时）
教师注意事项	做好"岗课赛证"融通，多措并举提高实训质量
学习资源	PPT、思维导图、图片、教辅资料、护理行业相关学习资源、护考题库及参考资料、操作视频、手术衣等实训用物

任务 6-4：认知病人的准备

相关知识点	一般准备，手术体位安置，手术区皮肤消毒与铺巾
相关实操技能	常用手术体位安置，手术区皮肤消毒与铺巾
相关实训	常用手术体位安置（观看操作视频，见习时到医院实践），手术区皮肤消毒与铺巾的配合（观看操作视频，见习时到医院实践）
教师注意事项	做好"岗课赛证"融通
学习资源	PPT、思维导图、图片、教辅资料、护理行业相关学习资源、护考题库及参考资料、操作视频、手术布类包等实训用物

任务 6-5：认知手术室的无菌操作原则及手术配合

相关知识点	手术室的无菌操作原则，手术配合
相关实操技能	无菌器械桌的准备

相关实训	无菌器械桌的准备（观看操作视频，见习时到医院实践）
教师注意事项	做好"岗课赛证"融通
学习资源	PPT、思维导图、图片、教辅资料、护理行业相关学习资源、护考题库及参考资料、操作视频、器械桌等实训用物

能力单元七：认知并实践手术前后病人的护理		
教学目标	知识目标	1. 知道围手术期概念、术前及术后评估内容 2. 知道手术前、手术后病人的护理措施 3. 知道备皮、引流管护理等任务的操作目的、操作步骤及操作方法 4. 了解手术前适应性训练的内容、手术分类和手术耐受性分类
	能力目标	1. 能熟练完成备皮、引流管护理 2. 具备良好的沟通交流能力和一定的评判性思维能力
	素质目标	1. 具备爱心、耐心、细心、责任心、同情心、一切以病人为中心的职业素养 2. 具备尊重病人、保护病人隐私的伦理原则 3. 具备团队合作、探索创新精神 4. 具备严格的无菌观念和感控意识
教学重点、难点	重点： 1. 围手术期及围手术期护理的概念 2. 术前呼吸道及胃肠道准备 3. 术日晨护理内容 4. 不同手术术前的备皮范围 5. 术前心理护理 6. 术后护理体位的安置 7. 术后半卧位的优点 8. 术后早期下床活动的优点 9. 术后常见不适（疼痛、发热、恶心、呕吐、腹胀、呃逆、尿潴留）及术后常见并发症（出血、切口感染、切口裂开、肺炎、肺不张、尿路感染、深静脉血栓形成）的预防及护理 难点： 1. 术前对病人进行正确的护理评估 2. 术日晨护理 3. 备皮操作及注意事项 4. 术后饮食指导：肠道手术、非肠道手术 5. 术前特殊准备与护理 6. 术后正确评估病人 7. 术后引流管的护理 8. 术后不适的护理 9. 术后并发症的预防及护理	
教学时数	8	
教学方法与手段	采用三段式线上线下混合式教学法，具体采用讲授法、情境案例教学法、角色扮演教学法、小组合作学习法、自主探究学习法等方法	
育人案例引用	无	
考核方式	课前线上理论测试、上课考勤、课中学习参与情况评价（回答问题、护理实践）、课后线上理论测试	
任务 7-1：认知概述		
相关知识点	围手术期的概念，手术分类，手术耐受性	

续表

相关实操技能	无
相关实训	无
教师注意事项	做好"岗课赛证"融通
学习资源	PPT、思维导图、图片、视频、教辅资料、护理行业相关学习资源、护考题库及参考资料等

任务 7-2：认知并实践手术前病人的护理	
相关知识点	护理评估，护理诊断，护理目标，护理措施，护理评价
相关实操技能	备皮
相关实训	备皮的操作训练（2 学时）
教师注意事项	做好"岗课赛证"融通，多措并举提高实训质量
学习资源	PPT、思维导图、图片、教辅资料、护理行业相关学习资源、护考题库及参考资料、操作视频、备皮包等实训用物

任务 7-3：认知并实践手术后病人的护理	
相关知识点	护理评估，护理诊断，护理目标，护理措施，护理评价
相关实操技能	普通引流管护理
相关实训	普通引流管护理（2 学时）
教师注意事项	做好"岗课赛证"融通，多措并举提高实训质量
学习资源	PPT、思维导图、图片、教辅资料、护理行业相关学习资源、护考题库及参考资料、操作视频、引流管等实训用物

能力单元八：认知并实践外科感染病人的护理		
教学目标	知识目标	1. 知道外科感染的特点、临床表现和处理原则 2. 知道常见软组织化脓性感染、手部急性化脓性感染、全身性感染、破伤风的临床表现、处理原则及护理措施 3. 了解常见软组织化脓性感染、手部急性化脓性感染、全身性感染、破伤风的病因和病理生理
	能力目标	1. 能为全身性感染病人实施整体护理 2. 具备良好的沟通交流能力和一定的评判性思维、临床护理决策能力
	素质目标	1. 具备敬佑生命、救死扶伤的职业精神 2. 具备爱岗敬业、吃苦耐劳、严谨慎独、实事求是的工作作风 3. 具备爱心、耐心、细心、责任心、同情心、一切以病人为中心的职业素养 4. 具备团队合作、探索创新精神 5. 具备严格的无菌观念和感控意识

教学重点、难点与常考知识点	重点： 1. 外科感染的特点、分类、治疗原则 2. 疖、痈、急性蜂窝织炎、丹毒、脓肿、淋巴管炎的临床表现和护理措施 3. 甲沟炎、指头炎、急性化脓性腱鞘炎、急性化脓性滑囊炎、手掌深部间隙感染的临床表现 4. 手部化脓性感染的护理措施 5. 全身化脓性感染的临床表现 6. 全身化脓性感染的护理措施 7. 破伤风的病因 8. 破伤风病人的临床表现 9. 气性坏疽的临床表现 10. 气性坏疽的护理措施 难点： 1. 外科感染的病理生理 2. 外科感染的辅助检查 3. 手部的解剖特点 4. 全身性感染的发病机制 5. 全身性感染的病理生理 6. 破伤风的病理生理 7. 气性坏疽的病因和病理 常考知识点： 1. 外科感染的定义、特点 2. 外科感染的分类（非特异性感染与特异性感染的特点、常见的疾病 <3 周为急性感染；>2 个月为慢性感染；二者之间为亚急性感染） 3. 外科感染的处理原则（化脓之后必须切开引流） 4. 疖、痈、急性蜂窝织炎、丹毒、脓肿的定义、最常见的致病菌 5. 疖、痈、急性蜂窝织炎、丹毒、脓肿的临床表现（危险三角的疖易引起颅内感染；产气性皮下蜂窝织炎易引起组织坏死，颌下蜂窝织炎易引起呼吸困难；丹毒颜色鲜红，分界清；发病急，有全身表现，浅部脓肿有波动感，深部脓肿穿刺抽脓可确诊） 6. 浅部软组织化脓性感染的护理措施（危险三角的疖避免挤压，注意观察有无寒战、高热、头痛等症状；口底、颌下蜂窝织炎注意观察呼吸，警惕窒息的发生） 7. 甲沟炎、指头炎、急性化脓性腱鞘炎、急性化脓性滑囊炎、手掌深部间隙感染的临床表现 8. 手部化脓性感染的处理（出现搏动性跳痛应切开引流，不可等波动感出现再切开，以免引起指骨的缺血性坏死） 9. 手部化脓性感染的健康指导 10. 脓毒症、菌血症的定义 11. 全身性感染的临床表现 12. 破伤风的定义、病因（厌氧性细菌、窄而深的伤口易感染） 13. 破伤风病人的临床表现（潜伏期、前驱期、发作期） 14. 破伤风病人的处理原则（清除毒素来源、中和游离毒素、控制和解除痉挛、防治并发症） 15. 破伤风病人的护理措施（保持呼吸道通畅；每次发作后检查静脉通路；操作集中完成；安置病人于隔离病室、避免声音、光线刺激；严格隔离消毒；发作间歇期协助病人进食，少食多餐避免呛咳、误吸） 16. 气性坏疽病人的临床表现（潜伏期伤后 1~4 日；伤口呈现胀裂样剧痛；肿胀明显） 17. 气性坏疽病人的处理原则（敞开伤口、不予缝合；首选青霉素）
教学时数	6
教学方法与手段	采用三段式线上线下混合式教学法，具体采用讲授法、情境案例教学法、任务驱动法、小组合作学习法、自主探究学习法等方法

续表

育人案例引用	无
考核方式	课前线上理论测试、上课考勤、课中学习参与情况评价（回答问题、护理实践）、课后线上理论测试

任务 8-1：认知概述

相关知识点	外科感染的病因及发病机制、病理生理、分类、护理等
相关实操技能	无
相关实训	无
教师注意事项	做好"岗课赛证"融通
学习资源	PPT、思维导图、图片、视频、教辅资料、护理行业相关学习资源、护考题库及参考资料等

任务 8-2：认知浅部软组织化脓性感染病人的护理

相关知识点	病因，护理评估，护理诊断，护理措施
相关实操技能	无
相关实训	无
教师注意事项	做好"岗课赛证"融通
学习资源	PPT、思维导图、图片、视频、教辅资料、护理行业相关学习资源、护考题库及参考资料等

任务 8-3：认知手部化脓性感染病人的护理

相关知识点	病因和病理生理，护理评估，护理诊断，护理措施
相关实操技能	无
相关实训	无
教师注意事项	做好"岗课赛证"融通
学习资源	PPT、教辅资料、护理行业相关学习资源、护考题库及参考资料等

任务 8-4：认知并实践全身性感染病人的护理

相关知识点	病因及发病机制，护理评估，护理诊断，护理措施
相关实操技能	无
相关实训	全身性感染病人的护理实践（2 学时）
教师注意事项	做好"岗课赛证"融通，多措并举提高实训质量
学习资源	PPT、思维导图、图片、视频、教辅资料、护理行业相关学习资源、护考题库及参考资料、实训案例及器材等

任务 8-5：认知特异性感染（破伤风、气性坏疽）病人的护理

相关知识点	病因及发病机制，病理生理，护理评估，护理诊断，护理目标，护理措施
相关实操技能	无
相关实训	无
教师注意事项	做好"岗课赛证"融通
学习资源	PPT、思维导图、图片、视频、教辅资料、护理行业相关学习资源、护考题库及参考资料等

能力单元九：认知并实践损伤病人的护理		
教学目标	知识目标	1. 知道创伤、烧伤病人的护理措施，知道蛇咬伤、犬咬伤的急救原则 2. 知道创伤、烧伤病人的症状和体征 3. 知道创伤、烧伤病人的处理原则及观察指标，清创术的 5 个步骤及更换敷料（换药）的方法 4. 知道换药任务的操作目的、操作步骤及操作方法
	能力目标	1. 能准确评估烧伤的面积 2. 能熟练完成换药操作技术 3. 能为烧伤病人制订护理计划 4. 具备良好的沟通交流能力和一定的评判性思维能力
	素质目标	1. 具备敬佑生命、救死扶伤的职业精神 2. 具备爱岗敬业、吃苦耐劳、严谨慎独的工作作风 3. 具备爱心、耐心、细心、责任心、同情心、一切以病人为中心的职业素养 4. 具备尊重病人、保护病人隐私的伦理原则 5. 具备团队合作精神 6. 具备严格的无菌观念和感控意识
教学重点、难点与常考知识点		重点： 1. 创伤病人急救护理 2. 伤口换药的原则及步骤 3. 烧伤病人的深度及面积评估 4. 烧伤病人早期补液方案及护理 5. 烧伤病人的创面护理 6. 毒蛇咬伤的现场急救措施 难点： 1. 创伤病人的组织修复过程及创伤愈合的类型 2. 创伤急救病人的安全转运方法 3. 烧伤分期与病理生理 4. 烧伤防治感染的护理 5. 烧伤病人的健康指导 常考知识点： 1. 创伤病人组织修复过程及创伤愈合的类型 2. 创伤病人的护理评估、处理原则及急救护理 3. 烧伤病人的处理原则、观察指标及护理措施 4. 创伤、烧伤病人的健康指导 5. 换药的原则和换药的步骤 6. 蛇咬伤病人的急救处理
教学时数		6
教学方法与手段		采用三段式线上线下混合式教学法，具体采用讲授法、情境案例教学法、任务驱动法、小组合作学习法、自主探究学习法等方法
育人案例引用		无
考核方式		课前线上理论测试、上课考勤、课中学习参与情况评价（回答问题、护理实践）、课后线上理论测试
任务 9-1：认知创伤病人的护理		
相关知识点		病理生理，分类，护理（评估、诊断、目标、措施）
相关实操技能		无
相关实训		无
教师注意事项		做好"岗课赛证"融通

续表

学习资源	PPT、思维导图、图片、视频、教辅资料、护理行业相关学习资源、护考题库及参考资料等
任务9-2：认知并实践清创术与更换敷料	
相关知识点	清创术，更换敷料（原则、步骤、特殊情况处理、拆线）
相关实操技能	换药
相关实训	换药的操作训练（2学时）
教师注意事项	注意"岗课赛证"融通，多措并举提高实训质量
学习资源	PPT、思维导图、图片、教辅资料、护理行业相关学习资源、护考题库及参考资料、操作视频、换药包等实训用物
任务9-3：认知烧伤病人的护理	
相关知识点	病理生理，护理（评估、诊断、目标、措施）
相关实操技能	无
相关实训	无
教师注意事项	做好"岗课赛证"融通
学习资源	PPT、思维导图、图片、视频、教辅资料、护理行业相关学习资源、护考题库及参考资料等
任务9-4：认知咬伤病人的护理	
相关知识点	病因，护理（评估、诊断、目标、措施）
相关实操技能	无
相关实训	无
教师注意事项	做好"岗课赛证"融通
学习资源	PPT、思维导图、图片、视频、教辅资料、护理行业相关学习资源、护考题库及参考资料等

能力单元十：认知肿瘤病人的护理		
教学目标	知识目标	1. 知道恶性肿瘤的三级预防、恶性肿瘤病人的心理特点及护理、肿瘤病人的护理措施 2. 知道肿瘤的症状、体征、辅助检查和处理原则 3. 了解肿瘤的病因及发病机制、病理生理、分类和分期
	能力目标	1. 能为肿瘤病人制订护理计划 2. 具备一定的评判性思维能力
	素质目标	1. 具备爱心、耐心、细心、责任心、同情心、一切以病人为中心的职业素养 2. 具备尊重病人、保护病人隐私的伦理原则 3. 具备探索创新精神 4. 具备严格的无菌观念和感控意识

教学重点、难点与常考知识点	重点： 1. 恶性肿瘤的临床分期方法 2. 肿瘤的局部表现及全身表现 3. 肿瘤的病理学检查 4. 肿瘤的处理原则 5. 肿瘤的三级预防 6. 肿瘤病人的护理 7. 肿瘤病人确诊后心理变化分期 难点： 1. 化疗的护理 2. 放疗的护理 常考知识点： 1. 环境、行为因素对人类恶性肿瘤的发生有重要影响 2. 恶性肿瘤的临床分期多采用 TNM 分期法 3. 肿块常是肿瘤最早出现的局部表现，还有疼痛、梗阻、溃疡、出血也是常见的局部表现 4. 病理学检查为目前确定肿瘤性质最直接而可靠的依据 5. 早期和较早期实体恶性肿瘤首选的治疗方法是手术切除，辅以化疗、放疗、生物治疗、内分泌治疗及中医药治疗等 6. 肿瘤一级预防即病因预防，二级预防指早期发现、早期诊断和早期治疗，三级预防是指治疗后的康复 7. 由于恶性肿瘤对营养的消耗，病人进食量的减少或消化吸收障碍，病人常存在营养不良。因此，应积极采取措施改善营养状况，必要时遵医嘱给予肠内、外营养支持 8. 肿瘤迅速生长、浸润神经或压迫邻近脏器可引起病人疼痛，护士应指导病人使用不同的方法控制疼痛；晚期难以控制的疼痛，可按三级阶梯止痛方案遵医嘱进行处理 9. 手术治疗的病人术前应做好充分准备，术后按相应的手术进行护理 10. 静脉化疗时应妥善固定针头以防滑脱、药液外漏；发现药液漏出，应立即停止用药，并向外抽吸药液，局部皮下注入解毒剂，冷敷 24 小时 11. 化疗或放疗过程中若白细胞计数低于 3.0×10^9/L 时应暂停化疗或放疗，低于 1.0×10^9/L 应采取保护性隔离、限制人员探视，预防医源性感染，并用升白细胞药物治疗；血小板计数低于 80×10^9/L 时应暂停化疗或放疗，低于 50×10^9/L 时应避免外出，低于 20×10^9/L 时应绝对卧床休息，限制活动。对大剂量强化化疗者实施严密的保护性隔离或置于层流室 12. 放疗期间应保持照射皮肤清洁干燥，尤其注意腋下、腹股沟、会阴部等皮肤皱褶处，洗澡禁用肥皂、粗毛巾搓擦，局部用软毛巾吸干；穿棉质、柔软、宽松内衣并勤更换；避免热刺激、理化刺激，外出时防止日光直射，局部皮肤红斑时禁用酒精、碘酒等涂擦及使用粘贴胶布；加强局部黏膜清洁，如口腔含漱、阴道冲洗、鼻腔用抗生素及润滑剂滴鼻等 13. 肿瘤病人确诊后心理变化可分为：震惊否认期、愤怒期、磋商期、抑郁期、接受期 14. 肿瘤病人应坚持定期复查
教学时数	2
教学方法与手段	采用三段式线上线下混合式教学法，具体采用讲授法、情境案例教学法、自主探究学习法等方法
育人案例引用	无
考核方式	课前线上理论测试、上课考勤、课中学习参与情况评价、课后线上理论测试
任务 10：认知肿瘤病人的护理	
相关知识点	病因及发病机制，病理生理，分类与分期，护理（评估、诊断、目标、措施、评价）
相关实操技能	无

相关实训	无
教师注意事项	做好"岗课赛证"融通
学习资源	PPT、思维导图、图片、视频、教辅资料、护理行业相关学习资源、护考题库及参考资料等

能力单元十一：认知并实践颅脑疾病病人的护理		
教学目标	知识目标	1. 知道颅内压增高、脑疝、颅脑损伤、颅内肿瘤等病人的护理评估和护理措施及脑疝急救 2. 知道颅内压增高、颅脑损伤等疾病的病因及处理原则 3. 了解颅内压正常的生理调节，颅脑损伤、颅内肿瘤等疾病的分类
	能力目标	1. 能对颅脑损伤病人实施整体护理 2. 具备良好的沟通交流能力和一定的评判性思维、临床护理决策能力
	素质目标	1. 具备敬佑生命、救死扶伤的职业精神 2. 具备爱岗敬业、吃苦耐劳、严谨慎独、实事求是的工作作风 3. 具备爱心、耐心、细心、责任心、同情心、一切以病人为中心的职业素养 4. 具备团队合作精神 5. 具备严格的无菌观念和感控意识
教学重点、难点与常考知识点	重点： 1. 颅内压、颅内压增高、脑疝的概念 2. 颅内压增高"三主征" 3. 小脑幕切迹疝和枕骨大孔疝的临床表现及枕骨大孔疝与小脑幕切迹疝区别点 4. 颅内压增高的护理措施：包括一般护理措施、病情观察内容、防止颅内压骤升的护理、用药护理、脑疝的急救、脑室外引流的护理及冬眠低温疗法的护理等 5. 头皮血肿、头皮裂伤、头皮撕脱伤的特点 6. 颅底骨折的临床表现 7. 脑脊液外漏的护理 8. 脑震荡、脑挫裂伤、颅内血肿的临床表现 9. 现场急救、病情观察内容（意识状态、瞳孔、生命体征、神经系统体征等）、并发症护理等 10. 颅内肿瘤的临床表现 11. 颅内肿瘤的术后护理措施（一般护理和并发症的预防与护理） 难点： 1. 颅内压的调节 2. 视神经乳头水肿的表现 3. 小脑幕切迹疝和枕骨大孔疝的临床表现及枕骨大孔疝与小脑幕切迹疝区别点 4. 脑损伤的机制 5. 原发性脑干损伤的特点 常考知识点： 1. 颅内压增高原因 2. 颅内压增高"三主征" 3. 小脑幕切迹疝和枕骨大孔疝的临床表现及枕骨大孔疝与小脑幕切迹疝区别点 4. 颅内压增高病人的腰椎穿刺禁忌证 5. 颅内压增高病人的护理措施，包括一般护理措施、病情观察内容、防止颅内压骤升的护理、对症护理（高热、头痛、躁动等）、用药护理（脱水剂、肾上腺皮质激素）、脑疝的急救、脑室外引流的护理及冬眠低温疗法的护理等 6. 头皮损伤的特点及头皮损伤的处理原则 7. 颅底骨折的临床表现、脑脊液外漏的护理

教学重点、难点与常考知识点	8. 脑震荡、脑挫裂伤、颅内血肿的临床表现 9. 脑损伤的护理措施，包括病情观察内容（意识状态、瞳孔、生命体征、神经系统体征等）、并发症的护理等 10. 颅内肿瘤的临床表现（颅内压增高、局状症状和体征） 11. 颅内肿瘤术后并发症的护理
教学时数	4
教学方法与手段	采用三段式线上线下混合式教学法，具体采用讲授法、情境案例教学法、任务驱动法、小组合作学习法、自主探究学习法等方法
育人案例引用	颅脑损伤病人病情变化引发医疗纠纷的案例
考核方式	课前线上理论测试、上课考勤、课中学习参与情况评价（回答问题、分享心得体会、参与线上主题讨论、护理实践）、课后线上理论测试
任务 11-1：认知颅内压增高病人的护理	
相关知识点	病因，护理（评估、诊断、目标、措施、评价）
相关实操技能	无
相关实训	无
教师注意事项	做好"岗课赛证"融通
学习资源	PPT、思维导图、图片、视频、教辅资料、护理行业相关学习资源、护考题库及参考资料等
任务 11-2：认知并实践颅脑损伤病人的护理	
相关知识点	病因及分类，护理（评估、诊断、目标、措施、评价）
相关实操技能	无
相关实训	颅脑损伤病人的护理实践（2 学时）
教师注意事项	做好"课程思政"（颅脑损伤病人病情变化引发医疗纠纷的案例）和"岗课赛证"融通，多措并举提高实训质量
学习资源	PPT、思维导图、图片、视频、教辅资料、护理行业相关学习资源、护考题库及参考资料、育人案例、实训案例及器材等
任务 11-3：认知脑脓肿病人的护理	
相关知识点	病因，病理，护理（评估、诊断、目标、措施、评价）
相关实操技能	无
相关实训	无
教师注意事项	可安排自学
学习资源	PPT、思维导图、图片、视频、教辅资料、护理行业相关学习资源、护考题库及参考资料等
任务 11-4：认知颅内和椎管内肿瘤病人的护理	
相关知识点	病因，病理，护理（评估、诊断、目标、措施、评价）
相关实操技能	无
相关实训	无
教师注意事项	可安排自学

学习资源	PPT、思维导图、图片、视频、教辅资料、护理行业相关学习资源、护考题库及参考资料等
任务11-5：认知脑血管病变病人的护理	
相关知识点	病因，护理（评估、诊断、目标、措施、评价）
相关实操技能	无
相关实训	无
教师注意事项	可安排自学
学习资源	PPT、思维导图、图片、视频、教辅资料、护理行业相关学习资源、护考题库及参考资料等

能力单元十二：认知颈部疾病病人的护理		
教学目标	知识目标	1. 知道单纯性甲状腺肿、甲状腺功能亢进、甲状腺肿瘤的症状、体征和护理措施 2. 知道单纯性甲状腺肿、甲状腺功能亢进、甲状腺肿瘤的辅助检查和处理原则 3. 了解单纯性甲状腺肿的病因及发病机制、甲状腺功能亢进的分类、甲状腺肿瘤的病理
	能力目标	1. 能为单纯性甲状腺肿病人制订护理计划 2. 具备一定的评判性思维能力
	素质目标	1. 具备一切以病人为中心的职业素养 2. 具备尊重病人、保护病人隐私的伦理原则
教学重点、难点与常考知识点	**重点：** 1. 单纯性甲状腺肿是指由多种原因引起的非炎症性或非肿瘤性甲状腺肿大，一般不伴有甲状腺功能异常。主要因素是食物中含碘量不足 2. 预防单纯性甲状腺肿的措施是多进食含碘丰富的食物如海带、紫菜等海产类食品，并食用碘盐 3. 甲亢是由于各种原因导致甲状腺素分泌过多而引起以全身代谢亢进为主要特征的疾病总称。有原发性甲亢、继发性甲亢、高功能腺瘤三种 4. 甲亢的主要症状有情绪激动、脾气暴躁、失眠不安、怕热多汗、食欲增加、体重减轻 5. 甲亢的常见体征：甲状腺弥漫性肿大、扪诊有震颤感、听诊有血管杂音、眼球突出、脉搏增快、脉压增大 6. 甲亢病人基础代谢率增高，甲状腺摄 ^{131}I 率增高且高峰提前出现，血清中 T_3 和 T_4 含量增高 7. 甲状腺大部分切除术前护理包括完善术前检查、做好饮食护理和手术体位训练；对于突眼病人注意保护眼睛，睡前用抗生素眼膏敷眼；正确合理应用硫脲类药物和碘剂，确保控制甲亢症状达到手术要求，确保病人情绪稳定 8. 甲状腺大部分切除术后病人全麻清醒后可饮少量温水或凉水，观察有无呛咳，若无不适，逐渐给予微温流质饮食 9. 甲亢病人术后病情观察 （1）监测生命体征：若有脉率过快，体温升高，警惕甲状腺危象 （2）观察切口渗血情况 （3）观察并记录引流液量、颜色和性状 （4）观察病人的发音 （5）观察病人进食流质饮食后是否有呛咳 （6）观察病人是否有面部唇部及手足部针刺样麻木感或强直感

教学重点、难点与常考知识点	10.指导甲状腺大部分切除术后病人深呼吸和有效咳嗽，必要时行雾化吸入，帮助其及时排出痰液，预防肺部并发症 11.甲亢病人术后应遵医嘱继续服用碘剂，预防复发 12.甲亢病人术后若出现心悸、手足震颤、抽搐等及时就诊 难点： 1.甲状腺大部分切除术后并发呼吸困难和窒息：术后最危急并发症，常发生于48小时内 （1）原因：切口内出血压迫气管，喉头水肿，气管塌陷，双侧喉返神经损伤；（2）处理方法：术后床旁备无菌气管切开包和手套，若发生切口内出血压迫气管情况，应立即剪开缝线，敞开切口，迅速去除血肿 2.甲状腺大部分切除术损伤喉返神经 （1）原因：术中不慎造成喉返神经切断、缝扎、挫夹或牵拉造成的损伤，少数由血肿或瘢痕组织压迫或牵拉所致 （2）表现与处理方法：①单侧喉返神经损伤：声音嘶哑，给予理疗、针灸等处理措施；②双侧喉返神经损伤：声带麻痹、失音、呼吸困难甚至窒息，应立即气管切开术 3.甲状腺大部分切除损伤喉上神经 （1）原因：多发生于术中结扎、切断甲状腺上动静脉所致 （2）表现：①外支（运动支）损伤：声带松弛和音调降低；②内支（感觉支）损伤：喉部黏膜感觉丧失，易发生误咽和呛咳 （3）处理：一般经理疗后可自行恢复 4.甲状腺大部分切除损伤甲状旁腺 （1）原因：术中甲状旁腺被误切、挫伤或其血液供应受累而致 （2）临床表现：多于术后1～3天出现手足抽搐，严重者可发生面肌抽搐，甚至导致窒息死亡 （3）处理：限制肉类、乳品和蛋类的摄入；抽搐发作时，应遵医嘱静脉注射10%葡萄糖酸钙或氯化钙10～20ml 5.甲亢术后并发甲状腺危象 （1）原因：术前准备不充分，甲亢症状未得到控制，手术应激 （2）表现：术后12～36小时内高热（>39℃）、脉快而弱（>120次/分）、大汗、烦躁不安、谵妄、昏迷、呕吐、腹泻 （3）处理方法：①碘剂（口服复方碘化钾溶液35ml，紧急时将10%碘化钠5～10ml加入10%葡萄糖500ml中静脉滴注，以降低血液中TSH水平）；②氢化可的松（每日200～400mg，分次静脉滴注，以拮抗过量甲状腺素）；③肾上腺素阻滞剂：可选用利血平1～2mg肌肉注射或胍乙啶10～20mg口服。还可使用普萘洛尔5mg加入葡萄糖溶液中静滴；④镇静剂：常用苯巴比妥钠100mg或冬眠合剂半量6～8小时肌注一次；⑤降温：采用退热、冬眠药物或物理降温等综合措施；⑥补充能量：静脉给予大量葡萄糖溶液；⑦吸氧：改善组织缺氧；⑧心力衰竭者可应用洋地黄制剂 常考知识点： 1.引起单纯性甲状腺肿的主要因素是缺碘 2.甲亢按其发病的原因可分为原发性甲亢、继发性甲亢及高功能腺瘤 3.甲亢的主要表现为甲状腺肿大、交感神经功能亢进、突眼、心血管功能改变、基础代谢率增高 4.脉率增快和脉压增大常作为判断甲亢病人病情和治疗效果的重要指标 5.基础代谢率测定：基础代谢率（%）=（脉率+脉压）-111，正常值为±10%，轻度甲亢为+20%～+30%，中度甲亢为+30%～+60%，重度甲亢为+60%以上 6.甲状腺大部切除术是治疗中度以上甲亢的最常用而有效的方法，通常需切除腺体的80%～90% 7.甲亢病人术前药物准备最重要的是硫脲类药物和碘剂的应用 8.碘剂的作用是抑制蛋白水解酶，减少甲状腺球蛋白的分解，从而抑制甲状腺素的释放，同时还可以减少甲状腺血流量，使腺体缩小变硬，降低手术风险

教学重点、难点与常考知识点	9. 术前碘剂的用法：常用复方碘化钾溶液，每日 3 次，口服，第 1 日每次 3 滴，第 2 日每次 4 滴，以后逐日每次增加 1 滴至每次 16 滴止，然后维持此剂量；不准备手术治疗的甲亢病人不宜使用碘剂 10. 甲亢病人术前药物准备达到以下标准应尽快手术：病人情绪稳定，睡眠好转，体重增加，脉率稳定在每分钟 90 次以下，脉压恢复正常，基础代谢率 +20% 以下 11. 术后应继续服用碘剂，用法与术前相反 12. 术后最危急的并发症是呼吸困难和窒息，常见原因是切口内出血形成血肿压迫气管、喉头水肿、气管塌陷、双侧喉返神经损伤 13. 切口内血肿压迫所致呼吸困难和窒息者，应立即在床旁拆除缝线、去除血肿 14. 单侧喉返神经损伤引起声音嘶哑。双侧喉返神经损伤引起双侧声带麻痹致失音或呼吸困难甚至窒息，应立即行气管切开术 15. 喉上神经外支（运动支）损伤引起声带松弛和声调降低，内支（感觉支）损伤饮水时易发生误咽、呛咳 16. 甲状旁腺损伤或其血液供应受损可出现低钙，引起手足抽搐。发作时应立即静脉缓慢推注 10% 葡萄糖酸钙 10 ~ 20ml 17. 甲状腺危象多发生在术后 12 ~ 36 小时内，与术前准备不充分、甲亢症状未得到控制及手术应激有关。主要表现为高热（>39.0℃）、脉快而弱（>120 次 / 分）、大汗、烦躁不安、谵妄、甚至昏迷，常伴有呕吐、腹泻。应立即遵医嘱使用碘剂、糖皮质激素、肾上腺素能阻滞剂、镇静、降温、吸氧、补液等 18. 甲状腺癌病理类型分为乳头状癌、滤泡状腺癌、未分化癌、髓样癌四种 19. 乳头状癌发病率最高，多见于 30 ~ 45 岁女性，恶性程度较低，分化程度高，预后好 20. 未分化癌常见于老年男性，高度恶性、转移早，愈后很差 21. 髓样癌组织可产生激素样活性物质，如 5– 羟色胺和降钙素，病人可出现腹泻、心悸、脸面潮红和血钙降低等症状，还伴有其他内分泌腺体的增生
教学时数	4
教学方法与手段	采用三段式线上线下混合式教学法，具体采用讲授法、情境案例教学法、自主探究学习法等方法
育人案例引用	无
考核方式	课前线上理论测试、上课考勤、课中学习参与情况评价、课后线上理论测试
任务 12-1：认知单纯性甲状腺肿病人的护理	
相关知识点	病因，护理（评估、诊断、目标、措施、评价）
相关实操技能	无
相关实训	无
教师注意事项	做好"岗课赛证"融通
学习资源	PPT、思维导图、图片、视频、教辅资料、护理行业相关学习资源、护考题库及参考资料等
任务 12-2：认知甲状腺功能亢进病人的护理	
相关知识点	病因及发病机制，护理（评估、诊断、目标、措施）
相关实操技能	无
相关实训	无
教师注意事项	做好"岗课赛证"融通
学习资源	PPT、思维导图、图片、视频、教辅资料、护理行业相关学习资源、护考题库及参考资料等

续表

任务 12-3：认知甲状腺肿瘤病人的护理	
相关知识点	病因，病理，护理（评估、诊断、目标、措施）
相关实操技能	无
相关实训	无
教师注意事项	做好"岗课赛证"融通
学习资源	PPT、思维导图、图片、视频、教辅资料、护理行业相关学习资源、护考题库及参考资料等

能力单元十三：认知并实践胸部疾病病人的护理		
教学目标	知识目标	1. 知道胸部损伤、肺癌、食管癌、二尖瓣狭窄和冠心病病人的护理措施 2. 知道胸部损伤病人的症状、体征、处理原则，肺癌的病因、症状、体征、处理原则，食管癌的病因、症状、体征、处理原则，二尖瓣狭窄和冠心病的症状、体征、处理原则 3. 了解胸部损伤的病因、病理，肺癌的分类，食管癌的病理生理，二尖瓣狭窄和冠心病的病因、病理
	能力目标	1. 能完成胸腔闭式引流病人的护理 2. 能为食管癌病人制订护理计划 3. 具备良好的沟通交流能力和一定的评判性思维、临床护理决策能力
	素质目标	1. 具备敬佑生命、救死扶伤的职业精神 2. 具备爱心、耐心、细心、责任心、同情心、一切以病人为中心的职业素养 3. 具备尊重病人、保护病人隐私的伦理原则 4. 具备团队合作、探索创新精神 5. 具备严格的无菌观念
教学重点、难点与常考知识点		重点： 1. 反常呼吸、连枷胸、气胸、血胸、血气胸、心脏压塞征、Beck 三联征、中心型肺癌、周围型肺癌、冠心病的概念 2. 开放性气胸、张力性气胸的急救原则 3. 进行性血胸的判断 4. 胸腔闭式引流的护理 5. 肺癌的分布及分类，肺癌的症状、护理问题和护理措施 6. 食管癌的症状、护理问题，食管癌术后胃肠道护理、饮食护理和并发症的观察与护理 7. 二尖瓣狭窄的症状及术后护理 8. 冠心病的症状及术后护理 难点： 1. 多根多处肋骨骨折的病理生理 2. 气胸的病理 3. 胸腔闭式引流的护理 4. 全肺切除术后胸腔闭式引流的护理 5. 食管癌术后的饮食护理 6. 食管癌术后并发症的观察及护理 7. 二尖瓣狭窄：体外循环、改善心功能和维持有效循环血量、抗凝治疗和并发症的观察、预防与护理 8. 冠状动脉旁路移植术 9. 低心排血量综合征

续表

教学重点、难点与常考知识点	常考知识点： 1.胸部损伤：肋骨骨折的多发部位，多根多处肋骨骨折的处理原则，进行性血胸，三种气胸的病理、症状和体征的比较，开放性气胸、张力性气胸的急救要点，胸腔闭式引流的护理，心脏压塞征，Beck三联征 2.肺癌：分布、分类、症状、处理原则，腹式呼吸及有效咳嗽，术后护理 3.食管癌：多发部位、症状，术前胃肠减压的护理，饮食护理，并发症的观察与护理 4.二尖瓣狭窄：症状、体征，术后护理，健康指导 5.冠心病：症状、体征，术前护理，术后护理，健康指导
教学时数	4
教学方法与手段	采用三段式线上线下混合式教学法，具体采用讲授法、情境案例教学法、任务驱动法、小组合作学习法、自主探究学习法等方法
育人案例引用	无
考核方式	课前线上理论测试、上课考勤、课中学习参与情况评价（回答问题、护理实践）、课后线上理论测试
任务 13-1：认知胸部损伤病人的护理	
相关知识点	肋骨骨折、气胸与血胸、心脏损伤、膈肌损伤的病因及发病机制和护理（评估、诊断、目标、措施、评价）
相关实操技能	胸腔闭式引流护理
相关实训	胸腔闭式引流护理实训
教师注意事项	做好"岗课赛证"融通，多措并举提高实训质量
学习资源	PPT、思维导图、图片、教辅资料、护理行业相关学习资源、护考题库及参考资料、操作视频、胸腔闭式引流护理实训物品等
任务 13-2：认知肺癌病人的护理	
相关知识点	病因及发病机制，病理生理，护理（评估、诊断、目标、措施）
相关实操技能	无
相关实训	无
教师注意事项	做好"岗课赛证"融通
学习资源	PPT、思维导图、图片、视频、教辅资料、护理行业相关学习资源、护考题库及参考资料等
任务 13-3：认知食管癌病人的护理	
相关知识点	病因及发病机制，病理生理，护理（评估、诊断、目标、措施）
相关实操技能	无
相关实训	无
教师注意事项	做好"岗课赛证"融通
学习资源	PPT、思维导图、图片、视频、教辅资料、护理行业相关学习资源、护考题库及参考资料等
任务 13-4：认知心脏疾病病人的护理	
相关知识点	病因及发病机制，病理生理，护理（评估、诊断、目标、措施）
相关实操技能	无
相关实训	无

教师注意事项	做好"岗课赛证"融通
学习资源	PPT、思维导图、图片、视频、教辅资料、护理行业相关学习资源、护考题库及参考资料等

<table>
<tr><td colspan="3" align="center">能力单元十四：认知并实践乳房疾病病人的护理</td></tr>
<tr><td rowspan="3">教学目标</td><td>知识目标</td><td>1. 知道急性乳腺炎的病因及预防措施，乳腺癌的症状、体征及护理措施
2. 知道急性乳腺炎的症状、体征、治疗要点及护理诊断 / 问题，乳腺癌的病因、治疗要点及护理诊断 / 问题
3. 了解急性乳腺炎的病理生理，乳腺癌的病理分型、转移途径及分期，乳腺囊性增生病、乳房良性肿瘤的护理评估</td></tr>
<tr><td>能力目标</td><td>1. 能对乳腺癌病人实施整体护理
2. 具备良好的沟通交流能力和一定的评判性思维、临床护理决策能力</td></tr>
<tr><td>素质目标</td><td>1. 具备敬佑生命、救死扶伤的职业精神
2. 具备爱岗敬业、吃苦耐劳、严谨慎独、实事求是的工作作风
3. 具备爱心、耐心、细心、责任心、同情心、一切以病人为中心的职业素养
4. 具备尊重病人、保护病人隐私的伦理原则
5. 具备团队合作精神
6. 具备严格的无菌观念</td></tr>
<tr><td>教学重点、难点与
常考知识点</td><td colspan="2">重点：
1. 急性乳腺炎病人的护理：急性乳腺炎的病因，急性乳腺炎病人的护理措施，急性乳腺炎的预防措施
2. 乳房良性肿瘤与乳腺囊性增生病病人的护理：乳房良性肿瘤病人的症状、体征及护理措施，乳腺囊性增生病病人的护理
3. 乳腺癌病人的护理：乳腺癌的病因及症状、体征，乳腺癌的病理分型、转移途径及分期，乳腺癌的治疗要点及护理诊断 / 问题，乳腺癌的护理措施，正确的乳房自查方法
难点：
1. 急性乳腺炎病人的护理：急性乳腺炎的病因，急性乳腺炎的预防措施，急性乳腺炎的症状、体征、治疗要点及护理诊断 / 问题
2. 乳房良性肿瘤与乳腺囊性增生病病人的护理：乳腺囊性增生病、乳房良性肿瘤的护理评估
3. 乳腺癌病人的护理：乳腺癌的症状、体征及护理措施，乳腺癌的病理分型、转移途径及分期，乳腺癌的病因、治疗要点及护理诊断 / 问题
常考知识点：
1. 急性乳腺炎的病因：乳汁淤积，细菌入侵
2. 急性乳腺炎的护理措施：非手术治疗病人的护理，脓肿切开引流术后病人的护理，心理护理，健康指导
3. 乳房良性肿瘤病人的临床表现：乳房纤维腺瘤，乳管内乳头状瘤
4. 乳腺囊性增生病病人的临床表现：症状，体征
5. 乳腺癌病人的临床表现：症状，体征
6. 乳腺癌病人的护理措施</td></tr>
<tr><td>教学时数</td><td colspan="2">4</td></tr>
<tr><td>教学方法与手段</td><td colspan="2">采用三段式线上线下混合式教学法，具体采用讲授法、情境案例教学法、任务驱动法、小组合作学习法、自主探究学习法等方法</td></tr>
<tr><td>育人案例引用</td><td colspan="2">无</td></tr>
<tr><td>考核方式</td><td colspan="2">课前线上理论测试、上课考勤、课中学习参与情况评价（回答问题、护理实践）、课后线上理论测试</td></tr>
</table>

任务14-1：认知急性乳腺炎病人的护理	
相关知识点	病因及发病机制，护理（评估、诊断、目标、措施、评价）
相关实操技能	无
相关实训	无
教师注意事项	做好"岗课赛证"融通
学习资源	PPT、思维导图、图片、视频、教辅资料、护理行业相关学习资源、护考题库及参考资料等
任务14-2：认知乳房良性肿瘤与乳腺囊性增生病病人的护理	
相关知识点	病因和病理，护理（评估、诊断、目标、措施）
相关实操技能	无
相关实训	无
教师注意事项	做好"岗课赛证"融通
学习资源	PPT、思维导图、图片、视频、教辅资料、护理行业相关学习资源、护考题库及参考资料等
任务14-3：认知并实践乳腺癌病人的护理	
相关知识点	病因及发病机制，病理生理，护理（评估、诊断、目标、措施）
相关实操技能	无
相关实训	乳腺癌病人的护理实践（2学时）
教师注意事项	做好"岗课赛证"融通，多措并举提高实训质量
学习资源	PPT、思维导图、图片、视频、教辅资料、护理行业相关学习资源、护考题库及参考资料、实训案例及器材等

五、"课程思政"育人元素融入课程教学的途径和方法

序号	知识点	育人元素	育人案例	融入途径、方式	效果评价方式
1	外科护理的发展史	热爱事业 探索创新	外科护理的发展史	教师借助图文和视频讲授，组织学生讨论	线上线下讨论参与情况评价
2	外科护士应具备的素质	敬佑生命 救死扶伤 甘于奉献 大爱无疆 爱岗敬业 吃苦耐劳 严谨慎独 实事求是 爱心 耐心 细心 责任心 同情心	任课教师亲身参与的车祸伤、烧伤病人救治案例	教师借助图文讲述案例，引发学生思考，组织学生讨论	线上线下讨论参与情况评价

续表

序号	知识点	育人元素	育人案例	融入途径、方式	效果评价方式
3	低钾血症病人的护理措施	严谨慎独 实事求是 细心 责任心	低钾血症病人在补钾治疗中死亡的案例	教师借助图文讲述案例，引发学生思考，组织学生讨论	线上线下讨论参与情况评价
4	失血性休克病人的处理原则	敬佑生命 救死扶伤 同情心 团队合作 无菌观念 感控意识	心脏刀捅伤病人抢救成功的案例	教师提出问题，引发学生思考；再借助图文讲述案例，组织学生讨论	线上线下讨论参与情况评价
5	椎管内麻醉常见并发症的防治和护理	敬佑生命 爱岗敬业 实事求是 细心 责任心	椎管内麻醉导致病人截瘫的案例	教师借助图文讲述案例，引发学生思考，组织学生讨论	线上线下讨论参与情况评价
6	手术室的环境及管理	热爱事业 无私奉献 爱岗敬业 严谨慎独 探索创新 团结协作 责任心	任课教师亲自主持的手术室改革的案例	教师提出问题，引发学生思考；再借助图文讲述案例，组织学生讨论	线上线下讨论参与情况评价
7	全身麻醉常用的静脉麻醉药	遵纪守法 严谨慎独	医务人员自推全麻药导致死亡的案例	教师提出问题，引发学生思考；再借助图文讲述案例，组织学生讨论	线上线下讨论参与情况评价
8	颅内血肿病人的身体评估	细心 责任心 严谨慎独 评判性思维	颅脑损伤病人病情变化引发医疗纠纷的案例	教师提出问题，引发学生思考；再借助图文讲述案例，组织学生讨论	线上线下讨论参与情况评价

六、课程评价方法

"外科护理（一）"课程评价采取过程性评价与终结性评价相结合的方式进行，过程性评价和终结性评价各占50%。过程性评价由课前、课中、课后学习三部分成绩组成，其中：课前学习成绩根据云课堂中任务点完成统计数据赋分，课中学习成绩根据云课堂中的出勤、课堂参与度及效果等统计数据赋分，课后学习成绩根据云课堂中课后测试成绩等统计数据赋分。

七、教学资源配置

（一）教材、参考书目（资源）和育人案例主要来源

1. 教材

熊云新，叶国英.外科护理学（第4版）［M］.北京：人民卫生出版社，2018.

2. 参考书目（资源）

刘梦清.外科护理（第3版）［M］.北京：科学出版社，2023.

熊云新，叶国英.外科护理学实训与学习指导［M］.北京：人民卫生出版社，2019.

李乐之，路潜.外科护理学（第7版）［M］.北京：人民卫生出版社，2021.

《2023年全国护士执业资格考试指导》等教辅资料。

"2023年全国职业院校技能大赛"护理技能赛项和"2023年重庆市职业院校技能大赛"护理技能赛项的竞赛规程、题库、视频等学习资源。

3. 育人案例主要来源

任课教师在临床护理工作中亲身经历的教学案例和相关微信公众号推送的相关案例等。

（二）信息化教学资源

慕课资源："人卫慕课""中国大学MOOC""智慧职教"等在线开放教学平台。

题库资源：中国医学教育题库、护理技能赛项题库等。

网站资源：中国护士网、中华护理学会等。

微信公众号资源：外科护理、护士网官微等。

（三）信息化教学工具

云课堂、学习通、中国医学教育题库、人卫教学助手App等。

（四）主要设备与设施

外科护理实训室及配套设施设备，模拟手术室及配套设施设备，教学一体机等。

（五）主讲教师

汪琼，重庆城市管理职业学院专任教师、副主任护师、护理专业带头人、外科护理课程负责人。

李春梅，重庆城市管理职业学院专任教师、副主任护师。

朱琴，重庆城市管理职业学院专任教师、讲师、主管护师。

张儒春，重庆城市管理职业学院外聘教师，重庆海吉亚医院主管护师、骨科护士长。

八、其他说明

"外科护理（一）"课程主要采用三段式线上线下混合式教学法，即运用线上和线下相结合的手段，组织学生进行课前自主学习、课中参与学习和课后反思学习。具体采用讲授法、小组合作学习法、情景案例教学法、自主探究学习法等方法。

"外科护理（一）"课程实施中及结束后，可安排学生到见习医院进一步认知、实践学习，大三到实习基地进行8个月以上的跟岗实习，以保证知识、能力和素质目标的全面实现。

高等职业教育专科
"外科护理（二）"课程标准

一、课程基本信息

课程编码	0104020039	课程类型	理实一体	适用专业	高职护理
学分	3	总学时	64	实践学时	18
先修课程	正常人体结构、正常人体机能、异常人体结构与功能、药理效能、医用化学与生物化学、微生物与免疫、护理礼仪、医学人文修养、护理学导论、健康评估、护理学基础（一）、护理学基础（二）、外科护理（一）、内科护理（一）等				
平行课程	内科护理（二）、急救护理、康复护理、老年护理、护理管理等				
后续课程	外科护理实践、内科护理实践、基础护理实践、跟岗实习				
执笔人	汪琼		批准人		

二、课程定位

"外科护理（二）"是一门临床护理课程，着重阐述和研究如何对外科病人实施整体护理。外科护理是护理专业的必修课程和核心课程，是护士执业资格考试的必考课程和重点课程，是实现人才培养方案中"外科护理知识""外科护理能力"专业知识、技能培养目标的支撑课程。通过"正常人体结构""正常人体机能""异常人体结构与功能""药理效能""医用化学与生物化学""微生物与免疫""护理礼仪""医学人文修养""护理学导论""健康评估""护理学基础（一）""护理学基础（二）""内科护理（一）""外科护理（一）"等课程的学习为本课程奠定基础。通过本课程的学习，学生具备外科护士应有的职业素质，知道外科疾病病人护理相关的基本知识，能够完成外科疾病病人护理相关的基本技能，能够评估外科疾病病人的身体、心理和社会状况，能够为常见的外科疾病病人制订护理计划、实施围手术期的整体护理，为"外科护理实践""内科护理实践""基础护理实践""跟岗实习"等课程奠定基础，为今后从事外科护理、重症护理、急救护理等相关岗位工作奠定良好基础。

三、课程目标

（一）素质目标

（1）具备敬佑生命、救死扶伤、甘于奉献、大爱无疆的职业精神；

（2）具备爱岗敬业、吃苦耐劳、严谨慎独、实事求是的工作作风；

（3）具备爱心、耐心、细心、责任心、同情心、一切以病人为中心的职业素养；

（4）具备尊重病人、保护病人隐私的伦理原则；

（5）具备团队合作、探索创新精神；

（6）具备严格的无菌观念、感控意识。

（二）知识目标

（1）了解外科疾病的概念、病因、病理和分类；

（2）知道外科常见疾病病人的护理评估和护理诊断；

（3）知道外科常见急危重症的救护原则和方法；

（4）知道外科常见疾病病人的护理措施和健康教育内容；

（5）知道胃肠减压护理、牵引护理、石膏护理、夹板护理、脊柱骨折病人轴线翻身等任务的操作目的、操作步骤及操作方法。

（三）能力目标

（1）能运用健康评估方法，对常见外科疾病病人进行健康评估并提出主要的护理诊断／问题；

（2）能综合运用所学的知识和技能，对常见外科疾病病人实施围手术期的整体护理；

（3）能初步预判常见外科疾病病人在围手术期可能出现的风险问题，并采取预防措施；

（4）能对外科疾病病人进行健康教育；

（5）能完成外科疾病病人护理相关的基本技能；

（6）具备良好的沟通交流能力和一定的评判性思维、临床护理决策能力。

四、课程主要内容

（一）能力单元与学时分配

序号	能力单元名称	讲授（学时）	实训（学时）
1	认知并实践腹外疝病人的护理	2	2
2	认知并实践急性化脓性腹膜炎与腹部损伤病人的护理	2	2

续表

序号	能力单元名称	讲授（学时）	实训（学时）
3	认知并实践胃十二指肠疾病病人的护理	2	2
4	认知并实践肠疾病病人的护理	2	2
5	认知肛管疾病病人的护理	4	
6	认知并实践肝胆疾病病人的护理	4	2
7	认知胰腺疾病病人的护理	2	
8	认知并实践急腹症病人的护理		2
9	认知周围血管疾病病人的护理	2	
10	认知泌尿、男性生殖系统疾病的主要症状和检查	2	
11	认知泌尿系统损伤疾病病人的护理	2	
12	认知并实践尿石症病人的护理	4	2
13	认知泌尿、男性生殖系统结核病人的护理	自学	
14	认知泌尿、男性生殖系统肿瘤病人的护理	2	
15	认知良性前列腺增生病人的护理	2	
16	认知肾移植病人的护理	自学	
17	认知并实践骨折病人的护理	2	4
18	认知关节脱位病人的护理	4	
19	认知骨与关节感染病人的护理	2	
20	认知肩颈痛与腰腿痛病人的护理	2	
21	认知常见骨肿瘤病人的护理	2	
22	认知断肢（指）再植病人的护理	自学	
23	认知关节置换病人的护理	2	
24	认知皮肤性病学总论	自学	
25	认知变态反应性皮肤病病人的护理	自学	
26	认知感染性皮肤病病人的护理	自学	
27	认知动物性皮肤病病人的护理	自学	
28	认知红斑鳞屑性皮肤病病人的护理	自学	
29	认知性传播疾病病人的护理	自学	
30	认知大疱性皮肤病病人的护理	自学	
合计		46	18

（二）教学任务描述

<table>
<tr><td colspan="3" align="center">能力单元一：认知并实践腹外疝病人的护理</td></tr>
<tr><td rowspan="3">教学目标</td><td>知识目标</td><td>1. 知道腹股沟疝、股疝的症状、体征、处理原则、手术前后护理措施
2. 知道腹外疝的病因、病理解剖、临床分类
3. 了解脐疝、切口疝的病因</td></tr>
<tr><td>能力目标</td><td>1. 能对腹外疝病人实施整体护理
2. 具备良好的沟通交流能力和一定的评判性思维、临床护理决策能力</td></tr>
<tr><td>素质目标</td><td>1. 具备爱心、耐心、细心、责任心、同情心、一切以病人为中心的职业素养
2. 具备团队合作精神
3. 具备严格的无菌观念及感控意识</td></tr>
<tr><td>教学重点、难点与常考知识点</td><td colspan="2">重点：
1. 疝、腹股沟斜疝、腹股沟直疝、股疝、切口疝、脐疝的概念
2. 腹外疝的病因及发病机制：腹壁强度降低，腹内压力增高
3. 腹外疝的临床分型：易复性疝、难复性疝、嵌顿性疝、绞窄性疝
4. 腹股沟疝的病因及发病机制：腹股沟斜疝，腹股沟直疝
5. 腹股沟疝的治疗要点：非手术治疗、手术治疗
6. 腹股沟疝病人的常见护理诊断／问题：焦虑、知识缺乏、潜在并发症等
7. 股疝、切口疝、脐疝的病因和病理
8. 股疝、切口疝、脐疝的治疗要点：股疝：一经发现，尽早手术；切口疝：原则上应手术治疗；脐疝：非手术治疗、手术治疗
9. 股疝、切口疝、脐疝病人的常见护理诊断／问题：疼痛、知识缺乏、潜在并发症等
难点：
1. 腹外疝的病理解剖
2. 腹股沟斜疝和直疝的临床特点区别
3. 腹股沟疝病人的护理评估
4. 股疝、切口疝、脐疝病人的护理评估
5. 预防腹外疝复发的健康指导
常考知识点：
1. 腹股沟疝病人的术前护理
2. 腹股沟疝病人的术后护理
3. 腹股沟疝病人的健康指导
4. 股疝、切口疝、脐疝病人的护理措施</td></tr>
<tr><td>教学时数</td><td colspan="2">4</td></tr>
<tr><td>教学方法与手段</td><td colspan="2">采用三段式线上线下混合式教学法，具体采用讲授法、情境案例教学法、任务驱动法、小组合作学习法、自主探究学习法等方法</td></tr>
<tr><td>育人案例引用</td><td colspan="2">无</td></tr>
<tr><td>考核方式</td><td colspan="2">课前线上理论测试、上课考勤、课中学习参与情况评价（回答问题、护理实践）、课后线上理论测试</td></tr>
<tr><td colspan="3" align="center">任务1-1：认知概述</td></tr>
<tr><td>相关知识点</td><td colspan="2">病因及发病机制，病理解剖，临床分型</td></tr>
<tr><td>相关实操技能</td><td colspan="2">无</td></tr>
<tr><td>相关实训</td><td colspan="2">无</td></tr>
<tr><td>教师注意事项</td><td colspan="2">做好"岗课赛证"融通</td></tr>
</table>

学习资源	PPT、思维导图、图片、视频、教辅资料、护理行业相关学习资源、护考题库及参考资料等
任务1–2：认知并实践腹股沟疝病人的护理	
相关知识点	病因及发病机制，护理（评估、诊断、目标、措施、评价）
相关实操技能	无
相关实训	腹股沟疝病人的护理（2学时）
教师注意事项	做好"岗课赛证"融通，多措并举提高实训质量
学习资源	PPT、思维导图、图片、视频、教辅资料、护理行业相关学习资源、护考题库及参考资料、实训案例及器材等
任务1–3：认知其他腹外疝病人的护理	
相关知识点	病因及病理，护理（评估、诊断、目标、措施、评价）
相关实操技能	无
相关实训	无
教师注意事项	可安排自学
学习资源	PPT、思维导图、图片、视频、教辅资料、护理行业相关学习资源、护考题库及参考资料等

能力单元二：认知并实践急性化脓性腹膜炎与腹部损伤病人的护理		
教学目标	知识目标	1. 知道急性腹膜炎和腹部损伤的症状、体征和护理措施 2. 知道急性腹膜炎、腹腔脓肿和腹部损伤的病因、分类和处理原则 3. 了解急性腹膜炎和腹部损伤的护理目标、护理评价
	能力目标	1. 能对急性化脓性腹膜炎病人实施整体护理 2. 具备良好的沟通交流能力和一定的评判性思维、临床护理决策能力
	素质目标	1. 具备敬佑生命、救死扶伤的职业精神 2. 具备爱岗敬业、吃苦耐劳、严谨慎独、实事求是的工作作风 3. 具备爱心、耐心、细心、责任心、同情心、一切以病人为中心的职业素养 4. 具备团队合作精神 5. 具备严格的无菌观念及感控意识
教学重点、难点与 常考知识点	重点： 1. 急性化脓性腹膜炎的分类 2. 继发性化脓性腹膜炎的常见病因 3. 急性化脓性腹膜炎的辅助检查 4. 急性化脓性腹膜炎的治疗要点 5. 急性化脓性腹膜炎常见护理诊断/问题 6. 腹部损伤的病因及病理 7. 腹部损伤的治疗要点 难点： 1. 急性化脓性腹膜炎的病理生理 2. 急性化脓性腹膜炎的症状评估 3. 急性化脓性腹膜炎的护理体检 4. 腹部损伤的症状评估 5. 腹部损伤的辅助检查	

教学重点、难点与常考知识点	常考知识点： 1. 急性化脓性腹膜炎病人非手术治疗的护理 2. 急性化脓性腹膜炎病人的术后护理 3. 急性化脓性腹膜炎病人的健康指导 4. 腹部损伤的现场急救 5. 腹部损伤非手术治疗病人的护理 6. 腹部损伤手术治疗病人的护理 7. 腹部损伤病人的健康指导
教学时数	4
教学方法与手段	采用三段式线上线下混合式教学法，具体采用讲授法、情境案例教学法、任务驱动法、小组合作学习法、自主探究学习法等方法
育人案例引用	急性化脓性腹膜炎临床救治案例
考核方式	课前线上理论测试、上课考勤、课中学习参与情况评价（回答问题、分享心得体会、参与线上主题讨论、护理实践）、课后线上理论测试
任务2-1：认知并实践急性化脓性腹膜炎病人的护理	
相关知识点	病因及发病机制，病理生理，护理（评估、诊断、目标、措施、评价）
相关实操技能	无
相关实训	急性化脓性腹膜炎病人的护理（包括胃肠减压护理，2学时）
教师注意事项	做好"课程思政"（急性化脓性腹膜炎临床救治案例）及"岗课赛证"融通，多措并举提高实训质量
学习资源	PPT、思维导图、图片、视频、教辅资料、护理行业相关学习资源、护考题库及参考资料、育人案例、实训案例及器材等
任务2-2：认知腹部损伤病人的护理	
相关知识点	病因及病理，护理（评估、诊断、目标、措施、评价）
相关实操技能	无
相关实训	无
教师注意事项	做好"岗课赛证"融通
学习资源	PPT、思维导图、图片、视频、教辅资料、护理行业相关学习资源、护考题库及参考资料等

能力单元三：认知并实践胃十二指肠疾病病人的护理		
教学目标	知识目标	1. 知道胃十二指肠溃疡、胃癌病人手术前后护理措施 2. 知道胃十二指肠溃疡的外科治疗适应证、并发症和胃癌的病因、分类、症状、体征及处理原则 3. 了解胃、十二指肠的解剖生理特点
	能力目标	1. 能对胃癌病人实施整体护理 2. 具备良好的沟通交流能力和一定的评判性思维、临床护理决策能力
	素质目标	1. 具备敬佑生命、救死扶伤的职业精神 2. 具备爱岗敬业、吃苦耐劳、严谨慎独、实事求是的工作作风 3. 具备爱心、耐心、细心、责任心、同情心、一切以病人为中心的职业素养 4. 具备尊重病人、保护病人隐私的伦理原则 5. 具备团队合作精神 6. 具备严格的无菌观念及感控意识

教学重点、难点与常考知识点	重点： 1. 胃十二指肠溃疡的病因和病理 2. 胃十二指肠溃疡急性穿孔：症状评估，护理体检 3. 胃十二指肠溃疡大出血：症状评估，护理体检 4. 胃十二指肠溃疡瘢痕性幽门梗阻：症状评估，护理体检 5. 胃十二指肠溃疡病人的治疗要点 6. 胃癌病人的治疗要点 难点： 1. 胃十二指肠溃疡病人的辅助检查 2. 胃十二指肠溃疡病人的术后早期并发症 3. 胃十二指肠溃疡病人的术后远期并发症 4. 胃癌的病因及病理 5. 胃癌的症状评估和护理体检 6. 胃癌的辅助检查 常考知识点： 1. 胃十二指肠溃疡病人的术前护理 2. 胃十二指肠溃疡病人的术后护理 3. 胃癌病人的术前护理 4. 胃癌病人的术后护理 5. 胃十二指肠溃疡病人的健康指导 6. 胃癌病人的健康指导
教学时数	4
教学方法与手段	采用三段式线上线下混合式教学法，具体采用讲授法、情境案例教学法、任务驱动法、小组合作学习法、自主探究学习法等方法
育人案例引用	无
考核方式	课前线上理论测试、上课考勤、课中学习参与情况评价（回答问题、护理实践）、课后线上理论测试
任务 3-1：认知胃十二指肠溃疡病人的护理	
相关知识点	病因及发病机制，病理生理，护理（评估、诊断、目标、措施、评价）
相关实操技能	无
相关实训	无
教师注意事项	做好"岗课赛证"融通
学习资源	PPT、思维导图、图片、视频、教辅资料、护理行业相关学习资源、护考题库及参考资料等
任务 3-2：认知并实践胃癌病人的护理	
相关知识点	病因及病理，护理（评估、诊断、目标、措施、评价）
相关实操技能	无
相关实训	胃癌病人的护理（2学时）
教师注意事项	做好"岗课赛证"融通，多措并举提高实训质量
学习资源	PPT、思维导图、图片、视频、教辅资料、护理行业相关学习资源、护考题库及参考资料、实训案例及器材等

能力单元四：认知并实践肠疾病病人的护理		
教学目标	知识目标	1. 知道急性阑尾炎、肠梗阻、结直肠癌病人的护理措施 2. 知道急性阑尾炎、肠梗阻、结直肠癌病人的症状、体征、辅助检查和处理原则 3. 了解急性阑尾炎、肠梗阻、结直肠癌的病因和病理生理
	能力目标	1. 能综合运用相关知识和技能对肠疾病病人实施整体护理 2. 具备良好的沟通交流能力和一定的评判性思维、临床护理决策能力
	素质目标	1. 具备爱岗敬业、吃苦耐劳、严谨慎独、实事求是等职业道德 2. 具备爱心、耐心、细心、责任心和同情心等职业素养 3. 具备尊重病人、保护隐私等伦理原则 4. 具备良好的沟通交流能力 5. 具备团队合作、探索创新精神 6. 具备严格的无菌观念和感控意识
教学重点、难点与常考知识点		重点： 1. 急性阑尾炎病人的护理：急性阑尾炎的典型症状、体征，急性阑尾炎病人的护理措施 2. 肠梗阻病人的护理：肠梗阻的四大症状、体征、辅助检查和治疗原则，肠梗阻病人的护理措施 3. 结直肠癌病人的护理：结肠癌、直肠癌的典型临床表现、辅助检查，结直肠癌病人的护理措施，肠造口的护理 难点： 1. 急性阑尾炎：急性阑尾炎的病理生理，特殊类型阑尾炎的临床特点，急性阑尾炎的特殊体征，急性阑尾炎术后并发症的预防和护理 2. 肠梗阻病人的护理：肠梗阻的病因与分类，肠梗阻的病理生理，绞窄性肠梗阻的临床特点，粘连性肠梗阻、肠扭转、肠套叠、蛔虫性肠梗阻的临床特点 3. 结、直肠癌病人的护理：结直肠癌的病因、高危人群，结肠癌、直肠癌的临床表现，结直肠癌的处理原则，肠造口的护理 常考知识点： 1. 急性阑尾炎病人的护理：典型症状、重要体征、术后并发症的观察和护理 2. 肠梗阻病人的护理：肠梗阻病因和分类，肠梗阻四大症状，肠套叠三大症状 3. 粘连性肠梗阻、肠扭转、蛔虫性肠梗阻的病因 4. 肠梗阻手术前后的护理 5. 结、直肠癌病人的护理：结肠癌、直肠癌的临床表现，诊断结肠癌、直肠癌常用的辅助检查，术前肠道准备方法，肠造口的护理
教学时数		4
教学方法与手段		采用三段式线上线下混合式教学法，具体采用讲授法、情境案例教学法、任务驱动法、小组合作学习法、自主探究学习法等方法
育人案例引用		从晕血小护士到国际造口师——好护士蔡蕴敏，阑尾炎病人死亡医院被赔偿35万元的案例
考核方式		课前线上理论测试、上课考勤、课中学习参与情况评价（回答问题、分享心得体会、参与线上主题讨论、护理实践）、课后线上理论测试
任务4-1：认知急性阑尾炎病人的护理		
相关知识点		病因及病理，护理（评估、诊断、目标、措施、评价）
相关实操技能		无
相关实训		无
教师注意事项		做好"课程思政"（阑尾炎病人死亡医院被赔偿35万元的案例）及"岗课赛证"融通
学习资源		PPT、思维导图、图片、视频、教辅资料、护理行业相关学习资源、护考题库及参考资料、育人案例等

任务4-2：认知肠梗阻病人的护理	
相关知识点	病因及发病机制，病理生理，护理（评估、诊断、目标、措施、评价）
相关实操技能	无
相关实训	无
教师注意事项	做好"岗课赛证"融通
学习资源	PPT、教辅资料、护理行业相关学习资源、护考题库及参考资料等
任务4-3：认知并实践结直肠癌病人的护理	
相关知识点	病因及发病机制，病理和分期，护理（评估、诊断、目标、措施、评价）
相关实操技能	无
相关实训	结肠癌病人的护理（2学时）
教师注意事项	做好"课程思政"（从晕血小护士到国际造口师——好护士蔡蕴敏）和"岗课赛证"融通，多措并举提高实训质量
学习资源	PPT、思维导图、图片、视频、教辅资料、护理行业相关学习资源、护考题库及参考资料、育人案例、实训案例及器材等

能力单元五：认知肛管疾病病人的护理		
教学目标	知识目标	1. 知道肛管疾病病人的护理措施 2. 知道肛管疾病的症状、体征、辅助检查和处理原则 3. 了解肛管疾病的病因和病理生理
	能力目标	1. 能为痔疮病人制订护理计划 2. 具备一定的评判性思维和临床护理决策能力
	素质目标	1. 具备一切以病人为中心的职业素养 2. 具备尊重病人、保护病人隐私的伦理原则 3. 具备严格的无菌观念及感控意识
教学重点、难点与常考知识点	重点： 1. 痔病人的护理：痔的临床表现，直肠肛管检查配合与护理，痔病人的护理措施 2. 肛裂病人的护理：肛裂的临床表现，肛裂病人的护理措施 3. 直肠肛管周围脓肿病人的护理：直肠肛管周围脓肿的临床表现，直肠肛管周围脓肿病人的护理措施 4. 肛瘘病人的护理：肛瘘的临床表现，肛瘘病人的护理措施 难点： 1. 痔的病因和病理 2. 肛裂的病理、临床表现 3. 直肠肛管周围脓肿的临床表现 4. 肛瘘的病因、病理和分类 常考知识点： 1. 直肠肛管检查配合与护理 2. 痔病人的护理：痔的临床表现（便血、痔块脱出、疼痛、瘙痒），痔病人的护理措施 3. 肛裂病人的护理：肛裂症状（疼痛、便秘、出血），肛裂体征（肛裂三联症：溃疡、前哨痔、肛乳头肥大），肛裂病人的护理措施	

续表

教学重点、难点与常考知识点	4. 直肠肛管周围脓肿病人的护理：肛周脓肿的临床表现（肛周持续性跳痛，全身感染症状不明显），坐骨肛管间隙脓肿的临床表现（局部疼痛，全身感染症状明显），骨盆直肠间隙脓肿的临床表现（全身感染症状严重而局部症状不明显），直肠肛管周围脓肿病人的护理措施 5. 肛瘘病人的护理：肛瘘的临床表现（瘘口流脓，肛周皮肤见外口），肛瘘的挂线疗法及护理
教学时数	4
教学方法与手段	采用三段式线上线下混合式教学法，具体采用讲授法、情境案例教学法、自主探究学习法等方法
育人案例引用	无
考核方式	课前线上理论测试、上课考勤、课中学习参与情况评价、课后线上理论测试

任务 5-1：认知痔病人的护理

相关知识点	病因及病理，护理（评估、诊断、目标、措施、评价）
相关实操技能	无
相关实训	无
教师注意事项	做好"岗课赛证"融通
学习资源	PPT、思维导图、图片、视频、教辅资料、护理行业相关学习资源、护考题库及参考资料等

任务 5-2：认知肛裂病人的护理

相关知识点	病因及病理，护理（评估、诊断、目标、措施、评价）
相关实操技能	无
相关实训	无
教师注意事项	做好"岗课赛证"融通
学习资源	PPT、思维导图、图片、视频、教辅资料、护理行业相关学习资源、护考题库及参考资料等

任务 5-3：认知直肠肛管周围脓肿病人的护理

相关知识点	病因及发病机制，病理和分期，护理（评估、诊断、目标、措施、评价）
相关实操技能	无
相关实训	无
教师注意事项	做好"岗课赛证"融通
学习资源	PPT、思维导图、图片、视频、教辅资料、护理行业相关学习资源、护考题库及参考资料等

任务 5-4：认知肛瘘病人的护理

相关知识点	病因及发病机制，病理和分期，护理（评估、诊断、目标、措施、评价）
相关实操技能	无
相关实训	无
教师注意事项	做好"岗课赛证"融通
学习资源	PPT、思维导图、图片、视频、教辅资料、护理行业相关学习资源、护考题库及参考资料等

能力单元六：认知并实践肝胆疾病病人的护理			
教学目标	知识目标	1. 知道原发性肝癌、门静脉高压、胆道疾病病人的护理措施 2. 知道原发性肝癌、门静脉高压、胆道疾病的症状、体征、辅助检查和处理原则 3. 了解原发性肝癌、门静脉高压、胆道疾病的病因和病理生理	
	能力目标	1. 能对胆石症病人实施整体护理 2. 具备良好的沟通交流能力和一定的评判性思维、临床护理决策能力	
	素质目标	1. 具备敬佑生命、救死扶伤的职业精神 2. 具备爱岗敬业、吃苦耐劳、严谨慎独、实事求是的工作作风 3. 具备爱心、耐心、细心、责任心、同情心、一切以病人为中心的职业素养 4. 具备尊重病人、保护病人隐私的伦理原则 5. 具备团队合作、探索创新精神 6. 具备严格的无菌观念及感控意识	
教学重点、难点与常考知识点	重点： 1. 原发性肝癌的病因 2. 原发性肝癌早期常见的症状 3. 原发性肝癌最常见的体征 4. 原发性肝癌介入治疗病人的护理措施 5. 原发性肝癌病人术后常见的并发症及护理措施 6. 门静脉高压的概念 7. 门静脉高压常见的病因 8. 门静脉高压常见的身体状况 9. 门静脉高压最严重的并发症 10. 门静脉高压分流术后的饮食原则 11. 门静脉高压病人术后护理要点 12. 墨菲氏征（Murphy）、Charcot 三联征、Reynolds 五联征 13. 胆道感染的主要原因 14. 急性胆囊炎腹痛性质及诱因 15. 胆囊结石和胆管结石的主要症状和体征 16. 胆道疾病术后 T 形引流管护理要点 17. 胆道蛔虫病常见的身体状况及非手术治疗要点 难点： 1. 原发性肝癌的身体状况 2. 原发性肝癌的处理原则 3. 原发性肝癌病人的常见护理诊断 4. 原发性肝癌并发症的预防及护理措施 5. 原发性肝癌介入治疗病人的护理措施 6. 门静脉高压的病因（南方血吸虫流行地区） 7. 门静脉高压最危险的并发症 8. 门静脉高压非手术止血的护理措施（三腔二囊管的护理） 9. 门静脉高压术后并发症的预防 10. 胆道感染和胆道结石的发病原因 11. 胆道结石的类型和形成原因 12. 胆道感染和胆道结石的辅助检查及处理原则 13. T 形引流管护理要点 14. 胆道蛔虫病的处理原则		

教学重点、难点与常考知识点	常考知识点： 1. 原发性肝癌的发病原因：病毒性肝炎、肝硬化 2. 原发性肝癌常见的转移途径：门静脉血行转移 3. 原发性肝癌最常见的主要症状是：肝区疼痛 4. 用于原发性肝癌普查的方法：血清甲胎蛋白测定 5. 术后为防止肝断面出血，一般不鼓励病人早期活动 6. 预防肝性脑病发生的护理措施 7. 我国门静脉高压的病因：肝炎后肝硬化 8. 门静脉高压引起的病理改变：脾大、脾亢，交通支扩张、腹水 9. 门脉系最重要的分支：食管下段及胃底交通支 10. 门静脉高压常用的手术治疗：分流术和断流术 11. 门静脉高压分流术后48小时内病人应取平卧位或低坡卧位，避免过早下床活动 12. 分流术后病人应限制蛋白质和肉类摄入 13. 胆道感染与胆道结石互为因果关系 14. 急性胆囊炎腹痛的特点、诱因及体征：阵发性右上腹剧烈绞痛，向右肩背部放射，常在进食油腻食物后发生。墨菲征（Murphy）阳性 15. 胆道疾病首选的辅助检查是：B超 16. 急性胆管炎身体状况：Charcot三联征，即腹痛、寒战高热、黄疸 17. 急性梗阻性化脓性胆管炎（重症胆管炎）常见的身体状况：Reynolds五联征。即腹痛、寒战高热、黄疸、休克、中枢神经系统抑制 18. 重症胆管炎处理原则：抗休克同时紧急手术胆道减压并T形管引流 19. T形管引流护理要点 20. 胆道蛔虫病腹痛特点是剑突下阵发性钻顶样疼痛，采用非手术处理
教学时数	6
教学方法与手段	采用三段式线上线下混合式教学法，具体采用讲授法、情境案例教学法、任务驱动法、小组合作学习法、自主探究学习法等方法
育人案例引用	"肝胆外科之父"吴孟超的先进事迹
考核方式	课前线上理论测试、上课考勤、课中学习参与情况评价（回答问题、分享心得体会、参与线上主题讨论、护理实践）、课后线上理论测试
任务6-1：认知原发性肝癌病人的护理	
相关知识点	病因及发病机制，病理生理，护理（评估、诊断、目标、措施、评价）
相关实操技能	无
相关实训	无
教师注意事项	做好"课程思政"（"肝胆外科之父"吴孟超的先进事迹）及"岗课赛证"融通
学习资源	PPT、思维导图、图片、视频、教辅资料、护理行业相关学习资源、护考题库及参考资料、育人案例等
任务6-2：认知门静脉高压病人的护理	
相关知识点	病因及病理，护理（评估、诊断、目标、措施、评价）
相关实操技能	无
相关实训	无
教师注意事项	可安排自学
学习资源	PPT、思维导图、图片、视频、教辅资料、护理行业相关学习资源、护考题库及参考资料

续表

任务 6-3：认知并实践胆道疾病病人的护理	
相关知识点	胆道感染、胆石症、胆道蛔虫的病因及发病机制、病理生理和护理（评估、诊断、目标、措施、评价）
相关实操技能	T 形管引流护理
相关实训	胆石症病人的护理（2 学时）
教师注意事项	做好"岗课赛证"融通，多措并举提高实训质量
学习资源	PPT、思维导图、图片、视频、教辅资料、护理行业相关学习资源、护考题库及参考资料、实训案例及器材等

能力单元七：认知胰腺疾病病人的护理		
教学目标	知识目标	1. 知道急性胰腺炎病人的临床特点及重症急性胰腺炎术后引流管的护理要点 2. 知道急性胰腺炎的病因、发病机制、病理生理、处理原则及胰腺癌病人的临床特点、处理原则 3. 了解急性胰腺炎的分型，胰腺癌的病因病理
	能力目标	1. 能为胰腺癌病人制订护理计划 2. 具备一定的评判性思维和临床护理决策能力
	素质目标	1. 具备严谨慎独的工作作风 2. 具备细心、同情心、一切以病人为中心的职业素养 3. 具备尊重病人、保护病人隐私的伦理原则
教学重点、难点与常考知识点		重点： 1. 急性胰腺炎病人的护理：急性胰腺炎的病因、发病机制、病理生理、处理原则，急性胰腺炎病人的临床特点，重症急性胰腺炎术后引流管的护理要点 2. 胰腺癌病人的护理：胰腺癌的病因病理，胰腺癌病人的临床特点、治疗原则 难点： 1. 急性胰腺炎病人的护理：急性胰腺炎的病因、发病机制、病理生理、处理原则，急性胰腺炎病人的临床特点，重症急性胰腺炎术后引流管的护理要点 2. 胰腺癌病人的护理：胰腺癌病人的临床特点、治疗原则，胰腺癌的病因病理，胰腺癌病人的护理评估及主要护理问题 常考知识点： 1. 急性胰腺炎病人的临床特点：症状（腹痛、恶心、呕吐、发热、黄疸、休克等），体征（腹膜炎体征、腹胀、皮下出血） 2. 急性胰腺炎的病因：梗阻因素，酗酒和暴饮暴食，其他（外伤、手术或内镜逆行胰胆管造影等） 3. 急性胰腺炎的处理原则：非手术治疗，手术治疗 4. 重症急性胰腺炎术后引流管的护理要点 5. 胰腺癌的病因病理 6. 胰腺癌病人的临床特点：症状（腹痛、黄疸、消化道症状、消瘦和乏力），体征（可触及肿大的肝脏和胆囊。晚期可触及上腹部肿块，质硬、固定，可出现腹水） 7. 胰腺癌病人的治疗原则（手术切除是治疗胰腺癌最有效的方法）：根治性手术，姑息性手术，辅助治疗
教学时数		2
教学方法与手段		采用三段式线上线下混合式教学法，具体采用讲授法、情境案例教学法、自主探究学习法等方法
育人案例引用		无

续表

考核方式	课前线上理论测试、上课考勤、课中学习参与情况评价、课后线上理论测试
任务7-1：认知急性胰腺炎病人的护理	
相关知识点	病因及发病机制，病理生理，护理（评估、诊断、目标、措施、评价）
相关实操技能	无
相关实训	无
教师注意事项	做好"岗课赛证"融通
学习资源	PPT、思维导图、图片、视频、教辅资料、护理行业相关学习资源、护考题库及参考资料等
任务7-2：认知胰腺癌病人的护理	
相关知识点	病因及病理，护理（评估、诊断、目标、措施、评价）
相关实操技能	无
相关实训	无
教师注意事项	做好"岗课赛证"融通
学习资源	PPT、思维导图、图片、视频、教辅资料、护理行业相关学习资源、护考题库及参考资料等

能力单元八：认知并实践急腹症病人的护理		
教学目标	知识目标	1.知道急腹症的常见病因、处理原则、护理措施及常见急腹症的鉴别要点 2.知道急腹症腹痛的特点 3.了解急腹症的定义和病理生理
	能力目标	1.能对急腹症病人实施整体护理 2.具备良好的沟通交流能力和一定的评判性思维、临床护理决策能力
	素质目标	1.具备敬佑生命、救死扶伤的职业精神 2.具备爱岗敬业、吃苦耐劳、严谨慎独、实事求是的工作作风 3.具备爱心、耐心、细心、责任心、同情心、一切以病人为中心的职业素养 4.具备团队合作精神 5.具备严格的无菌观念及感控意识
教学重点、难点与常考知识点	重点： 1.急腹症常见病因 2.急腹症腹痛的特点：内脏痛，牵涉痛，躯体痛 3.急腹症处理原则 4.急腹症病人的身体状况：症状，体征 5.急腹症护理措施 6.常见急腹症的鉴别要点：外科急腹症的特点，内科急腹症的特点，妇科急腹症的特点 难点： 1.急腹症的常见病因：感染性疾病，出血性疾病，空腔脏器破裂穿孔，空腔脏器梗阻，缺血性疾病 2.急腹症的特点：内脏痛，牵涉痛，躯体痛 3.急腹症的处理原则 4.急腹症的护理措施：术前护理，术后护理，健康指导 5.急腹症的鉴别要点：外科急腹症的特点，内科急腹症的特点，妇科急腹症的特点	

教学重点、难点与常考知识点	常考知识点： 1. 急腹症常见病因 2. 腹痛类型 3. 急腹症病人的症状 4. 急腹症的鉴别要点 5. 急腹症的护理措施：术前护理："四禁四抗"；术后护理：腹腔引流管的护理、并发症的观察及护理；健康指导
教学时数	2
教学方法与手段	采用三段式线上线下混合式教学法，具体采用讲授法、情境案例教学法、任务驱动法、小组合作学习法、自主探究学习法等方法
育人案例引用	无
考核方式	课前线上理论测试、上课考勤、课中学习参与情况评价（回答问题、护理实践）、课后线上理论测试
任务 8：认知并实践急腹症病人的护理	
相关知识点	病因及发病机制，病理生理，护理（评估、诊断、目标、措施、评价）
相关实操技能	无
相关实训	急腹症病人的护理（2 学时）
教师注意事项	做好"岗课赛证"融通，多措并举提高实训质量
学习资源	PPT、思维导图、图片、视频、教辅资料、护理行业相关学习资源、护考题库及参考资料、实训案例及器材等

能力单元九：认知周围血管疾病病人的护理		
教学目标	知识目标	1. 知道下肢静脉曲张、血栓闭塞性脉管炎病人的护理措施 2. 知道下肢静脉曲张、血栓闭塞性脉管炎病人的临床表现 3. 了解下肢静脉曲张、血栓闭塞性脉管炎病人的病因和病理生理
	能力目标	1. 能为下肢静脉曲张病人制订护理计划 2. 具备一定的评判性思维和临床护理决策能力
	素质目标	1. 具备严谨慎独、实事求是的工作作风 2. 具备爱心、耐心、细心、责任心、同情心、一切以病人为中心的职业素养
教学重点、难点与常考知识点	重点： 1. 下肢静脉曲张的病理生理及处理原则 2. 下肢静脉曲张的护理措施和健康指导 3. 血栓闭塞性脉管炎的病理生理及处理原则 4. 血栓闭塞性脉管炎的护理措施和健康指导 5. 下肢静脉曲张的病理生理及处理原则 6. 下肢静脉曲张的护理措施和健康指导 7. 血栓闭塞性脉管炎的病理生理及处理原则 8. 血栓闭塞性脉管炎的护理措施和健康指导 难点： 1. 下肢静脉曲张的护理评估 2. 下肢静脉曲张的辅助检查 3. 下肢静脉曲张护理诊断与护理目标 4. 血栓闭塞性脉管炎临床表现 5. 血栓闭塞性脉管炎手术后病情观察重点	

续表

教学重点、难点与常考知识点	常考知识点： 1.下肢静脉曲张的发病机制和病理生理 2.下肢静脉曲张的临床表现及处理原则 3.下肢静脉曲张的健康指导 4.血栓闭塞性脉管炎的病理生理和护理评估 5.血栓闭塞性脉管炎的护理及健康指导
教学时数	2
教学方法与手段	采用三段式线上线下混合式教学法，具体采用讲授法、情境案例教学法、自主探究学习法等方法
育人案例引用	无
考核方式	课前线上理论测试、上课考勤、课中学习参与情况评价、课后线上理论测试
任务9-1：认知下肢静脉曲张病人的护理	
相关知识点	病因及发病机制，病理生理，护理（评估、诊断、目标、措施、评价）
相关实操技能	无
相关实训	无
教师注意事项	做好"岗课赛证"融通
学习资源	PPT、思维导图、图片、视频、教辅资料、护理行业相关学习资源、护考题库及参考资料等
任务9-2：认知血管闭塞性脉管炎病人的护理	
相关知识点	病因及发病机制，病理生理，护理（评估、诊断、目标、措施、评价）
相关实操技能	无
相关实训	无
教师注意事项	做好"岗课赛证"融通
学习资源	PPT、思维导图、图片、视频、教辅资料、护理行业相关学习资源、护考题库及参考资料等

能力单元十：认知泌尿、男性生殖系统疾病的主要症状和检查		
教学目标	知识目标	1.知道泌尿、男性生殖系统疾病的主要症状 2.知道泌尿、男性生殖系统疾病的检查和护理
	能力目标	具备一定的评判性思维和临床护理决策能力
	素质目标	1.具备严谨慎独、实事求是的工作作风 2.具备爱心、耐心、细心、责任心、同情心、一切以病人为中心的职业素养 3.具备尊重病人、保护病人隐私的伦理原则 4.具备严格的无菌观念及感控意识
教学重点、难点与常考知识点		重点： 1.泌尿、男性生殖系统疾病的主要症状 2.泌尿、男性生殖系统疾病的器械检查的护理 3.泌尿、男性生殖系统疾病的影像学检查的护理

续表

教学重点、难点与常考知识点	难点： 1. 泌尿、男性生殖系统疾病的器械检查 2. 泌尿、男性生殖系统疾病的影像学检查 常考知识点： 1. 泌尿、男性生殖系统疾病的主要症状（膀胱刺激症、尿失禁、尿液异常） 2. 泌尿、男性生殖系统疾病的器械检查的护理 3. 泌尿、男性生殖系统疾病的影像学检查的护理
教学时数	2
教学方法与手段	采用三段式线上线下混合式教学法，具体采用讲授法、自主探究学习法等方法
育人案例引用	无
考核方式	课前线上理论测试、上课考勤、课中学习参与情况评价、课后线上理论测试

任务 10-1：认知泌尿、男性生殖系统疾病的主要症状

相关知识点	疼痛，膀胱刺激症，梗阻症状，尿失禁，遗尿，尿液异常，尿道分泌物，男性性功能症状
相关实操技能	无
相关实训	无
教师注意事项	做好"岗课赛证"融通
学习资源	PPT、思维导图、图片、视频、教辅资料、护理行业相关学习资源、护考题库及参考资料等

任务 10-2：认知泌尿、男性生殖系统疾病的常用检查及护理

相关知识点	实验室检查、器械检查、影像学检查及护理
相关实操技能	无
相关实训	无
教师注意事项	做好"岗课赛证"融通
学习资源	PPT、思维导图、图片、视频、教辅资料、护理行业相关学习资源、护考题库及参考资料等

能力单元十一：认知泌尿系统损伤疾病病人的护理

教学目标	知识目标	1. 知道肾损伤、膀胱损伤、尿道损伤病人的护理措施 2. 知道肾损伤、膀胱损伤、尿道损伤的症状、体征、辅助检查、处理原则 3. 了解肾损伤、膀胱损伤、尿道损伤的病因和病理生理
	能力目标	1. 能为肾损伤病人制订护理计划 2. 具备一定的评判性思维和临床护理决策能力
	素质目标	1. 具备敬佑生命、救死扶伤的职业精神 2. 具备爱心、耐心、细心、责任心、同情心、一切以病人为中心的职业素养 3. 具备尊重病人、保护病人隐私的伦理原则 4. 具备严格的无菌观念

教学重点、难点与常考知识点	重点： 1. 肾损伤病人的护理措施：非手术治疗病人的护理，手术治疗病人的护理 2. 膀胱损伤病人的护理措施：导尿管的护理，膀胱造瘘管的护理 3. 尿道损伤病人的护理措施：预防感染的措施，尿道扩张术的护理 难点： 1. 肾损伤的病理 2. 膀胱损伤的病理 3. 尿道损伤的病理 常考知识点： 1. 肾损伤的护理措施（非手术治疗病人的病情观察、术后护理） 2. 膀胱损伤的护理措施（导尿管的护理、膀胱造瘘管的护理） 3. 尿道损伤病人的护理措施（预防感染、尿道扩张术的护理）
教学时数	2
教学方法与手段	采用三段式线上线下混合式教学法，具体采用讲授法、情境案例教学法、自主探究学习法等方法
育人案例引用	侵犯病人隐私的医疗纠纷事件
考核方式	课前线上理论测试、上课考勤、课中学习参与情况评价（回答问题、分享心得体会、参与线上主题讨论）、课后线上理论测试

任务 11-1：认知肾损伤病人的护理

相关知识点	病因，护理（评估、诊断、目标、措施、评价）
相关实操技能	无
相关实训	无
教师注意事项	做好"岗课赛证"融通
学习资源	PPT、思维导图、图片、视频、教辅资料、护理行业相关学习资源、护考题库及参考资料等

任务 11-2：认知膀胱损伤病人的护理

相关知识点	病因，护理（评估、诊断、目标、措施、评价）
相关实操技能	无
相关实训	无
教师注意事项	做好"岗课赛证"融通
学习资源	PPT、思维导图、图片、视频、教辅资料、护理行业相关学习资源、护考题库及参考资料等

任务 11-3：认知尿道损伤病人的护理

相关知识点	病因，护理（评估、诊断、目标、措施、评价）
相关实操技能	无
相关实训	无
教师注意事项	做好"课程思政"（侵犯病人隐私的医疗纠纷事件）及"岗课赛证"融通
学习资源	PPT、思维导图、图片、视频、教辅资料、护理行业相关学习资源、护考题库及参考资料、育人案例等

能力单元十二：认知并实践尿石症病人的护理		
教学目标	知识目标	1. 知道尿石症病人的护理措施 2. 知道尿石症病人的症状、体征、辅助检查和处理原则 3. 了解尿石症病人的病因和病理生理
	能力目标	1. 能对上尿路结石病人实施整体护理 2. 具备良好的沟通交流能力和一定的评判性思维、临床护理决策能力
	素质目标	1. 具备救死扶伤的职业精神 2. 具备爱心、耐心、细心、责任心、同情心、一切以病人为中心的职业素养 3. 具备尊重病人、保护病人隐私的伦理原则 4. 具备团队合作精神 5. 具备严格的无菌观念
教学重点、难点与常考知识点		重点： 1. 上尿路结石的症状、体征和处理原则 2. 上尿路结石非手术治疗病人的护理 3. 上尿路结石体外冲击波碎石病人的护理 4. 上尿路结石内镜碎石术的护理 5. 上尿路结石手术治疗病人的护理 6. 上尿路结石病人的饮食指导和用药指导 难点： 1. 上尿路结石的病因 2. 上尿路结石的病理生理 3. 上尿路结石病人的饮食指导 常考知识点： 1. 尿石症病人的典型症状 2. 体外冲击波碎石病人的护理 3. 手术治疗病人的护理 4. 饮食指导和用药指导 5. 引流管的护理：肾周围引流管的护理，肾造瘘管的护理，双"J"管的护理
教学时数		4
教学方法与手段		采用三段式线上线下混合式教学法，具体采用讲授法、情境案例教学法、任务驱动法、小组合作学习法、自主探究学习法等方法
育人案例引用		无
考核方式		课前线上理论测试、上课考勤、课中学习参与情况评价（回答问题、护理实践）、课后线上理论测试
任务 12-1：认知并实践上尿路结石病人的护理		
相关知识点		病因，病理生理，护理（评估、诊断、目标、措施、评价）
相关实操技能		无
相关实训		上尿路结石病人的护理（2学时）
教师注意事项		做好"岗课赛证"融通，多措并举提高实训质量
学习资源		PPT、思维导图、图片、视频、教辅资料、护理行业相关学习资源、护考题库及参考资料、实训案例及器材等
任务 12-2：认知下尿路结石病人的护理		
相关知识点		病因，病理生理，护理（评估、诊断、目标、措施、评价）
相关实操技能		无

相关实训	无
教师注意事项	做好"岗课赛证"融通
学习资源	PPT、思维导图、图片、视频、教辅资料、护理行业相关学习资源、护考题库及参考资料等

能力单元十三：认知泌尿、男性生殖系统结核病人的护理		
教学目标	知识目标	1. 知道泌尿、男性生殖系统结核病人的护理措施 2. 知道泌尿、男性生殖系统结核病人的症状、体征、辅助检查和处理原则 3. 了解泌尿、男性生殖系统结核病人的病因和病理生理
	能力目标	具备一定的评判性思维和临床护理决策能力
	素质目标	1. 具备爱心、耐心、细心、责任心、同情心、一切以病人为中心的职业素养 2. 具备尊重病人、保护病人隐私的伦理原则 3. 具备严格的感控意识
教学重点、难点与常考知识点		重点： 1. 肾结核病人的症状 2. 肾结核病人的治疗原则 3. 肾结核病人的术前护理 4. 肾结核病人的术后护理 5. 肾结核病人的健康指导 难点： 1. 肾结核病人的病理生理 2. 肾结核病人的辅助检查 3. 肾结核病人的处理原则 常考知识点： 1. 肾结核病人的症状和处理原则 2. 肾结核病人的用药护理和用药指导 3. 肾结核病人的术后病情观察 4. 肾结核病人术后引流管的护理
教学时数		0学时（安排自学）
教学方法与手段		采用自主探究学习法
育人案例引用		无
考核方式		线上理论测试
任务13-1：认知肾结核病人的护理		
相关知识点		病因，病理生理，护理（评估、诊断、目标、措施、评价）
相关实操技能		无
相关实训		无
教师注意事项		无
学习资源		教辅资料、护理行业相关学习资源、护考题库及参考资料等
任务13-2：认知男性生殖系统结核病人的护理		
相关知识点		病因，病理生理，护理（评估、诊断、目标、措施、评价）

相关实操技能	无
相关实训	无
教师注意事项	无
学习资源	教辅资料、护理行业相关学习资源、护考题库及参考资料等

<table>
<tr><td colspan="3" align="center">能力单元十四：认知泌尿、男性生殖系统肿瘤病人的护理</td></tr>
<tr><td rowspan="3">教学目标</td><td>知识目标</td><td>1. 知道泌尿、男性生殖系统肿瘤病人的护理措施
2. 知道泌尿、男性生殖系统肿瘤病人的症状、体征、辅导检查和处理原则
3. 了解肾癌、膀胱癌、前列腺癌的病因和病理</td></tr>
<tr><td>能力目标</td><td>1. 能为膀胱癌病人制订护理计划
2. 具备一定的评判性思维和临床护理决策能力</td></tr>
<tr><td>素质目标</td><td>1. 具备爱心、耐心、细心、责任心、同情心、一切以病人为中心的职业素养
2. 具备尊重病人、保护病人隐私的伦理原则</td></tr>
<tr><td>教学重点、难点与常考知识点</td><td colspan="2">重点：
1. 肾癌病人术后健肾功能的观察
2. 膀胱癌病人的护理措施：引流管的护理，膀胱灌注化疗的护理，造口护理，新膀胱冲洗的护理，并发症的护理，原位膀胱功能训练
3. 前列腺癌病人的并发症的预防、护理和健康指导
难点：
1. 肾癌的病因及病理
2. 膀胱癌的病因和病理
3. 前列腺癌病人的病理
常考知识点：
1. 膀胱癌病人的护理措施：引流管的护理，膀胱灌注化疗的护理，造口护理，新膀胱冲洗的护理，并发症的护理，原位膀胱功能训练
2. 前列腺癌病人的并发症的预防、护理和健康指导</td></tr>
<tr><td>教学时数</td><td colspan="2">2</td></tr>
<tr><td>教学方法与手段</td><td colspan="2">采用三段式线上线下混合式教学法，具体采用讲授法、情境案例教学法、自主探究学习法等方法</td></tr>
<tr><td>育人案例引用</td><td colspan="2">无</td></tr>
<tr><td>考核方式</td><td colspan="2">课前线上理论测试、上课考勤、课中学习参与情况评价、课后线上理论测试</td></tr>
<tr><td colspan="3" align="center">任务 14-1：认知肾癌病人的护理</td></tr>
<tr><td>相关知识点</td><td colspan="2">病因及病理，护理（评估、诊断、目标、措施、评价）</td></tr>
<tr><td>相关实操技能</td><td colspan="2">无</td></tr>
<tr><td>相关实训</td><td colspan="2">无</td></tr>
<tr><td>教师注意事项</td><td colspan="2">做好"岗课赛证"融通</td></tr>
<tr><td>学习资源</td><td colspan="2">PPT、思维导图、图片、视频、教辅资料、护理行业相关学习资源、护考题库及参考资料等</td></tr>
<tr><td colspan="3" align="center">任务 14-2：认知膀胱癌病人的护理</td></tr>
<tr><td>相关知识点</td><td colspan="2">病因及病理，护理（评估、诊断、目标、措施、评价）</td></tr>
</table>

续表

相关实操技能	无
相关实训	无
教师注意事项	做好"岗课赛证"融通
学习资源	PPT、思维导图、图片、视频、教辅资料、护理行业相关学习资源、护考题库及参考资料等
任务 14-3：认知前列腺癌病人的护理	
相关知识点	病因及病理，护理（评估、诊断、目标、措施、评价）
相关实操技能	无
相关实训	无
教师注意事项	做好"岗课赛证"融通
学习资源	PPT、思维导图、图片、视频、教辅资料、护理行业相关学习资源、护考题库及参考资料等

能力单元十五：认知良性前列腺增生病人的护理		
教学目标	知识目标	1. 知道前列腺增生病人的护理措施 2. 知道前列腺增生病人的症状、体征、辅助检查、处理原则 3. 了解前列腺增生病人的病因和病理生理
	能力目标	1. 能为前列腺增生病人制订护理计划 2. 具备一定的评判性思维和临床护理决策能力
	素质目标	1. 具备爱心、耐心、细心、责任心、同情心、一切以病人为中心的职业素养 2. 具备尊重病人、保护病人隐私的伦理原则
教学重点、难点与常考知识点		重点： 1. 良性前列腺增生症病人的非手术治疗的护理 / 术前护理：急性尿潴留的护理，用药护理，术前准备 2. 良性前列腺增生症病人的术后护理：膀胱冲洗的护理，引流管的护理，并发症的护理 3. 良性前列腺增生症病人的康复指导 难点： 1. 良性前列腺增生症病人的病理生理 2. 良性前列腺增生症病人术后并发症的护理 常考知识点： 1. 良性前列腺增生症病人的最重要的症状：进行性排尿困难 2. 良性前列腺增生症病人的非手术治疗的护理 / 术前护理：急性尿潴留的护理，用药护理，术前准备 3. 良性前列腺增生症病人的术后护理：膀胱冲洗的护理，引流管的护理，并发症的护理
教学时数		2
教学方法与手段		采用三段式线上线下混合式教学法，具体采用讲授法、情境案例教学法、自主探究学习法等方法
育人案例引用		无
考核方式		课前线上理论测试、上课考勤、课中学习参与情况评价、课后线上理论测试

任务 15：认知良性前列腺增生病人的护理	
相关知识点	病因及发病机制，病理生理，护理（评估、诊断、目标、措施、评价）
相关实操技能	无
相关实训	无
教师注意事项	做好"岗课赛证"融通
学习资源	PPT、思维导图、图片、视频、教辅资料、护理行业相关学习资源、护考题库及参考资料等

能力单元十六：认知肾移植病人的护理		
教学目标	知识目标	1. 知道肾移植病人的护理措施 2. 知道肾移植病人的健康指导要点 3. 了解移植物的贮存方法
	能力目标	具备一定的评判性思维和临床护理决策能力
	素质目标	1. 具备爱心、耐心、细心、责任心、同情心、一切以病人为中心的职业素养 2. 具备尊重病人、保护病人隐私的伦理原则 3. 具备严格的无菌观念及感控意识
教学重点、难点与常考知识点		重点： 1. 器官移植分类 2. 肾移植病人的术后护理 3. 肾移植病人的健康指导 难点： 1. 适应证与禁忌证 2. 供者的选择 3. 并发症的护理 常考知识点： 1. 器官移植分类 2. 肾移植病人的术后护理 3. 肾移植病人的健康指导
教学时数		0 学时（安排自学）
教学方法与手段		采用自主探究学习法
育人案例引用		无
考核方式		线上理论测试
任务 16：认知肾移植病人的护理		
相关知识点		概述（器官移植的分类、移植物的储存、供者的选择、适应证与并发症），护理（评估、诊断、目标、措施、评价）
相关实操技能		无
相关实训		无
教师注意事项		无
学习资源		PPT、思维导图、图片、视频、教辅资料、护理行业相关学习资源、护考题库及参考资料等

		能力单元十七：认知并实践骨折病人的护理
教学目标	知识目标	1. 知道骨折的专有体征、处理原则和急救措施，知道四肢骨折、脊柱骨折及脊髓损伤病人的护理措施 2. 知道骨折的并发症和临床愈合标准，知道四肢骨折、脊柱骨折及脊髓损伤病人的症状和体征 3. 了解骨折的病因、分类、愈合过程
	能力目标	1. 熟练完成脊柱损伤病人的搬运及翻身 2. 能对股骨干骨折病人实施整体护理 3. 能对脊柱损伤病人实施整体护理 4. 具备良好的沟通交流能力和一定的评判性思维、临床护理决策能力
	素质目标	1. 具备敬佑生命、救死扶伤的职业精神 2. 具备爱岗敬业、吃苦耐劳、严谨慎独、实事求是的工作作风 3. 具备爱心、耐心、细心、责任心、同情心、一切以病人为中心的职业素养 4. 具备团队合作精神 5. 具备严格的无菌观念及感控意识
教学重点、难点与常考知识点		重点： 1. 骨折的定义 2. 骨折的临床表现 3. 骨折并发症 4. 骨折急救 5. 骨折治疗原则：复位，固定，功能锻炼 6. 骨折的护理诊断 7. 骨折病人的护理措施 8. 常见四肢骨折的护理要点 9. 桡骨下段伸直型骨折的临床特点 10. 股骨颈骨折的临床特点 11. 脊柱骨折及脊髓损伤的临床表现 12. 脊柱骨折及脊髓损伤的护理诊断 13. 脊柱骨折及脊髓损伤的护理措施 难点： 1. 骨折的病因、分类 2. 骨折并发症 3. 骨折愈合过程 4. 影响骨折愈合的因素 5. 骨折的处理 6. 牵引的分类及操作方法 7. 石膏固定的方法 8. 小夹板固定的方法 9. 脊柱骨折及脊髓损伤的分类及临床特点 10. 脊柱骨折及脊髓损伤的处理原则及搬运方法 常考知识点： 1. 骨折的专有体征 2. 骨折的并发症 3. 骨折功能锻炼的原则 4. 牵引的护理 5. 石膏固定的护理 6. 内固定术后的护理 7. 股骨颈骨折的临床特点及护理要点 8. 截瘫的护理
教学时数		6

续表

教学方法与手段	采用三段式线上线下混合式教学法，具体采用讲授法、情境案例教学法、角色扮演教学法、小组合作学习法、自主探究学习法等方法
育人案例引用	颈椎骨折病人翻身导致抢救案例
考核方式	课前线上理论测试、上课考勤、课中学习参与情况评价（回答问题、分享心得体会、参与线上主题讨论、护理实践）、课后线上理论测试

任务 17-1：认知骨折的概述	
相关知识点	骨折的定义、病因、分类、临床表现和诊断、并发症、愈合过程及影响因素、急救、治疗
相关实操技能	无
相关实训	无
教师注意事项	做好"岗课赛证"融通
学习资源	PPT、思维导图、图片、视频、教辅资料、护理行业相关学习资源、护考题库及参考资料等

任务 17-2：认知并实践常见四肢骨折病人的护理	
相关知识点	护理（评估、诊断、目标、措施、评价）
相关实操技能	无
相关实训	股骨干骨折病人的护理（2学时）
教师注意事项	做好"岗课赛证"融通，多措并举提高实训质量
学习资源	PPT、思维导图、图片、视频、教辅资料、护理行业相关学习资源、护考题库及参考资料、实训案例及器材等

任务 17-3：认知并实践脊柱骨折及脊髓损伤病人的护理	
相关知识点	病因及病理，护理（评估、诊断、目标、措施、评价）
相关实操技能	轴线翻身技术
相关实训	脊柱损伤病人的护理（2学时）
教师注意事项	做好"课程思政"（颈椎骨折病人翻身导致抢救案例）和"岗课赛证"融通，多措并举提高实训质量
学习资源	PPT、思维导图、图片、视频、教辅资料、护理行业相关学习资源、护考题库及参考资料、育人案例、实训案例及器材等

能力单元十八：认知关节脱位病人的护理		
教学目标	知识目标	1. 知道常见关节脱位病人的护理措施和健康指导 2. 知道常见关节脱位专有体征、处理原则、护理评估、常见护理诊断/问题 3. 了解关节脱位的概念、病因及分类
	能力目标	1. 能为肩关节脱位病人制订护理计划 2. 能综合运用护理程序对病人实施整体护理
	素质目标	1. 具备救死扶伤的职业精神 2. 具备爱心、耐心、细心、责任心、同情心、一切以病人为中心的职业素养

教学重点、难点与常考知识点	重点： 1. 关节脱位的特有体征 2. 关节脱位的治疗原则 3. 常见关节脱位病人的护理措施：肩关节脱位，肘关节脱位，髋关节脱位 难点： 1. 肩关节脱位的分类、Dugas 征阳性 2. 肘关节脱位的并发症 3. 髋关节脱位的并发症及健康指导 常考知识点： 1. 关节脱位的特有体征及治疗原则 2. 常见关节脱位的护理
教学时数	2
教学方法与手段	采用三段式线上线下混合式教学法，具体采用讲授法、情境案例教学法、自主探究学习法等方法
育人案例引用	无
考核方式	课前线上理论测试、上课考勤、课中学习参与情况评价、课后线上理论测试

任务 18-1：认知关节脱位的概述

相关知识点	关节脱位的病因及分类、病理生理、临床表现、辅助检查、处理原则
相关实操技能	无
相关实训	无
教师注意事项	做好"岗课赛证"融通
学习资源	PPT、思维导图、图片、视频、教辅资料、护理行业相关学习资源、护考题库及参考资料等

任务 18-2：认知常见关节脱位病人的护理

相关知识点	护理（评估、诊断、目标、措施、评价）
相关实操技能	无
相关实训	无
教师注意事项	做好"岗课赛证"融通
学习资源	PPT、思维导图、图片、视频、教辅资料、护理行业相关学习资源、护考题库及参考资料等

能力单元十九：认知骨与关节感染病人的护理		
教学目标	知识目标	1. 知道急性血源性骨髓炎、化脓性关节炎及骨与关节结核病人的护理措施和健康指导 2. 知道急性血源性骨髓炎、化脓性关节炎及骨与关节结核病人的临床表现、处理原则、护理评估、常见护理诊断/问题 3. 了解化脓性骨髓炎、骨与关节结核的病因和病理生理
	能力目标	具备一定的评判性思维和临床护理决策能力
	素质目标	1. 具备爱心、耐心、细心、责任心、同情心、一切以病人为中心的职业素养 2. 具备严格的无菌观念及感控意识

教学重点、难点与常考知识点	重点： 1. 急性血源性骨髓炎的临床表现、治疗原则 2. 化脓性关节炎的临床表现、治疗原则 3. 骨与关节结核的临床表现、治疗原则 4. 骨与关节感染病人的护理措施：急性血源性骨髓炎病人的护理措施，化脓性关节炎病人的护理措施，骨与关节结核病人的护理措施 难点： 1. 急、慢性血源性骨髓炎的病理生理 2. 化脓性关节炎的病理生理 3. 骨关节结核的病理生理 4. 骨与关节结核的临床表现 常考知识点： 1. 化脓性骨髓炎概念、感染途径及病因 2. 化脓性骨髓炎的临床表现 3. 化脓性骨髓炎术后引流管的护理 4. 化脓性关节炎病因及临床表现 5. 骨与关节结核的临床表现及护理措施
教学时数	2
教学方法与手段	采用三段式线上线下混合式教学法，具体采用讲授法、情境案例教学法、自主探究学习法等方法
育人案例引用	无
考核方式	课前线上理论测试、上课考勤、课中学习参与情况评价、课后线上理论测试
任务 19-1：认知化脓性骨髓炎病人的护理	
相关知识点	病因及发病机制，病理生理，护理（评估、诊断、目标、措施、评价）
相关实操技能	无
相关实训	无
教师注意事项	做好"岗课赛证"融通
学习资源	PPT、思维导图、图片、视频、教辅资料、护理行业相关学习资源、护考题库及参考资料等
任务 19-2：认知化脓性关节炎病人的护理	
相关知识点	病因及发病机制，病理生理，护理（评估、诊断、目标、措施、评价）
相关实操技能	无
相关实训	无
教师注意事项	做好"岗课赛证"融通
学习资源	PPT、思维导图、图片、视频、教辅资料、护理行业相关学习资源、护考题库及参考资料等

能力单元二十：认知肩颈痛与腰腿痛病人的护理		
教学目标	知识目标	1. 知道肩颈痛与腰腿痛病人的护理措施和健康指导 2. 知道肩颈痛与腰腿痛病人的临床表现、处理原则、护理评估、常见护理诊断／问题 3. 了解肩颈痛与腰腿痛病人的病因和病理生理

教学目标	能力目标	具备一定的评判性思维和临床护理决策能力
	素质目标	1. 具备救死扶伤的职业精神 2. 具备爱心、耐心、细心、责任心、同情心、一切以病人为中心的职业素养
教学重点、难点与常考知识点		重点： 1. 颈椎病的临床表现、治疗原则 2. 腰椎间盘突出症的临床表现、治疗原则 3. 肩颈痛与腰腿痛病人的护理措施：颈椎病病人的护理措施，腰椎间盘突出症病人的护理措施 难点： 1. 颈椎病的分型 2. 颈椎病的临床表现 3. 腰椎间盘突出症的分型 4. 腰椎间盘突出症的临床表现 常考知识点： 1. 颈椎病及腰椎间盘突出症的概念 2. 颈椎病及腰椎间盘突出症的病因、分类 3. 颈椎病及腰椎间盘突出症的临床表现 4. 颈椎病及腰椎间盘突出症的护理措施
教学时数		2
教学方法与手段		采用三段式线上线下混合式教学法，具体采用讲授法、情境案例教学法、任务驱动法、小组合作学习法、自主探究学习法等方法
育人案例引用		无
考核方式		课前线上理论测试、上课考勤、课中学习参与情况评价、课后线上理论测试
任务20-1：认知颈椎病病人的护理		
相关知识点		病因及发病机制，病理生理，护理（评估、诊断、目标、措施、评价）
相关实操技能		无
相关实训		无
教师注意事项		做好"岗课赛证"融通
学习资源		PPT、思维导图、图片、视频、教辅资料、护理行业相关学习资源、护考题库及参考资料等
任务20-2：认知腰腿痛病人的护理		
相关知识点		病因及发病机制，病理生理，护理（评估、诊断、目标、措施、评价）
相关实操技能		无
相关实训		无
教师注意事项		做好"岗课赛证"融通
学习资源		PPT、思维导图、图片、视频、教辅资料、护理行业相关学习资源、护考题库及参考资料等

能力单元二十一：认知常见骨肿瘤病人的护理		
教学目标	知识目标	1. 知道骨软骨瘤、骨肉瘤和骨巨细胞瘤的护理措施和健康指导 2. 熟悉常见骨肿瘤的临床表现、处理原则、护理评估、常见护理诊断 / 问题 3. 了解骨肿瘤的概念、病理及分类
	能力目标	具备一定的评判性思维和临床护理决策能力
	素质目标	1. 具备救死扶伤的职业精神 2. 具备爱心、耐心、细心、责任心、同情心、一切以病人为中心的职业素养 3. 具备尊重病人、保护病人隐私的伦理原则
教学重点、难点与 常考知识点		重点： 1. 骨软骨瘤的临床表现、治疗原则 2. 骨巨细胞瘤的临床表现、治疗原则 3. 骨肉瘤的临床表现、治疗原则 4. 骨肿瘤病人的护理措施：术前护理，术后护理，健康指导 难点： 1. 骨肿瘤的分类及外科分期 2. 骨肿瘤的临床表现 3. 骨肿瘤的典型 X 线表现 常考知识点： 1. 骨肿瘤的概念 2. 骨肿瘤的病因、分类 3. 骨肿瘤的临床表现及 X 线检查 4. 骨肿瘤的护理措施
教学时数		2
教学方法与手段		采用三段式线上线下混合式教学法，具体采用讲授法、情境案例教学法、任务驱动法、小组合作学习法、自主探究学习法等方法
育人案例引用		无
考核方式		课前线上理论测试、上课考勤、课中学习参与情况评价、课后线上理论测试
任务 21：认知常见骨肿瘤病人的护理		
相关知识点		病因及发病机制，护理（评估、诊断、目标、措施、评价）
相关实操技能		无
相关实训		无
教师注意事项		做好"岗课赛证"融通
学习资源		PPT、思维导图、图片、视频、教辅资料、护理行业相关学习资源、护考题库及参考资料等

能力单元二十二：认知断肢（指）再植病人的护理		
教学目标	知识目标	1. 知道断肢（指）再植病人的护理措施、急救护理 2. 知道断肢（指）再植病人的临床表现、处理原则、常见护理诊断 / 问题 3. 了解断肢（指）再植的病因和病理
	能力目标	具备一定的评判性思维和临床护理决策能力
	素质目标	1. 具备救死扶伤的职业精神 2. 具备爱心、耐心、细心、责任心、同情心、一切以病人为中心的职业素养 3. 具备严格的无菌观念

教学重点、难点与 常考知识点	重点： 1.断肢（指）再植的临床表现、治疗原则 2.断肢（指）再植的现场急救 3.骨肉瘤的临床表现、治疗原则 4.断肢（指）再植的护理措施：术前护理，术后护理，健康指导 难点： 1.断肢（指）再植的病理 2.现场急救与断肢的处理 3.断肢（指）再植的术后病情观察 常考知识点： 1.断肢（指）再植的概念 2.断肢（指）再植的病因、分类 3.断肢（指）再植的临床表现 4.断肢（指）再植的护理措施
教学时数	0学时（安排自学）
教学方法与手段	采用自主探究学习法
育人案例引用	无
考核方式	线上理论测试
任务22：认知断肢（指）再植病人的护理	
相关知识点	病因及病理，护理（评估、诊断、目标、措施、评价）
相关实操技能	无
相关实训	无
教师注意事项	无
学习资源	教辅资料、护理行业相关学习资源、护考题库及参考资料等

		能力单元二十三：认知关节置换病人的护理
教学目标	知识目标	1.知道常见关节置换病人的护理措施、健康指导 2.知道关节置换病人的常见护理诊断/问题 3.了解常见髋、膝关节置换术的适应证和禁忌证
	能力目标	1.能为髋关节置换病人制订护理计划 2.具备一定的评判性思维和临床护理决策能力
	素质目标	1.具备救死扶伤的职业精神 2.具备严谨慎独的工作作风 3.具备爱心、耐心、细心、责任心、同情心、一切以病人为中心的职业素养 4.具备严格的无菌观念及感控意识
教学重点、难点与 常考知识点		重点： 1.人工髋关节置换的适应证及禁忌证 2.人工膝关节置换的适应证及禁忌证 3.关节置换术病人的护理措施：人工髋关节置换病人的护理措施，人工膝关节置换病人的护理措施

教学重点、难点与常考知识点	难点： 1. 人工髋关节置换术后并发症的观察与护理 2. 人工膝关节置换术后并发症的观察与护理 常考知识点： 1. 人工髋关节置换的适应证及禁忌证 2. 人工膝关节置换的适应证及禁忌证 3. 人工髋关节置换术后并发症的观察与护理 4. 人工膝关节置换术后并发症的观察与护理 5. 人工髋关节置换术后病人健康指导 6. 人工膝关节置换术后病人健康指导
教学时数	2
教学方法与手段	采用三段式线上线下混合式教学法，具体采用讲授法、情境案例教学法、自主探究学习法等方法
育人案例引用	无
考核方式	课前线上理论测试、上课考勤、课中学习参与情况评价、课后线上理论测试
任务 23-1：认知人工髋关节置换病人的护理	
相关知识点	概述，护理（评估、诊断、目标、措施、评价）
相关实操技能	无
相关实训	无
教师注意事项	做好"岗课赛证"融通
学习资源	PPT、思维导图、图片、视频、教辅资料、护理行业相关学习资源、护考题库及参考资料等
任务 23-2：认知人工膝关节置换病人的护理	
相关知识点	概述，护理（评估、诊断、目标、措施、评价）
相关实操技能	无
相关实训	无
教师注意事项	做好"岗课赛证"融通
学习资源	PPT、思维导图、图片、视频、教辅资料、护理行业相关学习资源、护考题库及参考资料等

能力单元二十四：认知皮肤性病学总论		
教学目标	知识目标	1. 知道皮肤病的症状、治疗和护理措施 2. 知道外用药的使用原则及做好事项 3. 了解皮肤病的预防和诊断
	能力目标	具备一定的评判性思维和临床护理决策能力
	素质目标	1. 具备爱心、耐心、细心、责任心、同情心、一切以病人为中心的职业素养 2. 具备尊重病人、保护病人隐私的伦理原则 3. 具备严格的感控意识

教学重点、难点与常考知识点	重点： 1. 皮肤的生理功能 2. 皮肤病的自觉症状 3. 原发性皮损 4. 继发性皮损 5. 皮肤病的护理措施 6. 皮肤的生理功能 7. 皮肤病的自觉症状 8. 原发性皮损：斑疹、斑块、丘疹、风团、水疱和大疱、脓疱、结节、囊肿 9. 继发性皮损：糜烂、溃疡、鳞屑、浸渍、裂隙、瘢痕、萎缩、抓痕、苔藓样变、痂 10. 皮肤病的护理措施 难点： 1. 外用药物的剂型选择及适应证 2. 外用药物的用药原则 3. 使用外用药物的注意事项：用药浓度，用药部位，用药方法，用药反应 4. 皮损的清洁与护理 5. 外用药物的剂型选择及适应证 6. 外用药物的用药原则 常考知识点： 1. 皮肤的组成 2. 皮肤的生理功能 3. 皮肤病的客观体征 4. 外用药物的用药原则 5. 皮肤病的护理措施
教学时数	0 学时（安排自学）
教学方法与手段	采用自主探究学习法
育人案例引用	无
考核方式	线上理论测试
任务 24：认知皮肤性病学总论	
相关知识点	护理（评估、诊断、目标、措施、评价）
相关实操技能	无
相关实训	无
教师注意事项	无
学习资源	PPT、教辅资料、护理行业相关学习资源、护考题库及参考资料等

能力单元二十五：认知变态反应性皮肤病病人的护理		
教学目标	知识目标	1. 知道皮肤病的症状、治疗和护理措施 2. 知道外用药的使用原则及做好事项 3. 了解皮肤病的预防和诊断
	能力目标	具备一定的评判性思维和临床护理决策能力
	素质目标	1. 具备爱心、耐心、细心、责任心、同情心、一切以病人为中心的职业素养 2. 具备尊重病人、保护病人隐私的伦理原则 3. 具备严格的感控意识

教学重点、难点与 常考知识点	重点： 1. 接触性皮炎的病因与发病机制 2. 接触性皮炎的临床表现 3. 接触性皮炎的健康宣教 4. 湿疹的临床表现 5. 湿疹的处理原则 6. 湿疹的护理措施：皮肤护理，用药护理，瘙痒护理，浴疗配合 7. 药疹的病因与发病机制 8. 药疹的类型及表现 9. 药疹的处理原则 10. 重症药疹的护理：皮损护理，用药护理，饮食护理，预防并发症 11. 荨麻疹的病因与发病机制 12. 荨麻疹的临床表现 13. 荨麻疹的护理：用药护理，急救护理 难点： 1. 湿疹的用药护理 2. 重症药疹的护理：皮损护理，用药护理，饮食护理，预防并发症 3. 荨麻疹的急救护理 常考知识点： 1. 接触性皮炎的临床表现：急性、亚急性、慢性和特殊类型的接触性皮炎 2. 接触性皮炎的护理措施 3. 湿疹的概念 4. 湿疹的用药方法 5. 药疹的临床表现 6. 药疹的护理方法 7. 荨麻疹的临床表现
教学时数	0学时（安排自学）
教学方法与手段	采用自主探究学习法
育人案例引用	无
考核方式	线上理论测试
任务25-1：认知接触性皮炎病人的护理	
相关知识点	病因及发病机制，护理（评估、诊断、目标、措施、评价）
相关实操技能	无
相关实训	无
教师注意事项	无
学习资源	教辅资料、护理行业相关学习资源、护考题库及参考资料等
任务25-2：认知湿疹病人的护理	
相关知识点	病因及发病机制，护理（评估、诊断、目标、措施、评价）
相关实操技能	无
相关实训	无
教师注意事项	无
学习资源	教辅资料、护理行业相关学习资源、护考题库及参考资料等

续表

任务25-3：认知药疹皮炎病人的护理	
相关知识点	病因及发病机制，护理（评估、诊断、目标、措施、评价）
相关实操技能	无
相关实训	无
教师注意事项	无
学习资源	教辅资料、护理行业相关学习资源、护考题库及参考资料等
任务25-4：认知荨麻疹病人的护理	
相关知识点	护理（评估、诊断、目标、措施、评价）
相关实操技能	无
相关实训	无
教师注意事项	无
学习资源	教辅资料、护理行业相关学习资源、护考题库及参考资料等

能力单元二十六：认知感染性皮肤病病人的护理		
教学目标	知识目标	1. 知道病毒性皮肤病、脓疱疮病人的护理措施 2. 知道病毒性皮肤病、脓疱疮的皮损特点 3. 了解病毒性皮肤病、脓疱疮的病因及发病机制
	能力目标	具备一定的评判性思维和临床护理决策能力
	素质目标	1. 具备爱心、耐心、细心、责任心、同情心、一切以病人为中心的职业素养 2. 具备尊重病人、保护病人隐私的伦理原则 3. 具备严格的感控意识
教学重点、难点与 常考知识点	重点： 1. 单纯疱疹的病因与发病机制 2. 单纯疱疹的临床表现 3. 单纯疱疹的护理措施 4. 带状疱疹的病因与发病机制 5. 带状疱疹的临床表现 6. 带状疱疹的护理措施：皮肤护理，用药护理，疼痛护理 7. 脓疱疮的病因与发病机制 8. 脓疱疮的类型及表现 9. 脓疱疮的治疗原则 10. 脓疱疮的护理措施：皮损护理，用药护理，饮食护理，预防并发症 难点： 1. 单纯疱疹的表现及处理原则 2. 带状疱疹的临床表现 3. 带状疱疹的护理措施：皮损护理，用药护理，疼痛护理，饮食护理，预防并发症 常考知识点： 1. 疣的临床表现 2. 单纯疱疹的临床表现 3. 带状疱疹的概念及临床表现 4. 带状疱疹的护理措施 5. 脓疱疮的临床表现 6. 脓疱疮的护理措施	

教学时数	0学时（安排自学）
教学方法与手段	采用自主探究学习法
育人案例引用	无
考核方式	线上理论测试
任务26-1：认知病毒性皮肤病病人的护理	
相关知识点	病因及发病机制，护理（评估、诊断、目标、措施、评价）
相关实操技能	无
相关实训	无
教师注意事项	无
学习资源	教辅资料、护理行业相关学习资源、护考题库及参考资料等
任务26-2：认知脓疱疮病人的护理	
相关知识点	病因及发病机制，护理（评估、诊断、目标、措施、评价）
相关实操技能	无
相关实训	无
教师注意事项	无
学习资源	教辅资料、护理行业相关学习资源、护考题库及参考资料等

能力单元二十七：认知动物性皮肤病病人的护理		
教学目标	知识目标	1.知道疥疮、虱病病人的护理措施 2.知道疥疮、虱病病人的临床表现 3.了解疥疮、虱病的病因及发病机制
	能力目标	具备一定的评判性思维和临床护理决策能力
	素质目标	1.具备爱心、耐心、细心、责任心、同情心、一切以病人为中心的职业素养 2.具备尊重病人、保护病人隐私的伦理原则 3.具备严格的感控意识
教学重点、难点与常考知识点	重点： 1.疥疮的病因与发病机制 2.疥疮的表现及传播途径 3.疥疮的处理原则及护理措施：皮损护理，用药护理，饮食护理 4.虱病的病因与发病机制 5.虱病的临床表现及传播途径 6.虱病的处理原则及护理措施：处理原则，用药护理 难点： 1.疥疮的护理：皮损护理，用药护理，预防措施 2.虱病的护理：皮损护理，用药护理，预防措施 常考知识点： 1.疥疮的临床表现 2.疥疮的护理措施 3.疥疮的预防措施 4.虱病的临床表现 5.虱病的护理措施 6.虱病的预防措施	

教学时数	0学时（安排自学）
教学方法与手段	采用自主探究学习法
育人案例引用	无
考核方式	线上理论测试
任务27-1：认知疥疮病人的护理	
相关知识点	病因及发病机制，护理（评估、诊断、目标、措施、评价）
相关实操技能	无
相关实训	无
教师注意事项	无
学习资源	教辅资料、护理行业相关学习资源、护考题库及参考资料等
任务27-2：认知虱病病人的护理	
相关知识点	病因及发病机制，护理（评估、诊断、目标、措施、评价）
相关实操技能	无
相关实训	无
教师注意事项	无
学习资源	教辅资料、护理行业相关学习资源、护考题库及参考资料等

能力单元二十八：认知红斑鳞屑性皮肤病病人的护理		
教学目标	知识目标	1. 知道红斑鳞屑性皮肤病病人的护理评估、主要护理措施 2. 知道红斑鳞屑性皮肤病的临床类型及其临床表现 3. 了解红斑鳞屑性皮肤病的病因和病理生理
	能力目标	具备一定的评判性思维和临床护理决策能力
	素质目标	1. 具备爱心、耐心、细心、责任心、同情心、一切以病人为中心的职业素养 2. 具备尊重病人、保护病人隐私的伦理原则 3. 具备严格的感控意识
教学重点、难点与常考知识点	重点： 1. 银屑病的临床类型及表现 2. 银屑病的护理评估方法 3. 银屑病的护理措施 4. 列出常见护理诊断/问题，对银屑病病人实施整体护理 5. 多形红斑的临床类型及表现 6. 多形红斑的护理评估方法 7. 多形红斑的护理措施 难点： 1. 银屑病的病因和发病机制 2. 银屑病的组织病理 3. 银屑病的处理原则 4. 多形红斑的病因和发病机制 5. 多形红斑的治疗原则		

续表

教学重点、难点与 常考知识点	常考知识点： 1. 银屑病的临床类型 2. 寻常型银屑病的临床表现、病情分期 3. 多形红斑的概念及病因 4. 多形红斑的临床类型 5. 多形红斑的临床表现
教学时数	0 学时（安排自学）
教学方法与手段	采用自主探究学习法
育人案例引用	无
考核方式	线上理论测试
任务 28-1：认知银屑病病人的护理	
相关知识点	病因及发病机制，护理（评估、诊断、目标、措施、评价）
相关实操技能	无
相关实训	无
教师注意事项	无
学习资源	教辅资料、护理行业相关学习资源、护考题库及参考资料等
任务 28-2：认知多形红斑病人的护理	
相关知识点	病因及发病机制，护理（评估、诊断、目标、措施、评价）
相关实操技能	无
相关实训	无
教师注意事项	无
学习资源	教辅资料、护理行业相关学习资源、护考题库及参考资料等

能力单元二十九：认知性传播疾病病人的护理		
教学目标	知识目标	1. 知道性传播疾病病人的护理措施 2. 知道性传播疾病的症状、体征、处理原则 3. 了解性传播疾病的病因和病理生理
	能力目标	具备一定的评判性思维和临床护理决策能力
	素质目标	1. 具备爱心、耐心、细心、责任心、同情心、一切以病人为中心的职业素养 2. 具备尊重病人、保护病人隐私的伦理原则 3. 具备严格的感控意识
教学重点、难点与 常考知识点	重点： 1. 性病病人的临床表现、传播途径 2. 性病病人的护理评估方法 3. 性病病人的护理措施 4. 列出常见护理诊断／问题，对性病病人实施整体护理 难点： 1. 性病的病因和发病机制 2. 性病的组织病理 3. 性病的处理原则	

教学重点、难点与常考知识点	常考知识点： 1. 淋病的治疗：隔离，用药 2. 梅毒临床表现：硬下疳，梅毒疹 3. 尖锐湿疣：症状，皮损
教学时数	0 学时（安排自学）
教学方法与手段	采用自主探究学习法
育人案例引用	无
考核方式	线上理论测试

任务 29-1：认知淋病病人的护理

相关知识点	病因及发病机制，护理（评估、诊断、目标、措施、评价）
相关实操技能	无
相关实训	无
教师注意事项	无
学习资源	教辅资料、护理行业相关学习资源、护考题库及参考资料等

任务 29-2：认知梅毒病人的护理

相关知识点	病因及发病机制，护理（评估、诊断、目标、措施、评价）
相关实操技能	无
相关实训	无
教师注意事项	无
学习资源	教辅资料、护理行业相关学习资源、护考题库及参考资料等

任务 29-3：认知尖锐湿疣病人的护理

相关知识点	病因及发病机制，护理（评估、诊断、目标、措施、评价）
相关实操技能	无
相关实训	无
教师注意事项	无
学习资源	教辅资料、护理行业相关学习资源、护考题库及参考资料等

能力单元三十：认知大疱性皮肤病病人的护理

教学目标	知识目标	1. 知道大疱性皮肤病病人的护理措施 2. 知道大疱性皮肤病的症状和体征 3. 了解大疱性皮肤的病因及发病机制
	能力目标	具备一定的评判性思维和临床护理决策能力
	素质目标	1. 具备爱心、耐心、细心、责任心、同情心、一切以病人为中心的职业素养 2. 具备尊重病人、保护病人隐私的伦理原则 3. 具备严格的感控意识

教学重点、难点与常考知识点	重点： 1. 天疱疮的定义 2. 天疱疮的临床表现 3. 天疱疮病人的护理 4. 大疱性类天疱疮的定义 5. 大疱性类天疱疮的临床表现 6. 大疱性类天疱疮病人的护理：皮损的护理，用药后的观察 难点： 1. 天疱疮的病因与发病机制 2. 天疱疮的组织病理 3. 天疱疮的治疗原则 4. 大疱性类天疱疮的病因与发病机制 5. 大疱性类天疱疮的组织病理 6. 大疱性类天疱疮的治疗原则 常考知识点： 1. 天疱疮和大疱性类天疱疮病人的常见护理诊断 2. 天疱疮和大疱性类天疱疮病人的护理结局评价 3. 天疱疮和大疱性类天疱疮病人的护理措施
教学时数	0学时（安排自学）
教学方法与手段	采用自主探究学习法
育人案例引用	无
考核方式	线上理论测试
任务30-1：认知天疱疮病人的护理	
相关知识点	病因及发病机制，护理（评估、诊断、目标、措施、评价）
相关实操技能	无
相关实训	无
教师注意事项	无
学习资源	教辅资料、护理行业相关学习资源、护考题库及参考资料等
任务30-2：认知大疱性类天疱疮病人的护理	
相关知识点	病因及发病机制，护理（评估、诊断、目标、措施、评价）
相关实操技能	无
相关实训	无
教师注意事项	无
学习资源	教辅资料、护理行业相关学习资源、护考题库及参考资料等

五、"课程思政"育人元素融入课程教学的途径和方法

序号	知识点	育人元素	育人案例	融入途径、方式	效果评价方式
1	急性化脓性腹膜炎病人的护理	敬佑生命 救死扶伤 爱心 耐心 细心 责任心 同情心	急性化脓性腹膜炎救治案例	教师提出问题，引发学生思考；再借助图文讲述案例，组织学生讨论	线上线下讨论参与情况评价
2	急性化脓性阑尾炎病人的护理措施	严谨慎独 细心 责任心	阑尾炎病人死亡医院被赔偿35万元的案例	教师提出问题，引发学生思考；再借助图文讲述案例，组织学生讨论	线上线下讨论参与情况评价
3	肝脏疾病病人的护理	敬佑生命 救死扶伤 甘于奉献 大爱无疆 探索创新	肝胆之父吴孟超的先进事迹	借助图文讲述先进事迹，组织学生讨论	线上线下讨论参与情况评价
4	结肠癌病人的护理	爱岗敬业 吃苦耐劳 爱心 耐心 细心 责任心 同情心 一切以病人为中心	从晕血小护士到国际造口师 ——好护士蔡蕴敏	借助图文讲述案例，组织学生讨论	线上线下讨论参与情况评价
5	尿道损伤病人的护理	尊重病人 保护隐私	侵犯病人隐私的医疗纠纷事件	借助图文讲述案例，组织学生讨论	线上线下讨论参与情况评价
6	脊柱骨折及脊髓损伤病人的急救搬运	团结协作 爱心 耐心 细心 责任心 同情心	颈椎骨折病人翻身导致抢救案例	教师提出问题，引发学生思考；再借助图文讲述案例，组织学生讨论	线上线下讨论参与情况评价

六、课程评价方法

"外科护理（二）"课程评价采取过程性评价与终结性评价相结合的方式进行，过程性评价和终结性评价各占50%。过程性评价由课前、课中、课后学习三部分成绩组成。其中：课前学习成绩根据云课堂中任务点完成统计数据赋分，课中学习成绩根据云课堂中的出勤、课堂参与度及效果等统计数据赋分，课后学习成绩根据云课堂中课后测试成绩等统计数据赋分。

七、教学资源配置

（一）教材、参考书目（资源）和育人案例主要来源

1. 教材

熊云新，叶国英.外科护理学（第4版）[M].北京：人民卫生出版社，2018.

2. 参考书目（资源）

刘梦清.外科护理（第3版）[M].北京：科学出版社，2023（6）.

熊云新，叶国英.外科护理学实训与学习指导[M].北京：人民卫生出版社，2019.

李乐之，路潜.外科护理学（第7版）[M].北京：人民卫生出版社，2021.

《2023年全国护士执业资格考试指导》等教辅资料。

"2023年全国职业院校技能大赛"护理技能赛项、"2023年重庆市职业院校技能大赛"护理技能赛项的竞赛规程、题库、视频等学习资源。

3. 育人案例主要来源

任课教师在临床护理工作中亲身经历的教学案例和相关微信公众号推送的相关案例等。

（二）信息化教学资源

慕课资源："人卫慕课""中国大学MOOC""智慧职教"等在线开放教学平台。

题库资源：中国医学教育题库、护理技能赛项题库等。

网站资源：中国护士网、中华护理学会网等。

微信公众号资源：外科护理、护士网官微等。

（三）信息化教学工具

云课堂、学习通、中国医学教育题库、人卫教学助手App等。

（四）主要设备与设施

外科护理实训室及配套设施设备，模拟手术室及配套设施设备，教学一体机等。

（五）主讲教师

汪琼，重庆城市管理职业学院专任教师、副主任护师、护理专业带头人、外科护理课程负责人。

李春梅，重庆城市管理职业学院专任教师、副主任护师。

朱琴，重庆城市管理职业学院专任教师、讲师、主管护师。

张儒春，重庆城市管理职业学院外聘教师，重庆海吉亚医院主管护师、骨科护士长。

八、其他说明

"外科护理（二）"课程主要采用三段式线上线下混合式教学法，即运用线上和线下相结合的手段，组织学生进行课前自主学习、课中参与学习和课后反思学习。具体采用讲授法、小组合作学习法、情景案例教学法、自主探究学习法等方法。

"外科护理（二）"课程实施中及结束后，可安排学生到见习医院进一步认知、实践学习，大三到实习基地进行 8 个月以上的跟岗实习，以保证知识、能力和素质目标的全面实现。

高等职业教育专科
"妇产科护理"课程标准

一、课程基本信息

课程编码	06070016	课程类型	理实一体	适用专业	高职护理
学分	2	总学时	57	实践学时	27
先修课程	正常人体结构、正常人体机能、异常人体结构与功能、药理效能、医用化学与生物化学、微生物与免疫、护理礼仪、医学人文修养、护理学导论、护理学基础（一）、健康评估					
平行课程	内科护理（一）、外科护理（一）、护理学基础（二）					
后续课程	内科护理（二）、外科护理（二）、护理学基础（二）、急救护理、康复护理、老年护理、护理管理、外科护理实践、内科护理实践、基础护理实践、妇产科护理实践、跟岗实习					
执笔人	李春梅		批准人			

二、课程定位

"妇产科护理"课程是一门临床护理课程，护理专业的核心课程，是实现人才培养方案中"妇产科护理知识""妇产科护理能力"专业知识、技能培养目标的支撑课程。本课程内容主要包括：女性生殖系统解剖与生理、妊娠期妇女的护理、正常分娩产妇的护理、产褥期妇女的护理、妊娠期并发症妇女的护理、妊娠并发症妇女的护理、异常分娩妇女的护理、妇产科诊疗及手术患者的护理等。通过本课程的学习，学生们将系统地掌握妇产科护理专业的基本知识和技能，培养高尚的职业道德修养，为继续学习其他护理专业课程和促进护理专业的发展奠定扎实的基础。不断提高职业能力，树立"以人为本、以人的健康为中心"的现代护理理念，为护理对象提供自我保健与疾病预防的知识，进行个性化的整体护理，为患者解除病痛，保护和促进妇女身心健康，该门课程有助于帮助学生考取护士执业资格证书。

三、课程目标

（一）素质目标

（1）具备敬佑生命、救死扶伤、甘于奉献、大爱无疆的职业精神；

（2）具备爱岗敬业、吃苦耐劳、严谨慎独、实事求是的工作作风；

（3）具备爱心、耐心、细心、责任心、同情心、一切以病人为中心的职业素养；

（4）具备尊重病人、保护病人隐私的伦理原则；

（5）具备团队合作、探索创新精神；

（6）具备严格的无菌观念、感控意识。

（二）知识目标

（1）了解妇产科疾病的概念、病因、病理和分类；

（2）知道妇产科常见疾病病人的护理评估和护理诊断；

（3）知道妇产科常见急危重症的救护原则和方法；

（4）知道妇产科常见疾病病人的护理措施和健康教育内容；

（5）知道妇产科常规检查、骨盆各经线测量、孕妇四步触诊、会阴擦洗、阴道灌洗等任务的操作目的、操作步骤及操作方法。

（三）能力目标

（1）能运用健康评估方法，对常见妇产科疾病病人进行健康评估并提出主要的护理诊断/问题；

（2）能综合运用所学的知识和技能，对常见妇产科疾病病人实施围手术期的整体护理；

（3）能初步预判常见妇产科疾病病人在围手术期可能出现的风险问题，并采取预防措施；

（4）能对妇产科疾病病人进行健康教育；

（5）能完成妇产科疾病病人护理相关的基本技能；

（6）具备良好的沟通交流能力和一定的评判性思维、临床护理决策能力。

四、课程主要内容

（一）能力单元与学时分配

序号	能力单元名称	讲授（学时）	实训（学时）
1	认知并实践女性生殖系统解剖与生理	2	2
2	认知并实践妊娠期妇女的护理	2	2

续表

序号	能力单元名称	讲授（学时）	实训（学时）
3	认知并实践分娩期妇女的护理	2	2
4	认知并实践产褥期母婴的护理	2	2
5	认知并实践高危妊娠的管理	2	2
6	认知并实践异常妊娠妇女的护理	2	2
7	认知并实践妊娠期特有疾病妇女的护理	2	2
8	认知并实践妊娠合并症妇女的护理	2	2
9	认知并实践异常分娩妇女的护理	2	2
10	认知并实践分娩期并发症妇女的护理	2	1
11	认知并实践产褥期并发症妇女的护理	1	1
12	认知并实践女性生殖系统炎症患者的护理	1	1
13	认知并实践妇科手术患者的围手术期的护理	2	1
14	认知并实践女性生殖系统肿瘤的护理	1	
15	认知并实践女性生殖系统创伤性疾病患者的护理	1	
16	认知并实践妊娠滋养细胞疾病患者的护理	1	1
17	认知并实践女性生殖内分泌疾病患者的护理	1	
18	认知并实践子宫内膜异位症与子宫腺肌病患者的护理	1	
19	认知并实践不孕症妇女的护理	1	
20	认知并实践妇产科护理操作技术		4
合计	57	30	27

（二）教学任务描述

能力单元一：认知并实践女性生殖系统解剖与生理		
教学目标	知识目标	1. 知道女性内外生殖器的构成及解剖特点 2. 知道女性生殖系统的邻近器官及其临床意义 3. 知道骨盆的结构、分界及骨盆标记 4. 知道卵巢的功能及周期性变化，复述雌、孕激素生理作用 5. 知道子宫内膜的周期性变化特点 6. 知道月经周期的调节及临床表现
	能力目标	1. 能识别女性生殖系统各部位 2. 能识别子宫内膜的不同时期 3. 能够辨别女性雌、孕激素生理作用 4. 能通过对女性生殖系统解剖的学习，为本课程后续学习打好基础
	素质目标	1. 具备敬佑生命、救死扶伤、甘于奉献、大爱无疆的职业精神 2. 具备爱岗敬业、吃苦耐劳、严谨慎独、实事求是的工作作风 3. 具备爱心、耐心、细心、责任心、同情心的职业素养

教学重点与难点	重点： 1. 卵巢的周期性变化 2. 卵泡发育及排卵 难点： 1. 女性激素的生理功能 2. 月经周期的调节 3. 调节激素的周期性变化
教学时数	4
教学方法与手段	采用三段式线上线下混合式教学法，即运用线上和线下相结合的手段，组织学生进行课前自主学习、课中参与学习和课后反思学习。课前通过学习通发布预习课件，课中采取教师讲授、合理运用信息技术等教学手段实施教学，并在课中发布习题，检查评价本次课达标效果
育人案例引用	通过分享妇产科专家林巧稚的视频，培养学生关心、爱护病人，以人为本，乐于奉献的职业素养
考核方式	课前线上理论测试、上课考勤、课中学习参与情况评价（参与线上主题讨论、主动分享心得体会）、课后线上理论测试
任务 1–1：认知并实践女性生殖系统解剖	
相关知识点	女性生殖系统组成及相邻器官位置
相关实操技能	学生在自己体表及模型能触摸骨性标记，哪些可以摸到，哪些不能摸到
相关实训	通过图片和骨盆模型示教
教师注意事项	严格要求，耐心引导，鼓励学生勤练习、善于提问和思考
学习资源	PPT、思维导图、图片、视频、教辅资料、护理行业相关学习资源、护考题库及参考资料等
任务 1–2：认知女性生殖系统生理特点	
相关知识点	女性一生各阶段特点、卵巢的周期性变化
相关实操技能	无
相关实训	无
教师注意事项	严格要求，耐心引导，鼓励学生勤练习、善于提问和思考
学习资源	PPT、思维导图、图片、视频、教辅资料、护理行业相关学习资源、护考题库及参考资料等

能力单元二：认知并实践妊娠期妇女的护理		
教学目标	知识目标	1. 知道妊娠、受精、着床及脱膜的概念 2. 知道受精的过程 3. 知道胎儿附属物的形成及功能
	能力目标	1. 能对妊娠期妇女实施整体护理 2. 具备良好的沟通交流能力和一定的评判性思维、临床护理决策能力
	素质目标	1. 具备敬佑生命、救死扶伤的职业精神 2. 具备爱岗敬业、吃苦耐劳、严谨慎独、实事求是的工作作风 3. 具备爱心、耐心、细心、责任心、同情心、一切以病人为中心的职业素养 4. 具备团队合作精神 5. 具备严格的无菌观念及感控意识

教学重点与难点	重点：胎儿的发育及生理特点、妊娠分期和各期的临床表现 难点：妊娠期母体的生理变化
教学时数	4
教学方法与手段	采用三段式线上线下混合式教学法，具体采用讲授法、情境案例教学法、任务驱动法、小组合作学习法、自主探究学习法等方法
育人案例引用	无
考核方式	课前线上理论测试、上课考勤、课中学习参与情况评价（回答问题、分享心得体会、参与线上主题讨论、护理实践）、课后线上理论测试
任务 2-1：认知妊娠发生	
相关知识点	1. 受精及受精卵的发育、输送、着床 2. 胎儿附属物的形成及功能
相关实操技能	无
相关实训	无
教师注意事项	"课程思政"、岗课赛证的融通
学习资源	PPT、思维导图、图片、视频、教辅资料、护理行业相关学习资源、护考题库及参考资料等
任务 2-2：认知胚胎、胎儿的发育及生理特点	
相关知识点	1. 胚胎、胎儿的发育特征 2. 胎儿的生理特点
相关实操技能	无
相关实训	无
教师注意事项	严格要求，耐心引导，鼓励学生勤练习、善于提问和思考
学习资源	PPT、思维导图、图片、视频、教辅资料、护理行业相关学习资源、护考题库及参考资料等
任务 2-3：认知并实践孕妇的身心变化	
相关知识点	孕妇生理、心理、社会变化
相关实操技能	无
相关实训	无
教师注意事项	"课程思政"、岗课赛证的融通
学习资源	PPT、思维导图、图片、视频、教辅资料、护理行业相关学习资源、护考题库及参考资料等
任务 2-4：认知并实践妊娠诊断	
相关知识点	诊断妊娠的方法、胎产式、胎先露、胎方位
相关实操技能	四步触诊法
相关实训	医院产科见习
教师注意事项	"课程思政"、岗课赛证的融通
学习资源	PPT、思维导图、图片、视频、教辅资料、护理行业相关学习资源、护考题库及参考资料等

续表

	任务2-5：认知并实践妊娠期护理管理	
相关知识点	孕妇的各种生理病理现象、各种症状和护理措施	
相关实操技能	妊娠期妇女的护理	
相关实训	骨盆外测量、妊娠期健康指导	
教师注意事项	"课程思政"、岗课赛证的融通	
学习资源	PPT、思维导图、图片、视频、教辅资料、护理行业相关学习资源、护考题库及参考资料等	

		能力单元三：认知并实践正常分娩产妇的护理
教学目标	知识目标	1. 知道影响分娩的四个因素 2. 知道三个产程，运用护理程序对产妇进行护理指导 3. 知道枕左前位的分娩机制
	技能目标	1. 能对分娩期妇女实施整体护理 2. 具备良好的沟通交流能力和一定的评判性思维、临床护理决策能力
	素质目标	1. 具备敬佑生命、救死扶伤的职业精神 2. 具备爱岗敬业、吃苦耐劳、严谨慎独、实事求是的工作作风 3. 具备爱心、耐心、细心、责任心、同情心、一切以病人为中心的职业素养 4. 具备团队合作精神 5. 具备严格的无菌观念及感控意识
教学重点与难点	重点：三个产程的分娩机制和护理 难点：三个产程的分娩机制和护理	
教学时数	4	
教学方法与手段	教学方法：讲授法、信息化教学、角色扮演、案例教学、启发式教学等 教学手段：多媒体、PPT、慕课视频等	
育人案例引用	无	
考核方式	课前线上理论测试、上课考勤、课中学习参与情况评价（参与线上主题讨论、主动分享心得体会）、课后线上理论测试	
	任务3-1：认知并实践决定分娩的因素	
相关知识点	产力、产道、胎儿、产妇的精神和心理因素	
相关实操技能	无	
相关实训	无	
教师注意事项	岗课赛证的融通	
学习资源	PPT、思维导图、图片、视频、教辅资料、护理行业相关学习资源、护考题库及参考资料等	
	任务3-2：认知并实践分娩机制及各产程产妇的护理	
相关知识点	枕先露、分娩机制、产程分期和时间	
相关实操技能	产科见习	
相关实训	分娩机制实训	

续表

教师注意事项	岗课赛证的融通
学习资源	PPT、思维导图、图片、视频、教辅资料、护理行业相关学习资源、护考题库及参考资料等

能力单元四：认知并实践产褥期母婴的护理		
教学目标	知识目标	1. 知道正常产褥的相关知识 2. 知道产褥期妇女的护理措施 3. 了解正常新生儿的生理特点及护理措施
	技能目标	1. 能对分娩期妇女实施整体护理 2. 具备良好的沟通交流能力和一定的评判性思维、临床护理决策能力
	素质目标	1. 具备敬佑生命、救死扶伤的职业精神 2. 具备爱岗敬业、吃苦耐劳、严谨慎独、实事求是的工作作风 3. 具备爱心、耐心、细心、责任心、同情心、一切以病人为中心的职业素养 4. 具备团队合作精神 5. 具备严格的无菌观念及感控意识
教学重点与难点	重点：产褥期妇女的心理调适和护理 难点：产褥期妇女的心理调适和护理	
教学时数	4	
教学方法与手段	教学方法：讲授法、信息化教学、角色扮演、案例教学、启发式教学等 教学手段：多媒体、PPT、慕课视频等	
育人案例引用	产妇在"依赖独立期"容易产生压抑的案例，激发学生对产妇的关爱	
考核方式	课前线上理论测试、上课考勤、课中学习参与情况评价（参与线上主题讨论、主动分享心得体会）、课后线上理论测试	
任务 4-1：认知正常产褥		
相关知识点	产褥期妇女的生理和心理调适	
相关实操技能	无	
相关实训	无	
教师注意事项	岗课赛证的融通	
学习资源	PPT、思维导图、图片、视频、教辅资料、护理行业相关学习资源、护考题库及参考资料等	
任务 4-2：认知并实践产褥期妇女的护理管理		
相关知识点	临床表现、处理原则、护理措施	
相关实操技能	无	
相关实训	产褥期妇女的护理	
教师注意事项	岗课赛证的融通	
学习资源	PPT、思维导图、图片、视频、教辅资料、护理行业相关学习资源、护考题库及参考资料等	

续表

任务 4-3：认知并实践正常新生儿的护理	
相关知识点	新生儿的生理特点、临床表现、处理原则和护理措施
相关实操技能	产科见习
相关实训	新生儿评估
教师注意事项	岗课赛证的融通
学习资源	PPT、思维导图、图片、视频、教辅资料、护理行业相关学习资源、护考题库及参考资料等

能力单元五：认知并实践高危妊娠的管理		
教学目标	知识目标	1. 知道高危妊娠的筛查及监护措施 2. 知道胎儿窘迫和新生儿窒息的定义、处置原则 2. 知道胎儿窘迫和新生儿窒息的原因
	技能目标	1. 能对高危妊娠妇女实施整体护理 2. 具备良好的沟通交流能力和一定的评判性思维、临床护理决策能力
	素质目标	1. 具备敬佑生命、救死扶伤的职业精神 2. 具备爱岗敬业、吃苦耐劳、严谨慎独、实事求是的工作作风 3. 具备爱心、耐心、细心、责任心、同情心、一切以病人为中心的职业素养 4. 具备团队合作精神 5. 具备严格的无菌观念及感控意识
教学重点与难点	重点：胎儿窘迫和新生儿窒息的处置原则及护理 难点：胎儿窘迫和新生儿窒息的病因	
教学时数	4	
教学方法与手段	教学方法：讲授法、信息化教学、角色扮演、案例教学、启发式教学等 教学手段：多媒体、PPT、慕课视频等	
育人案例引用	无	
考核方式	课前线上理论测试、上课考勤、课中学习参与情况评价（参与线上主题讨论、主动分享心得体会）、课后线上理论测试	
任务 5-1：认知高危妊娠		
相关知识点	定义、范畴	
相关实操技能	无	
相关实训	无	
教师注意事项	岗课赛证的融通	
学习资源	PPT、思维导图、图片、视频、教辅资料、护理行业相关学习资源、护考题库及参考资料等	
任务 5-2：认知并实践高危妊娠妇女的管理		
相关知识点	高危妊娠筛查、评分、监护、处理	
相关实操技能	无	
相关实训	无	

教师注意事项	岗课赛证的融通
学习资源	PPT、思维导图、图片、视频、教辅资料、护理行业相关学习资源、护考题库及参考资料等

任务 5-3：认知并实践高危妊娠妇女的护理	
相关知识点	护理评估、护理诊断、护理评价
相关实操技能	高危妊娠妇女的护理
相关实训	无
教师注意事项	岗课赛证的融通
学习资源	PPT、思维导图、图片、视频、教辅资料、护理行业相关学习资源、护考题库及参考资料等

任务 5-4：认知并实践高危儿的管理	
相关知识点	急性胎儿窘迫、新生儿抢救、复苏
相关实操技能	基础生命支持、高危儿的护理
相关实训	婴幼儿心肺复苏术
教师注意事项	岗课赛证的融通
学习资源	PPT、思维导图、图片、视频、教辅资料、护理行业相关学习资源、护考题库及参考资料等

能力单元六：认知并实践异常妊娠妇女的护理		
教学目标	知识目标	1.知道早产、异位妊娠、过期妊娠、妊高征、前置胎盘、胎盘早剥等妇女的护理评估、护理诊断和护理措施 2.知道早产、异位妊娠、过期妊娠、妊高征、前置胎盘、胎盘早剥等疾病概述和健康教育
	技能目标	1.能对异常妊娠妇女实施整体护理 2.具备良好的沟通交流能力和一定的评判性思维、临床护理决策能力
	素质目标	1.具备敬佑生命、救死扶伤的职业精神 2.具备爱岗敬业、吃苦耐劳、严谨慎独、实事求是的工作作风 3.具备爱心、耐心、细心、责任心、同情心、一切以病人为中心的职业素养 4.具备团队合作精神 5.具备严格的无菌观念及感控意识
教学重点与难点		重点：早产、异位妊娠、过期妊娠、妊高征、前置胎盘、胎盘早剥等妇女的护理评估、护理诊断和护理措施 难点：早产、异位妊娠、过期妊娠、妊高征、前置胎盘、胎盘早剥等疾病发病机制
教学时数		4
教学方法与手段		教学方法：讲授法、信息化教学、角色扮演、案例教学、启发式教学等 教学手段：多媒体、PPT、慕课视频等
育人案例引用		通过案例视频，激发学生具有关爱产妇、珍爱生命的责任意识，具有全心全意为妇产科护理事业服务的爱岗敬业精神
考核方式		课前线上理论测试、上课考勤、课中学习参与情况评价（参与线上主题讨论、主动分享心得体会）、课后线上理论测试

任务6-1：认知并实践自然流产	
相关知识点	病因、病理、临床表现、处理原则
相关实操技能	自然流产病人的护理
相关实训	无
教师注意事项	岗课赛证的融通
学习资源	PPT、思维导图、图片、视频、教辅资料、护理行业相关学习资源、护考题库及参考资料等

任务6-2：认知并实践异位妊娠	
相关知识点	病因、病理、临床表现、处理原则、护理措施
相关实操技能	异位妊娠病人的护理
相关实训	无
教师注意事项	岗课赛证的融通
学习资源	PPT、思维导图、图片、视频、教辅资料、护理行业相关学习资源、护考题库及参考资料等

任务6-3：认知并实践前置胎盘	
相关知识点	病因、分类、临床表现、处理原则、护理
相关实操技能	前置胎盘病人的护理
相关实训	无
教师注意事项	岗课赛证的融通
学习资源	PPT、思维导图、图片、视频、教辅资料、护理行业相关学习资源、护考题库及参考资料等

任务6-4：认知并实践胎盘早剥	
相关知识点	病因、类型及病理生理、分类、临床表现、处理原则、护理
相关实操技能	胎盘早剥病人的护理
相关实训	无
教师注意事项	岗课赛证的融通
学习资源	PPT、思维导图、图片、视频、教辅资料、护理行业相关学习资源、护考题库及参考资料等

任务6-5：认知并实践早产	
相关知识点	分类及病因、临床表现、处理原则、护理
相关实操技能	早产病人的护理
相关实训	无
教师注意事项	岗课赛证的融通
学习资源	PPT、思维导图、图片、视频、教辅资料、护理行业相关学习资源、护考题库及参考资料等

任务6-6：认知并实践多胎妊娠	
相关知识点	双胎特点、临床表现、处理原则、护理

相关实操技能	多胎妊娠的护理
相关实训	无
教师注意事项	岗课赛证的融通
学习资源	PPT、思维导图、图片、视频、教辅资料、护理行业相关学习资源、护考题库及参考资料等

任务6-7：认知并实践羊水量异常	
相关知识点	羊水量过多、过少
相关实操技能	羊水量异常的护理
相关实训	无
教师注意事项	岗课赛证的融通
学习资源	PPT、思维导图、图片、视频、教辅资料、护理行业相关学习资源、护考题库及参考资料等

能力单元七：认知并实践妊娠期特有疾病妇女的护理		
教学目标	知识目标	1.知道妊娠合并心脏病、糖尿病、贫血的护理诊断和护理措施 2.知道妊娠合并心脏病、糖尿病、贫血的护理评估及处理原则 3.了解妊娠合并症之间的相互影响
	技能目标	1.能对妊娠期特有疾病实施整体护理 2.具备良好的沟通交流能力和一定的评判性思维、临床护理决策能力
	素质目标	1.具备敬佑生命、救死扶伤的职业精神 2.具备爱岗敬业、吃苦耐劳、严谨慎独、实事求是的工作作风 3.具备爱心、耐心、细心、责任心、同情心、一切以病人为中心的职业素养 4.具备团队合作精神 5.具备严格的无菌观念及感控意识
教学重点与难点		重点：妊娠合并心脏病、糖尿病、贫血的护理诊断和护理措施 难点：合并症的发病机制
教学时数		4
教学方法与手段		教学方法：讲授法、信息化教学、角色扮演、案例教学、启发式教学等 教学手段：多媒体、PPT、慕课视频等
育人案例引用		临床妊娠合并糖尿病案例
考核方式		课前线上理论测试、上课考勤、课中学习参与情况评价（参与线上主题讨论、主动分享心得体会）、课后线上理论测试

任务7-1：认知并实践妊娠期高血压疾病	
相关知识点	高危因素、病因、病理、临床表现、处理原则、护理
相关实操技能	妊娠合并高血压的护理
相关实训	无
教师注意事项	岗课赛证的融通
学习资源	PPT、思维导图、图片、视频、教辅资料、护理行业相关学习资源、护考题库及参考资料等

续表

	任务7-2：认知并实践妊娠期糖尿病
相关知识点	高危因素、病因、病理、临床表现、处理原则、护理
相关实操技能	妊娠合并糖尿病的护理
相关实训	无
教师注意事项	岗课赛证的融通
学习资源	PPT、思维导图、图片、视频、教辅资料、护理行业相关学习资源、护考题库及参考资料等

		能力单元八：认知并实践妊娠合并症妇女的护理
教学目标	知识目标	1. 知道妊娠、分娩与心脏病的相互影响 2. 知道妊娠合并心脏病处理原则及护理要点 3. 知道妊娠与病毒性肝炎的相互影响 4. 知道妊娠合并病毒性肝炎处理原则及护理要点
	技能目标	1. 能对妊娠合并症妇女实施整体护理 2. 具备良好的沟通交流能力和一定的评判性思维、临床护理决策能力
	素质目标	1. 具备敬佑生命、救死扶伤的职业精神 2. 具备爱岗敬业、吃苦耐劳、严谨慎独、实事求是的工作作风 3. 具备爱心、耐心、细心、责任心、同情心、一切以病人为中心的职业素养 4. 具备团队合作精神 5. 具备严格的无菌观念及感控意识
教学重点与难点		重点： 1. 妊娠合并心脏病处理原则 2. 妊娠合并病毒性肝炎的母婴阻断 难点：妊娠、分娩与心脏病的相互影响
教学时数		4
教学方法与手段		教学方法：讲授法、信息化教学、角色扮演、案例教学、启发式教学等 教学手段：多媒体、PPT、慕课视频等
育人案例引用		无
考核方式		课前线上理论测试、上课考勤、课中学习参与情况评价（参与线上主题讨论、主动分享心得体会）、课后线上理论测试
		任务8-1：认知并实践妊娠合并心脏病
相关知识点		临床表现、处理原则、护理
相关实操技能		妊娠合并心脏病的护理
相关实训		无
教师注意事项		岗课赛证的融通
学习资源		PPT、思维导图、图片、视频、教辅资料、护理行业相关学习资源、护考题库及参考资料等
		任务8-2：认知并实践妊娠合并急性病毒性肝炎
相关知识点		临床表现、处理原则、护理

续表

相关实操技能	妊娠合并急性病毒性肝炎的护理
相关实训	无
教师注意事项	岗课赛证的融通
学习资源	PPT、思维导图、图片、视频、教辅资料、护理行业相关学习资源、护考题库及参考资料等

能力单元九：认知并实践异常分娩妇女的护理		
教学目标	知识目标	1. 知道宫缩乏力最常见的原因，缩宫素的用药护理，人工破膜的护理措施 2. 知道产力、产道、胎儿异常的分类及护理评估
	技能目标	1. 能对异常分娩妇女实施整体护理 2. 具备良好的沟通交流能力和一定的评判性思维、临床护理决策能力
	素养目标	1. 具备敬佑生命、救死扶伤的职业精神 2. 具备爱岗敬业、吃苦耐劳、严谨慎独、实事求是的工作作风 3. 具备爱心、耐心、细心、责任心、同情心、一切以病人为中心的职业素养 4. 具备团队合作精神 5. 具备严格的无菌观念及感控意识
教学重点与难点	重点： 1. 产力异常临床特点及处理原则 2. 骨产道异常处理原则 3. 常见胎位异常处理原则 难点： 1. 产力异常临床特点及处理原则 2. 骨产道异常分级	
教学时数	3	
教学方法与手段	教学方法：讲授法、信息化教学、角色扮演、案例教学、启发式教学等 教学手段：多媒体、PPT、慕课视频等	
育人案例引用	通过介绍异常分娩可能对母儿带来的严重后果，增强学生的责任意识	
考核方式	课前线上理论测试、上课考勤、课中学习参与情况评价（参与线上主题讨论、主动分享心得体会）、课后线上理论测试	
任务9-1：认知并实践产力异常		
相关知识点	宫缩乏力、宫缩过强、护理评估、护理措施	
相关实操技能	产力异常的护理	
相关实训	无	
教师注意事项	岗课赛证的融通	
学习资源	PPT、思维导图、图片、视频、教辅资料、护理行业相关学习资源、护考题库及参考资料等	
任务9-2：认知并实践产道异常		
相关知识点	骨产道异常、软产道异常	
相关实操技能	产道异常的护理	

续表

相关实训	无
教师注意事项	岗课赛证的融通
学习资源	PPT、思维导图、图片、视频、教辅资料、护理行业相关学习资源、护考题库及参考资料等

任务9-3：认知并实践胎儿异常	
相关知识点	持续性枕后位、枕横位、臀先露、肩先露、巨大胎儿
相关实操技能	无
相关实训	无
教师注意事项	岗课赛证的融通
学习资源	PPT、思维导图、图片、视频、教辅资料、护理行业相关学习资源、护考题库及参考资料等

能力单元十：认知并实践分娩期并发症妇女的护理			
教学目标	知识目标	1. 知道产后出血的概念、病因、处理原则和护理措施 2. 知道子宫破裂、羊水栓塞的病因和临床表现 3. 知道不同原因的产后出血的特点	
	技能目标	1. 能对分娩期并发症妇女实施整体护理 2. 具备良好的沟通交流能力和一定的评判性思维、临床护理决策能力	
	素质目标	1. 具备敬佑生命、救死扶伤的职业精神 2. 具备爱岗敬业、吃苦耐劳、严谨慎独、实事求是的工作作风 3. 具备爱心、耐心、细心、责任心、同情心、一切以病人为中心的职业素养 4. 具备团队合作精神 5. 具备严格的无菌观念及感控意识	
教学重点与难点	重点：产后出血的临床表现、处理原则和护理措施 难点：子宫破裂和羊水栓塞的处置		
教学时数	3		
教学方法与手段	教学方法：讲授法、信息化教学、角色扮演、案例教学、启发式教学等 教学手段：多媒体、PPT、慕课视频等		
育人案例引用	临床羊水栓塞教学案例		
考核方式	课前线上理论测试、上课考勤、课中学习参与情况评价（参与线上主题讨论、主动分享心得体会）、课后线上理论测试		
任务10-1：认知并实践胎膜早破			
相关知识点	病因、临床表现、处理原则、护理措施		
相关实操技能	胎膜早破的护理		
相关实训	无		
教师注意事项	岗课赛证的融通		
学习资源	PPT、思维导图、图片、视频、教辅资料、护理行业相关学习资源、护考题库及参考资料等		

任务 10-2：认知并实践产后出血	
相关知识点	宫缩乏力、胎盘因素、软产道裂伤、子宫按摩
相关实操技能	无
相关实训	无
教师注意事项	岗课赛证的融通
学习资源	PPT、思维导图、图片、视频、教辅资料、护理行业相关学习资源、护考题库及参考资料等

任务 10-3：认知并实践子宫破裂	
相关知识点	失血性休克、子宫破裂、血容量
相关实操技能	子宫破裂的护理
相关实训	无
教师注意事项	岗课赛证的融通
学习资源	PPT、思维导图、图片、视频、教辅资料、护理行业相关学习资源、护考题库及参考资料等

任务 10-4：认知并实践羊水栓塞	
相关知识点	过敏性休克、DIC、肾功能衰竭、羊水栓塞、抗休克、抗过敏、纠正酸中毒
相关实操技能	四步触诊法
相关实训	医院产科见习
教师注意事项	岗课赛证的融通
学习资源	PPT、思维导图、图片、视频、教辅资料、护理行业相关学习资源、护考题库及参考资料等

能力单元十一：认知并实践产褥期并发症妇女的护理			
教学目标		知识目标	1. 知道产褥感染、晚期产后出血及产后抑郁概念 2. 知道产褥感染临床表现、处理原则及护理要点 3. 掌握晚期产后出血处理原则及护理要点 4. 了解晚期产后出血病因及发病机制 5. 了解产后抑郁的病因及护理措施
		技能目标	1. 能对产褥期妇女实施整体护理 2. 具备良好的沟通交流能力和一定的评判性思维、临床护理决策能力
		素质目标	1. 具备敬佑生命、救死扶伤的职业精神 2. 具备爱岗敬业、吃苦耐劳、严谨慎独、实事求是的工作作风 3. 具备爱心、耐心、细心、责任心、同情心、一切以病人为中心的职业素养 4. 具备团队合作精神 5. 具备严格的无菌观念及感控意识

教学重点与难点	重点： 1. 产褥感染临床表现 2. 晚期产后出血处理原则 3. 产后抑郁的病因 难点： 1. 产褥感染临床表现 2. 晚期产后出血病因及发病机制
教学时数	2
教学方法与手段	教学方法：讲授法、信息化教学、角色扮演、案例教学、启发式教学等 教学手段：多媒体、PPT、慕课视频等
育人案例引用	无
考核方式	课前线上理论测试、上课考勤、课中学习参与情况评价（参与线上主题讨论、主动分享心得体会）、课后线上理论测试

任务 11-1：认知并实践产褥感染

相关知识点	病因、临床表现、处理原则、护理措施
相关实操技能	产褥感染的护理
相关实训	无
教师注意事项	岗课赛证的融通
学习资源	PPT、思维导图、图片、视频、教辅资料、护理行业相关学习资源、护考题库及参考资料等

任务 11-2：认知并实践产褥期抑郁症

相关知识点	病因、临床表现、处理原则、护理措施
相关实操技能	产褥期抑郁的护理
相关实训	无
教师注意事项	岗课赛证的融通
学习资源	PPT、思维导图、图片、视频、教辅资料、护理行业相关学习资源、护考题库及参考资料等

任务 11-3：认知并实践晚期产后出血

相关知识点	病因、临床表现、处理原则、护理措施
相关实操技能	晚期产后出血的护理
相关实训	无
教师注意事项	岗课赛证的融通
学习资源	PPT、思维导图、图片、视频、教辅资料、护理行业相关学习资源、护考题库及参考资料等

能力单元十二：女性生殖系统炎症患者的护理		
教学目标	知识目标	1. 知道阴道炎、宫颈炎、盆腔炎等护理评估、诊断和措施 2. 知道女性生殖系统自然防御功能和生殖系统炎症的传播途径
	技能目标	1. 能对生殖系统炎症患者实施整体护理 2. 具备良好的沟通交流能力和一定的评判性思维、临床护理决策能力
	素养目标	1. 具备敬佑生命、救死扶伤的职业精神 2. 具备爱岗敬业、吃苦耐劳、严谨慎独、实事求是的工作作风 3. 具备爱心、耐心、细心、责任心、同情心、一切以病人为中心的职业素养 4. 具备团队合作精神 5. 具备严格的无菌观念及感控意识
教学重点与难点	重点：阴道炎、宫颈炎、盆腔炎等护理评估、诊断和措施	
教学时数	2	
教学方法与手段	教学方法：讲授法、信息化教学、角色扮演、案例教学、启发式教学等 教学手段：多媒体、PPT、慕课视频等	
育人案例引用	无	
考核方式	课前线上理论测试、上课考勤、课中学习参与情况评价（参与线上主题讨论、主动分享心得体会）、课后线上理论测试	
任务 12-1：认知并实践外阴部炎症		
相关知识点	外阴炎、前庭大腺炎	
相关实操技能	无	
相关实训	无	
教师注意事项	岗课赛证的融通	
学习资源	PPT、思维导图、图片、视频、教辅资料、护理行业相关学习资源、护考题库及参考资料等	
任务 12-2：认知并实践阴道炎症		
相关知识点	滴虫性阴道炎、细菌性阴道炎、萎缩性阴道炎	
相关实操技能	无	
相关实训	无	
教师注意事项	岗课赛证的融通	
学习资源	PPT、思维导图、图片、视频、教辅资料、护理行业相关学习资源、护考题库及参考资料等	
任务 12-3：认知并实践宫颈炎症		
相关知识点	慢性宫颈炎	
相关实操技能	无	
相关实训	无	
教师注意事项	岗课赛证的融通	
学习资源	PPT、思维导图、图片、视频、教辅资料、护理行业相关学习资源、护考题库及参考资料等	

能力单元十三：认知并实践妇科手术患者的围手术期的护理		
教学目标	知识目标	1. 知道妇科腹部手术名称、手术范围、适应证 2. 知道妇科腹部手术前、手术后护理评估内容 3. 知道妇科腹部手术前、手术后护理措施
	技能目标	1. 能对妇科手术患者实施整体护理 2. 具备良好的沟通交流能力和一定的评判性思维、临床护理决策能力
	素质目标	1. 具备敬佑生命、救死扶伤的职业精神 2. 具备爱岗敬业、吃苦耐劳、严谨慎独、实事求是的工作作风 3. 具备爱心、耐心、细心、责任心、同情心、一切以病人为中心的职业素养 4. 具备团队合作精神 5. 具备严格的无菌观念及感控意识
教学重点与难点	重点：妇科腹部手术前、手术后护理评估内容 难点：妇科腹部手术前、手术后护理措施	
教学时数	3	
教学方法与手段	教学方法：讲授法、信息化教学、角色扮演、案例教学、启发式教学等 教学手段：多媒体、PPT、慕课视频等	
育人案例引用	临床案例	
考核方式	课前线上理论测试、上课考勤、课中学习参与情况评价（参与线上主题讨论、主动分享心得体会）、课后线上理论测试	

能力单元十四：认知并实践女性生殖系统肿瘤的护理		
教学目标	知识目标	1. 知道各种肿瘤的重要致病因素、治疗原则和护理要点 2. 知道各种肿瘤的临床分期、常规治疗方法和良恶性的区别 3. 了解其病理变化组织学分类等
	技能目标	1. 能对女性生殖系统肿瘤患者实施整体护理 2. 具备良好的沟通交流能力和一定的评判性思维、临床护理决策能力
	素质目标	1. 具备敬佑生命、救死扶伤的职业精神 2. 具备爱岗敬业、吃苦耐劳、严谨慎独、实事求是的工作作风 3. 具备爱心、耐心、细心、责任心、同情心、一切以病人为中心的职业素养 4. 具备团队合作精神 5. 具备严格的无菌观念及感控意识
教学重点与难点	重点：肿瘤的重要致病因素、治疗原则和护理要点 难点：肿瘤的临床分期、常规治疗方法和良恶性的区别	
教学时数	1	
教学方法与手段	教学方法：讲授法、信息化教学、角色扮演、案例教学、启发式教学等 教学手段：多媒体、PPT、慕课视频等	
育人案例引用	临床案例	
考核方式	课前线上理论测试、上课考勤、课中学习参与情况评价（参与线上主题讨论、主动分享心得体会）、课后线上理论测试	
任务 14-1：认知并实践宫颈癌		
相关知识点	阴道接触性出血、阴道排液、阴道镜、活检、切口护理	

相关实操技能	宫颈癌患者的术前术后的护理
相关实训	无
教师注意事项	岗课赛证的融通
学习资源	PPT、思维导图、图片、视频、教辅资料、护理行业相关学习资源、护考题库及参考资料等

任务 14-2：认知并实践子宫肌瘤	
相关知识点	腹部包块、子宫全切（次全切）、护理措施
相关实操技能	子宫肌瘤患者术前术后的护理
相关实训	无
教师注意事项	岗课赛证的融通
学习资源	PPT、思维导图、图片、视频、教辅资料、护理行业相关学习资源、护考题库及参考资料等

任务 14-3：认知并实践子宫内膜癌	
相关知识点	阴道不规则出血、疼痛护理、引流管护理、并发症护理
相关实操技能	无
相关实训	无
教师注意事项	岗课赛证的融通
学习资源	PPT、思维导图、图片、视频、教辅资料、护理行业相关学习资源、护考题库及参考资料等

任务 14-4：认知并实践卵巢肿瘤	
相关知识点	病因、发病机制、良性肿瘤与恶性肿瘤的区别、护理
相关实操技能	无
相关实训	无
教师注意事项	岗课赛证的融通
学习资源	PPT、思维导图、图片、视频、教辅资料、护理行业相关学习资源、护考题库及参考资料等

能力单元十五：认知并实践女性生殖系统创伤性疾病患者的护理		
教学目标	知识目标	1. 知道会阴部手术患者的术前准备和术后护理 2. 熟悉会阴部手术常见病例
	技能目标	1. 能对女性生殖系统创伤性疾病实施整体护理 2. 具备良好的沟通交流能力和一定的评判性思维、临床护理决策能力
	素质目标	1. 具备敬佑生命、救死扶伤的职业精神 2. 具备爱岗敬业、吃苦耐劳、严谨慎独、实事求是的工作作风 3. 具备爱心、耐心、细心、责任心、同情心、一切以病人为中心的职业素养 4. 具备团队合作精神 5. 具备严格的无菌观念及感控意识
教学重点与难点		会阴部手术患者的术前准备和术后护理

教学时数	1
教学方法与手段	教学方法：讲授法、信息化教学、角色扮演、案例教学、启发式教学等 教学手段：多媒体、PPT、慕课视频等
育人案例引用	临床案例
考核方式	课前线上理论测试、上课考勤、课中学习参与情况评价（参与线上主题讨论、主动分享心得体会）、课后线上理论测试

任务 15-1：认知并实践外阴、阴道创伤

相关知识点	术前准备、术后护理
相关实操技能	无
相关实训	无
教师注意事项	岗课赛证的融通
学习资源	PPT、思维导图、图片、视频、教辅资料、护理行业相关学习资源、护考题库及参考资料等

任务 15-2：认知并实践外阴癌

相关知识点	原位癌、癌症分期、护理评估和措施
相关实操技能	无
相关实训	无
教师注意事项	岗课赛证的融通
学习资源	PPT、思维导图、图片、视频、教辅资料、护理行业相关学习资源、护考题库及参考资料等

任务 15-3：认知并实践尿瘘

相关知识点	解剖部位分类、护理措施
相关实操技能	无
相关实训	无
教师注意事项	岗课赛证的融通
学习资源	PPT、思维导图、图片、视频、教辅资料、护理行业相关学习资源、护考题库及参考资料等

能力单元十六：认知并实践妊娠滋养细胞疾病患者的护理		
教学目标	知识目标	1. 知道葡萄胎、侵蚀性葡萄糖、绒毛膜癌的护理评估和护理措施 2. 知道化疗患者的护理
	技能目标	1. 能对妊娠滋养细胞疾病实施整体护理 2. 具备良好的沟通交流能力和一定的评判性思维、临床护理决策能力
	素养目标	1. 具备敬佑生命、救死扶伤的职业精神 2. 具备爱岗敬业、吃苦耐劳、严谨慎独、实事求是的工作作风 3. 具备爱心、耐心、细心、责任心、同情心、一切以病人为中心的职业素养 4. 具备团队合作精神 5. 具备严格的无菌观念及感控意识

续表

教学重点与难点	重点：葡萄胎、侵蚀性葡萄糖、绒毛膜癌的护理评估和护理措施 难点：化疗患者的护理
教学时数	2
教学方法与手段	教学方法：讲授法、信息化教学、角色扮演、案例教学、启发式教学等 教学手段：多媒体、PPT、慕课视频等
育人案例引用	临床案例
考核方式	课前线上理论测试、上课考勤、课中学习参与情况评价（参与线上主题讨论、主动分享心得体会）、课后线上理论测试
任务 16-1：认知并实践葡萄胎	
相关知识点	葡萄胎概念、治疗原则、临床表现、护理措施、健康教育
相关实操技能	无
相关实训	无
教师注意事项	岗课赛证的融通
学习资源	PPT、思维导图、图片、视频、教辅资料、护理行业相关学习资源、护考题库及参考资料等
任务 16-2：认知并实践侵蚀性葡萄糖和绒毛膜癌	
相关知识点	绒癌、治疗原则、临床表现、护理措施、健康教育
相关实操技能	无
相关实训	无
教师注意事项	岗课赛证的融通
学习资源	PPT、思维导图、图片、视频、教辅资料、护理行业相关学习资源、护考题库及参考资料等

能力单元十七：认知并实践女性生殖内分泌疾病患者的护理		
教学目标	知识目标	1.掌握异常子宫出血、闭经、绝经、痛经的临床表现和护理措施 2.熟悉异常子宫出血、闭经、绝经、痛经治疗原则
	技能目标	1.能对女性生殖内分泌疾病实施整体护理 2.具备良好的沟通交流能力和一定的评判性思维、临床护理决策能力
	素养目标	1.具备敬佑生命、救死扶伤的职业精神 2.具备爱岗敬业、吃苦耐劳、严谨慎独、实事求是的工作作风 3.具备爱心、耐心、细心、责任心、同情心、一切以病人为中心的职业素养 4.具备团队合作精神 5.具备严格的无菌观念及感控意识
教学重点与难点	重点： 1.功血分类、主要临床表现及治疗原则 2.无排卵功血雌激素、孕激素使用方法及护理要点 难点：无排卵功血患者雌激素、孕激素使用方法及护理要点	
教学时数	1	
教学方法与手段	教学方法：讲授法、信息化教学、角色扮演、案例教学、启发式教学等 教学手段：多媒体、PPT、慕课视频等	

育人案例引用	临床案例
考核方式	课前线上理论测试、上课考勤、课中学习参与情况评价（参与线上主题讨论、主动分享心得体会）、课后线上理论测试

任务 17-1：认知并实践异常子宫出血	
相关知识点	无排卵性子宫出血、排卵性子宫出血
相关实操技能	无
相关实训	无
教师注意事项	岗课赛证的融通
学习资源	PPT、思维导图、图片、视频、教辅资料、护理行业相关学习资源、护考题库及参考资料等

任务 17-2：认知并实践闭经	
相关知识点	分类、病因、临床表现、护理措施
相关实操技能	无
相关实训	无
教师注意事项	岗课赛证的融通
学习资源	PPT、思维导图、图片、视频、教辅资料、护理行业相关学习资源、护考题库及参考资料等

任务 17-3：认知并实践痛经	
相关知识点	分类、病因、临床表现、护理措施
相关实操技能	无
相关实训	无
教师注意事项	岗课赛证的融通
学习资源	PPT、思维导图、图片、视频、教辅资料、护理行业相关学习资源、护考题库及参考资料等

任务 17-4：认知并实践经前期综合征	
相关知识点	病因、临床表现、护理措施
相关实操技能	无
相关实训	无
教师注意事项	岗课赛证的融通
学习资源	PPT、思维导图、图片、视频、教辅资料、护理行业相关学习资源、护考题库及参考资料等

任务 17-5：认知并实践绝经综合征	
相关知识点	定义、临床表现、护理措施
相关实操技能	无
相关实训	无
教师注意事项	岗课赛证的融通
学习资源	PPT、思维导图、图片、视频、教辅资料、护理行业相关学习资源、护考题库及参考资料等

能力单元十八：认知并实践子宫内膜异位症与子宫腺肌病患者的护理			
教学目标	知识目标	1. 知道子宫内膜异位症与子宫腺肌病的概念和护理要点 2. 知道子宫内膜异位症与子宫腺肌病临床表现和预防措施 3. 了解评估疼痛的分期	
	技能目标	1. 能对子宫内膜异位症与子宫腺肌病实施整体护理 2. 具备良好的沟通交流能力和一定的评判性思维、临床护理决策能力	
	素质目标	1. 具备敬佑生命、救死扶伤的职业精神 2. 具备爱岗敬业、吃苦耐劳、严谨慎独、实事求是的工作作风 3. 具备爱心、耐心、细心、责任心、同情心、一切以病人为中心的职业素养 4. 具备团队合作精神 5. 具备严格的无菌观念及感控意识	
教学重点与难点	重点： 1. 子宫内膜异位症临床表现、治疗原则 2. 不孕症病因、辅助检查 难点：子宫内膜异位症病因、治疗		
教学时数	1		
教学方法与手段	教学方法：讲授法、信息化教学、角色扮演、案例教学、启发式教学等 教学手段：多媒体、PPT、慕课视频等		
育人案例引用	临床案例		
考核方式	课前线上理论测试、上课考勤、课中学习参与情况评价（参与线上主题讨论、主动分享心得体会）、课后线上理论测试		
任务 18-1：认知并实践子宫内膜异位症			
相关知识点	病因、发病机制、临床表现、护理评估、护理措施		
相关实操技能	无		
相关实训	无		
教师注意事项	岗课赛证的融通		
学习资源	PPT、思维导图、图片、视频、教辅资料、护理行业相关学习资源、护考题库及参考资料等		
任务 18-2：认知并实践子宫腺肌病			
相关知识点	病因、发病机制、临床表现、护理评估、护理措施		
相关实操技能	无		
相关实训	无		
教师注意事项	岗课赛证的融通		
学习资源	PPT、思维导图、图片、视频、教辅资料、护理行业相关学习资源、护考题库及参考资料等		

能力单元十九：认知并实践不孕症妇女的护理			
教学目标	知识目标	1. 知道不孕症的概念，辅助生殖技术常见的并发症的护理 2. 知道不孕症常见原因，主要检查方法和治疗原则	
	技能目标	1. 能对不孕症疾病实施整体护理 2. 具备良好的沟通交流能力和一定的评判性思维、临床护理决策能力	

教学目标	素质目标	1. 具备敬佑生命、救死扶伤的职业精神 2. 具备爱岗敬业、吃苦耐劳、严谨慎独、实事求是的工作作风 3. 具备爱心、耐心、细心、责任心、同情心、一切以病人为中心的职业素养 4. 具备团队合作精神 5. 具备严格的无菌观念及感控意识
教学重点与难点		不孕症的概念，辅助生殖技术常见的种类和并发症的护理
教学时数		1
教学方法与手段		教学方法：讲授法、信息化教学、角色扮演、案例教学、启发式教学等 教学手段：多媒体、PPT、慕课视频等
育人案例引用		临床案例
考核方式		课前线上理论测试、上课考勤、课中学习参与情况评价（参与线上主题讨论、主动分享心得体会）、课后线上理论测试
任务 19-1：认知不孕症		
相关知识点		原发性不孕、继发性不孕、绝对不孕、不孕因素、护理评估、处理原则、护理措施
相关实操技能		无
相关实训		无
教师注意事项		岗课赛证的融通
学习资源		PPT、思维导图、图片、视频、教辅资料、护理行业相关学习资源、护考题库及参考资料等
任务 19-2：认知并实际辅助生殖技术及护理		
相关知识点		人工授精、胚胎移植、常见并发症、护理措施
相关实操技能		无
相关实训		无
教师注意事项		岗课赛证的融通
学习资源		PPT、思维导图、图片、视频、教辅资料、护理行业相关学习资源、护考题库及参考资料等

能力单元二十：认知并实践妇产科护理操作技术		
教学目标	知识目标	掌握妇产科各项护理技术操作的目的、适应证、物品准备、操作步骤及护理要点
	技能目标	1. 能对计划生育妇女实施整体护理 2. 具备良好的沟通交流能力和一定的评判性思维、临床护理决策能力
	素养目标	1. 具备敬佑生命、救死扶伤的职业精神 2. 具备爱岗敬业、吃苦耐劳、严谨慎独、实事求是的工作作风 3. 具备爱心、耐心、细心、责任心、同情心、一切以病人为中心的职业素养 4. 具备团队合作精神 5. 具备严格的无菌观念及感控意识

续表

教学重点与难点	重点：会阴湿热敷、新生儿沐浴、阴道冲洗、宫颈上药 难点：会阴湿热敷、新生儿沐浴、阴道冲洗、宫颈上药
教学时数	4
教学方法与手段	教学方法：模具教学、讲授法、信息化教学、角色扮演、案例教学、启发式教学等 教学手段：多媒体、PPT、慕课视频等。教学手段
育人案例引用	无
考核方式	课前线上理论测试、上课考勤、课中学习参与情况评价（参与线上主题讨论、主动分享心得体会）、课后线上理论测试

五、"课程思政"育人元素融入课程教学的途径和方法

序号	知识点	育人元素	融入途径、方式	预期效果	备注
1	分娩期妇女的护理	尊重生命	通过讲述妊娠后胎儿的一系列发展，母体的巨大变化，引发同学们思考爱情与责任，对新生命的敬佑和尊重	学生能够树立尊重新生命的到来，负责任地对待新生命的意识	
2	生殖系统肿瘤患者的护理	医者仁心珍爱生命	引导学生分享自己身边发生的亲人或朋友或同学的积极抗病经历，举例抗疫英雄张定宇院长患渐冻症却依然奔跑在抗疫前线的故事，启发同学们思考疾病成因与生命的意义	让学生认识到生命可贵，疾病无情，从而珍爱生命、热爱生活	
3	产褥期并发症的护理	仁心仁术关爱患者	分享故事、讲述产后抑郁患者痊愈的病例，体现关爱患者、医者仁心	生育是成熟女性的责任和使命，树立强大的责任感和爱心，帮助孕产妇顺利度过生育期	
4	辅助生殖技术	保护隐私	数据分析、讲述	学生能够树立尊重患者、保护他们的隐私的意识，为此提供优质护理	

六、课程评价方法

妇产科护理课程评价采取过程性评价与终结性评价相结合的方式进行，过程性评价和终结性评价各占50%。过程性评价由课前、课中、课后学习三部分成绩组成，其中：课前学习成绩根据云课堂中任务点完成统计数据赋分，课中学习成绩根据云课堂中的出勤、课堂参与度及效果等统计数据赋分，课后学习成绩根据云课堂中课后测试成绩等统计数据赋分。

七、教学资源配置

（一）教材、参考书目和育人案例主要来源

1. 教材

夏海鸥.妇产科护理（第4版）[M].北京：人民卫生出版社，2019.

2. 参考书目

谢幸，苟文丽.妇产科学[M].北京：人民卫生出版社，2013.

夏海鸥.妇产科护理学[M].北京：人民卫生出版社，2019.

胡蘅芬，唐晖，欧阳春霞.妇产科护理[M].武汉：华中科技大学出版社，2019.

基础生命支持实施人员手册[M].美国心脏协会，2021.

胡东芳.精编妇产科护理与临床[M].西安：西安交通大学出版社，2015.

赵晓军.实用临床护理操作常规[M].西安：西安交通大学出版社，2014.

3. 育人案例主要来源

任课教师在临床护理工作中亲身经历的教学案例和相关微信公众号推送的相关案例等。

（二）信息化教学资源

慕课资源："人卫慕课""中国大学MOOC""智慧职教"等在线开放教学平台。

题库资源：中国医学教育题库、护理技能赛项题库等。

网站资源：中国护士网、中华护理学会等。

微信公众号资源：妇产科护理、护士网官微等。

（三）信息化教学工具

云课堂、学习通、中国医学教育题库、人卫教学助手App等。

（四）主要设备与设施

妇产科实训室及配套设施设备，模拟手术室及配套设施设备，教学一体机等。

高等职业教育专科
"健康评估"课程标准

一、课程基本信息

课程编码	06070007	课程类型 （理论或实践或理实一体）	理论和实践一体	适用专业	高职护理
学分	2	总学时	48	实践学时	24
先修课程	正常人体结构、正常人体机能、异常人体结构与功能				
后续课程	内科护理、外科护理				
执笔人	姚珍		批准人		

二、课程定位

"健康评估"是护理专业的一门必修课程、核心课程，是护理基础课程和专业课程的桥梁。评估是护理程序的起点，贯穿于护理实践的始终，具有很强的实践性，是护士运用护理基本理论、基本知识、基本技能对个体、家庭、社区现存的或潜在的健康问题或生命过程的反应进行判断的一门学科。随着整体护理和社区护理的全面展开，护士的健康评估知识与技能日益突出，健康评估在培养护理学生的全面素质和能力方面具有重要作用，其地位不可替代。

健康评估是从护士的角度收集护理对象的主要症状，并对其身体、心理、社会、文化等方面进行全面评估，同时协助医生为护理对象进行相关检查前的各种护理协助与健康指导，有组织地、系统地收集资料、整理资料，提出服务对象的健康问题及护理诊断，为确立护理目标，制定护理措施提供有效依据。通过教学，学生应能独立进行问诊和体格检查，并能综合问诊、体格检查和实验室及其他辅助检查的结果，作出初步护理诊断 / 合作性问题，写出完整的护理病历。

三、课程目标

（一）价值目标

（1）具备富强、民主、文明、和谐等价值目标；

（2）具备自由、平等、公正、法治等价值取向；

（3）具备爱国、敬业、诚信、友善等价值准则；

（4）具备民族团结、社会责任情感等；

（5）具备社会主义公民道德、社会公德和家庭美德意识等；

（6）具备求实的科学态度、积极的生活态度等。

（二）职业素养目标

（1）具备救死扶伤、人道主义、医者仁心、无私奉献等职业精神；

（2）具备爱岗敬业、诚实守信、遵纪守法等职业道德；

（3）具备认同护理专业，运用所学知识服务于人类健康问题的职业习惯；

（4）具备关心、爱护、尊重服务对象的观念与行为意识；

（5）具备医疗护理团队团结协作精神、创新精神；

（6）具备"五心"（爱心、耐心、细心、责任心和同情心）等职业素养；

（7）具备护理执业安全意识，尊重病人，保护病人隐私；

（8）具备护理职场礼仪与规范意识；

（9）具备现代健康观和疾病观；

（10）具备一定的护患沟通、人文关怀技巧及能力。

（三）知识目标

（1）明确身体评估的正常状态；

（2）掌握身体评估异常改变的临床意义；

（3）学会常见症状的问诊及作出护理诊断；

（4）熟悉常用临床实验室检查项目标本采集的要求、正常值及临床意义；

（5）会识别正常心电图及常见异常心电图的图形特征；

（6）了解身体评估异常改变的产生机制。

（四）技能目标

（1）应用沟通交流技巧进行健康史的采集；

（2）学会症状评估的基本方法；

（3）熟练运用身体评估的基本技能；

（4）初步学会心电图图谱识别的步骤和方法；

（5）独立完成系统、全面和规范的整体健康评估，书写评估记录。

四、课程主要内容

（一）能力单元与学时分配

序号	能力单元名称	讲授（学时）	实操（学时）	专家讲座（学时）	参观（学时）	讨论（学时）	其他（学时）
1	绪论与健康资料	2					
2	健康史评估	2	2				
3	常见症状评估	6	4				
4	身体评估	12	12				
5	实验室评估		2				
6	心电图评估	2	2				
7	影像学检查		2				
合计		24	24				

（二）教学任务描述

能力单元一：绪论与健康资料		
教学目标	价值目标	1. 具备富强、民主、文明、和谐等价值目标 2. 具备自由、平等、公正、法治等价值取向 3. 具备爱国、敬业、诚信、友善等价值准则
	知识目标	1. 掌握健康评估的概念，健康资料的类型与来源 2. 熟悉健康评估的内容，健康资料的内容 3. 了解健康评估的学习方法
	技能目标	运用交谈进行准确和完整的健康史评估的能力，对患者进行身体评估的能力
	素养目标	1. 具备救死扶伤、人道主义、医者仁心、无私奉献等职业精神 2. 具备爱岗敬业、诚实守信、遵纪守法等职业道德 3. 具备认同护理专业，运用所学知识服务于人类健康问题的职业习惯
教学重点与难点	重点： 1. 健康评估的概念 2. 健康资料的类型与来源 难点： 健康资料的类型与来源	
教学时数	2	
教学方法与手段	教学方法：讲授法、信息化教学、案例教学、启发式教学等 教学手段：多媒体、PPT、慕课视频等	

育人案例引用	中国空间站三名航天员健康评估、健康资料的临床案例
考核方式	理论测试、学习成果汇报（小组展示、个人分享心得体会）、实践评价、课后练习等

能力单元二：健康史评估		
教学目标	价值目标	1.具备民族团结、社会责任情感等 2.具备社会主义公民道德、社会公德和家庭美德意识等 3.具备求实的科学态度、积极的生活态度等
	知识目标	1.掌握健康史的组成，现时健康资料的概念及基本内容 2.熟悉健康史采集注意事项 3.了解患者基本资料、既往健康资料、生活资料、月经婚育资料、家庭健康资料的主要内容
	技能目标	能对患者的一般健康史进行采集
	素养目标	1.具备关心、爱护、尊重服务对象的观念与行为意识 2.具备医疗护理团队团结协作精神、创新精神 3.具备一定的护患沟通、人文关怀技巧及能力
教学重点与难点		重点： 1.健康史的组成 2.现时健康资料的基本内容 3.健康史采集注意事项 难点： 现时健康资料的基本内容
教学时数		4
教学方法与手段		教学方法：讲授法、信息化教学、案例教学、启发式教学等 教学手段：多媒体、PPT、慕课视频等
育人案例引用		健康资料采集的临床案例
考核方式		理论测试、学习成果汇报（小组展示、个人分享心得体会）、实践评价、课后练习等
任务2：健康史评估		
相关知识点		1.一般健康史的采集内容 2.现时健康资料的概念及组成
相关实操技能		一般健康史采集
相关实训		实验名称：一般健康史采集 实验内容： 1.学生观看一般健康史采集的教学视频，如基本资料采集视频、现时健康资料采集视频等 2.学生分组，运用病历资料，学生角色扮演，模拟健康史采集，写出采集内容 3.分析采集过程，查找不足，分组汇报采集情况 4.教师小结 所需时间：80分钟
教师注意事项		"课程思政"、岗课赛证的融通，强调采集健康史要特别注意保护患者隐私，增强学生依法执业的意识
学习资源		PPT、慕课视频、护考题库、教辅资料等

能力单元三：常见症状评估			
教学目标	价值目标	1. 具备社会主义公民道德、社会公德和家庭美德意识等 2. 具备求实的科学态度、积极的生活态度等	
	知识目标	1. 掌握临床常见症状的评估，常见症状的主要护理诊断 2. 熟悉常见症状的病因和临床表现 3. 了解常见症状的发生机制	
	技能目标	能对常见症状进行护理评估	
	素养目标	1. 具备护理执业安全意识，尊重病人，保护病人隐私 2. 具备护理职场礼仪与规范意识 3. 具备现代健康观和疾病观	
教学重点与难点	重点： 1. 临床常见症状的评估 2. 常见症状的主要护理诊断 难点： 常见症状的主要护理诊断		
教学时数	10		
教学方法与手段	教学方法：讲授法、信息化教学、案例教学、启发式教学等 教学手段：多媒体、PPT、慕课视频等		
育人案例引用	发热、呼吸困难、疼痛、黄疸等临床案例		
考核方式	理论测试、学习成果汇报（小组展示、个人分享心得体会）、实践评价、课后练习等		
任务 3-1：发热、呼吸困难、疼痛等常见症状评估			
相关知识点	1. 发热、呼吸困难、疼痛等常见症状的评估要点 2. 发热、呼吸困难、疼痛等常见症状评估方法		
相关实操技能	发热、呼吸困难、疼痛等常见症状评估方法		
相关实训	实验名称：发热、呼吸困难、疼痛等常见症状评估 实验内容： 1. 学生观看典型症状体征视频，如发热、呼吸困难、疼痛等 2. 展示小病例，提出问题，学生分组讨论 3. 分组汇报讨论结果 4. 教师小结 所需时间：80分钟		
教师注意事项	"课程思政"、岗课赛证的融通，学生重点掌握执业护士资格考试的内容		
学习资源	PPT、慕课视频、护考题库、教辅资料等		
任务 3-2：黄疸、水肿、意识障碍等常见症状评估			
相关知识点	1. 黄疸、水肿、意识障碍等常见症状的评估要点 2. 黄疸、水肿、意识障碍等常见症状的评估方法		
相关实操技能	黄疸、水肿、意识障碍等常见症状的评估方法		
相关实训	实验名称：黄疸、水肿、意识障碍等常见症状评估 实验内容： 1. 学生观看典型症状体征视频，如黄疸、水肿、意识障碍等 2. 展示小病例，提出问题，学生分组讨论 3. 分组汇报讨论结果 4. 教师小结 所需时间：80分钟		

教师注意事项	"课程思政"、岗课赛证的融通，学生重点掌握执业护士资格考试的内容
学习资源	PPT、慕课视频、护考题库、教辅资料等

能力单元四：身体评估		
教学目标	价值目标	1. 具备富强、民主、文明、和谐等价值目标 2. 具备自由、平等、公正、法治等价值取向 3. 具备爱国、敬业、诚信、友善等价值准则
	知识目标	1. 掌握身体评估的方法及内容 2. 熟悉身体评估常见异常体征的临床意义 3. 了解各系统常见疾病的症状和体征
	技能目标	能对患者的身体健康状况进行初步评估
	素养目标	1. 具备关心、爱护、尊重服务对象的观念与行为意识 2. 具备护理执业安全意识，尊重病人，保护病人隐私 3. 具备一定的护患沟通、人文关怀技巧及能力
教学重点与难点	重点： 1. 身体评估的基本方法及注意事项 2. 全身状态评估的方法及内容 3. 头颈部评估的方法及内容 4. 胸部评估的方法及内容 5. 腹部评估的方法及内容 6. 阳性体征的临床意义 难点： 1. 全身状态评估的方法 2. 头颈部评估的方法 3. 胸部评估的方法 4. 腹部评估的方法	
教学时数	24	
教学方法与手段	教学方法：讲授法、信息化教学、案例教学、启发式教学等 教学手段：多媒体、PPT、慕课视频等	
育人案例引用	头颈部、胸部、腹部评估等临床案例；吴孟超医生的暖手案例	
考核方式	理论测试、学习成果汇报（小组展示、个人分享心得体会）、实践评价、课后练习等	
任务 4-1：一般状态、皮肤、浅表淋巴结评估		
相关知识点	1. 身体评估的基本方法 2. 一般状态的评估内容、顺序及方法 3. 皮肤、浅表淋巴结的评估内容、顺序及方法	
相关实操技能	一般状态、皮肤、浅表淋巴结评估	
相关实训	实验名称：一般状态、皮肤、浅表淋巴结评估 实验内容： 1. 教师以学生为示教，分步骤边示教边讲解；学生两人一组，跟随老师进行同步操作 2. 播放操作视频，教师巡回指导 3. 抽取学生反示教，其他学生观看、评价 4. 教师总结学生练习过程中存在的问题，强调注意事项 所需时间：80 分钟	
教师注意事项	保护学生隐私、"课程思政"、岗课赛证的融通，教育学生掌握常见异常体征的临床意义	

学习资源	PPT、慕课视频、护考题库、教辅资料等
任务 4-2：头部、面部及颈部评估	
相关知识点	头部、面部及颈部评估的内容、顺序及方法
相关实操技能	头部、面部及颈部评估
相关实训	实验名称：头部、面部及颈部评估 实验内容： 1. 教师以学生为示教，分步骤边示教边讲解；学生两人一组，跟随老师进行同步操作 2. 播放操作视频，教师巡回指导 3. 抽取学生反示教，其他学生观看、评价 4. 教师总结学生练习过程中存在的问题，强调注意事项 所需时间：80 分钟
教师注意事项	保护学生隐私、"课程思政"、岗课赛证的融通，教育学生掌握常见异常体征的临床意义
学习资源	PPT、慕课视频、护考题库、教辅资料等
任务 4-3：肺部评估	
相关知识点	1. 肺及胸膜评估的基本方法、内容 2. 肺及胸膜评估的正常状态及常见异常体征的临床意义
相关实操技能	肺部评估
相关实训	实验名称：肺部评估 实验内容： 1. 学生观看肺部评估的视频 2. 教师进行示范性评估，指出胸部评估要点和操作技巧，学生分组练习 3. 抽学生展示胸部评估过程 4. 教师总结 所需时间：80 分钟
教师注意事项	保护学生隐私、"课程思政"、岗课赛证的融通，教育学生掌握常见异常体征的临床意义
学习资源	PPT、慕课视频、护考题库、教辅资料等
任务 4-4：心脏评估	
相关知识点	1. 心脏评估的基本方法及内容、正常状态 2. 常见心脏评估异常体征的临床意义
相关实操技能	心脏评估
相关实训	实验名称：心脏评估 实验内容： 1. 学生观看心脏评估的视频 2. 教师进行示范性评估，指出心脏评估要点和操作技巧，学生分组练习 3. 抽学生进行心脏评估 4. 教师总结 所需时间：80 分钟
教师注意事项	保护学生隐私、"课程思政"、岗课赛证的融通，教育学生掌握常见异常体征的临床意义
学习资源	PPT、慕课视频、护考题库、教辅资料等
任务 4-5：腹部评估	
相关知识点	1. 腹部体表标志，腹部触诊、叩诊、听诊的方法 2. 腹部常见疾病的病理体征及意义

相关实操技能	腹部评估
相关实训	实验名称：腹部评估 实验内容： 1. 学生观看腹部评估的视频 2. 教师进行示范性评估，指出腹部评估要点和操作技巧，学生分组练习 3. 抽学生进行腹部评估 4. 教师总结 所需时间：80分钟
教师注意事项	保护学生隐私、"课程思政"、岗课赛证的融通，教育学生掌握常见异常体征的临床意义
学习资源	PPT、慕课视频、护考题库、教辅资料等
任务4-6：脊柱、四肢及神经系统评估	
相关知识点	1. 脊柱、四肢及神经系统的评估要点 2. 脊柱、四肢及神经系统评估方法
相关实操技能	脊柱、四肢及神经系统评估
相关实训	实验名称：脊柱、四肢及神经系统评估 实验内容： 1. 学生观看脊柱、四肢及神经系统评估的视频 2. 教师进行示范性评估，指出脊柱、四肢及神经系统评估要点和操作技巧，学生分组练习 3. 抽学生进行脊柱、四肢及神经系统评估 4. 教师总结 所需时间：80分钟
教师注意事项	保护学生隐私、"课程思政"、岗课赛证的融通，教育学生掌握常见异常体征的临床意义
学习资源	PPT、慕课视频、护考题库、教辅资料等

能力单元五：实验室评估		
教学目标	价值目标	1. 具备社会主义公民道德、社会公德和家庭美德意识等 2. 具备求实的科学态度、积极的生活态度等
	知识目标	1. 掌握常用实验室检查项目的内容 2. 熟悉常用实验室检查的目的和临床意义 3. 了解常用实验室检查的参考值
	技能目标	正确采集、保存和送检标本以及初步分析实验室检查报告结果的能力
	素养目标	1. 具备医疗护理团队团结协作精神、创新精神 2. 具备护理职场礼仪与规范意识 3. 具备一定的护患沟通、人文关怀技巧及能力
教学重点与难点		重点： 1. 常用实验室检查项目的内容 2. 常用实验室检查的目的和临床意义 3. 采集、保存和送检标本 难点： 1. 正确采集、保存和送检标本 2. 分析实验室检查报告结果
教学时数		2

教学方法与手段	教学方法：讲授法、信息化教学、案例教学、启发式教学等 教学手段：多媒体、PPT、慕课视频等
育人案例引用	血液检查、肝功能检查、肾功能检查等的临床案例
考核方式	理论测试、学习成果汇报（小组展示、个人分享心得体会）、实践评价、课后练习等
任务 5-1：实验室检查报告分析	
相关知识点	1. 血液、尿液、粪便、肝肾功能及其他生化检查等常用实验室检查指标的正常值 2. 血液、尿液、粪便、肝肾功能及其他生化检查等常用实验室检查阳性指标的临床意义
相关实操技能	实验室检查报告分析
相关实训	实验名称：实验室检查报告分析 实验内容： 1. 观看标本采集、保存和送检的视频 2. 分发血液、尿液、粪便、肝肾功能及其他生化检查报告 3. 学生分组对实验室检查报告进行结果分析及小组汇报分析结果 4. 教师小结 所需时间：40 分钟
教师注意事项	"课程思政"、岗课赛证的融通，教育学生掌握常见异常检验结果的临床意义
学习资源	PPT、慕课视频、护考题库、教辅资料等
任务 5-2：血糖监测技术	
相关知识点	血糖检测仪的使用方法
相关实操技能	血糖监测技术
相关实训	实验名称：血糖监测技术 实验内容： 1. 学生观看血糖检测仪使用方法的视频 2. 教师示范操作，并指出操作要领和注意事项 3. 学生分组操作练习 4. 教师抽查，学生评议，教师小结 所需时间：40 分钟
教师注意事项	"课程思政"、岗课赛证的融通，教育学生操作时关爱患者、有仁爱之心
学习资源	PPT、慕课视频、护考题库、教辅资料等

能力单元六：心电图评估		
教学目标	价值目标	1. 具备民族团结、社会责任情感等 2. 具备求实的科学态度、积极的生活态度等
	知识目标	1. 掌握心电图导联连接方式及正常心电图特征 2. 熟悉心电图的临床应用，常见心律失常的心电图表现，心肌缺血和心肌梗死心电图特征，心电监护 3. 了解心电图的测量方法，心房心室肥大的心电图特征及分析
	技能目标	能对患者进行心电图评估的能力
	素养目标	1. 具备关心、爱护、尊重服务对象的观念与行为意识 2. 具备护理职场礼仪与规范意识 3. 具备护理执业安全意识，尊重病人，保护病人隐私

续表

教学重点与难点	重点： 1. 心电图导联连接方式及正常心电图特征 2. 心电图的临床应用 3. 常见心律失常的心电图表现，心肌缺血和心肌梗死心电图特征 4. 心电监护 难点： 1. 常见心律失常的心电图表现 2. 心肌缺血和心肌梗死心电图特征
教学时数	4
教学方法与手段	教学方法：讲授法、信息化教学、案例教学、启发式教学等 教学手段：多媒体、PPT、慕课视频等
育人案例引用	心律失常、心肌缺血、心肌梗死等的临床案例
考核方式	理论测试、学习成果汇报（小组展示、个人分享心得体会）、实践评价、课后练习等
任务 6：心电图操作及分析	
相关知识点	1. 心电图操作要点及注意事项 2. 心电图的分析步骤及正常心电图波形、各波段的测量和正常值
相关实操技能	心电图操作及分析
相关实训	实验名称：心电图操作及分析 实验内容： 1. 学生观看心电图操作视频 2. 学生分组，分析心电图 3. 汇报各组心电图分析结果 4. 教师小结 所需时间：80 分钟
教师注意事项	"课程思政"、岗课赛证的融通，教育学生掌握异常检查结果的临床意义
学习资源	PPT、慕课视频、护考题库、教辅资料等

能力单元七：影像学检查		
教学目标	价值目标	1. 具备社会主义公民道德、社会公德和家庭美德意识等 2. 具备求实的科学态度、积极的生活态度等
	知识目标	1. 掌握常用影像学检查前的准备与处理 2. 熟悉常用影像学检查的内容与临床意义 3. 了解影像学检查的临床意义及其与护理的关系
	技能目标	能对患者进行影像学评估的能力
	素养目标	1. 具备爱岗敬业、诚实守信、遵纪守法等职业道德 2. 具备关心、爱护、尊重服务对象的观念与行为意识 3. 具备一定的护患沟通、人文关怀技巧及能力
教学重点与难点	重点：常用影像学检查前的准备与处理 难点：常用影像学检查前的准备与处理	
教学时数	2	
教学方法与手段	教学方法：讲授法、信息化教学、案例教学、启发式教学等 教学手段：多媒体、PPT、慕课视频等	

续表

育人案例引用	影像学检查的临床案例
考核方式	理论测试、学习成果汇报（小组展示、个人分享心得体会）、实践评价、课后练习等
任务 7：影像学检查的准备与处理	
相关知识点	1. 常规准备 2. 不同检查的准备与处理
相关实操技能	影像学检查的临床应用
相关实训	实验名称：影像学检查的准备与处理 实验内容： 1. 学生观看影像学检查的准备与处理视频 2. 学生分组，分析临床案例 3. 汇报各组案例结果 4. 教师小结 所需时间：80 分钟
教师注意事项	"课程思政"、岗课赛证的融通，教育学生掌握异常检查结果的临床意义
学习资源	PPT、慕课视频、护考题库、教辅资料等

五、"课程思政"育人元素融入课程教学途径和方法

序号	知识点	育人元素	育人案例	融入途径、方式	效果评价方式
1	健康评估的概念	热爱祖国 勇于担当 社会责任	中国空间站三名航天员健康评估视频	播放三名航天员进行健康评估的视频，引起学生思考	学生谈感想
2	健康评估交谈的方法与技巧	责任意识 关爱患者 保护隐私 敬畏生命	医务人员与患者、家属交谈的案例	借助图文讲述临床工作中医务人员与患者、家属进行交谈的案例，学生指出案例中交谈的问题所在	现场回答
3	触诊的方法与注意事项	良好医德 人文关怀 专业精神	肝脏疾病、阑尾疾病等的触诊	借助图文讲述临床工作中肝脏疾病、阑尾疾病等对患者触诊的案例，引发学生思考	学习成果汇报
4	常见症状评估——发热	热爱祖国 团结协作 大公无私 勇于担当	新冠患者发热的案例，监测体温	借助视频讲述新冠患者发热的实例，医务工作者抗击新冠疫情	学生谈感想
5	常见症状评估——发绀	实事求是 无私奉献 爱岗敬业 细心	西藏医院工作的学生案例；一氧化碳中毒患者的案例	借助图文讲述，引发学生思考	学习成果汇报
6	常见症状评估——水肿、心悸	努力学习 专业精神 实事求是 勇于担当	临床中心脏疾病患者出现的水肿、心悸等症状的案例	声情并茂讲述患者出现的症状，引起学生共鸣，增强专业学习的信心	学习成果汇报

续表

序号	知识点	育人元素	育人案例	融入途径、方式	效果评价方式
7	身体评估——胸部评估	爱岗敬业 保护隐私 关爱患者 慎独	胸廓外形改变的实例	借助图文讲述鸡胸、漏斗胸等胸廓外形改变的实例，引发学生思考	学生谈感想
8	身体评估——腹部评估	人文关怀 医者仁心 尊重患者 责任心	"肝胆外科之父"吴孟超医生给患者检查前都要暖手的案例	借助视频展示吴孟超医生暖手的案例，培养学生的人文关怀精神	学习成果汇报
9	身体评估——神经系统评估	社会责任 敬佑生命 批判性思维 耐心	一例与人争吵导致人事不省的高血压、脑出血患者的案例	借助图文讲述案例，引发学生讨论	小组讨论并汇报
10	心电图评估——心电监护	人文关怀 交流沟通 良好医德 团结协作 保护隐私	心电图检查及心电监护操作的临床案例	借助视频讲述操作注意事项，学生结合自身做心电图检查时的体会来感悟	学生谈感想

六、课程评价方法

教学评价以职业能力培养为出发点，应体现评价主体、评价方式、评价过程的多元化，即教师的评价、学生互评与自我评价相结合，过程评价与终末评价相结合。评价方式和成绩构成：终末评价采用闭卷考试，其成绩占总评成绩的50%；过程评价采用考勤、作业完成、上课发言等进行综合评分，其成绩占总评成绩的50%。考核比例见下表。

考核方式	过程评价（50%）		终末评价（理论闭卷）（50%）
	素质评价（20%）	实训评价（30%）	
实施方法	小组自评＋小组互评＋教师评价	小组自评＋小组互评＋教师评价	教考分离、统一命题人卫助手 App 答题
考核标准	纪律意识、协作精神	准备、操作过程、评价	题型不少于5种（选择题、填空题、判断题、名词解释、简答题、案例分析题），分数比例由命题教师自定

七、教学资源配置

（一）教材、参考书目、育人案例主要来源

1. 教材

刘成玉. 健康评估［M］. 北京：人民卫生出版社，2021.

该教材为国家卫生健康委员会"十三五"规划教材，有三大特点。

（1）遵循"三基"：基本知识、基本理论、基本技能；"五性"：思想性、科学性、先进性、启发性、适用性；"三特定"：特定目标、特定对象、特定限制的原则。充分考虑高职护理、助产专业专科培养层次的要求，以培养高素质技术技能型人才为目标。

（2）教材选取内容有较强的针对性，结合临床护理岗位需求及护士资格考试考核内容，融入当前临床护理新知识、新方法、新技术。

（3）章节部分设置"情景出现""情景实践""多学一点"等板块，有利于提高学生兴趣；章后附有"练习与思考""护考链接"，为学生巩固课堂内容提供帮助。

2.参考书目

高健群.健康评估（第5版）[M].北京：科学出版社，2023.

孙玉梅，张立力，张彩虹.健康评估（第5版）[M].北京：人民卫生出版社，2021.

刘成玉，王元松.健康评估实训与学习指导（第4版）[M].北京：人民卫生出版社，2019.

万学红，卢雪峰.诊断学（第9版）[M].北京：人民卫生出版社，2018.

近3年护士执业资格考试大纲及相关真题。

3.育人案例主要来源

（1）教材"情景初现"的案例；

（2）教师在临床工作中的案例；

（3）官方媒体的新闻事件。

（二）信息化教学资源

在线开放教学平台：人卫慕课、中国大学MOOC、智慧职教、重庆在线开放平台等。

题库资源：中国医学教育题库。

网站资源：

（1）中国护士论坛；

（2）中国护士网；

（3）中国护理网；

（4）中华护理学会；

（5）国家医学考试网；

（6）国家卫生健康委人才交流服务中心。

微信公众号资源：护理圈、丁香园、健康界等。

信息化教学工具：云课堂、人卫教学助手App、问卷星等。

（三）主要设备与设施

教学一体机等教学相关设施及设备、健康评估实训室、电子阅览室、文献资源库等。

（四）教师团队要求

主讲教师应具备护理学／临床医学专业背景，具备扎实的专业理论知识、良好的临床综合能力与教学能力，能运用多种教学方法和教学手段组织教学，能指导学生查阅资料，了解健康评估最新进展。

实践教学的指导教师应具备护理学／临床医学专业背景，具备良好的临床实践能力与教学能力，能运用多种教学方法和教学手段组织教学。

八、其他说明

如条件允许，该课程部分教学内容（常见症状评估、实验室检查等）可到校企合作单位实地参观学习。

高等职业教育专科
"急救护理学"课程标准

一、课程基本信息

课程编码	06070017	课程类型 （理论或实践或理实一体）	理实一体	适用专业	护理
学分	2	总学时	48	实践学时	12
先修课程	人体基本功能学、人体正常结构学、基础护理学等				
后续课程	内科护理、外科护理、康复护理等				
执笔人	许清华		批准人		

二、课程定位

"急救护理学"是护理专业的一门临床护理课程，其主要任务是培养学生对常见急、危、重症的识别、观察和救护能力，以达到挽救病人生命、提高抢救成功率、促进病人康复、减少伤残率和提高生命质量为目的。该课程具有专科性、综合性和实践性等特点，在整个护理专业课程体系中起着非常重要的作用，是"解剖学""生理学""病理学""药理学""基础护理学"等专业基础课的后续课程，与"内科护理学""外科护理学""妇产科护理学""儿科护理学"等专业课一起构成培养临床护理能力的核心课程，并为后期的临床实习打下良好的基础。通过本课程的学习，使学生掌握院内、外常见急诊急救知识、救护技能，体会急诊救护工作中视时间为生命的急迫感与救死扶伤的工作理念。急救护理学是护理专业的核心课程和必修课程，也是护士执业资格考试的必考课程和重点课程。

三、课程目标

（一）价值目标

（1）拥护中国共产党的领导，拥护社会主义制度，坚定中国特色社会主义理想信念；

（2）具备爱国、敬业、诚信、友善的价值取向；

（3）培养学生尊重生命、乐于奉献的良好品质；

（4）实现德智体美劳全面发展，成为中国特色社会主义的合格建设者和可靠接班人。

（二）职业素养目标

（1）具备热爱护理事业，为护理事业奋斗终身的职业理想；

（2）具备救死扶伤、人道主义、医者仁心、无私奉献等职业精神；

（3）具备爱岗敬业、诚实守信、遵纪守法的职业道德；

（4）具备工匠精神、团队协作精神、创新精神；

（5）具备以人为本的职业精神、尊重病人，保护病人隐私；

（6）具备职场安全与健康、礼仪与规范意识；

（7）具备自律奉献、乐于服务的意识；

（8）具备时间就是生命、生命至上的意识；

（9）具备一定的护患沟通、人文关怀技巧及能力；

（10）具备一定的评判性思维和临床护理决策能力。

（三）知识目标

（1）掌握急救护理学的理论基础；

（2）理解急救护理学的模块组成；

（3）初步培养系统的急救意识和急救思维；形成和树立生命第一、时效为先的急救理念；掌握急、危、重症病人的评估要点、护理诊断、护理措施等。

（四）技能目标

（1）具有敏锐的观察能力和灵活的应变能力，能及时识别常见急、危、重症，并对病情作出初步判断；

（2）具有急救护理工作所需的常用救护技术操作能力，如心肺复苏、机械通气、吸痰、洗胃、电击除颤以及止血、包扎、固定、搬运技术等急救技术；

（3）具备对急症患者进行护理评估、瞬间判断、初步应急处理以及配合医生抢救的能力。

四、课程主要内容

（一）项目与学时分配

序号	项目名称	讲授 （学时）	实操 （学时）	专家讲座 （学时）	参观 （学时）	讨论 （学时）	其他 （学时）
1	第一章 绪论	2					
2	第二章 院前急救	2					
3	第三章 急诊科急救	2					
4	第四章 心肺脑复苏	4					
5	第五章 休克	4					
6	第六章 创伤	4					
7	第七章 急性中毒的救护	6					
8	第八章 灾害事故	2					
9	第九章 环境及理化因素损伤病人的护理	4					
10	第十章 常见急危重症救护	6					
11	第十一章 常用急救技术		12				
合计		36	12				

（二）教学项目描述

第一章：绪论		
教学目标	价值目标	1. 拥护中国共产党的领导，拥护社会主义制度，坚定中国特色社会主义理想信念 2. 具备爱国、敬业、诚信、友善的价值取向 3. 培养学生尊重生命、乐于奉献的良好品质 4. 实现德智体美劳全面发展，成为中国特色社会主义的合格建设者和可靠接班人
	知识目标	1. 培养热爱急救护理的理念 2. 正确掌握急救护理学的概念 3. 了解急救护理的起源与发展
	技能目标	急救意识的建立
	素养目标	1. 具备救死扶伤、人道主义、医者仁心、无私奉献等职业精神 2. 具备爱岗敬业、诚实守信、遵纪守法的职业道德 3. 具备工匠精神、团队协作精神、创新精神 4. 具备以人为本的职业精神、尊重病人，保护病人隐私 5. 具备时间就是生命、生命至上的意识
教学重点与难点	重点：急救护理的特点 难点：急救护士的角色与素质要求	
教学时数	2	

教学方法与手段	采用三段式线上线下混合式教学法，具体采用讲授法、情境案例教学法、任务驱动法、小组合作学习法、自主探究学习法等方法
育人案例引用	常见急救的临床案例分享
考核方式	采用随堂测试、学习成果汇报（个人分享心得体会、小组展示）、课后测试及实践评价等考核方式

第一节：概述

相关知识点	急救学的起源与发展
相关实操技能	无
相关实训	无
教师注意事项	严格要求，耐心引导，鼓励学生勤思考、善于提问和总结、注意"岗课赛证"融通
学习资源	网络资源（智慧职教、慕课、中国知网等）、护理行业相关学习资源、护考题库及参考资料、图书馆护理类教辅资料

第二节：急救医疗服务体系的构成与管理

相关知识点	院前急救、急诊科急救、重症监护病房的急救
相关实操技能	急诊科急救的流程
相关实训	参观急诊科、ICU
教师注意事项	严格要求，耐心引导，鼓励学生勤思考、善于提问和总结、注意"岗课赛证"融通
学习资源	网络资源（智慧职教、慕课、中国知网等）、护理行业相关学习资源、护考题库及参考资料、图书馆护理类教辅资料

第二章：院前急救		
教学目标	价值目标	1. 拥护中国共产党的领导，拥护社会主义制度，坚定中国特色社会主义理想信念 2. 具备爱国、敬业、诚信、友善的价值取向 3. 培养学生尊重生命、乐于奉献的良好品质 4. 实现德智体美全面发展，成为中国特色社会主义的合格建设者和可靠接班人
	知识目标	1. 掌握院前急救的程序 2. 熟悉院前急救的特点与原则 3. 了解院前急救的生存链
	技能目标	院前急救现场评估、救护措施和院前急救原则
	素养目标	1. 具备救死扶伤、人道主义、医者仁心、无私奉献等职业精神 2. 具备爱岗敬业、诚实守信、遵纪守法的职业道德 3. 具备工匠精神、团队协作精神、创新精神 4. 具备以人为本的职业精神、尊重病人，保护病人隐私 5. 具备时间就是生命、生命至上的意识
教学重点与难点	重点：具有能使用急救仪器、设备，现场指导与实施自救的能力 难点：现场指导与自救	
教学时数	2	
教学方法与手段	采用三段式线上线下混合式教学法，具体采用讲授法、情境案例教学法、任务驱动法、小组合作学习法、自主探究学习法等方法	

续表

育人案例引用	地震现场急救视频
考核方式	理论测试、学习成果汇报（小组展示、个人分享心得体会）、实践评价等

第一节：概述	
相关知识点	院前急救的特点与原则、院前急救的任务与管理、突发事件的应急处理
相关实操技能	了解急诊流程图
相关实训	救护车观摩
教师注意事项	严格要求，耐心引导，鼓励学生勤思考、善于提问和总结、注意"岗课赛证"融通
学习资源	网络资源（智慧职教、慕课、中国知网等）、护理行业相关学习资源、护考题库及参考资料、图书馆护理类教辅资料

第二节：现场救护程序	
相关知识点	现场急救技术、转运与监护
相关实操技能	转运、基础生命测量
相关实训	转运技术、基础生命测量
教师注意事项	严格要求，耐心引导，鼓励学生勤思考、善于提问和总结、注意"岗课赛证"融通
学习资源	网络资源（智慧职教、慕课、中国知网等）、护理行业相关学习资源、护考题库及参考资料、图书馆护理类教辅资料

第三章：急诊科急救		
教学目标	价值目标	1.拥护中国共产党的领导，拥护社会主义制度，坚定中国特色社会主义理想信念 2.具备爱国、敬业、诚信、友善的价值取向 3.培养学生尊重生命、乐于奉献的良好品质 4.实现德智体美劳全面发展，成为中国特色社会主义的合格建设者和可靠接班人
	知识目标	1.掌握急诊科护理工作程序与分诊分类方法 2.熟悉急诊科任务、设置与主要工作制度 3.能实施紧急抢救与护理工作
	技能目标	学会急诊分诊的护理程序
	素养目标	1.具备救死扶伤、人道主义、医者仁心、无私奉献等职业精神 2.具备爱岗敬业、诚实守信、遵纪守法的职业道德 3.具备工匠精神、团队协作精神、创新精神 4.具备以人为本的职业精神、尊重病人，保护病人隐私 5.具备时间就是生命、生命至上的意识
教学重点与难点		重点：急救应急处置 难点：应急应变
教学时数		2
教学方法与手段		采用三段式线上线下混合式教学法，具体采用讲授法、情境案例教学法、任务驱动法、小组合作学习法、自主探究学习法等方法
育人案例引用		急诊科工作制度
考核方式		理论测试、学习成果汇报（小组展示、个人分享心得体会）、实践评价等

续表

第一节：急诊科的设置	
相关知识点	急诊科布局、任务、人员组成、仪器维护
相关实操技能	抢救车观摩
相关实训	急诊科观摩
教师注意事项	严格要求，耐心引导，鼓励学生勤思考、善于提问和总结、注意"岗课赛证"融通
学习资源	网络资源（智慧职教、慕课、中国知网等）、护理行业相关学习资源、护考题库及参考资料、图书馆护理类教辅资料
第二节：急诊科护理管理	
相关知识点	护理工作特点与流程、护理工作制度
相关实操技能	分角色扮演不同岗位护士
相关实训	护士角色扮演
教师注意事项	严格要求，耐心引导，鼓励学生勤思考、善于提问和总结、注意"岗课赛证"融通
学习资源	网络资源（智慧职教、慕课、中国知网等）、护理行业相关学习资源、护考题库及参考资料、图书馆护理类教辅资料

第四章：心肺脑复苏		
教学目标	价值目标	1. 拥护中国共产党的领导，拥护社会主义制度，坚定中国特色社会主义理想信念 2. 具备爱国、敬业、诚信、友善的价值取向 3. 培养学生尊重生命、乐于奉献的良好品质 4. 实现德智体美劳全面发展，成为中国特色社会主义的合格建设者和可靠接班人
	知识目标	1. 掌握心搏骤停的定义、临床表现及基本心肺复苏抢救流程 2. 熟悉加强生命体征、延续生命支持与技能 3. 能识别心搏骤停具备实施基础心肺复苏的技能
	技能目标	学会心搏骤停的临床表现及判断、心肺复苏效果判断、脑复苏主要措施、心搏骤停，给药途径以及常用药物
	素养目标	1. 具备救死扶伤、人道主义、医者仁心、无私奉献等职业精神 2. 具备爱岗敬业、诚实守信、遵纪守法的职业道德 3. 具备工匠精神、团队协作精神、创新精神 4. 具备以人为本的职业精神、尊重病人，保护病人隐私 5. 具备时间就是生命、生命至上的意识
教学重点与难点		重点：心搏骤停的临床表现及判断、心肺复苏技术、效果判断、脑复苏主要措施、给药途径以及常用药物 难点：脑复苏的主要措施以及复苏药物的使用
教学时数		4
教学方法与手段		采用三段式线上线下混合式教学法，具体采用讲授法、情境案例教学法、任务驱动法、小组合作学习法、自主探究学习法等方法
育人案例引用		猝死患者急救成功案例
考核方式		理论测试、学习成果汇报（小组展示、个人分享心得体会）、实践评价等

第一节：心搏骤停	
相关知识点	心搏骤停的原因、临床表现、诊断依据
相关实操技能	正常心电图识别
相关实训	常见异常心电图识别
教师注意事项	严格要求，耐心引导，鼓励学生勤思考、善于提问和总结、注意"岗课赛证"融通
学习资源	网络资源（智慧职教、慕课、中国知网等）、护理行业相关学习资源、护考题库及参考资料、图书馆护理类教辅资料
第二节：心肺复苏	
相关知识点	最新版心肺复苏指南、基础生命支持、持续生命支持、延续生命支持
相关实操技能	基础生命支持
相关实训	徒手心肺复苏
教师注意事项	严格要求，耐心引导，鼓励学生勤思考、善于提问和总结、注意"岗课赛证"融通
学习资源	网络资源（智慧职教、慕课、中国知网等）、护理行业相关学习资源、护考题库及参考资料、图书馆护理类教辅资料

第五章：休克		
教学目标	价值目标	1.拥护中国共产党的领导，拥护社会主义制度，坚定中国特色社会主义理想信念 2.具备爱国、敬业、诚信、友善的价值取向 3.培养学生尊重生命、乐于奉献的良好品质 4.实现德智体美劳全面发展，成为中国特色社会主义的合格建设者和可靠接班人
	知识目标	1.掌握休克临床表现、救护原则、急救措施 2.熟悉休克分类 3.能进行休克的急救护理操作
	技能目标	学会休克病人的急救护理技术
	素养目标	1.具备救死扶伤、人道主义、医者仁心、无私奉献等职业精神 2.具备爱岗敬业、诚实守信、遵纪守法的职业道德 3.具备工匠精神、团队协作精神、创新精神 4.具备以人为本的职业精神、尊重病人，保护病人隐私 5.具备时间就是生命、生命至上的意识 6.具备一定的护患沟通、人文关怀技巧及能力 7.具备一定的评判性思维和临床护理决策能力
教学重点与难点		重点：休克急救技术操作、管理急救仪器 难点：休克急救技术操作、管理急救仪器
教学时数		4
教学方法与手段		采用三段式线上线下混合式教学法，具体采用讲授法、情境案例教学法、任务驱动法、小组合作学习法、自主探究学习法等方法
育人案例引用		热痉挛患者的急救成功病例分享
考核方式		理论测试、学习成果汇报（小组展示、个人分享心得体会）、实践评价等

续表

第一节：休克的概述	
相关知识点	休克的分类、病理生理
相关实操技能	无
相关实训	无
教师注意事项	严格要求，耐心引导，鼓励学生勤思考、善于提问和总结、注意"岗课赛证"融通
学习资源	网络资源（智慧职教、慕课、中国知网等）、护理行业相关学习资源、护考题库及参考资料、图书馆护理类教辅资料
第二节：休克的病情评估	
相关知识点	休克的资料收集、病情判断
相关实操技能	无
相关实训	无
教师注意事项	严格要求，耐心引导，鼓励学生勤思考、善于提问和总结、注意"岗课赛证"融通
学习资源	网络资源（智慧职教、慕课、中国知网等）、护理行业相关学习资源、护考题库及参考资料、图书馆护理类教辅资料
第三节：休克的救治与护理	
相关知识点	休克的救治原则、休克的护理措施
相关实操技能	休克体位、监护
相关实训	标本留取、液体复苏
教师注意事项	严格要求，耐心引导，鼓励学生勤思考、善于提问和总结、注意"岗课赛证"融通
学习资源	网络资源（智慧职教、慕课、中国知网等）、护理行业相关学习资源、护考题库及参考资料、图书馆护理类教辅资料

	第六章：创伤	
教学目标	价值目标	1.拥护中国共产党的领导，拥护社会主义制度，坚定中国特色社会主义理想信念 2.具备爱国、敬业、诚信、友善的价值取向 3.培养学生尊重生命、乐于奉献的良好品质 4.实现德智体美劳全面发展，成为中国特色社会主义的合格建设者和可靠接班人
	知识目标	1.掌握多发伤、挤压伤的概念与评估、急救与护理 2.熟悉颅脑伤、腹部伤、骨折等伤情判断与急救护理 3.了解创伤的分类
	技能目标	学会创伤病人的急救护理技术
	素养目标	1.具备救死扶伤、人道主义、医者仁心、无私奉献等职业精神 2.具备爱岗敬业、诚实守信、遵纪守法的职业道德 3.具备工匠精神、团队协作精神、创新精神 4.具备以人为本的职业精神、尊重病人，保护病人隐私 5.具备时间就是生命、生命至上的意识 6.具备一定的护患沟通、人文关怀技巧及能力 7.具备一定的评判性思维和临床护理决策能力
教学重点与难点	重点：止血、包扎、固定、搬运及脊柱骨折患者的搬运 难点：脊柱骨折患者的搬运	

教学时数	4
教学方法与手段	采用三段式线上线下混合式教学法，具体采用讲授法、情境案例教学法、任务驱动法、小组合作学习法、自主探究学习法等方法
育人案例引用	创伤病人搬运的注意事项
考核方式	理论测试、学习成果汇报（小组展示、个人分享心得体会）、实践评价等

第一节：创伤的概述	
相关知识点	创伤分类、评分
相关实操技能	无
相关实训	无
教师注意事项	严格要求，耐心引导，鼓励学生勤思考、善于提问和总结、注意"岗课赛证"融通
学习资源	网络资源（智慧职教、慕课、中国知网等）、护理行业相关学习资源、护考题库及参考资料、图书馆护理类教辅资料

第二节：一般创伤	
相关知识点	伤情评估、救治与护理
相关实操技能	各种创伤视频观摩
相关实训	止血、包扎、固定、搬运
教师注意事项	严格要求，耐心引导，鼓励学生勤思考、善于提问和总结、注意"岗课赛证"融通
学习资源	网络资源（智慧职教、慕课、中国知网等）、护理行业相关学习资源、护考题库及参考资料、图书馆护理类教辅资料

第三节：特殊创伤	
相关知识点	多发伤、挤压伤
相关实操技能	外伤的急救流程
相关实训	急救流程
教师注意事项	严格要求，耐心引导，鼓励学生勤思考、善于提问和总结、注意"岗课赛证"融通
学习资源	网络资源（智慧职教、慕课、中国知网等）、护理行业相关学习资源、护考题库及参考资料、图书馆护理类教辅资料

第七章：急性中毒的救护		
教学目标	价值目标	1.拥护中国共产党的领导，拥护社会主义制度，坚定中国特色社会主义理想信念 2.具备爱国、敬业、诚信、友善的价值取向 3.培养学生尊重生命、乐于奉献的良好品质 4.实现德智体美劳全面发展，成为中国特色社会主义的合格建设者和可靠接班人
	知识目标	1.掌握常见急性中毒的评估、现场急救要点及护理措施 2.熟悉中毒的概念、类型和健康指导 3.了解急性中毒的病因与发病机制
	技能目标	学会急性中毒病人的急救护理技术

教学目标	素养目标	1. 具备救死扶伤、人道主义、医者仁心、无私奉献等职业精神 2. 具备爱岗敬业、诚实守信、遵纪守法的职业道德 3. 具备工匠精神、团队协作精神、创新精神 4. 具备以人为本的职业精神、尊重病人，保护病人隐私 5. 具备时间就是生命、生命至上的意识 6. 具备一定的护患沟通、人文关怀技巧及能力 7. 具备一定的评判性思维和临床护理决策能力
教学重点与难点		重点：急性中毒的急救护理操作、中毒的救护技术 难点：急性中毒的急救护理操作、中毒的救护技术
教学时数		6
教学方法与手段		采用三段式线上线下混合式教学法，具体采用讲授法、情境案例教学法、任务驱动法、小组合作学习法、自主探究学习法等方法
育人案例引用		急性中毒病人救护的注意事项
考核方式		理论测试、学习成果汇报（小组展示、个人分享心得体会）、实践评价等

第一节：急性中毒的概述

相关知识点	中毒概述、评估、急救要点、护理措施
相关实操技能	急性中毒急救护理流程
相关实训	催吐、洗胃、导泄、灌肠
教师注意事项	严格要求，耐心引导，鼓励学生勤思考、善于提问和总结、注意"岗课赛证"融通
学习资源	网络资源（智慧职教、慕课、中国知网等）、护理行业相关学习资源、护考题库及参考资料、图书馆护理类教辅资料

第二节：常见农药中毒

相关知识点	有机磷、百草枯中毒的概述、评估、急救要点、护理措施、阿托品化和阿托品中毒的区别
相关实操技能	催吐、洗胃、导泄、灌肠、血液净化
相关实训	催吐、洗胃、导泄、灌肠、血液净化
教师注意事项	严格要求，耐心引导，鼓励学生勤思考、善于提问和总结、注意"岗课赛证"融通
学习资源	网络资源（智慧职教、慕课、中国知网等）、护理行业相关学习资源、护考题库及参考资料、图书馆护理类教辅资料

第三节：镇静催眠药中毒

相关知识点	概述、评估、急救要点、护理措施
相关实操技能	催吐、洗胃、导泄、灌肠、血液净化
相关实训	催吐、洗胃、导泄、灌肠、血液净化
教师注意事项	严格要求，耐心引导，鼓励学生勤练习、善于提问和总结
学习资源	网络资源（智慧职教、慕课、中国知网等）、图书馆护理类教辅资料

第四节：常见工业化中毒

相关知识点	一氧化碳盒铅中毒的概述、评估、急救要点、护理措施
相关实操技能	氧疗

续表

相关实训	氧疗
教师注意事项	严格要求，耐心引导，鼓励学生勤思考、善于提问和总结、注意"岗课赛证"融通
学习资源	网络资源（智慧职教、慕课、中国知网等）、护理行业相关学习资源、护考题库及参考资料、图书馆护理类教辅资料

第五节：急性毒鼠强中毒	
相关知识点	概述、评估、急救要点、护理措施
相关实操技能	催吐、洗胃、导泻、灌肠、血液净化
相关实训	催吐、洗胃、导泻、灌肠、血液净化
教师注意事项	严格要求，耐心引导，鼓励学生勤练习、善于提问和总结
学习资源	网络资源（智慧职教、慕课、中国知网等）、图书馆护理类教辅资料

第六节：急性酒精中毒	
相关知识点	概述、评估、急救要点、护理措施
相关实操技能	催吐、洗胃、导泻、灌肠、血液净化
相关实训	催吐、洗胃、导泻、灌肠、血液净化
教师注意事项	严格要求，耐心引导，鼓励学生勤思考、善于提问和总结、注意"岗课赛证"融通
学习资源	网络资源（智慧职教、慕课、中国知网等）、护理行业相关学习资源、护考题库及参考资料、图书馆护理类教辅资料

第七节：食物中毒	
相关知识点	概述、评估、急救要点、护理措施
相关实操技能	催吐、洗胃、导泻、灌肠、血液净化
相关实训	催吐、洗胃、导泻、灌肠、血液净化
教师注意事项	严格要求，耐心引导，鼓励学生勤思考、善于提问和总结、注意"岗课赛证"融通
学习资源	网络资源（智慧职教、慕课、中国知网等）、护理行业相关学习资源、护考题库及参考资料、图书馆护理类教辅资料

第八章：灾害事故		
教学目标	价值目标	1.拥护中国共产党的领导，拥护社会主义制度，坚定中国特色社会主义理想信念 2.具备爱国、敬业、诚信、友善的价值取向 3.培养学生尊重生命、乐于奉献的良好品质 4.实现德智体美劳全面发展，成为中国特色社会主义的合格建设者和可靠接班人
	知识目标	1.掌握地震、交通事故、火灾的急救方法 2.熟悉公共卫生事件的处理方法 3.了解灾害的特点
	技能目标	学会救治灾害事故的病人

教学目标	素养目标	1. 具备救死扶伤、人道主义、医者仁心、无私奉献等职业精神 2. 具备爱岗敬业、诚实守信、遵纪守法的职业道德 3. 具备工匠精神、团队协作精神、创新精神 4. 具备以人为本的职业精神、尊重病人，保护病人隐私 5. 具备时间就是生命、生命至上的意识 6. 具备一定的护患沟通、人文关怀技巧及能力 7. 具备一定的评判性思维和临床护理决策能力
教学重点与难点		重点：具有灾害救援的基本技术 难点：具有灾害救援的基本技术
教学时数		2
教学方法与手段		采用三段式线上线下混合式教学法，具体采用讲授法、情境案例教学法、任务驱动法、小组合作学习法、自主探究学习法等方法
育人案例引用		地震、交通事故、火灾的急救分享
考核方式		理论测试、学习成果汇报（小组展示、个人分享心得体会）、实践评价等
第一节：灾害概述		
相关知识点		灾害分类、灾害救护
相关实操技能		观看灾害视频
相关实训		火灾、地震逃生
教师注意事项		严格要求，耐心引导，鼓励学生勤思考、善于提问和总结、注意"岗课赛证"融通
学习资源		网络资源（智慧职教、慕课、中国知网等）、护理行业相关学习资源、护考题库及参考资料、图书馆护理类教辅资料
第二节：自然灾害		
相关知识点		自然灾害分类、自然灾害救护
相关实操技能		地震救护演练
相关实训		地震救护演练
教师注意事项		严格要求，耐心引导，鼓励学生勤思考、善于提问和总结、注意"岗课赛证"融通
学习资源		网络资源（智慧职教、慕课、中国知网等）、护理行业相关学习资源、护考题库及参考资料、图书馆护理类教辅资料
第三节：人为灾害		
相关知识点		交通事故救护、火灾救护
相关实操技能		火灾急救
相关实训		火灾疏散演练
教师注意事项		严格要求，耐心引导，鼓励学生勤思考、善于提问和总结、注意"岗课赛证"融通
学习资源		网络资源（智慧职教、慕课、中国知网等）、护理行业相关学习资源、护考题库及参考资料、图书馆护理类教辅资料
第四节：突发公共卫生事件		
相关知识点		食物中毒概述与急救
相关实操技能		催吐、洗胃、导泄
相关实训		催吐、洗胃

教师注意事项	严格要求，耐心引导，鼓励学生勤思考、善于提问和总结、注意"岗课赛证"融通
学习资源	网络资源（智慧职教、慕课、中国知网等）、护理行业相关学习资源、护考题库及参考资料、图书馆护理类教辅资料

<table>
<tr><td colspan="3" align="center">第九章：环境及理化因素损伤病人的护理</td></tr>
<tr><td rowspan="4">教学目标</td><td>价值目标</td><td>1. 拥护中国共产党的领导，拥护社会主义制度，坚定中国特色社会主义理想信念
2. 具备爱国、敬业、诚信、友善的价值取向
3. 培养学生尊重生命、乐于奉献的良好品质
4. 实现德智体美劳全面发展，成为中国特色社会主义的合格建设者和可靠接班人</td></tr>
<tr><td>知识目标</td><td>1. 掌握中暑、淹溺、电击、犬咬伤、呼吸道梗阻患者的身体状况、护理诊断和护理措施
2. 熟悉中暑、淹溺、电击、犬咬伤、呼吸道梗阻病因和治疗原则
3. 了解中暑、淹溺、电击、犬咬伤、呼吸道梗阻的发病机制</td></tr>
<tr><td>技能目标</td><td>学会救治中暑、淹溺、电击、犬咬伤、呼吸道梗阻患者</td></tr>
<tr><td>素养目标</td><td>1. 具备救死扶伤、人道主义、医者仁心、无私奉献等职业精神
2. 具备爱岗敬业、诚实守信、遵纪守法的职业道德
3. 具备工匠精神、团队协作精神、创新精神
4. 具备以人为本的职业精神、尊重病人，保护病人隐私
5. 具备时间就是生命、生命至上的意识
6. 具备一定的护患沟通、人文关怀技巧及能力
7. 具备一定的评判性思维和临床护理决策能力</td></tr>
<tr><td>教学重点与难点</td><td colspan="2">重点：环境与理化因素损伤病人的救治基本技术
难点：环境与理化因素损伤病人的救治基本技术</td></tr>
<tr><td>教学时数</td><td colspan="2">4</td></tr>
<tr><td>教学方法与手段</td><td colspan="2">采用三段式线上线下混合式教学法，具体采用讲授法、情境案例教学法、任务驱动法、小组合作学习法、自主探究学习法等方法</td></tr>
<tr><td>育人案例引用</td><td colspan="2">中暑、淹溺、电击、犬咬伤、呼吸道梗阻患者的急救现场</td></tr>
<tr><td>考核方式</td><td colspan="2">理论测试、学习成果汇报（小组展示、个人分享心得体会）、实践评价等</td></tr>
<tr><td colspan="3" align="center">第一节：中暑</td></tr>
<tr><td>相关知识点</td><td colspan="2">中暑概述、评估、诊断、护理措施</td></tr>
<tr><td>相关实操技能</td><td colspan="2">脱离中暑环境方法</td></tr>
<tr><td>相关实训</td><td colspan="2">搬运法</td></tr>
<tr><td>教师注意事项</td><td colspan="2">严格要求，耐心引导，鼓励学生勤思考、善于提问和总结、注意"岗课赛证"融通</td></tr>
<tr><td>学习资源</td><td colspan="2">网络资源（智慧职教、慕课、中国知网等）、护理行业相关学习资源、护考题库及参考资料、图书馆护理类教辅资料</td></tr>
<tr><td colspan="3" align="center">第二节：淹溺</td></tr>
<tr><td>相关知识点</td><td colspan="2">概述、评估、诊断、护理措施</td></tr>
<tr><td>相关实操技能</td><td colspan="2">观看淹溺者的水中救护视频</td></tr>
<tr><td>相关实训</td><td colspan="2">心肺复苏</td></tr>
<tr><td>教师注意事项</td><td colspan="2">严格要求，耐心引导，鼓励学生勤思考、善于提问和总结、注意"岗课赛证"融通</td></tr>
</table>

学习资源	网络资源（智慧职教、慕课、中国知网等）、护理行业相关学习资源、护考题库及参考资料、图书馆护理类教辅资料

	第三节：电击伤
相关知识点	电击伤概述、评估、诊断、护理措施
相关实操技能	脱离电源的方法
相关实训	心肺复苏
教师注意事项	严格要求，耐心引导，鼓励学生勤思考、善于提问和总结、注意"岗课赛证"融通
学习资源	网络资源（智慧职教、慕课、中国知网等）、护理行业相关学习资源、护考题库及参考资料、图书馆护理类教辅资料

	第四节：呼吸道异物梗阻
相关知识点	异物梗阻的概述、评估、诊断、护理措施
相关实操技能	海姆立克急救法
相关实训	海姆立克急救法
教师注意事项	严格要求，耐心引导，鼓励学生勤思考、善于提问和总结、注意"岗课赛证"融通
学习资源	网络资源（智慧职教、慕课、中国知网等）、护理行业相关学习资源、护考题库及参考资料、图书馆护理类教辅资料

	第五节：烧烫伤
相关知识点	烧伤概述、评估、诊断、护理措施
相关实操技能	烧烫伤分度
相关实训	冲、脱、泡、盖、送的方法
教师注意事项	严格要求，耐心引导，鼓励学生勤思考、善于提问和总结、注意"岗课赛证"融通
学习资源	网络资源（智慧职教、慕课、中国知网等）、护理行业相关学习资源、护考题库及参考资料、图书馆护理类教辅资料

	第十章：常见急危重症救护	
教学目标	价值目标	1. 拥护中国共产党的领导，拥护社会主义制度，坚定中国特色社会主义理想信念 2. 具备爱国、敬业、诚信、友善的价值取向 3. 培养学生尊重生命、乐于奉献的良好品质 4. 实现德智体美劳全面发展，成为中国特色社会主义的合格建设者和可靠接班人
	知识目标	1. 掌握急危重症病人的病情评估、救治原则和护理措施 2. 熟悉病因和治疗原则 3. 了解急危重症的发病机制
	技能目标	学会救治急危重症患者
	素养目标	1. 具备救死扶伤、人道主义、医者仁心、无私奉献等职业精神 2. 具备爱岗敬业、诚实守信、遵纪守法的职业道德 3. 具备工匠精神、团队协作精神、创新精神 4. 具备以人为本的职业精神、尊重病人，保护病人隐私 5. 具备时间就是生命、生命至上的意识 6. 具备一定的护患沟通、人文关怀技巧及能力 7. 具备一定的评判性思维和临床护理决策能力

续表

教学重点与难点	重点：急性胸痛、哮喘、脑卒中、消化道出血的急救 难点：急性胸痛、脑卒中的急救
教学时数	6
教学方法与手段	采用三段式线上线下混合式教学法，具体采用讲授法、情境案例教学法、任务驱动法、小组合作学习法、自主探究学习法等方法
育人案例引用	急危重症的急救案例
考核方式	理论测试、学习成果汇报（小组展示、个人分享心得体会）、实践评价等
第一节：急性胸痛	
相关知识点	急性胸痛的概述、评估、急救原则、护理措施
相关实操技能	识别急性心肌梗死心电图
相关实训	心电图检查、测血压
教师注意事项	严格要求，耐心引导，鼓励学生勤思考、善于提问和总结、注意"岗课赛证"融通
学习资源	网络资源（智慧职教、慕课、中国知网等）、护理行业相关学习资源、护考题库及参考资料、图书馆护理类教辅资料
第二节：心悸	
相关知识点	心悸的概述、评估、急救原则、护理措施
相关实操技能	识别心率失常
相关实训	心电图检查
教师注意事项	严格要求，耐心引导，鼓励学生勤练习、善于提问和总结
学习资源	网络资源（智慧职教、慕课、中国知网等）、图书馆护理类教辅资料
第三节：支气管哮喘急性发作病人的救护	
相关知识点	哮喘概述、评估、急救原则、护理措施
相关实操技能	气雾剂使用
相关实训	端坐位摆放
教师注意事项	严格要求，耐心引导，鼓励学生勤思考、善于提问和总结、注意"岗课赛证"融通
学习资源	网络资源（智慧职教、慕课、中国知网等）、护理行业相关学习资源、护考题库及参考资料、图书馆护理类教辅资料
第四节：脑卒中	
相关知识点	脑梗死与脑出血概述、评估、急救原则、护理措施
相关实操技能	识别肌力分级
相关实训	肢体被动活动方法
教师注意事项	严格要求，耐心引导，鼓励学生勤思考、善于提问和总结、注意"岗课赛证"融通
学习资源	网络资源（智慧职教、慕课、中国知网等）、护理行业相关学习资源、护考题库及参考资料、图书馆护理类教辅资料
第五节：急性上消化道出血	
相关知识点	上消化道出血概述、评估、急救原则、护理措施
相关实操技能	三腔二囊管使用、输血前查对

相关实训	三腔二囊管使用
教师注意事项	严格要求，耐心引导，鼓励学生勤思考、善于提问和总结、注意"岗课赛证"融通
学习资源	网络资源（智慧职教、慕课、中国知网等）、护理行业相关学习资源、护考题库及参考资料、图书馆护理类教辅资料

第十一章：常用急救技术		
教学目标	价值目标	1. 拥护中国共产党的领导，拥护社会主义制度，坚定中国特色社会主义理想信念 2. 具备爱国、敬业、诚信、友善的价值取向 3. 培养学生尊重生命、乐于奉献的良好品质 4. 实现德智体美劳全面发展，成为中国特色社会主义的合格建设者和可靠接班人
	知识目标	1. 掌握急救技术的适应证与禁忌证、操作方法与注意事项 2. 熟悉急救技术在临床的应用 3. 了解急救技术概念和健康指导
	技能目标	常用救护技术的操作规程及护理措施
	素养目标	1. 具备救死扶伤、人道主义、医者仁心、无私奉献等职业精神 2. 具备爱岗敬业、诚实守信、遵纪守法的职业道德 3. 具备工匠精神、团队协作精神、创新精神 4. 具备以人为本的职业精神、尊重病人，保护病人隐私 5. 具备时间就是生命、生命至上的意识 6. 具备一定的护患沟通、人文关怀技巧及能力 7. 具备一定的评判性思维和临床护理决策能力
教学重点与难点	重点：人工气道的建立与护理、心脏电击除颤、胸腔闭式引流、呼吸机的应用 难点：人工气道的建立与护理、心脏电击除颤、胸腔闭式引流、呼吸机的应用	
教学时数	12	
教学方法与手段	具体采用讲授法、示教法、任务驱动法、小组合作训练法、随机抽查操作考核法等方法	
育人案例引用	急救技术成功的临床案例分享	
考核方式	理论测试、小组展示、小组互评实操考核等	
第一节：人工气道的建立与管理		
相关知识点	口咽通气管、鼻咽通气管置入术，环甲膜穿刺术、气管切开术	
相关实操技能	口咽通气管、鼻咽通气管置入术	
相关实训	气管切开的护理	
教师注意事项	严格要求，耐心引导，鼓励学生勤思考、善于提问和总结、注意"岗课赛证"融通	
学习资源	网络资源（智慧职教、慕课、中国知网等）、护理行业相关学习资源、护考题库及参考资料、图书馆护理类教辅资料	
第二节：心脏电除颤术及心脏电转复术		
相关知识点	概述、适应证、禁忌证、操作方法	
相关实操技能	识别心率失常	
相关实训	电除颤术	
教师注意事项	严格要求，耐心引导，鼓励学生勤思考、善于提问和总结、注意"岗课赛证"融通	

学习资源	网络资源（智慧职教、慕课、中国知网等）、护理行业相关学习资源、护考题库及参考资料、图书馆护理类教辅资料
第三节：胸腔穿刺及胸腔闭式引流术	
相关知识点	概述、适应证、禁忌证、操作方法
相关实操技能	闭式引流术
相关实训	胸腔闭式引流的护理
教师注意事项	严格要求，耐心引导，鼓励学生勤思考、善于提问和总结、注意"岗课赛证"融通
学习资源	网络资源（智慧职教、慕课、中国知网等）、护理行业相关学习资源、护考题库及参考资料、图书馆护理类教辅资料
第四节：简易呼吸机的应用	
相关知识点	概述、适应证、禁忌证、操作方法
相关实操技能	简易呼吸气囊的使用、气道管理方法
相关实训	呼吸机管道的消毒
教师注意事项	严格要求，耐心引导，鼓励学生勤思考、善于提问和总结、注意"岗课赛证"融通
学习资源	网络资源（智慧职教、慕课、中国知网等）、护理行业相关学习资源、护考题库及参考资料、图书馆护理类教辅资料
第五节：多功能监护仪的应用	
相关知识点	概述、适应证、禁忌证、操作方法
相关实操技能	心电图机的使用
相关实训	心电监护仪的使用
教师注意事项	严格要求，耐心引导，鼓励学生勤思考、善于提问和总结、注意"岗课赛证"融通
学习资源	网络资源（智慧职教、慕课、中国知网等）、护理行业相关学习资源、护考题库及参考资料、图书馆护理类教辅资料
第六节：创伤急救技术	
相关知识点	止血、包扎、固定、搬运方法
相关实操技能	止血、包扎、固定、搬运
相关实训	止血、包扎、固定、搬运
教师注意事项	严格要求，耐心引导，鼓励学生勤思考、善于提问和总结、注意"岗课赛证"融通
学习资源	网络资源（智慧职教、慕课、中国知网等）、护理行业相关学习资源、护考题库及参考资料、图书馆护理类教辅资料

五、"课程思政"育人元素融入课程教学的途径和方法

序号	知识点	育人元素	育人案例	融入途径、方式	效果评价方式
1	急救概念	时间、责任	车祸伤的急救场景	病例分享，讲述	具有强烈的时间就是生命的理念和职业责任感
2	心肺复苏术	珍爱生命	溺水、心脏疾病患者的心肺复苏	讲述、操作	使学生意识到生命有限，意外可能随时发生，要珍爱生命、热爱生活启发他们思考生命的意义
3	休克	争分夺秒	车祸引起失血性休克	视频、案例	争分夺秒、时间就是生命的急救意识
4	人工气道的护理	责任心、使命感	小儿噎食	加强基本功的训练	护理技术操作过硬是护士第一要素
5	中毒	珍爱生命	农药中毒	案例	树立正确的人生观、价值观
6	地震	热爱大自然	汶川大地震	图片、讲述	保护地球环境

六、课程评价方法

采用百分制，其中出勤占 10%，课堂自学检查表现占 20%，实践练习占 10%，期末成绩占 60%。

七、教学资源配置

（一）教材、参考书目

1. 教材

急救护理学，人民卫生出版社出版，国家卫生健康委员会"十三五"规划教材，2019 年 5 月第 1 版，主编是郭茂华、王辉。该教材主要介绍了急救护理学的基本理论知识和技能，设置了学习目标、特色栏目、思维导图、思考题等，同时设置了随文的融合教材数字资源二维码，注重五个对接，突出与执业资格考试接轨，体现当代执业教育的新精神。

2. 参考书目

张波，桂莉 . 急危重症护理学（4 版）[M]. 北京：人民卫生出版社，2017.

李延玲 . 急救护理学（3 版）[M]. 北京：人民卫生出版社，2018.

吕静，卢根娣 . 急救护理学（4 版）[M]. 北京：中国中医药出版社，2019.

张连阳，白祥军 . 多发伤救治学 [M]. 北京：人民军医出版社，2016.

于学忠，陆一鸣 . 急诊医学（2 版）[M]. 北京：人民卫生出版社，2017.

（二）信息化教学资源

1. 在线开放教学平台

人卫慕课、中国大学 MOOC、智慧职教、重庆高等教育智慧教育开放平台等。

2. 题库资源

中国医学教育题库、人卫智网题库、智慧职教题例等。

3. 网站资源

（1）中国护士论坛；

（2）中国护士网；

（3）中国护理网；

（4）中华护理学会；

（5）国家医学考试网；

（6）国家卫生健康委人才交流服务中心。

4. 微信公众号资源

护理界、护理之声、危重症护理、急救护理学、护理圈、丁香园、健康界等。

5. 信息化教学工具

云课堂、腾讯会议、人卫教学助手 App、问卷星等。

（三）主要设备与设施

教学一体机、心肺复苏模拟人、心电监护仪、呼吸机、模拟 ICU 病房、抢救车、各种外伤模拟人、除颤仪、简易呼吸气囊、输液泵、留置针、止血带、绷带、夹板等教学相关设施及设备等。

（四）主讲教师

主讲人：许清华，讲师，主管护师。

主讲人：姚珍，讲师。

主讲人：杜凤，副主任护师。

高等职业教育专科
"福利彩票管理实务"课程标准

一、课程基本信息

课程编码	01060036	课程类型 （理论或实践或理实一体）	理实一体	适用专业	民政服务与管理
学分	2	总学时	36	实践学时	18
先修课程	中国社会福利、民政工作、公共事业管理				
后续课程	岗位实习				
执笔人	汪万福		批准人		

二、课程定位

本门课程是民政服务与管理专业的专业限选课程，只要具备高中学历的学习者均可参加学习，主要了解关于彩票的基础知识和福利彩票的发行与销售管理基本状况，初步形成对彩票的销售服务与经营管理能力。学习者可以参加和考取重庆市或其他省份的彩票销售员资格证，获取上岗资格。

三、课程目标

推进社会主义核心价值观融入全课程教育，通过"福利彩票管理实务"课程教学，培养又红又专、德才兼备、全面发展的高素质技术技能人才，培养中国特色社会主义的合格建设者和可靠接班人。具体包括以下目标。

（一）社会主义核心价值观目标

（1）树立富强、民主、文明、和谐的价值目标；
（2）树立自由、平等、公正、法治的价值取向；
（3）树立爱国、敬业、诚信、友善的价值准则。

（二）情感态度目标

（1）具备民族团结、社会责任情感；

（2）具备社会主义公民道德、社会公德和家庭美德意识；

（3）具备求实的科学态度、积极的生活态度。

（三）职业素养目标

（1）具备爱岗敬业、诚实守信、遵纪守法、"爱众亲仁"等职业道德；

（2）具备热爱社会福利事业、公益事业的情怀和高度的社会责任感；

（3）具备良好的团队合作精神和较高的人文科学素养；

（4）具备彩票销售的基础服务礼仪；

（5）具备基本的文字编辑、口头表达与交流技巧；

（6）具备"敬业、精益、专注、创新"的工匠精神。

（四）知识目标

（1）了解彩票产生的由来、彩票和福利彩票的含义；

（2）熟悉福利彩票的历史、发展现状与前景；

（3）掌握福利彩票的类型与玩法；

（4）知晓福利彩票资金的分配与使用；

（5）深刻理解福利彩票的发行宗旨、发行理念、市场发展情况；

（6）掌握福利彩票的销售、购买、开奖、兑奖等过程；

（7）具备与服务对象、员工和上级沟通的能力。

（五）技能目标

（1）能熟记当前流行的福彩主要玩法规则，并进行购买和销售；

（2）能掌握彩票开奖、兑奖的程序和要求，并能具体操作、演示；

（3）能明白站点布设的原则、标准和布置要求，掌握投注站申办的规定、人员要求和申办流程，能够熟练地进行站点申办与管理；

（4）能主动学习计算机基础知识，熟练操作彩票投注机；

（5）在彩票销售方面具有较强的语言表达能力和交流沟通能力；

（6）学习、掌握和应用现代化管理新知识、新技术的能力和开拓的创新能力。

四、课程主要内容

（一）能力单元与学时分配

序号	能力单元名称	讲授（学时）	实操（学时）	专家讲座（学时）	参观（学时）	讨论（学时）	合计（学时）
1	了解彩票的产生与发展历程及其相关理论基础	2					2
2	了解中国福利彩票的基本情况	2					2
3	熟悉彩票的主要类型	1			1		2
4	掌握彩票的典型玩法	3	9				12
5	理解福彩的资金管理与分配	1				1	2
6	了解福利彩票的设计、印刷与储运	2					2
7	熟悉福利彩票的发行与销售管理	2	2				4
8	掌握站点的布设与申办	1			1		2
9	了解彩票行业人员构成与彩票责任	2					2
10	掌握彩票市场营销	1	3				4
11	理解福彩的市场及发展前景	1				1	2
合计		18	14		2	2	36

（二）教学任务描述

能力单元一：了解彩票的产生与发展历程及相关理论基础	
教学目的描述	了解彩票的产生与发展历程及其相关理论基础，学生需要了解并具备相关职业的职业道德，包括爱岗敬业、诚实守信、遵守相关法律法规等
教学重点与难点	相关理论知识
教学时数	2
建议教学方法与手段	讲授、案例；课堂提问、实地考察、探访调研报告、期末笔试
考核方式	课堂提问、期末卷面考核
任务1-1：了解彩票的产生与发展历程	
相关知识点	机会游戏，赌博，彩票的定义，彩票存在的理由，国内外彩票发展历程
相关实操技能	认清彩票与赌博的区别
相关实训	观摩彩票产生的简单过程
教师注意事项	要讲清楚彩票存在的理由以及政府发行彩票的目的
学习资源	彩票网络信息收集
任务1-2：了解彩票发展的相关理论基础	
相关知识点	机会运气理论、博弈理论、概率论、数理统计

相关实操技能	用运气和博弈论理解彩票
相关实训	学生课堂讨论机会、运气
教师注意事项	要讲清楚彩票中的机会与博弈的关系
学习资源	中福彩网、中福彩中心网、相关书籍

能力单元二：了解中国福利彩票的基本情况	
教学目的描述	了解福利彩票的形成与发展过程及现行状况
教学重点与难点	福利彩票发行的宗旨
教学时数	2
建议教学方法与手段	讲授
考核方式	课堂提问、期末卷面考核
任务2：了解福利彩票形成与发展过程	
相关知识点	福利彩票名称与福利彩票管理机构名称的变化、福利彩票发行销售状况、福利彩票发行宗旨与理念
相关实操技能	彩票市场发展认知
相关实训	表格数据分析、视频观摩、讨论
教师注意事项	要能够把福利彩票发行的宗旨说清楚
学习资源	中福彩网、中福彩中心网、相关书籍

能力单元三：熟悉彩票的主要类型	
教学目的描述	掌握彩票的类型，能辨别福利彩票的类型
教学重点与难点	乐透型彩票与数字型彩票
教学时数	2
建议教学方法与手段	讲授、提问
考核方式	课堂提问、期末卷面考核
任务3：掌握彩票的类型	
相关知识点	乐透型彩票、数字型彩票、即开型彩票、基诺型彩票
相关实操技能	认知私彩的危害
相关实训	彩票玩法举例，识别其类型
教师注意事项	要能够举例把不同类型的彩票说清楚
学习资源	中福彩网、重庆福彩网、中福彩中心网、相关书籍

能力单元四：掌握福彩的典型玩法	
教学目的描述	熟记福彩的几个典型玩法规则，能购买彩票和兑奖
教学重点与难点	双色球的规则

教学时数	12
建议教学方法与手段	讲授，模拟摇奖、开奖、兑奖，实习
考核方式	模拟投注和模拟开奖
任务4：掌握8种当前流行的福彩玩法	
相关知识点	双色球、3D、七乐彩、快乐8、刮刮乐、中福在线、超级大乐透、体育彩票
相关实操技能	掌握4种玩法的规则并能模拟演练
相关实训	8种玩法的现场模拟投注和模拟开奖兑奖
教师注意事项	介绍齐全当前我国福彩的玩法
学习资源	中福彩网、重庆福彩网、中福彩中心网、相关书籍

能力单元五：理解福彩的资金管理与分配	
教学目的描述	理解福彩的资金管理与分配
教学重点与难点	公益金的分配与使用
教学时数	2
建议教学方法与手段	讲授
考核方式	讨论、课堂提问、期末卷面考核
任务5：理解福彩的资金管理与分配	
相关知识点	福彩资金的构成、公益金的使用范围与资助重点、公益金的分配使用程序及财务管理
相关实操技能	模拟彩票奖金的分配
相关实训	能有效掌握不同彩票玩法的奖金、公益金的计算方法
教师注意事项	公益金在福彩资金中的比重、发展情况及原因
学习资源	中福彩网、重庆福彩网、中福彩中心网、相关书籍

能力单元六：了解福利彩票的设计、印刷与储运	
教学目的描述	了解福利彩票的设计与印刷
教学重点与难点	设计要素及流程、印刷要求
教学时数	2
建议教学方法与手段	讲授
考核方式	课堂提问、期末卷面考核
任务6：了解福利彩票的设计与印刷	
相关知识点	彩票设计的宗旨、要素、流程、印刷和储运的要求
相关实操技能	掌握彩票票面设计的相关要素
相关实训	现场观摩真实彩票并结合课堂讲授辨别

教师注意事项	彩票的设计应该和玩法的规则相结合
学习资源	中福彩网、重庆福彩网、中福彩中心网、相关书籍

能力单元七：熟悉福利彩票的发行与销售管理	
教学目的描述	熟悉福利彩票的发行与销售管理
教学重点与难点	发行计划的编制及考虑因素
教学时数	4
建议教学方法与手段	讲授、讨论
考核方式	讨论、课堂提问、期末卷面考核
任务7：熟悉福利彩票的发行与销售	
相关知识点	发行计划的编制及考虑因素，彩票代销，开奖兑奖流程、弃奖处理流程
相关实操技能	彩票投注机的操作
相关实训	用模拟机进行反复演练
教师注意事项	彩票开奖全过程管理
学习资源	中福彩网、重庆福彩网、中福彩中心网、相关书籍

能力单元八：掌握站点的布设与申办	
教学目的描述	掌握站点的布设与申办
教学重点与难点	申办流程及要求
教学时数	2
建议教学方法与手段	讲授、案例分析
考核方式	作业
任务8：掌握站点的布设与申办	
相关知识点	站点布设原则、投注站建设标准及布置要求，投注站申办规定、人选要求、申办流程，新站点评估制度、流程、站点扩充及站点整改
相关实操技能	掌握站点的申办流程
相关实训	流程设计1学时；参观附近彩票投注站1学时
教师注意事项	讲清申办的要求，让学生根据实际案例进行申办
学习资源	中福彩网、重庆福彩网、中福彩中心网、相关书籍

能力单元九：了解彩票行业人员构成与彩票责任	
教学目的描述	了解彩票行业人员构成与彩票责任，深入学习理解彩票销售员的职业标准。增强公民道德、社会公德和家庭美德意识，养成爱国、敬业、诚信、友善的优良品质和责任彩票意识
教学重点与难点	彩票的社会责任
教学时数	2

教学方法与手段	讲授
考核方式	讨论、课堂提问、期末卷面考核
任务9：了解彩票行业人员构成与彩票责任	
相关知识点	彩票销售员、彩票技术员、彩票管理员，彩民，问题彩民，彩票社会责任
相关实操技能	认知彩票的社会责任
相关实训	掌握问题彩民的帮扶措施
教师注意事项	从事彩票领域相关人员复杂，重点要讲解清楚彩票销售员
学习资源	中福彩网、重庆福彩网、中福彩中心网、相关书籍

能力单元十：掌握彩票市场营销	
教学目的描述	彩票经营管理与销售人员的培训
教学重点与难点	管理理念、宣传理念、服务理念、销售技能
教学时数	4
教学方法与手段	讲授、演练
考核方式	现场模拟演练
任务10：彩票市场营销	
相关知识点	彩票市场，彩票销售，宣传理念，服务理念，销售专业技巧，电子商务彩票
相关实操技能	服务礼仪、销售技巧
相关实训	模拟销售与形体训练
教师注意事项	在彩票培训这块应抓住销售人员的服务素养和专业技能
学习资源	中福彩网、重庆福彩网、中福彩中心网、相关书籍

能力单元十一：理解福彩的市场及发展前景	
教学目的描述	理解福彩的市场及发展前景
教学重点与难点	福彩市场潜力的挖掘
教学时数	2
教学方法与手段	讲授、讨论、作业
考核方式	讨论、课堂提问、期末卷面考核
任务11：理解福彩的市场及发展前景	
相关知识点	福彩市场的形成及特点，世界彩票的发展方向及我国彩票业的发展前景
相关实操技能	学生通过学习思考，对我国彩票业的发展谈谈自己的认识
相关实训	借鉴国外先进经验对比我国彩票市场，提出改革建议
教师注意事项	彩票的发展要因地制宜，不宜过分照搬国外经验
学习资源	中福彩网、重庆福彩网、中福彩中心网、相关书籍

五、"课程思政"育人元素融入课程教学的途径和方法

序号	知识点	育人元素	融入途径	融入方式	预期效果	备注
1	疯狂的彩市	中国福利思想、慈善理念	教师引导学生分组讨论巨奖风波	情景导入、利用视频、文字、图片等内容展示课堂教学的内容	树立彩票扶老、助残、救孤、济困的基本宗旨	
2	彩票的含义	公益、博彩	视频观摩，课堂讨论	利用视频、文字、图片等内容展示课堂教学的内容	明白彩票保证机会均等、坚持中立立场的原理；帮助学生分析彩票与赌博的区别，并正确认识赌博的危害	
3	彩票的历史与发展	公正平等；中国古代福利思想和文化对彩票的影响	视频观摩，课堂讨论	利用视频、文字、图片等内容展示课堂教学的内容	让学生明白中国彩票在国际上的地位与责任担当	
4	彩票公益金	责任、阳光、公益	视频播放	利用视频、文字、图片等内容展示课堂教学的内容	引导学生思考彩票公益金分配使用的公开性	
5	机会论、博弈论	博弈、大国博弈、双赢	教学讲解、知识延伸	利用视频、文字、图片等内容展示课堂教学的内容	让学生认知西方世界追求零和博弈，而我国在习近平总书记的带领下，强调人类命运共同体，世界大同，合作共赢局面，树立爱国情怀	
6	彩民与责任彩票	贡献、慈善、问题	以问题彩民说起：男子劫杀女大学生案反思："问题彩民"再敲警钟	案例分析、情景导入	从课堂上也能看出来，学生也更关心彩票中大奖，这种情况必须要进行良好的引导，彩票销售不能光顾销量，还要更注重彩票的社会责任	
7	福利彩票人力资源管理	热爱祖国、热爱福彩、爱岗敬业	从考彩票销售员职业资格证说起	利用视频、文字、图片等内容展示课堂教学的内容；情景模拟、角色扮演	彩票行业人才需求广泛，培养模式也要多样化，在校专科大学生从事彩票行业是一个不错的就业选择	
8	福彩管理体制与市场发展	公益、慈善、健康、快乐、创新	从中美彩票市场对比说起	利用视频、文字、图片等内容展示课堂教学的内容	福利彩票发行以"扶老、助残、救孤、济困"为宗旨，让学生明白彩票来之于民、用之于民，并愿意投入社会福利事业	

续表

序号	知识点	育人元素	融入途径	融入方式	预期效果	备注
9	彩票玩法	健康中国	彩票品牌玩法与购彩技巧，从双色球的故事讲起	玩法介绍、案例分析、课堂讨论、现场模拟	彩票的灵魂是玩法，要想了解一款彩票游戏，最简单的方法就是看它的游戏规则。技巧只是参考，更加增添彩票的娱乐性，没有绝对意义上的包中奖。树立健康玩彩理念	
10	彩票发行与销售	公开、公平、公正和诚实信用	从彩票摆地摊说起	利用视频、文字、图片等内容展示课堂教学的内容	树立以人为本、爱心助人的基本思想；并让学生坚定对彩票的信心	

六、课程评价方法

（一）能力测试的方法与手段

序号	能力单元名称	测试的方法与手段			
		鉴定要求	采用方法	鉴定人	鉴定地点
1	理论知识模块	以课程主体理论知识串联为主，建立知识题库，采取分组为单位，由教师主持其他班级学生辅助	采用课题随机提问计分的形式进行考核，占总成绩30%；或用试卷考试方式替代	任课教师与学生	教室
2	操作技能模块	学生需掌握授课内容中的彩票玩法，能自行去彩票实体店完成购买并能正确兑奖	学生去彩票销售场所购买彩票，自行熟悉彩票发行与销售相关流程，最后以上交作业的方式进行考核，占总成绩的30%；或用试卷考试方式替代	任课教师与学生	彩票实体销售点和教室

（二）课程成绩评价办法

课程主要采用百分制，由课程主体知识串联为主的理论知识模块（占30%）和操作技能模块（占30%）两部分相加为期末考试成绩；也可用试卷考试替代。

另外一部分成绩由平时考勤、作业和课堂表现构成（占40%）。

七、教学资源配置

（一）主教材

自编讲义。

（二）教学参考资料

王晓玫.中国彩票工作［M］.北京：北京大学出版社，2008.

中国福利彩票发行管理中心.中国福利彩票20周年回忆文集［M］.北京：中国社会出版社，2007.

胡正明.中国福利彩票市场营销管理［M］.北京：经济科学出版社，2007.

中国福彩；

中彩网；

重庆彩票网；

新浪彩票；

中国体彩网。

（三）主要设备与设施

多媒体教室、模拟摇奖器、彩票投注机。

（四）主讲教师

汪万福，重庆城市管理职业学院副教授，招标采购中心主任，从事本专业教学18年，对该门课程进行教学12个学期。

八、其他说明

（一）行业/企业参与课程开发情况

根据教学系部工作安排，可邀请来自行业的专家开展讲座：重庆市福利彩票发行中心朱云剑、杨洋等领导行家与我校有紧密联系，随时可来校开展讲座，还为教师提供了实习岗位。

（二）教学组织的特点

在教学过程中，要积极培育和践行社会主义核心价值观，把立德树人作为中心环节，把思想政治工作贯穿于教育教学全过程，培养中国特色社会主义的合格建设者和可靠接班人。本门课程按照常规排课方式，每周 2 学时或每周 4 学时，课程部分内容需要进行模拟训练，亦可去投注站亲身体验或去福彩中心参观学习。

高等职业教育专科
"福利机构经济法"课程标准

一、课程基本信息

课程编码	01060061	课程类型 （理论或实践或理实一体）	理实一体	适用专业	民政服务与管理
学分	4	总学时	60	实践学时	30
先修课程	公共事业管理、民政政策与法规、民政工作、婚姻与收养实务				
后续课程	社区管理、民政事业管理				
执笔人	蒋传宓		批准人		

二、课程定位

"福利机构经济法"是民政服务与管理专业的专业限选课程，本课程旨在提升学习者法律素养和业务素质，提高依法办事的水平，是培养学习者规范从事社会福利事业工作，形成学习者可持续发展能力的重要课程。本课程在第五学期开设，学生已具有相当的专业基础和法律知识，并有了一定的自学能力和社会阅历，能够根据法律分析一些社会现象。

三、课程目标

本课程教学，坚持以习近平新时代中国特色社会主义思想为指导，贯彻社会主义核心价值观，融思想政治教育与专业教育于一体，培养又红又专、德才兼备、全面发展的高素质技术技能人才，培养中国特色社会主义的合格建设者和可靠接班人。通过本课程的学习，学生能够运用习近平法治思想阐释经济法律制度，学会运用经济法规范开展民政工作，提供有效的社会服务，维护公民的合法权益，满足广大人民群众对美好生活的需求。

（一）社会主义核心价值观目标

（1）树立富强、民主、文明、和谐的价值目标；

（2）树立自由、平等、公正、法治的价值取向；

（3）树立爱国、敬业、诚信、友善的价值准则。

（二）情感态度目标

（1）具备热爱祖国、民族团结、社会责任的情感；

（2）具备社会主义公民道德、社会公德和家庭美德意识；

（3）具备求实的科学态度、积极向上的生活态度；

（4）具备同情心、包容心和设身处地的社交心理；

（5）具备正确的金钱观和人生定位，具备抵制不良攀比和金钱诱惑的心态；

（6）具备与人为善、乐于助人、"人人为我，我为人人"的社会生活风格。

（三）职业素养目标

（1）具备爱岗敬业、诚实守信、遵纪守法的职业道德情操；

（2）具备依法、规范、严谨的工作作风；

（3）具备决胜的意志力，坚持真理，相信法律；

（4）具备大局意识，处事不惊，冷静应对；

（5）具备辩证思维、法治思维，讲究因果关系，逻辑缜密；

（6）具备团队协作精神、创新精神和工匠精神。

（四）知识目标

（1）了解经济法基本概念，明确经济法律关系及其要素；

（2）掌握公司法、合伙企业法与个人独资企业法的主要内容；

（3）掌握民法典合同编内容，了解典型合同；

（4）掌握反不正当竞争法主要内容，了解反垄断法、招标投标法、政府采购法内容；

（5）掌握消费者权益保护法、产品质量法的主要内容；

（6）了解知识产权法的基本内容；

（7）了解会计法和税法的主要内容；

（8）了解票据法和证券法有关规定。

（五）技能目标

（1）能区分各种经济法律关系，正确判断经济主体的经济法律地位、权利义务；

（2）能够运用公司法规定解读公司内部文件和制度；

（3）能够起草合伙协议；

（4）能够分析合同条款、订立合同（包括担保）；

（5）能够准确判断经营行为是否正当，能够运用招标投标法、政府采购法；

（6）能够运用消费者权益保护法、产品质量法保护机构及其服务对象的合法权益；

（7）能够明确本单位及其员工所拥有的知识产权；

（8）能够根据会计法和税法的规定，引导机构规范经营管理活动；

（9）能够熟练使用汇票、本票、支票，并对相关票据问题进行处理；

（10）能对一般的经济法案例进行分析。

四、课程主要内容

（一）能力单元与学时分配

序号	能力单元名称	讲授（学时）	实操（学时）	专家讲座（学时）	参观（学时）	讨论（学时）	其他（学时）
1	了解经济法基本理论	2	0	2	0	0	
2	掌握市场主体法内容	6	2	0	2	2	
3	掌握民法典合同编的主要内容	6	4	0	0	2	
4	掌握竞争法的主要内容	4	2	2	0	0	
5	掌握消费法的主要内容	4	0	2	0	2	
6	了解知识产权法的基本内容	2	0	2	0	0	
7	了解会计法和税法主要内容	2	0	0	0	2	
8	了解票据法和证券法有关规定	2	0	0	2	0	
9	考核	2					
合计		30	8	8	4	10	

（二）教学任务描述

能力单元一：了解经济法基本理论	
教学目的	了解经济法的概念、渊源、调整对象，学会分析经济法律关系及其要素，培养初步的经济法律意识
教学重点与难点	重点：经济法律关系 难点：经济法律要素

教学时数	4
教学方法与手段	讲解法、案例教学方法、关键词教学方法、讨论法等
育人案例	为什么中国具有较强的经济风险应对能力
考核方式	期末闭卷考、课堂提问

任务1-1：认识经济法，明确经济关系和经济活动应遵循国家法律规范，建立经济法律调整的基本概念

相关知识点	经济法的概念、渊源和调整对象，经济关系和经济活动法律调整的必要性
相关实操技能	能正确识别经济法调整的对象
相关实训	相关案例分析
教师注意事项	引导学生学习本课程的兴趣，注重学生法律意识的培养
学习资源	全国人大常委会网站、新华网、人民法院网等

任务1-2：明确经济法律关系，学会分析经济法律关系要素，初步形成法律分析习惯

相关知识点	经济法律关系的概念、经济法律关系要素，经济法律关系主体、客体、内容及其分类
相关实操技能	能正确分析经济法律关系
相关实训	案例分析
教师注意事项	用现实生活中的引例引导学生兴趣
学习资源	人民法院网、商务部网站、新华网、人民网等

能力单元二：掌握市场主体法内容	
教学目的	1.掌握公司法、合伙企业法与个人独资企业法的主要内容 2.形成规范管理福利机构的意识，学会运用相关法律进行管理
教学重点与难点	重点：公司法、合伙企业法 难点：有限责任与无限责任的区分
教学时数	12
教学方法与手段	以角色扮演方式，引导学生进行学习，如设立自己的公司等。在讲授中以有限责任公司为重点，股份公司对照讲解。采用讲授法、案例教学方法、关键词教学方法、角色扮演教学方法、讨论等
育人案例	我国公司法的出台及其修订
考核方式	期末闭卷考、课堂提问、平时作业

任务2-1：掌握公司法的基本制度、熟悉公司治理结构

相关知识点	1.有限责任公司的设立、组织机构、议事规则 2.股份公司的设立、组织机构、议事规则、股份发行与转让 3.公司财务、损益
相关实操技能	起草公司章程
相关实训	案例分析
教师注意事项	引导学生学习兴趣
学习资源	人民法院网、国家市场监督管理总局网站、商务部网站、新华网等

续表

任务 2-2：掌握合伙企业法与个人独资企业法	
相关知识点	1. 合伙企业概念、财产及事务管理，入伙、退伙及合伙的解散，合伙人的责任 2. 个人独资企业的概念、投资人、事务管理、解散清算
相关实操技能	能正确分析合伙企业合伙人的责任
相关实训	合伙企业案例分析
教师注意事项	用学生熟悉的现象和案例，帮助学生理解有限责任和无限责任的区别
学习资源	人民法院网、国务院网站、国家市场监督管理总局网站、商务部网站

能力单元三：掌握民法典合同编的主要内容	
教学目的	1. 了解合同概念和分类，明确民法典合同编所适用的范围 2. 掌握合同的订立及其程序和效力 3. 掌握合同的效力及瑕疵合同的处理 4. 理解合同的履行原则和规则，明确合同的变更、转让、终止以及违约的法律责任 5. 掌握合同担保的方式及其法律效力 6. 培养学生的诚信守约品质
教学重点与难点	重点：合同的订立和效力 难点：合同的效力、担保
教学时数	12
教学方法与手段	教学中应注意以各类合同文书样板、典型纠纷为资料，引导学生自行分析，对合同草案提修改建议、分析纠纷责任归属等方式，强化对民法典合同编的理解与巩固。以生活中常见案例为例，引导学生自己收集生活中的案例，提高学生维权意识，在此基础上分小组探讨解决办法，教师点评，最好组织学生收看"3·15"专题等报道。采用案例教学方法、讲授法、任务教学、讨论法等
育人案例	合同和我们的生活
考核方式	期末闭卷考、课堂提问、平时作业
任务 3-1：学会订立合同	
相关知识点	1. 合同的概念、分类，民法典合同编的概念、调整范围 2. 合同的订立概念、方式、形式、主要内容、格式合同、缔约过失责任 3. 要约及其效力 4. 承诺及其效力
相关实操技能	1. 能分析要约的成立及效力 2. 能分析"讨价还价"的法律性质
相关实训	案例分析：要约还是要约邀请
教师注意事项	用生活中的案例引导学生思考行为性质和效力
学习资源	人民法院网、商务部网站、新华网、人民网等
任务 3-2：学会分析合同的效力	
相关知识点	合同的生效、有效合同、无效合同、可撤销合同、效力待定合同
相关实操技能	能判定合同是否生效、合同的效力情况
相关实训	案例分析：有效合同、无效合同、可撤销合同、效力待定合同
教师注意事项	注意区分合同成立和合同生效
学习资源	人民法院网、商务部网站等

续表

任务3-3：掌握合同履行规则	
相关知识点	1. 合同履行的规则、抗辩权、保全措施 2. 合同的变更与转让
相关实操技能	能判定合同当事人在合同履行中所享有的权利
相关实训	案例分析：不安抗辩权
教师注意事项	注意抗辩和保全的条件
学习资源	人民法院网、商务部网站等

任务3-4：掌握合同担保的效力	
相关知识点	合同的担保概述、定金、保证、抵押、质押、留置
相关实操技能	能使用定金、保证、抵押、质押、留置等担保方式
相关实训	案例分析：如何使用担保方式
教师注意事项	注意区分担保的性质，提醒民法典合同编在本部分的适用
学习资源	人民法院网、商务部网站等

任务3-5：掌握违约责任	
相关知识点	违约行为和法律责任、违反民法典合同编的归责原则、免责规定
相关实操技能	能判定合同当事人违反合同应承担的法律责任
相关实训	案例分析：是否违约
教师注意事项	注意违约责任、缔约过失责任和担保责任的区别
学习资源	人民法院网、商务部网站等

能力单元四：掌握竞争法的主要内容	
教学目的	1. 掌握反不正当竞争法主要内容，明确不正当竞争行为 2. 了解反垄断法、招标投标法、政府采购法内容 3. 培养学生依法经营意识
教学重点与难点	重点：不正当竞争行为 难点：垄断行为
教学时数	10
教学方法与手段	主要使用案例法教学，运用案例引出不正当竞争行为，归纳正当竞争的要求，从辩证法角度阐述反垄断法、招标投标法、政府采购法属于反不正当竞争法的特别法
育人案例	新中国第一大罚单
考核方式	期末闭卷考、课堂提问

任务4-1：掌握反不正当竞争法	
相关知识点	1. 市场竞争概述 2. 不正当竞争的具体表现和法律责任
相关实操技能	能识别不正当竞争行为
相关实训	案例分析：不正当竞争
教师注意事项	强调不正当竞争侵害其他经营者的利益
学习资源	人民法院网、国家市场监督管理总局网站、商务部网站等

任务 4-2：了解反垄断法	
相关知识点	1. 垄断及其危害 2. 垄断的表现及其查处 3. 法律责任
相关实操技能	能认识垄断行为
相关实训	阅读反垄断案例
教师注意事项	注意法律上垄断与经济学垄断的区别
学习资源	商务部网站等
任务 4-3：了解招标投标法	
相关知识点	招标投标概念、招标投标程序、标书制作
相关实操技能	能制作标书
相关实训	标书制作
教师注意事项	与民法典合同编联系，明确招标投标各环节的民法典合同编效力
学习资源	人民法院网、各级政府及部门网站等
任务 4-4：了解政府采购法	
相关知识点	1. 政府采购及其法律关系 2. 政府采购程序 3. 政府采购监督
相关实操技能	能参与政府采购
相关实训	制作申请书
教师注意事项	引导学生明确政府采购与招标投标之间的关系
学习资源	人民法院网、政府采购网

能力单元五：掌握消费法的主要内容	
教学目的	1. 掌握消费者权益保护法主要规定 2. 掌握产品质量法的主要规定 3. 培养学生社会责任意识
教学重点与难点	重点：消费者权利、经营者义务 难点：法律责任的承担
教学时数	8
教学方法与手段	案例教学法、讨论等。利用"3·15"视频片段引导学生产生共鸣，激发求知欲
育人案例	玛莎拉蒂索赔案判经销商退 130 万元赔 390 万元
考核方式	期末闭卷考、课堂提问
任务 5-1：掌握消费者权益保护法的主要内容	
相关知识点	1. 消费和消费者、经营者 2. 消费者的权利 3. 经营者的义务 4. 消费者的权利保护、法律责任

相关实操技能	能够进行消费者权益保护
相关实训	案例分析：消费者在机构消费的案例
教师注意事项	引导学生进行有利于消费者的法律适用
学习资源	人民法院网、消费者协会网站、国家市场监督管理总局网站等

任务 5-2：掌握产品质量法的主要内容	
相关知识点	1. 产品的界定、产品质量的概念 2. 产品质量体系、产品质量制度 3. 产品质量责任
相关实操技能	能够判断经营者的产品质量责任
相关实训	案例分析：产品质量责任案例
教师注意事项	注意区别产品质量责任、合同责任、侵权责任
学习资源	人民法院网、国家质量技术监督局网站、消费者协会网站、国家市场监督管理总局网站等

能力单元六：了解知识产权法的基本内容	
教学目的	1. 了解知识产权的概念、分类、法律保护 2. 了解著作权法的主要规定 3. 了解专利法的主要规定 4. 了解商标法的主要规定 5. 形成知识产权意识
教学重点与难点	重点：权利内容 难点：法律保护
教学时数	4
教学方法与手段	案例教学法、讨论等。利用"知识产权日"宣传视频片段引导学生兴趣
育人案例	知识与财富
考核方式	期末闭卷考、课堂提问、平时作业
任务 6-1：认识知识产权及其法律保护	
相关知识点	知识产权概念、特点、分类、保护
相关实操技能	能够宣传知识产权
相关实训	观看知识产权保护视频
教师注意事项	引导学生形成知识产权并不遥远的感觉
学习资源	人民法院网、国务院网站、知识产权局、新闻出版总局网站等
任务 6-2：了解著作权法、专利法和商标法的主要内容	
相关知识点	1. 作品、著作权人、著作权内容及其保护 2. 发明创造、专利、专利权及其保护 3. 商标、商标标识、商标权及其保护
相关实操技能	能够判断知识产权的权利人
相关实训	案例分析：作者的权利
教师注意事项	知识产权的权利人不一定是付出智慧劳动的人
学习资源	人民法院网、国务院网站、知识产权局、新闻出版总局网站等

能力单元七：了解会计法和税法主要内容	
教学目的	1.了解会计法的主要内容 2.了解税法的主要内容 3.培养学生依法纳税意识
教学重点与难点	重点：会计基本制度、计税依据 难点：会计核算、增值税法
教学时数	4
教学方法与手段	案例教学法、讨论等
育人案例	"赚了钱还是没有赚钱？"
考核方式	期末闭卷考、课堂提问、平时作业
任务7-1：了解会计法的主要内容	
相关知识点	会计与会计法、会计机构、会计核算、会计监督
相关实操技能	能够看懂会计资料
相关实训	识别会计账册
教师注意事项	引导学生明确"会计是规律和规则的结合"
学习资源	人民法院网、财政部网站等
任务7-2：了解税法的主要内容	
相关知识点	税收和税法、税法的构成要素、流转税法、所得税法、税收管理
相关实操技能	能够为福利机构进行纳税申报
相关实训	案例分析：发票管理
教师注意事项	强调纳税的法定义务
学习资源	人民法院网、财政部网站、国家税务总局网站等

能力单元八：了解票据法和证券法有关规定	
教学目的	1.了解票据法有关规定，学会使用票据 2.了解证券法有关知识 3.培养学生金融风险意识
教学重点与难点	重点：票据的制作和使用 难点：证券交易制度
教学时数	4
教学方法与手段	案例教学法、讨论等，可以从"空头支票"、股票导入
育人案例	支付方式的发展历史
考核方式	期末闭卷考、课堂提问、平时作业
任务8-1：了解票据法主要内容	
相关知识点	票据、票据法、汇票、本票、支票
相关实操技能	能够填制票据、使用票据
相关实训	填制汇票

教师注意事项	强调票据关系的独立性
学习资源	人民法院网、人民银行网站、各商业银行网站等

任务 8-2：了解证券法主要内容

相关知识点	证券和证券法、证券发行、证券交易、上市公司收购、与证券有关的机构
相关实操技能	能够认识证券的种类
相关实训	案例分析：股票交易
教师注意事项	一是与公司法联系；二是强调证券的风险
学习资源	人民法院网、证监官网、人民银行网站、各商业银行网站、交易所网站、各证券公司网站等

五、"课程思政"育人元素融入课程教学的途径和方法

序号	知识点	育人元素	融入途径	融入方式	预期效果	备注
1	消费者权益保护法	树立以人为本的思想	课堂教学，课外指导。指导学生理解"以人为本"原则是从事民政工作的基础	嵌入式教学，实例分析法	学生能够将以人为本融入民政工作实践	
2	民主的含义、民主法哲学理解，民主与规范	正确的民主观和工作方式	课堂教学，课外指导。指导学生用正确的民主观和方法处理社会关系和工作问题	嵌入式教学，实例分析法	学生学会尊重、包容，能够辩证地理解并运用民主、平等原则	
3	制度自信的含义和意义	制度自信	课堂教学。指导学生理解"中国特色社会主义制度是当代中国发展进步的根本制度保障，是具有鲜明中国特色、明显制度优势、强大自我完善能力的先进制度"	嵌入式教学。运用辩证唯物主义和历史唯物主义结合中国国情分析	学生能够站在唯物史观的立场分析我国的法律制度，从而理解我国法律制度的合理性与科学性	
4	诚实信用的含义、诚实信用原则	诚实信用	课堂教学。指导学生理解"诚实信用"是处理生活、学习和工作关系的良方	嵌入式教学、案例分析	学生形成光明磊落的品质和老少无欺的职业操守	
5	公司章程	法治思维	课堂教学，课外指导。通过对社会现象和实例分析进行	嵌入式教学、案例分析	学生形成遇事求法的思维习惯，通过法律途径解决问题	
6	合同责任	与人为善	课堂教学，课外指导。通过对社会现象和实例分析进行	案例分析	形成学生与人为善的人格品质	
7	合同的履行	正确的人生观	课堂教学，课外指导。通过对社会现象和实例分析进行	案例分析	树立正确的金钱观和就业观	
8	合同的概念、订立、履行、纠纷处理	契约意识	课堂教学，课外指导。通过对社会现象和实例分析进行	案例分析	培养契约意识并融入个人行为	
9	税法	热爱祖国	课堂教学，课外指导。通过对社会现象和实例分析进行	案例分析	理解依法纳税是爱国的表现，树立依法纳税光荣的意识	
10	知识产权法	社会公德	课堂教学，课外指导。通过对社会现象和实例分析进行	案例分析	形成盗版可耻又违法的意识	

六、学习者能力测试方法

（一）能力测试的方法与手段

序号	能力单元名称	测试的方法与手段			
		鉴定要求	采用方法	鉴定人	鉴定地点
1	了解经济法基本理论	能够分析经济法律关系	案例分析、考勤	授课教师	课堂
2	掌握市场主体法内容	能够准确根据法律分析市场主体的相关情况	案例分析、考勤	授课教师	课堂
3	掌握民法典合同编主要内容	能够准确分析合同法律关系	案例分析、考勤	授课教师	课堂
4	掌握竞争法主要内容	能够准确分析市场竞争行为的法律性质	案例分析、考勤	授课教师	课堂
5	掌握消费法主要内容	能够运用法律保护消费者的合法权益	案例分析、考勤	授课教师	课堂
6	了解知识产权法的基本内容	基本形成知识产权保护意识	课堂提问、考勤	授课教师	课堂
7	了解会计法和税法主要内容	基本形成会计监督意识和纳税意识	课堂提问、考勤	授课教师	课堂
8	了解票据法和证券法有关规定	能够使用票据	课堂提问、考勤	授课教师	课堂

（二）课程成绩评价办法

本课程采用百分制，实行"22321"制。

（1）学习态度。包括学生的责任心、学习热情和规范能力等。考查内容主要包括出勤率、课内问答、发言等。该项占成绩20%（20分）。旷课一次扣5分，旷课5次以上的，不参加能力鉴定，该课程重修。学生课内每一次思考后发言，加1分，但最后所得总成绩不超过100分。

（2）考查知识运用能力。考查学生运用所学知识解决实际问题的能力，以平时作业和期末考试为主要鉴定依据。作业和考试（考查）的内容主要考查在查阅资料的基础上运用所学知识对实例的分析；形式主要为案例分析，不拘一格，任其发挥。平时作业占20%（20分）；期末考试（考查）占30%（30分）。

（3）考查发现问题、分析问题、解决问题的能力。主要形式为调查报告（总结）。学期内至少写一篇调查报告（包括所调查的原始资料和数据），要有问题分析和对策建议。本项占20%（20分）。

（4）考查创新能力。学生针对实际问题，所提出的建议被学校采纳，或者其建议公开发表，或者指导教师认为该建议确实具有创新性，或者对某一个问题有独到的见解，可以认定创新能力。该项占10%（10分）。

七、教学资源配置

（一）主教材

蒋传宓，李树德，孙玉中 . 经济法基础［M］. 北京：中国轻工业出版社，2019.

（二）参考资料

相关政策法规文本、全国人大常委会网站、人民法院网、相关部门网站、新华网、人民网、其他网络资源和相关资料。

（三）主要设备与设施

多媒体一体化教室。

（四）主讲教师

蒋传宓，副教授、教龄 31 年，从事法律、政策法规教学研究 17 年。

八、其他说明

（1）教学中，教师必须重视实践经验的学习，重视现代信息技术的应用，尽可能运用多媒体课件的形式呈现资料，进行讲授、演示，并按照设计活动的内容展开教学。

（2）教学中，教师应突出专业技能培养目标，注重对学生实际操作能力的训练，强化案例和流程教学，让学生边学边练，通过小组讨论、案例分析、情景模拟等方式激发学生兴趣，增强教学效果。

（3）教学中，应注意充分调动学生学习的主动性和积极性，注重教与学的互动，教师与学生的角色转换，让学生在完成教师设计的训练活动中，既学会经济业务处理必须具备的知识，又练就各项基本技能。

（4）教学中，教师应将教书与育人结合起来，积极引导学生树立正确的人生观和职业观，提升职业素养，培养学生积极热情、客观、诚实守信、善于沟通与合作的品质。

（5）各项技能训练活动的设计应具有实际性、可操作性。

高等职业教育专科
"福利机构经营与管理"课程标准

一、课程基本信息

课程编码	01060003	课程类型 （理论或实践或理实一体）	理实一体	适用专业	社会福利/民政管理
学分	3	总学时	60	实践学时	24
先修课程	中国社会福利、社会福利思想、福利机构人力资源管理、社会调查方法、社会心理学等				
后续课程	福利公共关系实务、社会福利政策法规、福利彩票管理实务等				
执笔人	陈玉婷		批准人		

二、课程定位

社会福利事业管理专业是在我国社会福利社会化发展的背景下所开设的新型专业。该专业人才培养定位在社会福利服务与管理两个目标。"福利机构经营与管理"课程主要是对应于管理培养目标所开设。由于本专业绝大多数人才将从服务岗位逐步走上服务管理或更高层次的管理岗位，因此，本课程在人才培养方案中处于重要的地位，是本专业学生必修课程和核心课程。

三、课程目标

（一）社会主义核心价值观目标

（1）树立富强、民主、文明、和谐的价值目标；

（2）树立自由、平等、公正、法治的价值取向；

（3）树立爱国、敬业、诚信、友善的价值准则。

（二）情感态度目标

（1）具备民族团结、社会责任情感；

（2）具备社会主义公民道德、社会公德和家庭美德意识；

（3）具备求实的科学态度、积极的生活态度；

（4）具备"爱众亲仁"的良好职业道德；

（5）具备"勤奋求真、奉献为民"的优秀专业品质；

（6）具备为福利机构服务对象服务的意识；

（7）具备乐于奉献的精神。

（三）职业素养目标

（1）具备爱岗敬业、诚实守信、遵纪守法等职业道德；

（2）具备协同努力的团队协作精神、创新精神；

（3）具备相关的职场安全与健康意识；

（4）具备一定的职场礼仪与规范意识；

（5）具备积极进取的工匠精神；

（6）具备良好的职业道德修养和强烈的职业意识。

（四）知识目标

（1）培养学生具有"以人为本""以服务为中心""安全第一""重视质量"的现代服务理念；

（2）具备从事本专业所必需的基本理论与基本知识；

（3）具备社会福利机构依法管理所必备的政策法规知识；

（4）具备应用现代化管理手段所必备的基本理论及基本知识；

（5）具备基层管理岗位所必需的基本理论与基本知识；

（6）具备应用现代化管理手段所必备的基本理论及基本知识；

（7）具备为特殊困难群体服务的基本理论与基本知识；

（8）具有一定的统计分析基本理论与知识；

（9）具备与服务对象、员工和上级沟通的知识。

（五）技能目标

（1）培养学生敏锐的观察力；

（2）具备较强的计划、组织、协调、领导和控制能力；

（3）拥有较强的语言表达能力和交流沟通能力；

（4）掌握较强的公文写作能力；

（5）具备较强的综合分析、判断和决策能力；

（6）具备突发事件应急处置能力；

（7）有一门以上的专业技术指导能力；

（8）学习、掌握和应用现代化管理新知识、新技术的能力和开拓的创新能力。

四、课程主要内容

（一）能力单元与学时分配

序号	能力单元名称	讲授（学时）	实操（学时）	专家讲座（学时）	参观（学时）	讨论（学时）	其他（学时）
1	认知福利机构基本情况	8	6		2		
2	福利机构规划建设	8	2		2		
3	福利机构业务管理	12	8		4	2	
4	福利机构管理方法	6			4		
合计		34	16		12	2	

（二）教学任务描述

能力单元一：认知福利机构基本情况	
教学目标	通过课程讲述和实地考察让大家初步了解我国福利机构的基本概况
教学重点与难点	重点：福利机构类型和发展历史 难点：我国养老服务产业及养老机构发展现况
教学时数	16
教学方法与手段	案例、讲授、实地探访
考核方式	随堂提问，完成思考、讨论题
任务1-1：对福利机构的认知	
相关知识点	福利机构含义、类型、特点与发展历程
相关实操技能	通过参观福利机构了解机构的工作范围并初步熟悉机构的运作程序
相关实训	1. 要求学生选择一家福利机构进行探访 2. 组织学生对探访的心得进行讨论
学习资源	实训基地，理论学习
教师注意事项	在机构探访时保证学生人身安全，保证教学设备的正常运行
任务1-2：了解目前我国福利机构的建设情况	
相关知识点	福利机构在我国的建设与发展情况
相关实操技能	对福利机构的认知
相关实验	探访福利机构（例如重庆市第一社会福利院）

教师注意事项	保证探访的有序性并进行现场教学
学习资源	实训基地、理论学习

能力单元二：福利机构规划建设	
教学目的描述	通过本单元学习，让学生从专业的角度了解和认识新建福利机构的论证、审批、规划设计和注册登记全过程工作，以利于本专业学生毕业后能协助有关部门规划福利机构的建设
教学重点与难点	重点：兴建福利机构的论证、资料准备、申报、审批程序、设计原则 难点：福利机构建设可行性、建筑设计规范
教学时数	12
教学方法与手段	理论教学、实训教学
考核方式	随堂提问，完成思考、讨论，查找资料
任务2-1：福利机构建设论证	
相关知识点	福利机构建设的必要性、可行性、机构选址、机构命名、设置、投资估算
相关实操技能	协助有关部门进行养老机构建设可行性论证
相关实验	通过视频讲座和理论教学
教师注意事项	保证设备的良好运行
学习资源	网络、视频、相关资料
任务2-2：福利机构审批程序	
相关知识点	福利机构的筹办、兴建、开业审批，资格和需要准备的资料
相关实操技能	成立模拟养老机构
相关实验	从筹备到制度的制定，机构的设置
教师注意事项	引导学生进行合理的管理
学习资源	网络信息、场景设置
任务2-3：福利机构建筑设计规范	
相关知识点	现行法规中对于老年人、儿童、残疾人居住建筑设计参数的规定
相关案例	每个参与机构实地测量的同学根据自己的考察体会得出结论并进行讨论
相关实操技能	新建、改建、扩建福利机构相关技能知识
教师注意事项	在机构探访时保证学生人身安全，保证教学设备的正常运行
学习资源	实训基地

能力单元三：福利机构业务管理	
教学目的描述	通过本单元的学习，让学生掌握各级福利机构主要的业务管理工作，对福利机构内部管理有一个整体的认识和了解
教学重点与难点	重点：福利机构主要的管理工作 难点：福利机构日常管理工作内容
教学时数	26

教学方法与手段	案例、理论教学、实训基地、计算机网络
考核方式	随堂提问，完成思考、讨论，查找资料

任务 3-1：护理管理工作	
相关知识点	福利机构护理管理模式、护理工作组织、护理人员配备、护理管理主要工作内容
相关实操技能	福利机构护理管理工作组织能力
相关实验	模拟护理工作情境
教师注意事项	组织安排，分组
学习资源	网络、视频、相关资料

任务 3-2：医疗服务管理工作	
相关知识点	医疗服务工作原则、相关工作规范
相关实操技能	福利机构医疗服务工作管理能力
相关实验	医疗服务管理案例分析
教师注意事项	教学组织管理
学习资源	网络信息、教辅资料

任务 3-3：福利机构财务管理、膳食管理	
相关知识点	福利机构财务管理工作、养老机构膳食服务工作
相关实操技能	福利机构账务工作管理能力、养老机构膳食服务工作管理能力
相关实验	服务管理案例分析
教师注意事项	教学组织管理
学习资源	网络信息、教辅资料、视频资料

任务 3-4：福利机构质量管理	
相关知识点	福利机构质量管理方针、目标、内容、ISO9000 质量管理原则
相关实操技能	福利机构质量管理能力
相关实验	质量管理案例分析
教师注意事项	教学组织管理
学习资源	网络信息、教辅资料

任务 3-5：意外伤害事件防范处理	
相关知识点	意外事故与责任事故的定义和区别，意外伤害事件产生原因，纠纷处理原则、方法、程序
相关实操技能	福利机构应急事件、事故纠纷处置能力
相关实验	模拟意外事故纠纷处置程序
教师注意事项	组织学生进行分组演练、讨论
学习资源	网络信息、视频资料、实训基地、教辅资料

能力单元四：福利机构管理方法	
教学目的描述	通过本单元学习，让学生了解当前我国福利机构管理中主流的管理方法，认识各种类型福利机构的发展状况、存在的问题及解决方法，培养学生具备经营意识，增强管理能力
教学重点与难点	重点：福利机构规章制度建设、经营管理策略 难点：各类福利机构发展现状及存在问题
教学时数	10
教学方法与手段	案例分析、实地考察、理论教学
考核方式	随堂提问，完成思考、讨论，查找资料
任务4-1：福利机构制度建设	
相关知识点	制度建设的原则、方法、类型，各部门、各岗位和工作规范
相关实操技能	各类规章制度的制定和执行能力
相关实验	常见规章制度的撰写
教师注意事项	引导学生编写常见制度
学习资源	教学资料
任务4-2：福利机构经营管理策略	
相关知识点	各种类型福利机构的发展状况、存在的问题及解决方法
相关实操技能	福利机构经营管理决策能力
相关实验	福利机构经营策略案例分析
教师注意事项	保证设备的正常运行，组织进行分组讨论
学习资源	教学资料，视频资料

五、"课程思政"育人元素融入课程教学的途径和方法

序号	知识点	育人元素	融入途径、方式	预期效果	备注
1	社会福利的特征	社会福利也是为了保障人的尊严	社会福利中义务和权利的关联	学生具备爱心和自我认知	
2	我国老龄化现状	老龄化现状	了解社会现实，查找资料	掌握当前国情动态	
3	国内外社会福利机构发展	了解自身发展的劣势，但同时也看到发展的前景	查找资料，掌握发展情况	比较发展差距，激发民族产业发展动力	
4	社会福利机构的申办	相关政策法规（法治）	学习政策法规	掌握法律法规，明白照章办事是最便捷的	
5	社会福利机构资金的筹集	资金要花在"刀刃"上	明白"人民满意"的口号不仅仅是嘴上说说	了解资金来源，明白资金的使用原则	
6	福利机构的人力资源管理	工作绩效	日常工作中的绩效	了解工作绩效的重要性	
7	社会福利机构的规范化运营	按照标准建设规范化机构	标准的来源与制定	建立起严格的评估与评审机制	

续表

8	社会福利机构的服务流程	合理资源利用、提升服务质量	不浪费资源，提升工作效率	在机构的任何工作上都做到不浪费资源，提升工作效率	
9	社会福利机构突发事件应对	加强日常管理，以人为本	强化管理，加强日常监管	强化责任心，提高安全意识	
10	社会福利机构管理艺术	爱岗敬业、忠诚专业	以人为本，全心全意为人民服务	强化职业意识，尽心尽职做好工作	

六、课程评价方法

（一）能力测试的方法与手段

续表

序号	能力单元名称	测试的方法与手段			
		鉴定要求	采用方法	鉴定人	鉴定地点
1	福利机构认知	要求学生分组探访一家福利机构，并写出机构探访报告 考核标准： 1. 语言流利，数据真实，字数达到基本要求 2. 有一定观察力，有自己的想法和体会	探访报告	授课教师	多媒体教室
2	福利机构规划建设	要求学生提交作为一个福利机构领导所具备的特质及机构发展的简单规划（5 等级制） 注：专任职教师在学生提交报告前必须教授报告的撰写方法及格式 考核标准： 1. 规划设计完整、问题合理 2. 数据统计方法准确，误差小 3. 分析报告格式正确，条理清晰，有数据和图表作为支撑 4. 小组成员分工合理，小组长领导力较强	报告书	授课教师	多媒体教室
3	福利机构业务管理	根据探访机构存在的问题对人员配置或其他问题进行管理，并由老师对处理办法给出评价	口试	授课教师	多媒体教室
4	福利机构管理方法	要求学生能合理策划一个项目，通过作业的形式进行考核，专任职教师通过 A、B、C 三个等级对作业进行评分 测试标准： 1. 项目的策划合理，符合福利机构特色和定位 2. 能掌握在不同环境下对项目的调整	作业	授课教师	多媒体教室

（二）课程成绩评价办法

在考核基础知识和基本理论的同时，注重学生对知识的积累和实际应用能力的提高。鉴于该课程的特点，以及对社会福利行业人才培养的应用性要求，对同学们的职业道德、了解行业动态、管理与应用等方面的要求更高，为此特申请将该门课程改革为重点考查学生的职业素养和综合运用能力的鉴定方法，主要体现在日常性考核（占总成绩的 30%）+ 总结性考核（占总成绩的 70%）。日常考核为学生的平时成绩，其中：出勤、上课态度、仪表仪态等占 10%，口头语言表达能力、分析问题与解决问题的能力、平时作业等占 20%。

七、教学资源配置

（一）教材、参考书目、育人案例主要来源

（1）主要教材：《社会福利机构经营与管理》
（2）参考资料及育人案例来源：
杨宝祥.社会福利机构管理培训教材［M］.北京：中国社会出版社，2015.
上海市儿童福利院.儿童福利机构发展指南［M］.上海：学林出版社，2021.
龙玉其.民办非营利性养老机构发展研究［M］.北京：经济出版社，2018.

（二）信息化教学资源

在线开放教学平台、微课资源等。

（三）主要设备与设施

校内实训室。
校外实习机构：重庆市第一福利院，重庆市儿童福利院等。
包括校内、校外实践基地的设备和设施（含教具）及完成的实践项目。

（四）主讲教师

专任：陈玉婷，副教授，教学经历 15 年，重庆城市管理职业学院。
兼职：杨艳萍，主任，从事机构管理 9 年，重庆仁爱养老服务中心。

八、其他说明

（一）产教融合，行业／企业参与课程开发情况

杨艳萍：主任、从事机构管理 9 年、重庆仁爱养老服务中心

（二）教学组织的特点（建议）

本课程教学采用项目教学、案例教学、现场教学、角色扮演、任务训练及岗位实践等形式，突出学生岗位能力和职业素质的培养。任务设计遵循学生认知规律，案例真实有代表性。

案例或情景导入调动学生参与互动、主动学习的积极性。教学活动设计应围绕仪器操作技术能力培养，责任意识和安全意识融入全课程的学习任务。体现教学过程与工作过程对接、教学内容与岗位能力标准要求对接，避免以知识传授为主要特征的传

统教学模式,"教、学、做"一体化,采用任务训练、体验式学习、情景教学、岗位学习等教学模式。

在机构工作岗位,开展现场教学、体验式学习、师带徒等形式完成本课程核心技术能力的训练和培养目标。

高等职业教育专科
"民政秘书实务"课程标准

一、课程基本信息

课程编码	01060066	课程类型 （理论或实践或理实一体）	理实一体	适用专业	民政服务与管理专业
学分	2	总学时	38	实践学时	14
先修课程	民政工作、民政礼仪训练、民政沟通实务				
后续课程	社区管理、社会救助实务、民政综合事务管理				
执笔人	黄婷婷			批准人	

二、课程定位

本课程是民政服务与管理专业的专业课程，也是重要的实践课程，同时也是国家秘书职业资格考试的重要内容。针对高职民政工作学生的理论学习实际开设。以设置情景、任务驱动为主要模式，通过各项目的实践训练，使学生在模拟的工作环境中了解并体会民政秘书工作，掌握工作的基本方法，培养民政行业秘书的职业素质，积累工作经验。既密切联系了民政行业秘书岗位群的实际，又突出了文秘工作的实践性环节。通过学习本课程，达到使学生掌握民政秘书工作的一般规律，培养学生形成民政秘书工作的综合能力和训练学生掌握民政秘书工作的操作技能，形成民政行业秘书的职业素质。特点是知识性、规范性、程序性、操作性。

本课程作为学生职业核心能力培养的主要课程之一，通过理论教学与专业实际技能的操练，使学生能够了解民政秘书工作的基本要领、原则和方法，使学生掌握民政秘书工作基本技能，基本具备四级秘书职业技能，为从事民政秘书工作提供全面的业务知识储备和实际操作技能准备，以使学生能很好地适应岗位要求，有效、迅速、准确地开展工作。

三、课程目标

1. 社会主义核心价值观目标

（1）树立富强、民主、文明、和谐的价值目标；

（2）树立自由、平等、公正、法治的价值取向；

（3）树立爱国、敬业、诚信、友善的价值准则。

2. 情感态度目标

（1）具备民族团结、社会责任情感等；

（2）具备社会主义公民道德、社会公德和家庭美德意识等；

（3）具备求实的科学态度、积极的生活态度等。

3. 职业素养目标

（1）具备秘书的职业道德，包括爱岗敬业、诚实守信、遵守相关法律法规等；

（2）具备团队协作精神；

（3）具备总揽全局的思维；

（4）具备开拓创新精神；

（5）具备文字、口头表达与交流技巧；

（6）具备较强的协调能力；

（7）具备正确的职业价值观，要求学生忠于职守，克己奉公，服务人民，服务社会，充分体现社会主义职业精神。养成爱国、诚信、敬业、和谐等优秀品质。

四、知识目标

（1）掌握从事秘书工作的内容特点；

（2）掌握秘书工作原则、工作要求等基本知识；

（3）掌握秘书工作中的文字和信息工作；

（4）掌握秘书的参谋技能；

（5）掌握与服务对象、员工和上级沟通的知识；

（6）掌握基本的计算机操作知识；

（7）具备应用现代化管理手段所必备的基本理论及基本知识。

五、技能目标

（1）较强的计划、组织、协调、领导和控制能力；

（2）较强的语言表达能力和交流沟通能力；

（3）较强的文字处理能力；

（4）较强的综合分析、判断和决策能力；

（5）熟练运用办公自动化的能力。

六、课程主要内容

（一）能力单元与学时分配

序号	能力单元名称	讲授（学时）	实操（学时）	专家讲座（学时）	参观（学时）	讨论（学时）	其他（学时）
1	总论与秘书学导论及秘书机构设置	3					
2	秘书工作性质和工作内容	3					
3	秘书工作方法	4					
4	秘书参谋作用与人际关系	2	2				
5	民政秘书文字工作	2	2				
6	民政秘书文书和信息工作	2	2				
7	民政秘书会议工作	2	2				
8	民政秘书调研工作	2	2				
9	民政秘书的接待工作和信访工作	2	2				
10	民政秘书保密工作	2	2				
合计		24	14				

（二）教学任务描述

能力单元一：总论与秘书学导论及秘书机构设置	
教学目的描述	理解秘书的基本含义；了解不同层次秘书的异同；了解不同类型的秘书机构
教学重点与难点	秘书部门的功能与职能及二者的区别和联系
教学时数	3
教学方法与手段	多媒体课件讲解＋板书＋课堂练习
任务 1–1：了解秘书学概念描述	
相关知识点	秘书学概念
相关实操技能	无
相关实验	无
教师注意事项	注意课堂时间的把握
学习资源	教材、课件、网络信息资源
任务 1–2：了解秘书机构设置	
相关知识点	秘书机构设置
相关实操技能	无
相关实验	无
教师注意事项	注意课堂时间的把握
学习资源	教材、课件、网络信息资源

能力单元二：秘书工作性质和工作内容	
教学目的描述	使学生了解秘书工作性质和工作内容
教学重点与难点	通过对秘书工作性质的理解，把握秘书工作中必须遵循的基本原则
教学时数	3
教学方法与手段	多媒体课件讲解＋板书＋课堂练习
任务 2-1：了解秘书学者的认识	
相关知识点	秘书学者对秘书工作性质和工作内容的概括
相关实操技能	无
相关实验	无
教师注意事项	注意课堂时间的把握
学习资源	教材、课件、网络信息资源
任务 2-2：了解秘书工作内容	
相关知识点	秘书的工作内容组成
相关实操技能	无
相关实验	无
教师注意事项	注意课堂时间的把握
学习资源	教材、课件、网络信息资源

能力单元三：秘书工作方法	
教学目的描述	使学生掌握基本的秘书工作方法
教学重点与难点	秘书工作方法与组织管理、与领导工作、与社会实践的适应性
教学时数	4
教学方法与手段	多媒体课件讲解＋板书＋课堂练习
任务 3-1：了解秘书工作方法与管理实践	
相关知识点	秘书工作方法
相关实操技能	无
相关实验	无
教师注意事项	注意课堂时间的把握
学习资源	教材、课件
任务 3-2：了解秘书专项业务工作方法	
相关知识点	秘书专项业务工作方法
相关实操技能	无
相关实验	无
教师注意事项	注意课堂时间的把握
学习资源	教材、课件、网络信息资源

能力单元四：秘书参谋作用与人际关系	
教学目的描述	掌握秘书参谋作用与人际关系，树立正确的价值观。秘书要在坚定执行领导决策、决定的前提下，把强烈的社会责任感和事业心转化成为积极的参与意识，为领导出主意，想办法，当好幕僚和参谋，为领导活动提供最佳的服务。同时需要处理好上下级关系，沟通联络平衡左右关系，协调领导、部门之间的关系，接待受理群众来信来访，应付处理各种突发的紧急事件
教学重点与难点	秘书参谋的途径与方法、秘书人际关系注意事项
教学时数	4
教学方法与手段	多媒体课件讲解 + 实操技能训练
任务 4-1：了解秘书参谋作用	
相关知识点	秘书参谋的途径与方法
相关实操技能	在认识和发挥秘书参谋作用的问题上，主要存在哪两种误区？各错在哪里？你认为应当怎样正确认识和发挥呢？培养学生的主体意识和大局观
相关实验	无
教师注意事项	注意课堂时间的把握
学习资源	教材、课件、网络信息资源
任务 4-2：了解秘书如何处理好各方人际关系	
相关知识点	秘书人际关系的处理
相关实操技能	试举实例（模拟）来阐释比较参谋法和诊断参谋法
相关实验	无
教师注意事项	注意课堂时间的把握
学习资源	教材、课件、网络信息资源

能力单元五：民政秘书文字工作	
教学目的描述	掌握民政秘书的文字工作
教学重点与难点	文字记录、文稿撰拟、文稿审核的规范和方法
教学时数	4
教学方法与手段	多媒体课件讲解 + 实操技能训练
任务 5-1：掌握秘书文字工作的含义、内容和要求	
相关知识点	秘书文字工作的含义、内容和要求
相关实操技能	找出公文中的错误地方
相关实验	无
教师注意事项	引导学生熟悉公文的正确写作方式
学习资源	教材、课件、网络信息资源
任务 5-2：掌握秘书文字记录、文稿撰拟、文稿审核的规范和方法	
相关知识点	文字记录、文稿撰拟、文稿审核的规范和方法
相关实操技能	文稿的写作

相关实验	无
教师注意事项	注意课堂时间的把握
学习资源	教材、课件、网络信息资源

能力单元六：民政秘书文书和信息工作	
教学目的描述	掌握文书工作和信息工作的基本方法。秘书的文书和信息工作具有很强的政策性，要求秘书必须时刻牢记和践行社会主义核心价值观，在工作中树立强烈的责任意识，培养强烈的政治责任感和社会责任感，用模范的工作去推动事业发展
教学重点与难点	掌握文书工作和信息工作的基本方法
教学时数	4
教学方法与手段	多媒体课件讲解＋实操技能训练
任务 6-1：掌握民政秘书的文书工作	
相关知识点	掌握发文处理和收文处理
相关实操技能	模拟发文和收文处理流程
相关实验	无
教师注意事项	注意课堂时间的把握
学习资源	教材、课件、网络信息资源
任务 6-2：掌握民政秘书信息工作	
相关知识点	秘书信息工作的含义、特点；秘书部门和秘书人员获取、加工、提供和存储信息的要领和方法；高层次信息开发
相关实操技能	根据案例给出信息获取加工的方法
相关实验	无
教师注意事项	注意课堂时间的把握
学习资源	教材、课件、网络信息资源

能力单元七：民政秘书会议工作	
教学目的描述	掌握民政秘书会议工作的技能
教学重点与难点	大中型会议秘书会议工作的程序和方法
教学时数	4
教学方法与手段	多媒体课件讲解＋实操技能训练
任务 7-1：了解会议的类型和功能	
相关知识点	会议的类型和功能
相关实操技能	进行会议记录
相关实验	无
教师注意事项	注意课堂时间的把握
学习资源	教材、课件、网络信息资源

续表

任务 7-2：掌握会议的任务以及办会的程序方法	
相关知识点	秘书办会的程序方法
相关实操技能	学生分小组现场模拟小型会议的工作流程
相关实验	无
教师注意事项	注意课堂时间的把握
学习资源	教材、课件、网络信息资源

能力单元八：民政秘书调研工作	
教学目的描述	掌握调研工作的内容、程序和方法
教学重点与难点	秘书进行调查研究的内容、程序和要求
教学时数	4
教学方法与手段	多媒体课件讲解 + 实操技能训练
任务 8-1：掌握调查研究的含义和秘书调研工作的特点	
相关知识点	调查研究的含义及工作特点
相关实操技能	无
相关实验	无
教师注意事项	注意课堂时间的把握
学习资源	教材、课件、网络信息资源
任务 8-2：掌握调查研究的内容、程序、要求和方法	
相关知识点	调查研究的内容、程序、要求和方法
相关实操技能	课后模拟训练
相关实验	无
教师注意事项	注意课堂时间的把握
学习资源	教材、课件、网络信息资源

能力单元九：民政秘书的接待工作和信访工作	
教学目的描述	掌握接待工作和信访工作的特点及工作方法
教学重点与难点	接待工作和信访工作的方法
教学时数	4
教学方法与手段	多媒体课件讲解 + 实操技能训练
任务 9-1：掌握接待工作的方法	
相关知识点	接待工作的含义、特点和方法
相关实操技能	根据情境写出接待方案
相关实验	无
教师注意事项	注意课堂时间的把握
学习资源	教材、课件、网络信息资源

续表

任务 9-2：掌握信访工作的方法	
相关知识点	信访工作的含义、特点和方法
相关实操技能	情景模拟
相关实验	无
教师注意事项	注意课堂时间的把握
学习资源	教材、课件

能力单元十：民政秘书保密工作	
教学目的描述	了解保密工作的方针及对秘书保密工作的要求
教学重点与难点	秘书保密工作的重点和内容
教学时数	4
教学方法与手段	多媒体课件讲解＋实操技能训练
任务 10-1：了解保密工作的方针及对秘书保密工作的要求	
相关知识点	保密工作的方针及对秘书保密工作的要求
相关实操技能	无
相关实验	无
教师注意事项	注意课堂时间的把握
学习资源	教材、课件、网络信息资源
任务 10-2：了解秘书保密工作的重点和内容	
相关知识点	秘书保密工作的重点和内容
相关实操技能	模拟档案保密工作
相关实验	无
教师注意事项	注意课堂时间的把握
学习资源	教材、课件、网络信息资源

七、"课程思政"育人元素融入课程教学的途径和方法

序号	融入知识点	育人元素	融入途径	融入方式	预期效果	备注
1	社会和谐论	社会主义核心价值观、责任意识	社会主义核心价值相关视频观看和案例分析	学生分组讨论加老师分析	学生掌握秘书文书撰写的基本方法；要求学生必须时刻牢记和践行社会主义核心价值观；工作中树立强烈的责任意识，培养强烈的政治责任感和社会责任感	
2	秘书机构的发展历史实践	历史传承、文化传承	弘扬优秀的中国文化	案例讲授、资料查找	更好地弘扬优秀的中国文化	

序号	融入知识点	育人元素	融入途径	融入方式	预期效果	备注
3	秘书办事办文办会过程的控制	持续学习，锤炼品德，坚持职业理想	完善自身知识能力修养	讲授理论知识和分析案例	更好地为领导做好服务工作，实现自身价值	
4	企业机构相关政策法规	学法、懂法、用法	教育学生学法懂法用法，认真工作、做好本职工作的同时保护服务对象和自己	案例讲授、资料查找	学法懂法用法的同时更坚定本职工作的完成	
5	掌握民政秘书文书和信息工作	责任意识、社会责任感	组织学生开展现场情景模拟和病文修改	小组互评	要求学生必须时刻牢记和践行社会主义核心价值观；工作中树立强烈的责任意识，培养强烈的政治责任感和社会责任感	

八、学习者能力测试方法

（一）能力测试的方法与手段

序号	能力单元名称	测试的方法与手段			
		鉴定要求	采用方法	鉴定人	鉴定地点
1	总论与秘书学导论及秘书机构设置	了解秘书概念及秘书机构设置	提问法	黄婷婷	教室
2	秘书工作性质和工作内容	了解秘书工作性质和工作内容	提问法	黄婷婷	教室
3	秘书工作方法	了解秘书工作方法	学生分组撰写报告	黄婷婷	教室
4	秘书参谋作用与人际关系	掌握秘书参谋作用与人际关系	实操演练	黄婷婷	教室
5	民政秘书文字工作	掌握秘书文字工作	安排每个学生撰写公文	黄婷婷	教室
6	民政秘书文书和信息工作	掌握秘书文书和信息工作	实操演练	黄婷婷	教室
7	民政秘书会议工作	掌握秘书会议工作	情景表演	黄婷婷	教室
8	民政秘书调研工作	掌握秘书调研工作	撰写调研报告	黄婷婷	教室
9	民政秘书接待工作和信访工作	掌握秘书接待工作和信访工作	情景表演	黄婷婷	教室
10	民政秘书保密工作	掌握秘书保密工作	分组讨论并撰写报告	黄婷婷	教室

（二）课程成绩评价办法

本课程采取平时成绩（由课堂出勤、书面作业和课堂表现组成）和期末试卷考试综合评定的方法得出课程成绩：课程成绩 = 课堂出勤 5%+ 书面作业 15%+ 实操演练

20%+ 期末试卷考试 60%。

九、教学资源配置

（一）教材、参考书目、育人案例主要来源

张东 . 现代商务秘书实务［M］. 长春：吉林大学出版社，2017.
罗春娜，张智 . 秘书实务［M］. 北京：清华大学出版社，2010.
王育，李巍铭 . 秘书实务（3 版）［M］. 北京：高等教育出版社，2014.

（二）电子教案与教学课件

在现有教材基础上，结合工作过程系统化课程建设思想和民政工作业务中实际需要，同时结合我校承担民政行业职业资格培训的经验，集中民政管理教研室全体骨干教师的力量，统一备课，集体制作了"民政秘书实务"电子教案与"民政秘书实务"教学课件，供任课教师使用。

（三）课后习题与学习资源

为了巩固与提升教学质量，为每一个典型工作任务精心编制了课后习题，以帮助学生巩固与实操相关的知识点。同时还为每一个典型工作任务挑选了学习资源材料，以引导学生进行更深入的学习。

（四）实践实训项目

本着强化学生的职业技能，锻炼其职业思维能力和实际动手能力，在教学内容组织中安排了模拟民政秘书工作环境操作、民政行业实地参观等一系列实践实训项目。

（五）本课程信息化教学资源："重庆市高校在线课程开放平台"等在线开放教学平台

详见重庆城市管理职业学院课程学习中心，重庆市高校在线课程开放平台中的微课资源。

十、其他说明

（一）深入产教融合，企业行业全程为本课程的教学提供素材和专家咨询

本课程在备课和授课过程中融入由企业行业提供的一线案例，授课教师与行业专家共同设计课程教学内容。

（二）教学组织的特点

本课程教学安排在可以满足小组实训的民政服务与管理专业实训室，极大地提高了学生实践模拟的效果。

高等职业教育专科
"社会救助实务"课程标准

一、课程基本信息

课程编码	01060032	课程类型 （理论或实践或理实一体）	理实一体	适用专业	民政服务与管理专业、社会工作、公共管理与公共服务
学分	3.5	总学时	64	实践学时	28
先修课程	民政政策与法规				
后续课程	民政工作				
执笔人	黄静			批准人	

二、课程定位

本课程是民政服务与管理专业的专业核心课程之一，课程开设的目的是为社会培养社会管理与服务类一线管理人才，其核心是培养学生具有"民政爱民、民政为民"专业工作精神和实施社会救助的实际操作能力。让学生树立起"以人为本""爱心助人"的基本思想，具备关心、尊重社会特殊困难群体，一心一意为社会特殊困难群体服务的良好的职业道德。通过课程学习，使学生具备职业岗位、基层社会管理所必需的社会保障、社会救助的基本知识、基本方法、基本技能，具备社会救助各项实务的操作能力。支撑学生形成"爱心、责任、服务、奉献"的职业素养，引导学生培育和践行社会主义核心价值观。

三、课程目标

（一）社会主义核心价值观目标

（1）树立富强、民主、文明、和谐的价值目标；

（2）树立自由、平等、公正、法治的价值取向；

（3）树立爱国、敬业、诚信、友善的价值准则。

（二）情感态度目标

（1）具备民族团结、社会责任情感等；

（2）具备社会主义公民道德、社会公德和家庭美德意识等；

（3）具备求实的科学态度、积极的生活态度等；

（4）具备关心、尊重社会特殊困难群体，一心一意为社会特殊困难群体服务的良好的职业道德。

（三）职业素养目标

（1）树立正确积极的职业观，具备爱岗敬业、诚实守信、遵纪守法的职业道德；

（2）具备怜贫惜弱、以人为本的职业精神；

（3）具备自律奉献、乐于服务的意识；

（4）具备团队合作精神及创新意识；

（5）具备敬业、精益、专注、创新的工匠精神。

（四）知识目标

（1）掌握社会救助概念特点、对象、内容、原则、地位和作用；

（2）掌握社会救助对象的确定、标准的测算和救助实施操作程序；

（3）掌握救助的主要内容与范围、资金的筹集与管理方法及救助的操作程序；

（4）掌握特殊困难群体医疗救助、教育救助、住房救助、失业救助的方式方法；

（5）熟练掌握各项救助工作的组织、实施与管理。

（五）技能目标

（1）能熟悉各类社会救助工作相关政策法规；

（2）能正确识别各类社会救助对象；

（3）能为救助对象提供合理的救助内容；

（4）能识读填写工作报表；

（5）能正确操作各类社会救助工作信息系统；

（6）能组织管理各类社会救助活动。

四、课程主要内容

（一）能力单元与学时分配

序号	能力单元名称	讲授（学时）	实操（学时）	专家讲座（学时）	参观（学时）	讨论（学时）	其他（学时）
1	社会救助概述	8	2		2	4	
2	社会救助体系与社会救助管理	4	2			2	
3	基本生活救助	16	4		4	4	
4	专项救助	8	2			2	
合计		36	10		6	12	

（二）教学内容描述

能力单元一：社会救助概述	
教学目的	社会救助历史演变、社会救助基本知识
教学重点与难点	重点：社会救助的起源与发展变化 难点：社会救助的特征与作用
教学时数	16
教学方法与手段	多媒体教学、案例分析、讲授、分组讨论等
育人案例引用	社会救助的作用
考核方式	小组讨论
任务1-1：社会救助历史沿革	
相关知识点	社会救助产生根源；中国古代社会救助思想、内容、特点；西方国家济贫制度的产生；工业化以前社会救济的特点；社会救助的历史演变过程
相关技能	社会救助基本认知能力
相关实训	分组进行有关中国古代社会救助手段的讨论
注意事项	引导学生学习本课程的兴趣，了解社会救助的基本发展历程
学习资源	民政部网站、新华网、人民网、各级政府民政部门的网站以及社会救助相关法规等
任务1-2：社会救助基本知识	
相关知识点	社会救助的定义、社会救助的特点；社会救助的对象、主要内容、项目、模式；社会救助的地位、作用
相关技能	社会救助认知能力
相关实训	参观、视频观摩、讨论
注意事项	在讲解时注意区分广义和狭义的社会救助
学习资源	民政部网站、新华网、人民网、各级政府民政部门的网站以及社会救助相关法规等

续表

任务1-3：社会救助与反贫困	
相关知识点	贫困的含义与分类；贫困线及贫困线的测定方法；中国的城市贫困和农村贫困，中国反贫困战略的选择
相关技能	能识别不同的贫困
相关实训	恩格尔系数计算
注意事项	启发学生思考，引导学生测量自己的恩格尔系数
学习资源	教辅资料、行业资讯、网络资源

能力单元二：社会救助体系与社会救助管理	
教学目的	掌握我国当前社会救助体系内容构成，了解基本社会救助管理工作
教学重点与难点	重点：当前中国社会救助体系内容 难点：社会救助管理的内容与手段
教学时数	8
教学方法与手段	讲授、小组实训、作业展示、点评、总结
育人案例引用	
考核方式	课堂提问
任务2-1：社会救助体系建设	
相关知识点	社会救助体系的概念、意义、我国传统城乡社会救助制度的构成及其缺陷、建立城乡社会救助体系的指导思想和基本原则、城乡社会救助体系建设的要求和内容
相关技能	社会救助管理能力
相关实训	视频观摩、讨论
注意事项	注意中国传统和现代社会救助体系构成的不同
学习资源	民政部网站、新华网、人民网、各级政府民政部门的网站以及社会救助相关法规等
任务2-2：社会救助管理	
相关知识点	社会救助管理的内容与手段、社会救助基金的构成与使用
相关技能	社会救助管理能力
相关实训	视频观摩、讨论
注意事项	注意掌握社会救助基金的使用原则
学习资源	民政部网站、新华网、人民网、各级政府民政部门的网站以及社会救助相关法规等

能力单元三：基本生活救助	
教学目的	各项生活救助制度的内容、对象、标准、程序
教学重点与难点	重点：最低生活保障制度 难点：救助程序
教学时数	28
教学方法与手段	多媒体教学、案例分析、讲授、分组讨论等

育人案例引用	低保办理视频，流浪乞讨人员救助视频
考核方式	课堂提问、个人作业、小组讨论
任务3-1：最低生活保障	
相关知识点	最低生活保障制度的含义；低保制度产生的背景和发展历程；最低生活保障制度的救助对象、待遇和标准；最低生活保障制度的资金；最低生活保障制度的申请与审批程序；最低生活保障制度对象的管理；最低生活保障制度的城乡统筹
相关技能	组织与实施最低生活保障的能力
相关实训	家庭经济情况调查实训
注意事项	启发学生思考，鼓励学生学、做、练，培养学生人文关怀素养
学习资源	教学视频，实训场地、案例
任务3-2：特困人员供养	
相关知识点	特困人员供养的工作的含义、特困供养工作的建设历程；特困人员供养的内容、供养对象的条件；申请供养待遇的审批程序；供养的形式、特困供养的标准及资金渠道；供养服务机构的管理与建设
相关技能	组织与实施特困供养的能力
相关实训	以班或组为单位，深入乡镇敬老院等供养机构，聘请机构管理人员介绍其机构设置、资金筹集、内部管理服务等相关内容
注意事项	注意引导学生熟悉特困供养的形式
学习资源	民政部网站、新华网、人民网、各级政府民政部门的网站以及社会救助相关法规等
任务3-3：灾害救助	
相关知识点	自然灾害的成因及特点、我国自然灾害救助的管理体制；灾害救助的目标、内容；灾害救助的工作规程，灾害管理相关工作内容；救灾款的使用范围
相关技能	报灾能力、实施灾害救助能力
相关实训	视频观摩、讨论
注意事项	注意讲解目前我国的救灾模式
学习资源	民政部网站、其他网络资源
任务3-4：临时救助	
相关知识点	临时救助的含义、对象、内容；现行流浪乞讨人员生活救助制度产生的背景和发展历程；流浪乞讨人员生活救助制度的救助对象、待遇和标准；流浪乞讨人员入站和离站的程序；机构设置与经费来源；对救助工作的监督管理；流浪未成年人救助保护
相关技能	识别救助对象
相关实训	通过角色扮演，模仿，完成对各类流浪乞讨人员的询问、告知、登记、救助等程序，了解救助的全过程
注意事项	注意引导学生理解救助条件
学习资源	民政部网站、其他网络资源

能力单元四：专项救助	
教学目的	认识目前各项专项救助工作，熟悉相关内容，了解相应法规政策
教学重点与难点	重点：专项救助的对象范围 难点：专项救助的程序
教学时数	12
教学方法与手段	知识讲授、实操示范、操作练习、小组讨论、操作展示、点评、总结
育人案例引用	视频：教育扶贫在行动
考核方式	课堂提问、个人作业、小组讨论
任务 4-1：医疗救助	
相关知识点	医疗救助的含义与功能、医疗救助的对象范围、医疗救助的内容和标准、城市医疗救助的程序、农村医疗救助的程序
相关技能	医疗社会救助的基本原则与程序
相关实训	视频观摩、讨论
注意事项	教师进行现场指导
学习资源	我国有关医疗社会救助的法律法规
任务 4-2：教育救助	
相关知识点	教育救助的含义和基本理论；教育救助的发展历程；外国的教育救助的经验；我国教育救助的相关政策和方式；教育救助的程序
相关技能	教育社会救助的基本原则与程序
相关实训	视频观摩、讨论
注意事项	教师进行现场指导
学习资源	我国有关教育救助社会救助的法律法规
任务 4-3：住房救助	
相关知识点	住房救助的含义、我国住房救助制度的发展历程、住房救助的对象、住房救助的方式、住房救助的实施
相关技能	住房社会救助的基本原则与程序
相关实训	视频观摩、讨论
注意事项	教师进行现场指导
学习资源	我国有关住房社会救助的法律法规
任务 4-4：就业救助	
相关知识点	就业救助的含义、就业救助对象的特点、就业救助的方式、就业救助的内容、就业救助的程序
相关技能	就业救助的基本原则与程序
相关实训	视频观摩、讨论
注意事项	教师进行现场指导
学习资源	我国有关就业救助的法律法规

五、"课程思政"育人元素融入课程教学的途径和方法

序号	知识点	育人元素	融入途径、方式	预期效果	备注
1	社会救助的作用	社会主义核心价值观	新闻导读、视频观摩	让学生认识社会救助在构建社会主义和谐社会中的重要性，并树立正确的社会主义核心价值观	
2	最低生活保障制度	爱心助人的职业道德	情景模拟、案例导入	让学生思考如何对困难群众提供基本生活保障，维护困境群体的基本权益	
3	流浪乞讨人员生活救助	爱岗敬业的职业精神	参观救助管理站、参与志愿服务	让学生充分了解和理解社会特殊群体，懂得关爱和尊重社会特殊群体	
4	社会救助与反贫困	社会责任情感	新闻导读、视频观摩	让学生了解我国政府目前进行的扶贫工作，引导培育学生践行社会主义核心价值观	

六、课程评价方法

（一）课程测试目的与要求

通过平时的课堂提问、作业检查和期末的考试，督促学生在学习过程中全面掌握社会救助实务的相关理论知识、方法技能，使学生学以致用。

（二）测试形式

平时考核以课堂提问和作业形式进行，期末考核以闭卷考试为基本形式。

（三）测试分值分布

平时成绩：平时成绩共100分，占总成绩的30%，即30分。分为课堂提问、课堂纪律和平时作业三部分。

闭卷考试：总分100分，占总成绩的70%，即70分。题型主要有名词解释、单项选择题、多项选择题、简答题、案例分析题等五大部分组成。

七、教学资源配置

（一）教材、参考资料、育人案例主要来源

本课程使用教材为《社会救助实务》，黄静主编，西南交通大学出版社，2018年版。本教材的编写，基于本专业职业岗位（群）技术发展和职业岗位能力相关要求，结合1+X社区治理职业技能等级证书标准，竞赛标准及岗位的典型工作任务要求组织教学内容。教材内容与"课程思政"元素自然融入，将安全责任意识，职业操作规范贯穿始终。突出"技术核心、能力本位"的职业教育思想，遵循学生认知规律，社会救

助管理与服务基本工作任务为主线，按行业基本操作规范及流程，对接工作过程典型工作任务，设计体现基于工作的学习任务，使教学内容与工作内容紧密结合，引入真实工作案例、情景、用物用品，通过典型案例效果对比等，配合图片、视频，教材呈现形式立体丰富。适合职业院校线上线下教学、学生在线学习、自主学习的学习形式。

参考资料：相关政策法规文件、民政部网站、各级政府民政部门网站、新华网、人民网、其他网络资源和相关资料。

育人案例主要来源：民政行业真实案例、社会新闻、典型人物等。

（二）数字化资源开发与利用

集中学习利用案例、图片、视频、教学课件、微课等教学资源，岗位实践可利用校企共同开发的学习软件，在手机移动端进行在线学习、答疑、知识考核评价等。

（三）企业岗位培养资源的开发与利用

可承担社会救助管理机构培训任务，可根据教学需要录制操作视频、校企共同编写教材。

（四）主讲教师

师资团队由具有深厚职业教育经验，以及具备民政行业基层岗位相关工作经验且熟悉本课程教学内容的教师组成，师资数量能满足教学要求。实训场地设备先进、设施齐全，可满足实训操作练习和项目训练要求。

高等职业教育专科
"社区管理"课程标准

一、课程基本信息

课程编码	01060040	课程类型 （理论或实践或理实一体）	理实一体	适用专业	民政服务与管理
学分	3.5	总学时	64	实践学时	30
先修课程	福利机构经营与管理				
后续课程	社会救助实务、老年社会工作、民政管理				
执笔人	胡耀友			批准人	

二、课程定位

本课程是民政管理专业的专业核心课程，也是重要的实践课程。针对高职民政工作学生的理论学习实际开设。以设置情景、任务驱动为主要模式，通过各项目的实践训练，使学生在模拟的工作环境中了解并体会社区管理工作，掌握工作的基本方法，培养社区管理人员的职业素质，积累工作经验。既密切联系了民政行业岗位群的实际，又突出了社区管理工作的实践性环节。通过学习本课程，达到使学生掌握社区管理工作的一般规律，培养学生形成社区管理工作的综合能力和训练学生掌握社区管理工作的操作技能，形成社区管理人员的职业素质。

本课程作为学生职业核心能力培养的主要课程之一，通过理论教学与专业实际技能的操练，使学生能够了解社区管理工作的基本要领、原则和方法，使学生掌握社区管理工作基本技能，为从事社区管理工作提供全面的业务知识储备和实际操作技能准备，以使学生能很好适应岗位要求，有效、迅速、准确地开展工作。

三、课程目标

（一）社会主义核心价值观目标

（1）树立富强、民主、文明、和谐的价值目标；

（2）树立自由、平等、公正、法治的价值取向；

（3）树立爱国、敬业、诚信、友善的价值准则。

（二）情感态度目标

（1）具备民族团结、社会责任情感；

（2）具备社会主义公民道德、社会公德和家庭美德意识；

（3）具备求真务实的学习工作态度、积极乐观的生活态度。

（三）职业素养目标

（1）树立正确积极的职业观，具备爱岗敬业、诚实守信、遵纪守法的职业道德；

（2）具备自律奉献、乐于服务的意识；

（3）具备团队合作精神及创新意识；

（4）具备责任担当、包容大爱的职业素养。

（四）知识目标

（1）掌握社区管理的概念以及遵循原则，对当前中国的社区工作有一个总体认识；

（2）掌握我国现有的社区管理模式的特点，对我国社区管理体制的未来发展趋势有一个全面的了解；

（3）掌握社区管理组织内涵及功能，懂得如何加强社区组织建设；

（4）掌握社区管理者一般素质要求，了解社区管理者培训的目的、种类和内容以及社区组织的人员配备过程；

（5）掌握社区管理方法的类型、步骤、技巧；

（6）掌握社区环境的概念及构成，了解社区环境污染的种类及危害；

（7）掌握社区服务的管理与实施要领；

（8）掌握社区治安管理的途径。

（五）技能目标

（1）能够掌握社区管理事务处理的流程，掌握社区管理事务处理工作的基本要求；

（2）能迅速拟定社区管理制度的主要条款，能排除相关制度中的不合理条款，会运用相关法律法规分析条款，会修改操作社区材料；

（3）能准确制作符合基层组织选举要求的选举材料，能准确制作符合选举要求的选民证（代表证）；

（4）能制作详尽可行的文化活动策划书；掌握文化活动的范畴和内容，掌握文化活动组织流程；

（5）能初步判断主要传染病症状、分清主要防疫药品、准确制作免疫情况报告单，掌握免疫情况登记、普查的业务流程，掌握免疫情况的依据、内容和规定，掌握免疫的范围和主要药品名称；

（6）能准确设置治安岗亭和采取相关治安措施，熟悉治安工作安排的业务流程，辨识治安工作的盲点和死角，并能够采取相关措施；

（7）能准确编制社区服务内容和项目，能准确制作符合法律法规要求和社区服务规范的社区服务计划书。

四、课程主要内容

（一）能力单元与学时分配

序号	能力单元名称	讲授（学时）	实操（学时）	专家讲座（学时）	参观（学时）	讨论（学时）	其他（学时）
1	社区和社区管理	4	2			2	
2	社区管理体制	4	2			2	
3	社区管理组织	4	2			2	
4	社区管理者	2	2				
5	社区环境管理	4	2			2	
6	社区服务管理	2	2			2	
7	社区文化管理	4	2				
8	社区治安管理	2	2				
9	社区卫生服务与管理	2				2	
10	社区管理绩效评估	4					
11	创新社区发展与社区管理	2				2	
合计		34	16			14	

（二）教学任务描述

能力单元一：社区和社区管理	
教学目的	能对当前中国的社区工作有一个总体认识
教学重点与难点	重点：社区的概念及功能和分类 难点：社区管理应该遵循的基本原则
教学时数	8
教学方法与手段	多媒体讲授、案例讨论
育人案例引用	职场情境案例：沈阳市的社区自治探索
考核方式	小组讨论、个人展示
任务 1-1：社区	
相关知识点	社区的概念、社区的功能、社区的分类
相关技能	能够区分各个社区的特点
相关实训	讨论社区在现代社会发挥的作用
注意事项	正向引导学生对社区的认知，调动学生的热情；鼓励学生表达真实的感受
学习资源	网络资源、教辅资料
任务 1-2：社区管理	
相关知识点	社区管理基本内涵、特征
相关技能	能够掌握社区管理基本原则
相关实训	讨论社区管理为什么要遵循一定的原则
注意事项	启发学生思考，对学生的展示作出积极客观的评价
学习资源	教辅资料、行业资讯、网络资源

能力单元二：社区管理体制	
教学目的	能对我国社区管理体制的未来发展趋势有一个全面的了解
教学重点与难点	重点：我国社区管理体制的特点 难点：我国社区管理体制构建原则
教学时数	8
教学方法与手段	讲授、小组实训、作业展示、点评、总结
育人案例引用	案例：江西省首次社区直接选举
考核方式	小组讨论
任务 2-1：社区管理体制	
相关知识点	社区管理体制含义、特点、运行、构建原则、基本框架
相关技能	能够根据新形势制定新框架
相关实训	根据相关案例，讨论社区如何正常运行
注意事项	做好分组实训的组织，让每名同学都参与
学习资源	微课、教辅资料

任务 2-2：社区管理模式	
相关知识点	我国现有的社区管理模式
相关技能	分析各个模式的异同
相关实训	分小组进行讨论
注意事项	启发学生思考，注意模式的基本构成要素
学习资源	教辅资料、网络资源

能力单元三：社区管理组织	
教学目的	懂得如何加强社区组织建设
教学重点与难点	重点：社区党政组织、社区自治组织 难点：物业公司和业主委员会之间的关系
教学时数	8
教学方法与手段	知识讲授、视频案例分析、实操示范、操作练习
育人案例引用	职场情境案例：社区自治，寻求利益最大公约数
考核方式	课程平台测试
任务 3-1：社区党政组织	
相关知识点	党组织的构成、街道办事处的职能和职责
相关技能	知道如何做好社区党建工作
相关实训	分小组撰写党建工作手册
注意事项	启发学生思考，鼓励学生学、做、练，培养学生人文关怀素养
学习资源	教学视频
任务 3-2：社区自治组织	
相关知识点	自治组织含义、社区居委会的组成
相关技能	掌握社区选举材料的内容和格式，并能够熟练准确地根据候选人信息和选举要求组织选举材料，并制作代表证（选民证）
相关实训	准确制作符合基层组织选举要求的选举材料
注意事项	启发学生思考，鼓励学生学、做、练
学习资源	教学视频，课程学习平台
任务 3-3：物业公司和业主委员会	
相关知识点	物业公司的权利与义务、业委会成立的步骤
相关技能	能够熟练操作业委会成立的相关流程
相关实训	分小组进行业委会成立实操训练
注意事项	启发学生思考，注意业委会成立关键环节
学习资源	教学视频、课程学习平台

能力单元四：社区管理者	
教学目的	培养爱心、细心、责任心的职业素养，能够有效管理好社区
教学重点与难点	重点：社区管理者的素质要求 难点：如何配备社区组织的工作人员
教学时数	4
教学方法与手段	知识讲授、小组讨论、点评、总结
育人案例引用	行业新闻：《不是亲人 胜似亲人》
考核方式	完成课后练习
任务 4-1：社区管理者的素质要求	
相关知识点	社区管理者的含义、特征及具体素质要求
相关技能	能够运用所学专业技术处理社区问题
相关实训	分小组进行社区矛盾的调解
注意事项	启发学生思考，鼓励学生学、做、练，培养学生人文关怀素养
学习资源	教学视频、教辅资料、相关实训用具与设施
任务 4-2：社区管理者的教育和培训	
相关知识点	社区管理者培训的内容、人员配备原则
相关技能	能够准确挑选出优秀的社区管理者
相关实训	角色扮演
注意事项	启发学生思考，鼓励学生从多方面去考察
学习资源	教学视频、教辅资料、相关实训用具与设施

能力单元五：社区环境管理	
教学目的	通过学习让大家认识到环境保护的重要性
教学重点与难点	重点：掌握社区环境的概念及构成；掌握环境污染的种类及危害 难点：了解目前我国环境建设与管理工作存在的问题
教学时数	8
教学方法与手段	知识讲授、小组讨论、视频案例展示
育人案例引用	职场情境案例：对照标准忙复查　社区环境创建重长效
考核方式	完成学习平台上案例分析题
任务 5-1：社区环境概述及治理对策	
相关知识点	社区环境含义、分类、社区环境污染及危害
相关技能	能够制定社区环境污染对策
相关实训	分小组进行对策撰写
注意事项	启发学生从多方面思考
学习资源	教学视频、教辅资料、网络资源

续表

任务 5-2：绿色社区的构建	
相关知识点	绿色社区的概念、功能、构建要素、途径
相关技能	能够联系家庭或者学校所在地，谈谈自己对绿色社区的理解
相关实训	分小组进行讨论
注意事项	启发学生独立思考
学习资源	教学视频、教辅资料、网络资源

能力单元六：社区服务管理	
教学目的	掌握社区服务的基本登记程序，学会填制社区居民基本情况表，了解社区居民的服务需求状况
教学重点与难点	重点：掌握社区服务的种类和内容；组织、增设社区服务项目并改进相关内容 难点：能准确编制社区服务内容和项目；能准确制作符合法律法规要求和社区服务规范的社区服务计划书
教学时数	6
教学方法与手段	多媒体讲授、社区服务项目展示、案例分析、小组讨论
育人案例引用	行业新闻：《沈阳"九大妈"自组爱心志愿队服务社区发挥余热》
考核方式	完成课后习题
任务 6：社区服务的内容和组织	
相关知识点	熟悉社区服务职能制订相关的社区服务计划书；熟悉社区服务的内容；熟悉社区服务的概念和种类；了解针对不同对象所采取的不同服务项目的常识
相关技能	1. 分析社区管理目标中有关社区服务的条款 2. 学会准确编制社区服务预算 3. 注意服务对象基本信息的准确填写 4. 与服务对象的沟通和服务方式的约定 5. 对服务对象反馈信息的分析处理
相关实训	在社区实训室进行社区服务的模拟组织和开展
注意事项	课前提前做好实训教学准备，组织、安排适当的模拟教学在社区管理实务实训平台上模拟演示并安排虚拟社区环境进行社区服务的安排、组织
学习资源	教学视频、教辅资料、网络资源、相关实训用具与设施

能力单元七：社区文化管理	
教学目的	掌握社区文化活动的内容和格式，并能够熟练准确地根据社区管理的当前任务和国家的大政方针组织、策划文化活动
教学重点与难点	重点：掌握文化活动的范畴和内容；掌握文化活动组织流程 难点：能制作详尽可行的文化活动策划书
教学时数	6
教学方法与手段	多媒体讲授、社区文化活动展示、案例分析、小组讨论
育人案例引用	行业新闻：《沈阳 1109 个社区电子阅览室年底建完》
考核方式	现场模拟

任务 7：文化活动的策划、组织、开展	
相关知识点	了解活动策划流程；了解文化活动的形式和内容；了解文化活动的主要类型；了解当前社区文化活动的主要流行趋势；了解当前社区文化活动的主要组织方式
相关技能	1. 分析社区管理目标中有关社区文化建设的任务和要求 2. 特别要注意活动组织过程中预算的编排和方案的可行性论证 3. 学会依靠家庭和社区力量进行组织、动员 4. 要注意发挥中坚力量的作用
相关实训	于社工实训室、多功能厅进行文化活动的模拟组织和开展
注意事项	课前提前做好实训教学准备，组织、编排文艺节目在社区管理实务实训平台上模拟演示并安排虚拟社区环境从事文化活动组织、策划
学习资源	教学视频、教辅资料、网络资源、相关实训用具与设施

能力单元八：社区治安管理	
教学目的	学会根据社区管理目标和安全稳定要求组织、安排社区治安工作
教学重点与难点	能准确设置治安岗亭和采取相关治安措施；熟悉治安工作安排的业务流程；辨识治安工作的盲点和死角，并能够采取相关措施；普及安全防范常识；增强公民道德、社会公德和家庭美德意识，树立社会主义民主、法治、自由、平等、公平、正义理念，养成爱国、敬业、诚信、友善的优良品质
教学时数	4
教学方法与手段	多媒体讲授、治安工作实例展示、案例分析、小组讨论
育人案例引用	行业新闻：《社区实行网格化管理》
考核方式	课后习作
任务 8：治安工作的安排和相关措施	
相关知识点	了解社区治安工作的内容；了解治安工作安排的业务流程；了解治安工作的种类和作用；了解治安岗亭设置的基本规范和相关治安管理措施
相关技能	1. 对不同情况正确选择安全措施 2. 注意治安工作中的各项法律规范 3. 组织治安巡查工作，保证长治久安
相关实训	于民政实训室、多功能厅进行治安工作的模拟组织和开展
注意事项	课前提前做好实训教学准备，并安排虚拟社区环境从事社区治安工作的安排和开展
学习资源	教学视频、教辅资料、网络资源、相关实训用具与设施

能力单元九：社区卫生服务与管理	
教学目的	学会根据社区卫生系统报告填写免疫情况报告单；初步学会制作免疫证明（证书）；了解社区免疫情况的登记和普查程序
教学重点与难点	能初步判断主要传染病症状，分清主要防疫药品，准确制作免疫情况报告单；掌握免疫情况登记、普查的业务流程；掌握免疫情况的依据、内容和规定；掌握免疫的范围和主要药品名称
教学时数	4
教学方法与手段	多媒体讲授、免疫相关材料展示、案例分析、小组讨论

育人案例引用	行业新闻：《社区卫生服务让百姓享实惠》
考核方式	现场操作

任务9：社区免疫的组织	
相关知识点	了解社区卫生的范围和内容；了解免疫的依据、内容和规定；了解"电子报检"等软件的基本常识并能够完成基本操作
相关技能	1. 判断主要传染病症状，分清主要防疫药品 2. 分析社区管理目标中有关社区疾病防控和免疫的要求 3. 特别要注意免疫登记、记录材料的书写规范和技巧 4. 学会免疫情况报表的阅读和分析 5. 完成制作后，要审单
相关实训	于民政实训室、多功能厅进行免疫活动模拟组织和开展
注意事项	课前提前做好实训教学准备，组织、编排文艺节目在社区管理实务实训平台上模拟演示并安排虚拟社区环境从事免疫的组织
学习资源	教学视频、教辅资料、网络资源、相关实训用具与设施

能力单元十：社区管理绩效评估	
教学目的	掌握社区绩效评估的标准、方法和评估步骤
教学重点与难点	能准确掌握绩效评估的具体步骤
教学时数	4
教学方法与手段	多媒体讲授
育人案例引用	行业新闻：《海淀听取专家评估撤并社区服务项目》
考核方式	现场操作
任务10：社区管理员工作绩效评估	
相关知识点	熟悉社区管理员工作绩效评估方法
相关技能	熟悉社区管理员绩效评估的目的，作用和评估系统的建立
相关实训	于民政实训室进行资格考试知识点的讲授和巩固
注意事项	课前提前做好实训教学准备，组织、安排适当的模拟教学在社区管理实训平台上模拟演示并安排虚拟测试社区环境进行评估
学习资源	教学视频、教辅资料、网络资源、相关实训用具与设施

能力单元十一：创新社区发展与社区管理	
教学目的	掌握社区发展趋势和社区管理模式的改革和创新
教学重点与难点	能准确把握社区发展的新特点、新趋势，并根据新情况进行社区管理模式创新
教学时数	4
教学方法与手段	多媒体讲授、先进社区建设成果展示、案例分析、小组讨论
育人案例引用	行业新闻：《甘肃投资9.23亿元建设新农村新型社区》
考核方式	完成学习报告

续表

任务 11：社区发展规划的订立	
相关知识点	熟悉社区发展趋势和社区管理改革要求
相关技能	1. 分析现行社区管理体制中需要改革的内容 2. 根据社区管理目标进行社区管理改革调研，并写出社区调研报告 3. 以调研报告为基础订立新的社区发展规划 4. 列出行动步骤
相关实训	于民政实训室进行社区智能化管理的模拟组织和开展
注意事项	课前提前做好实训教学准备，组织、安排适当的模拟教学在社区管理实务实训平台上模拟演示并安排虚拟社区环境进行社区发展规划的订立、论证
学习资源	教学视频、教辅资料、网络资源、相关实训用具与设施

五、"课程思政"育人元素融入课程教学的途径和方法

序号	融入知识点	育人元素	育人案例	融入途径、方式	育人效果评价方式
1	社区和社区管理	爱岗敬业 以人为本	职场情境案例：沈阳市的社区自治探索	情境案例 总结归纳	采取"自评＋互评＋师评"；达到育人目标
2	社区管理体制	社会责任感 责任担当 以人为本 和谐发展	案例：江西省首次社区直接选举	情境案例 总结归纳	采取"自评＋互评＋师评"；达到育人目标
3	社区管理组织	社会责任感 责任担当 以人为本 和谐发展	职场情境案例：社区自治，寻求利益最大公约数	情境案例 总结归纳	采取"自评＋互评＋师评"；达到育人目标
4	社区管理者	责任担当 一丝不苟 吃苦耐劳	行业新闻：《不是亲人 胜似亲人》	新闻播放 总结归纳	采取"自评＋互评＋师评"；达到育人目标
5	社区环境	责任担当 一丝不苟	职场情境案例：对照标准忙复查社区环境创建重长效	情景案例 总结归纳	采取"自评＋互评＋师评"；达到育人目标
6	社区服务	人文关怀 吃苦耐劳 勤学勤思	行业新闻：《沈阳"九大妈"自组爱心志愿队服务社区发挥余热》	新闻播放 总结归纳	采取"自评＋互评＋师评"；达到育人目标
7	社区文化管理	人文关怀 吃苦耐劳	行业新闻：《沈阳1109个社区电子阅览室年底建完》	组织学生开展情景剧体验	采取"自评＋互评＋师评"；达到育人目标
8	社区治安管理	生命至上 法治信仰 严谨慎独	行业新闻：《社区实行网格化管理》	组织学生开展情景剧体验	采取"自评＋互评＋师评"；达到育人目标
9	社区卫生服务与管理	生命至上 法治信仰 严谨慎独	行业新闻：《社区卫生服务让百姓享实惠》	微视频播放及情景剧体验	采取"自评＋互评＋师评"；达到育人目标

序号	融入知识点	育人元素	育人案例	融入途径、方式	育人效果评价方式
10	社区管理绩效评估	社会责任感 责任担当 以人为本	行业新闻:《海淀听取专家评估撤并社区服务项目》	新闻播放 总结归纳	采取"自评+互评+师评";达到育人目标
11	创新社区发展与社区管理	社会责任感 责任担当 以人为本	行业新闻:《甘肃投资 9.23 亿元建设新农村新型社区》	播放育人案例 微视频	采取"自评+互评+师评";达到育人目标

六、课程评价方法

采用过程考核与结果考核相结合、校内考核与企业考核相结合。具体的考核分数比例如下。

采用百分制,综合考核学生组织管理社区事务的实操能力。平时成绩占 30%,期末成绩占 70%。

平时成绩包括:平时作业分数、考勤分数。平时成绩根据学习报告的完成质量,相关材料编制的完善程度,活动方案的可行性、创新性。

期末成绩考核方式:考核内容为随机抽取已学内容进行实际操作,编写文化、体育活动策划书,对相关材料进行整理、改错,书写对社区管理工作发展的展望。

七、教学资源配置

(一)教材、参考书目、育人案例主要来源

1. 主教材

赵勤,周良才.社区管理[M].北京:中国劳动社会保障出版社,2015.

2. 参考资料

汪大海.社区管理学(第二版)[M].北京:北京师范大学出版社,2012.

张堃.社区行政与管理(第二版)[M].北京:中国轻工业出版社,2011.

李笑.社区管理实用手册[M].北京:经济管理出版社,2011.

3. 育人案例主要来源

社区管理真实案例、社会新闻、典型人物等。

(二)信息化教学资源

"重庆智慧教育平台"等在线开放教学平台。

（三）主要设备与设施

校内、校外实训室及各种实训设施。

（四）主讲教师

主讲教师：胡耀友，讲师，专任教师，教学经历 12 年。

八、其他说明

（一）产教融合，行业／企业参与课程开发情况

该课程教学内容融入行业真实案例，行业专家参与课程教学内容设计。

（二）教学组织的特点

在教学过程中，积极培育和践行社会主义核心价值观，把立德树人作为中心环节，把思想政治工作贯穿于教育教学全过程，培养中国特色社会主义的合格建设者和可靠接班人。在具体教学中，部分内容鼓励学生利用课余时间去校内外实训基地，如四叶草社会工作服务站、逸雅苑社区、虎溪街道等参观、实习，进入职场环境深化教学内容，将行业实践表现和校内学习表现相结合进行考核。

高等职业教育专科
"社区女性关注"课程标准

一、课程基本信息

课程编码	0112020022	课程类型 （理论或实践或理实一体）	理实一体	适用专业	民政服务与管理
学分	3	总学时	62	实践学时	30
先修课程	社会学基础、社会心理学				
后续课程	社区综合服务				
执笔人	易丹		批准人		

二、课程定位

本课程是民政服务与管理专业拓展课程。该课程面向民政机关、社会组织中从事妇女工作岗位，致力于培养具有社会性别平等素养与性别敏感问题的批判意识，具有自尊、自爱、自立、自强的人文精神的民政技能人才。

三、课程目标

通过本课程的学习，学习者应该具备以下知识、技能与素质。

（一）社会主义核心价值观目标

（1）树立富强、民主、文明、和谐的价值目标；
（2）树立自由、平等、公正、法治的价值取向；
（3）树立爱国、敬业、诚信、友善的价值准则。

（二）情感态度目标

（1）具备爱国主义、民族团结、社会责任情感等；
（2）具备社会主义公民道德、社会公德和家庭美德意识等；

（3）具备求实的科学态度、积极的生活态度等。

（三）职业素养目标

（1）具备真、善、美的理念，使个性得到充分发展，人格得到完善丰富；

（2）具备鲜明的社会性别平等意识、消除性别盲点、克服性别懦弱；

（3）具备对性别敏感问题的自觉批判意识，拥有创新精神；

（4）增强公民道德、社会公德和家庭美德意识，树立社会主义民主法治、自由平等、公平正义理念，养成爱国、敬业、诚信、友善的优良品质。

（四）知识目标

（1）让学生知道女性在教育、就业、婚恋、健康等领域的现状问题；

（2）能运用性别视角提出现实生活中的女性问题及原因；

（3）能说出相关领域女性问题的解决对策。

（五）技能目标

（1）能综合运用所学的相关知识预判女性在相关领域可能遭遇的问题；

（2）能综合运用所学的相关知识和技能帮助女性解决在相关领域可能遭遇的问题；

（3）能制订赋能计划促进女性成长与发展。

四、课程主要内容

（一）能力单元与学时分配

序号	能力单元名称	讲授（学时）	实操（学时）	专家讲座（学时）	参观（学时）	讨论（学时）	其他（学时）
1	女性与恋爱	4	3			1	
2	女性与婚姻	4	4				
3	女性与健康	4	3			1	
4	女性与教育	4	2				
5	女性与审美	4	4				
6	女性与就业	4	4				
7	女性与社会工作	4	2				
8	赋能社区女性素质提升服务方案制订		4	1	1		
9	赋能社区女性素质提升服务活动		4				
合计		28	30	1	1	2	

（二）教学任务描述

能力单元一：女性与恋爱	
教学目的描述	说出性别角色的生成与恋爱中的性别角色期待，运用社会性别视角提出恋爱中的性别角色期待的问题与原因，说出择偶中的相似性原则，并能综合运用所学知识审视择偶观并内化择偶智慧。结合所学内容以学生宿舍园区为范围，调查园区学生择偶观，征集志愿者，筹划园区智慧择偶小组活动
教学重点与难点	重点：性别角色的生成、恋爱中的性别角色期待 难点：择偶中的相似性原则，内化择偶的智慧
教学时数	8
教学方法与手段	情境教学法、案例教学法、讨论法、中国大学 MOOC 平台课程资源、云班课
任务 1-1：性别角色的生成	
相关知识点	生理性别、社会性别、性别角色期望、社会性别角色的生成
相关实操技能	根据生理性别与社会性别进行分类，从文化、教育、家庭、传媒等方面推断社会性别机制生成的原因
相关实训	女性与男性特质情景展示
教师注意事项	通过案例让学生知晓生理性别与社会性别的区别
学习资源	《社会性别研究导论》、《第二性》、中国大学 MOOC 平台课程资源等
任务 1-2：情感表达的角色期待	
相关知识点	情感表达角色期望、情感表达角色期望形成的原因、积极情感表达策略
相关实操技能	说出男女在情感表达方面的角色期望，指出情感表达角色期望形成的原因，综合运用积极情感表达策略
相关实训	学生参与配音感受情感表达的魅力；模拟"威尔·史密斯社会实验"体会情感表达理性的重要；我为班上的他/她点赞
教师注意事项	学生情感表达能力训练需要持续依托任务不断渗透
学习资源	中国大学 MOOC 平台课程资源等
任务 1-3：郎才女貌的角色期待	
相关知识点	《白雪公主》与《一帘幽梦》中呈现的男女主角的角色特征；郎才女貌角色期望形成的原因；郎才女貌观的性别视角审视
相关实操技能	说出《白雪公主》与《一帘幽梦》中的男女主角的角色特征；推断郎才女貌角色期望形成的原因；运用性别视角解释郎才女貌观
相关实训	学生情境表演《白雪公主》片段；仿照《声临其境》节目为《一帘幽梦》片段配音感受《一帘幽梦》中男女主角的角色特征
教师注意事项	注意情境创设与启发思考相结合
学习资源	中国大学 MOOC 平台课程资源
任务 1-4：择偶的智慧	
相关知识点	择偶关系相似性原则、先赋性资源、后致性资源、智慧择偶策略
相关实操技能	说出数字模拟游戏是择偶简化版原因；指出择偶关系中的相似性原则；按先赋性资源、后致性资源区分择偶中男女两性差距指标；提出智慧择偶策略

相关实训	数字配对游戏 结合所学内容以学生宿舍园区为范围，调查园区学生择偶观，征集志愿者，筹划学生宿舍园区智慧择偶小组活动
教师注意事项	注意情境创设与启发思考相结合
学习资源	中国大学 MOOC 平台课程资源

能力单元二：女性与婚姻	
教学目的描述	说出婚姻中贤妻良母的角色期待，运用社会性别视角提出贤妻良母角色期待形成的原因与价值；结合虚拟父母游戏阐述并审视家庭分工的角色期待。针对婚姻中的沟通问题，运用非暴力沟通方式进行调节；说出失恋应对策略。结合所学内容以学生宿舍园区为范围，调查学生沟通问题与应对失恋情绪问题，征集志愿者，分别筹划学生宿舍园区非暴力沟通小组活动
教学重点与难点	重点：非暴力沟通、分手应对策略 难点：贤妻良母角色期待的生成，家庭分工角色期待的生成
教学时数	8
教学方法与手段	情境教学法、案例教学法、讨论法、中国大学 MOOC 平台课程资源、云班课
任务 2-1：贤妻良母的角色期待	
相关知识点	贤妻良母内涵；贤妻良母角色期待生成的原因；贤妻良母在婚姻中的价值
相关实操技能	说出贤妻良母的内涵，指出贤妻良母角色期待生成的原因，运用所学内容体会贤妻良母在婚姻中的价值
相关实训	虚拟父母体验
教师注意事项	注意引导学生秉持家国情怀的赤子之心，砥砺拼搏，促进国家的进步
学习资源	中国大学 MOOC 平台课程资源
任务 2-2：家庭分工的角色期待	
相关知识点	家庭分工模式类型及原因、家庭分工模式新变化和策略
相关实操技能	学生展示虚拟父母成果；说出家庭分工模式的类型；剖析女性为主完成模式的原因；认识家庭分工模式的新变化和策略
相关实训	虚拟父母体验游戏
教师注意事项	教师引导学生缓解女性婚姻和生育焦虑，促进家庭生活和谐
学习资源	中国大学 MOOC 平台课程资源
任务 2-3：沟通的智慧	
相关知识点	非暴力沟通目的、要素、步骤与价值
相关实操技能	列举非暴力沟通的目的、四要素和步骤与社会价值
相关实训	结合所学内容以学生宿舍园区为范围，调查宿舍园区学生沟通问题，征集志愿者，筹划学生宿舍园区智慧择偶小组活动
教师注意事项	情景模拟环节教师提前准备剧本并安排学生排演
学习资源	中国大学 MOOC 平台课程资源

续表

任务 2-4：分手的智慧	
相关知识点	分手的内涵；分手伴随的情绪；分手的应对
相关实操技能	说出分手的内涵；指出分手伴随的情绪；说出分手应对策略
相关实训	结合所学知识，为身边有需要的朋友提供一次分手应对咨询
教师注意事项	注意引导学生思考分手带给人的成长
学习资源	中国大学 MOOC 平台课程资源

能力单元三：女性与健康	
教学目的描述	说出女性主义健康观，以性别视角指出女性生理健康、心理健康面临的问题、运用所学知识从懂营养、会保养、有涵养方面提升健康水平
教学重点与难点	重点：从懂营养、会保养、有涵养方面提升健康水平 难点：女性主义健康观及性别文化对女性健康的影响
教学时数	8
教学方法与手段	案例教学法、情境法、讨论法、中国大学 MOOC 平台课程资源、云班课
任务 3-1：女性主义健康观	
相关知识点	女性主义健康观，女性健康界定、性别文化对女性健康的影响
相关实操技能	用女性主义健康观说出女性健康内容、界定女性健康
相关实训	查找相关案例说明社会习俗对健康的影响
教师注意事项	女性的健康涉及其身心和社会各个方面
学习资源	中国大学 MOOC 平台课程资源
任务 3-2：女性健康问题	
相关知识点	女性心理问题、生理问题
相关实操技能	用性别视角说出女性的心理与生理健康问题
相关实训	心理健康量表自测训练
教师注意事项	注意理论性与实践性结合
学习资源	中国大学 MOOC 平台课程资源
任务 3-3：懂得营养并学会保养	
相关知识点	食物营养观、日常保养方法
相关实操技能	指出日常食物营养成分，说出日常保养方法
相关实训	在班级分享日常保养方法
教师注意事项	注意理论性与实践性结合
学习资源	"老梁观世界——原晓娟的故事"、《幸福要回答》、中国大学 MOOC 平台课程资源
任务 3-4：涵养对女性的重要性	
相关知识点	情绪管理策略、涵养提升路径
相关实操技能	说出情绪管理重要性及策略，指出涵养提升路径

相关实训	结合所学内容以学生宿舍园区为范围，调查宿舍园区学生健康作息问题，征集志愿者，筹划学生宿舍园区健康作息小组活动
教师注意事项	注意理论性与实践性结合
学习资源	《做内心强大的女人》、中国大学 MOOC 平台课程资源

能力单元四：女性与教育	
教学目的描述	运用性别视角说出教育问题、指出家庭教育中不同女性教育观念与家庭教育指导方式
教学重点与难点	重点：家庭教育指导方式 难点：性别视角剖析教育问题
教学时数	6
教学方法与手段	案例教学法、情境法、讨论法、中国大学 MOOC 平台课程资源、云班课
任务 4-1：用性别视角透析教育问题	
相关知识点	性别视角透析教材、课程问题
相关实操技能	运用性别视角说出教材与课程问题
相关实训	学生以《大个子老鼠小个子猫》片段剖析其读本的性别观
教师注意事项	引导学生意识到教育是为了遇见更好的自己与更好的世界
学习资源	中国大学 MOOC 平台课程资源
任务 4-2：从猫妈、虎妈看女性家庭教育观念	
相关知识点	女性家庭教育观念类型与特点
相关实操技能	说出家庭教育观念类型与特点
相关实训	分享中国第一位女教授的人生故事
教师注意事项	引导学生意识大教育重要的是激发内生动力，不断超越自己
学习资源	中国大学 MOOC 平台课程资源
任务 4-3：亲子教养行为的指导	
相关知识点	合情、合理、合法的亲子教养行为
相关实操技能	说出合情、合理、合法的亲子教养行为
相关实训	结合所学内容以逸雅苑小区为范围，多渠道调查居民家庭教育问题，筹划家庭教育赋能小组活动
教师注意事项	注意理论性与通俗性的结合
学习资源	中国大学 MOOC 平台课程资源

能力单元五：女性与审美	
教学目的描述	说出传统女性道德美、容貌美与形态美，指出现当代女性美的历经阶段，说出女性健康审美理念
教学重点与难点	重点：女性健康审美理念 难点：现当代女性美的历经阶段

教学时数	8
教学方法与手段	案例教学法、情境法、讨论法、中国大学 MOOC 平台课程资源、云班课

任务 5-1：传统女性美	
相关知识点	道德美、容貌美、形体美
相关实操技能	说出传统女性道德美、容貌美、形体美
相关实训	女性形态美分析训练
教师注意事项	引导学生意识到女性既是审美的客体也是审美的主体
学习资源	中国大学 MOOC 平台课程资源等

任务 5-2：现当代女性美	
相关知识点	觉醒与释放的时代、顺从与异化的时代、开放与张扬的时代
相关实操技能	分别列举出当代女性美中觉醒与释放的时代、顺从与异化的时代、开放与张扬的时代三阶段特点
相关实训	我想说——对女性医美的看法
教师注意事项	注意理论性与生活性的结合
学习资源	《女人的身体 男人的目光》、中国大学 MOOC 平台课程资源

任务 5-3：女性健康审美理念的建构	
相关知识点	理性审视当前女性审美标准、平衡外在美与内在美发展
相关实操技能	懂得如何提升内在美
相关实训	内在美提升专项训练
教师注意事项	注意理论性与生活性的结合
学习资源	中国大学 MOOC 平台课程资源

任务 5-4：女性美展示	
相关知识点	自信、自立、自强的女性风貌展示
相关实操技能	展示自信、自立、自强的女性风貌
相关实训	女性美展示 结合所学内容以学生宿舍园区为范围，调查宿舍园区学生的美丽观，征集志愿者，筹划学生宿舍园区自信美丽提升小组活动
教师注意事项	提前布置任务，留给学生充分的准备时间
学习资源	中国大学 MOOC 平台课程资源

能力单元六：女性与就业	
教学目的描述	说出女性就业中的尴尬与困惑，指出女性职业发展策略
教学重点与难点	重点：女性职业生涯发展策略 难点：女性就业中的尴尬与困惑
教学时数	8
教学方法与手段	案例教学法、情境法、讨论法、中国大学 MOOC 平台课程资源、云班课

续表

任务 6-1：女性就业中面临的问题	
相关知识点	女性就业的尴尬、女性就业的困惑、女性就业中的玻璃天花板
相关实操技能	说出女性就业的尴尬与女性就业的困惑
相关实训	女性职场情景剧模拟
教师注意事项	辩论赛请学生提前准备
学习资源	中国大学 MOOC 平台课程资源
任务 6-2：辩论：女性是否应该回家	
相关知识点	女性在家庭与事业中面临的双重压力
相关实操技能	通过辩论赛收集议题正反观点
相关实训	主题辩论：女性是否应该回家
教师注意事项	注意提前向学生布置辩论任务，以便做好充分准备
学习资源	中国大学 MOOC 平台课程资源
任务 6-3：女性职业发展策略	
相关知识点	女性职业发展策略
相关实操技能	制定职业发展规划
相关实训	模拟求职面试训练
教师注意事项	提前准备情景剧本，分配好角色
学习资源	中国大学 MOOC 平台课程资源、《全球视角：妇女、家庭与公共政策》
任务 6-4：职场女性榜样人物	
相关知识点	职场女性榜样人物的闪光精神
相关实操技能	说出职场女性榜样人物的闪光精神
相关实训	主题演讲：我的职业梦想
教师注意事项	和学生一起寻找职场女性榜样人物
学习资源	中国大学 MOOC 平台课程资源

能力单元七：女性与社会工作	
教学目的描述	列举女性自我认同案例，给出女性自我价值评定标准，解释女性为自我发展而争取与男性平等的机会和资源的意义
教学重点与难点	重点：女性社会工作 难点：预估和制定社区策略
教学时数	6
教学方法与手段	案例教学法、情境法、讨论法、中国大学 MOOC 平台课程资源、云班课
任务 7-1：女性社会工作概述	
相关知识点	女性与社会工作的发展缘起、女性社会工作的发展脉络
相关实操技能	指出女性社会工作的发展历程

续表

相关实训	绘制女性社会工作发展脉络图
教师注意事项	讲述发展进程时结合案例调动学生学习兴趣
学习资源	中国大学 MOOC 平台课程资源

任务 7-2：女性团体工作	
相关知识点	女性团体工作定义、女性团体工作案例
相关实操技能	说出团体工作的定义、列举团体协作能力内容
相关实训	以小组工作方式参与社区或妇联工作
教师注意事项	注意提前链接社区或妇联资源，对接学生第二课堂实践
学习资源	中国大学 MOOC 平台课程资源

任务 7-3：女性社会工作	
相关知识点	女性社会工作定义、女性社会工作案例
相关实操技能	说出女性社会工作定义、列举社会女性相关需要
相关实训	发动和组织宿舍园区女生参与垃圾分类行动
教师注意事项	一定要充分了解情境、政策、公众观感、服务对象与环境的互动
学习资源	中国大学 MOOC 平台课程资源

能力单元八：赋能社区女性素质提升服务方案制订	
教学目的描述	说出服务方案制订流程、基于前期调研基础上汇总女性相关问题，制订赋能社区女性素质提升服务方案
教学重点与难点	重点：服务方案的制订流程 难点：赋能社区女性素质提升服务方案制订
教学时数	6
教学方法与手段	案例教学法、情境法、讨论法、中国大学 MOOC 平台课程资源、云班课

任务 8-1：服务方案的制订流程	
相关知识点	方案制订步骤、方案流程图的绘制
相关实操技能	列举方案制订步骤、绘制服务方案的详细流程图
相关实训	以一项服务方案为模板，列举服务方案内容组成部分
教师注意事项	注意审查方案的规范性、逻辑性、合理性，邀请业内专家讲座
学习资源	中国大学 MOOC 平台课程资源

任务 8-2：赋能社区女性婚恋服务方案	
相关知识点	社区女性婚恋问题、服务对象、主题活动设计、实施保障
相关实操技能	指出社区女性婚恋问题、提出主题活动设计思路、列举实施保障
相关实训	制订赋能社区女性婚恋服务方案
教师注意事项	注意各小组根据自己的目标服务对象，结合前期调研与所学专题选择主题
学习资源	中国大学 MOOC 平台课程资源

能力单元九：赋能社区女性素质提升服务活动	
教学目的描述	选择服务活动地点与目标人群，开展一次赋能社区女性素质提升服务活动，分享活动实施过程、实效效果与问题反思
教学重点与难点	重点：赋能社区女性素质提升服务活动的策划 难点：如何调动项目参与主体的积极性
教学时数	4
教学方法与手段	案例教学法、情境法、讨论法、中国大学 MOOC 平台课程资源、云班课
任务 9-1：赋能社区女性婚恋 / 健康 / 就业服务活动开展	
相关知识点	活动准备、现场主持、方案执行、场地保障、问题应对
相关实操技能	做好活动准备，开展赋能社区女性婚恋 / 健康 / 就业服务活动
相关实训	选择服务活动地点与目标人群，开展一次赋能社区女性素质提升服务活动
教师注意事项	从宏观上把握学生的整体方案设计、链接资源推动方案的落地
学习资源	中国大学 MOOC 平台课程资源
任务 9-2：活动汇报成果展	
相关知识点	赋能社区女性婚恋 / 健康 / 就业服务活动实施汇报
相关实操技能	汇报活动实施
相关实训	赋能社区女性婚恋 / 健康 / 就业服务活动实施汇报
教师注意事项	结合小组互评、教师评价方式开展
学习资源	中国大学 MOOC 平台课程资源

五、"课程思政"育人元素融入课程教学的途径和方法

序号	知识点	育人元素	融入途径、方式	预期效果
1	社会性别的生成	自信成长	通过理论阐述和案例分享来建立积极的自我认知	通过体验式教学来学会认识自己，识别到自己的优势与劣势，激发自我成长和改变的动力，实现个人成长与专业培养的有机统一
2	情感表达的角色期待	积极表达	对比男性向女性表白与女性向男性表白片段及反馈	引导在表达中不受性别无意识影响，鼓励学生做一个积极的表达者
3	郎才女貌的角色期待	自强风貌	仿照《声临其境》综艺，指定小组派成员为《一帘幽梦》片段中的费云帆与汪紫菱角色配音	引导学生意识到才华伴随岁月相比外貌更有增值空间，引导学生将注意力放在内在素养的提升
4	择偶的智慧	自立自强	开展数字配对游戏，持单数男生与持双数女生在 3 分钟内完成配对，两者数字加起来者获胜	增强自身综合实力，做一个自尊、自爱、自立、自强的人，实现个人成长与专业培养的有机统一
5	家庭分工的角色期待	分工协作	创设与本节内容相关的、尽可能贴近生活的真实学习情境	让学生意识到母亲的责任与爱，双方的理解担当有助于家庭和谐

序号	知识点	育人元素	融入途径、方式	预期效果
6	分手的智慧	自爱自强	视频情境代入建立在互动和反馈的基础上	引导学生学会控制自己的情感，正确处理失恋与生活学习之间的关系。提高抗挫能力，塑造爱的能力
7	女性美	要学会兼顾内在美与外在美	通过案例分析、实践体验来建立对美的感受	通过实践体验等方式让学生感受美、品味美，更重视内在美的培养
8	职场女性榜样人物	意志力的培养	通过视频教学与案例教学融入	确定人生目标，不畏惧困难，独立自主，不依附他人，脚踏实地发展自我

六、课程评价方法

课程能力鉴定注重教学过程考核，采用灵活多样的形式进行综合评价。课程成绩评定办法如下：

（1）课程成绩 = 线上占 40%、线下占 40%、线上线下互动占 20%。

（2）课堂出勤：每堂课严格考勤并记录，课堂缺勤 20 学时以上评定为不及格。

（3）线上成绩 = 单元测验 20%+ 单元作业 30%+ 讨论回帖 15%+ 期末测试 35%。

（4）线下成绩 =5 次项目展示，每次 20 分。项目展示即根据学生完成项目任务，设置评分观测点，结合教师与学生评分在云班课平台赋分。

（5）线上与线下交互成绩 = 出勤 25%+ 参与投票问卷 25%+ 头脑风暴 25%+ 课堂表现 25%。

（6）总成绩评价采用等级制：90～100 分为优秀、80～89 分为良好、70～79 分中等、60～69 分为及格、59 分及以下为不及格。

线下项目	评分观测点	评估方式（各占 50%）
虚拟父母体验	照料环节、照料时长、心得体会、记录方式	小组互评、教师评价
女性美展示	团队协作、形体服饰、审美观念、自信表现	小组互评、教师评价
主题辩论：女性是否应该回家	语言表达、逻辑论证、辩驳要点、综合印象	教师评价、机构评价
赋能社区女性素质提升服务活动方案撰写	活动主题、指导思想、活动安排	教师评价、机构评价
赋能社区女性素质提升服务活动项目实施	资源整合、工作安排、活动效果、居民反馈	教师评价、居民评价、机构评价

七、教学资源配置

（一）主教材

易丹，唐娇华.女性成长必修［M］.天津：天津大学出版社，2018.

（二）教学参考资料

1.参考教材

朱晓佳.性别差异伦理学［M］.北京：中国社会科学出版社，2019.

隋红升.男性气质［M］.北京：外语教学与研究出版社，2020.

叶文振.女性学导论［M］.厦门：厦门大学出版社，2020.

2.网站

厦门大学妇女／性别研究与培训基地。

北京大学中外妇女研究中心。

中华全国妇女联合会。

重庆妇女网。

3.主要设备与设施

实践基地：四叶草社工站、兴民社会工作服务中心。

4.主讲教师

易丹（专任教师）：副教授，专业带头人，教学经历13年，学院双师型骨干教师。

雷隽娴（专任教师）：讲师，教研室主任，教学经历10年，学院双师型骨干教师。

王俊颖（专任教师）：讲师，教学经历5年。

八、其他说明

（一）行业／企业参与课程开发情况

李长洪：重庆冬青社会工作服务中心主任，重庆妇联副主席，参与课程拓展资源的开发。

（二）教学组织的特点

在教学过程中，要积极培育和践行社会主义核心价值观，把立德树人作为中心环节，把思想政治工作贯穿于教育教学全过程，培养中国特色社会主义的合格建设者和可靠接班人。

本课程在教学中采用项目教学模式，以项目引领、任务驱动、团队体验的方式展开教学，在教学中统筹运用讲授法、案例分析法、小组讨论法、角色扮演法、情境模拟法、项目任务法等多种教学方法，充分重视学生的学习主动性，调动学生学习的积极性，切实培养学生民政管理工作能力。

高等职业教育专科
"个案工作"课程标准

一、课程基本信息

课程编码	1010009	课程类型 （理论或实践或理实一体）	理论与实践一体	适用专业	社会工作
学分	4	总学时	60	实践学时	16
先修课程	社会学基础、社会工作导论等				
后续课程	小组工作、社区工作、社会工作实务等				
执笔人	陆宁			批准人	

二、课程定位

"个案工作"是社会工作模块中的核心主干课程之一；是社会工作专业学生必须掌握的三大直接专业服务技术方法之一。它以个人或家庭为服务对象，通过专业社会工作者的介入，旨在解决、服务案主存在的问题与需求，充分发挥社会工作专业人员能力，帮助案主实现自助，化解矛盾和冲突，预防和解决社会问题，从而促进社会及服务质量、身心健康的提高和整个社会的进步。它前接社会工作人才培养基本素质模块中的"社会学概论""社会工作导论""社会心理学""人类行为与社会环境"等课程，后启社会工作人才培养模块中的"小组工作""社区工作"等课程，与小组工作、社区工作并称社会工作三大手法，与《家庭儿童社会工作》《青少年社会工作》《老年人社会工作》等实务课程并行构成社会工作服务模块，成为社会工作专业的主干课程。

"个案工作"是实现培养懂理论、懂方法、能管理的现代社会工作人才的专业基础课程。学生通过对该课程的学习，从整体上对个案社会工作有一个更全面的认识，主要培养学生接案能力、评估服务对象能力、计划介入能力以及会谈能力；并在巩固社会工作的相关知识和技能的基础上，具备社会工作专业的基础理论知识和相关基本技能，提高学生的专业素质，培养学生的创新能力，支持国家社会工作师职业资格证书的获取。

三、课程目标

（一）社会主义核心价值观目标

（1）树立富强、民主、文明、和谐的价值目标；
（2）树立自由、平等、公正、法治的价值取向；
（3）树立爱国、敬业、诚信、友善的价值准则。

（二）情感态度目标

（1）具备爱国主义、民族团结、社会责任情感等；
（2）具备社会主义公民道德、社会公德和家庭美德意识等；
（3）具备求实的科学态度、积极的生活态度等。

（三）职业素养目标

（1）具备社会工作职业道德，爱岗敬业、诚实守信、遵守相关法律法规；
（2）具备较好的文字、口头表达与交流技巧，有较强的沟通与合作的社会适应能力；
（3）具备接纳、奉献、勇于承担的社工精神。

（四）知识目标

（1）掌握个案工作定义、相关概念、目标、专业价值观；
（2）了解个案工作的哲学基础、个案工作的历史发展；
（3）理解人际沟通理论、个案工作理论模式。

（五）技能目标

（1）能进行个案会谈及访视；
（2）能正确评估个案的能力；
（3）能建立良好的个案工作专业关系的能力；
（4）能制订个案工作计划和协议的能力；
（5）个案记录的能力；
（6）能运用不同理论模式开展个案工作的能力。

四、课程主要内容

（一）能力单元与学时分配

序号	能力单元名称	讲授（学时）	实操（学时）	专家讲座（学时）	参观（学时）	讨论（学时）	其他（学时）
1	个案工作概述	2		2			
2	个案工作的价值体系	4					
3	接案阶段	2					
4	预估阶段	4	4				
5	计划阶段	4	4				
6	介入实施阶段	8			4		
7	结案评估阶段	10	8			4	
合计		34	16	2	4	4	

（二）教学任务描述

能力单元一：个案工作概述	
教学目的描述	通过教学，使学生能定义个案工作的基本概念、目标及应用领域，并能陈述个案工作的历史发展情况
教学重点与难点	个案工作的目标及应用领域；个案工作的发展趋势与思考
教学时数	4
教学方法与手段	课堂讲授法为主，兼以案例分析和讨论
考核方式	考查，PPT 制作与汇报
任务 1-1：个案工作的基本概念	
相关知识点	个案工作的定义、本质特征
相关实操技能	无
相关实验	无
教师注意事项	分析比较对个案工作的不同定义后，教师需归纳一个通用定义
学习资源	无
任务 1-2：个案工作的目标及应用领域	
相关知识点	个案工作的目标、应用领域
相关实操技能	学生能根据教师提供的个案，设立该个案的目标系统：长期目标、中期目标、短期目标
相关实验	无
教师注意事项	帮助学生区别长期目标、中期目标、短期目标
学习资源	相关案例

续表

任务 1-3：个案工作的历史发展	
相关知识点	个案工作在英美的产生和发展，个案工作在中国的发展
相关实操技能	无
相关实验	无
教师注意事项	结合个案工作在中外不同的发展背景，讨论个案工作的本土化
学习资源	无

能力单元二：个案工作的价值体系	
教学目的描述	通过教学，使学生认知个案工作的哲学基础、价值体系，思考以及社会工作的伦理守则，并能反思个案工作者的价值与伦理要求
教学重点与难点	个案工作价值的两难思考，社会工作的伦理守则的制定以及中外社会工作伦理守则对比
教学时数	4
教学方法与手段	采用大量案例讲解，使学生理解个案工作价值与伦理守则，兼以讨论、讲授
考核方式	考查，PPT 制作与汇报
任务 2-1：认知个案工作的哲学基础	
相关知识点	西方社会思潮对个案工作的影响、中国传统哲学对当代社会的影响
相关实操技能	无
相关实验	无
教师注意事项	无
学习资源	无
任务 2-2：领会个案工作价值、对比社会工作伦理	
相关知识点	个案工作的价值体系、个案工作价值的两难论题、社会工作伦理比较
相关实操技能	1. 案例活动：动物大逃亡 从大家作选择的角度，让学生明白一点，在助人过程中，需站在对方立场上考虑问题，案主利益是放在第一位的，工作者不应在专业关系中寻求个人的满足 2. 学生能够根据案例的两难情境，结合社会工作伦理价值观的考虑，作出适合案主的选择
相关实验	无
教师注意事项	引导学生讨论、反思个案工作者应具备的价值
学习资源	影音资料（香港社会工作局、香港社会工作者注册局介绍短片）、案例

能力单元三：接案阶段	
教学目的描述	1. 区别当事人、求助者、服务对象、案主的关系 2. 识别初次接触对象的来源和类型 3. 掌握初次接触的形式和初次会谈的方法 4. 理解接案阶段案主的心理反应 5. 遵循个案工作的基本原则 6. 与案主建立良好的专业关系 7. 熟练撰写个案接案报告
教学重点与难点	初次会谈的方法；与案主建立良好的专业关系

教学时数	2
教学方法与手段	课堂讲授法为主，辅以个案工作实训模拟，让学生亲身体验个案工作者的素质要求
考核方式	考查，PPT制作与汇报

任务 3-1：进行初次接触

相关知识点	1. 区别初次接触对象的来源和类型 2. 理解初次接触的方式 3. 掌握初次会谈的内容和方法
相关实操技能	社会工作者自我介绍
相关实验	初次面谈内容模拟
教师注意事项	无
学习资源	个案视频——初次面谈

任务 3-2：遵循个案工作的基本原则

相关知识点	1. 理解接案时案主的心理反应 2. 理解非批判、理解关怀、接纳、案主自决、个别化、保密、承认七个原则的内涵 3. 遵循个案工作基本原则开展服务
相关实操技能	1. 观摩教学片《心灵捕手》 （1）领会社工对案主的包容、接纳和信任在专业关系建立中的作用 （2）领会个案咨询中，同感、面质、澄清、反复、鼓励、建立专业关系等技巧的运用 2. 游戏"一路上有你" （1）分别扮演听力残疾和视力残疾人士的角色，体验求助者的无助心情和对陌生人的不信任 （2）领悟如何表达同感，如何建立相互信任的专业关系
相关实验	个案模拟对话
教师注意事项	无
学习资源	个案对话视频

任务 3-3：建立良好的专业关系

相关知识点	1. 理解专业关系的定义、特点、重要性 2. 掌握专业关系的基本要素 3. 具备建立良好的专业关系的能力
相关实操技能	无
相关实验	与陌生人建立关系的过程
教师注意事项	无
学习资源	个案对话视频

任务 3-4：撰写接案报告

相关知识点	1. 明确个案档案的包含内容 2. 掌握个案卡的填写方法 3. 掌握接案报告的撰写方法
相关实操技能	无
相关实验	无
教师注意事项	无
学习资源	案例作业

能力单元四：预估阶段	
教学目的描述	1. 理解需求评估的内涵 2. 熟悉需求评估的指标和维度 3. 掌握需求评估的方法和技巧 4. 熟练撰写需求评估报告、个案服务记录
教学重点与难点	需求评估的指标和维度、需求评估的方法和技巧
教学时数	8
教学方法与手段	采用实训为主，理论讲授为辅，兼以案例分析讨论和游戏体验的教学方法
考核方式	考查，PPT 制作与汇报
任务 4-1：需求评估的内涵	
相关知识点	1. 理解需求评估的概念 2. 区分评估主体和需求类型 3. 明确需求评估的目的
相关实操技能	无
相关实验	无
教师注意事项	当学生模拟完个案会谈后，及时总结
学习资源	个案工作室、实验监控设备
任务 4-2：需求评估的指标和维度	
相关知识点	1. 熟悉需求评估的指标 2. 理解需求评估的维度
相关实操技能	资料收集的重点 1. 个人资料 （1）基本资料 （2）生理方面 （3）心理方面 （4）价值观 （5）能力 （6）支持网络 2. 环境资料 （1）家庭环境 （2）延伸的环境系统 （3）交互作用演示确定案主问题
相关实验	无
教师注意事项	再次强调保密原则，并培养学生速记能力
学习资源	无
任务 4-3：需求评估的方法和技巧	
相关知识点	1. 能用会谈、调查表、观察、查阅现有资料等方法进行资料收集和分析 2. 掌握会谈的支持性、引领性、影响性技巧 3. 熟练绘制家谱图、生态系统图

相关实操技能	1. 收集资料的方法技巧（间接、直接） （1）会谈 （2）访视 （3）填写相关表格 （4）观察 （5）文献搜索 （6）环境调查 2. 会谈场所的布置 3. 个案会谈技巧 （1）支持性技巧 ①表达专注 ②主动倾听 ③同理心（同感） ④鼓励支持 （2）引领性技巧 ①澄清 ②对焦 ③摘要 （3）影响性技巧 ①提供信息 ②自我披露 ③建议 ④忠告 ⑤对质 4. 个案访视技巧
相关实验	有关沟通的游戏、根据案例开展初步的个案会谈
教师注意事项	无
学习资源	个案面谈视频

任务 4-4：撰写需求评估报告	
相关知识点	1. 了解需求评估报告的格式 2. 掌握需求评估报告的撰写方法
相关实操技能	无
相关实验	无
教师注意事项	无
学习资源	个案卡模板、过程式记录模板、摘要式记录模板

任务 4-5：撰写个案服务记录	
相关知识点	1. 了解服务记录的重要性 2. 掌握服务记录的方法
相关实操技能	1. 会制作并填写个案卡（案主基本情况登记表） 2. 熟练运用叙述式记录、对话式记录（脚本式）、浓缩式记录、过程分析式记录等方式，进行过程式记录 3. 熟练运用接案摘要、评估摘要、阶段摘要、转案结案摘要等方式，进行摘要式记录
相关实验	无
教师注意事项	无
学习资源	课件

能力单元五：计划阶段	
教学目的描述	1. 区分直接目标、中间目标和长远目标，并能准确制定各层次目标 2. 根据需求评估结果，制订适合于案主的工作计划 3. 与案主签订工作契约
教学重点与难点	制订适合于案主的工作计划；制定各层次目标
教学时数	8
教学方法与手段	采用讲授为主，案例分析讨论辅之，兼以角色扮演与实训模拟
考核方式	考查，PPT 制作与汇报，实务案例演练
任务 5-1：制定辅导目标	
相关知识点	1. 把案主的服务需求转换成服务目标 2. 区分直接目标、中间目标和长远目标，并能准确制定各层次目标
相关实操技能	区分问题与需求，转化目标
相关实验	三人一组，根据给定案例进行个案接触，尝试了解案主需求与目标
教师注意事项	观看教学影片，注重同学生的分享；游戏过程中，注意安全
学习资源	教学影音资料
任务 5-2：制订工作计划	
相关知识点	1. 理解制订个案工作计划的原则 2. 熟悉个案工作计划的内容 3. 熟练撰写个案工作计划
相关实操技能	与案主共同确立计划
相关实验	无
教师注意事项	无
学习资源	无
任务 5-3：签订工作契约	
相关知识点	1. 通过会谈，工作者与案主就服务目标、方法、时间、权责等达成口头协议 2. 在口头协议的基础上，拟定书面契约
相关实操技能	无
相关实验	无
教师注意事项	无
学习资源	无

能力单元六：介入实施阶段	
教学目的描述	1. 理解个案工作者的各种角色 2. 缓解案主情绪困扰，掌握心理社会治疗模式的方法和技巧 3. 帮助案主解除危机，掌握危机干预的方法和技巧 4. 掌握人本治疗模式的理念和方法 5. 消除案主问题行为，塑造新行为，掌握行为修正模式的方法和技巧 6. 澄清案主观念，掌握理性情绪治疗模式的方法和技巧 7. 改善案主周围环境，掌握结构家庭治疗的方法和技巧 8. 协助案主运用现有资源

教学重点与难点	心理社会治疗模式、危机干预、人本治疗模式、行为修正模式、理性情绪治疗模式、结构家庭治疗；个案工作者的各种角色
教学时数	12
教学方法与手段	采用案例讲授为主，兼以学生实训模拟、相关电影欣赏分析讨论、案例分析与讨论
考核方式	考查，PPT制作与汇报，实务案例演练

任务6-1：缓解案主情绪困扰

相关知识点	1. 思考心理社会治疗模式的治疗过程对个案工作流程的影响 2. 掌握直接治疗的各种技巧 3. 掌握间接治疗的各种技巧 4. 结合案例，按照心理社会治疗模式的治疗过程开展介入辅导
相关实操技能	1. 直接治疗 工作员直接与案主接触进行工作 （1）非反映治疗技术 支持 直接影响 探索—描述—宣泄 （2）反映治疗技术 人在情境中讨论 心理模式动力反映讨论 人格发展反映讨论 2. 间接治疗 为案主寻找和建立支持系统 支持 直接影响 探索—描述—宣泄
相关实验	无
教师注意事项	强调需要转介的情况
学习资源	无

任务6-2：改变案主的问题行为

相关知识点	1. 理解行为修正模式的理论背景 2. 能结合实际，选用放松练习、系统脱敏疗法、满灌疗法、厌恶疗法、代币管制法等消除案主的问题行为，塑造案主良好的行为模式
相关实操技能	放松练习——基础系统脱敏疗法、满灌疗法、厌恶疗法、代币管制法
相关实验	无
教师注意事项	根据一个个案，指导学生如何收集案主资料
学习资源	相关案例

任务6-3：对案主的不合理信念进行澄清

相关知识点	1. 理解理性情绪治疗模式的适用对象和理论基础 2. 了解非理性信念的特点和表现 3. 结合实际，根据理性情绪治疗模式的步骤，选用恰当的方法对案主的不合理信念进行澄清
相关实操技能	理性与非理性的辩论

相关实验	学生辩论赛
教师注意事项	强调社会工作专业的价值体系
学习资源	无

任务 6-4：改善案主周围环境	
相关知识点	1. 了解结构家庭治疗模式的适用对象和特点 2. 掌握结构家庭治疗的理论基础 3. 结合实际，运用结构家庭治疗模式的方法技巧开展介入服务
相关实操技能	无
相关实验	反思自身家庭
教师注意事项	对学生单亲家庭及特殊家庭背景的了解与预备
学习资源	无

任务 6-5：重建案主社会支持	
相关知识点	理解社会支持的定义和特点 1. 了解社会支持的重要功能 2. 明确社会支持的类型 3. 区分正式资源和非正式资源 4. 具备良好的资源整合能力
相关实操技能	无
相关实验	无
教师注意事项	强调社会支持的重要性
学习资源	无

任务 6-6：开展个案管理	
相关知识点	1. 理解个案管理的含义、特点与适用范围 2. 掌握个案管理的基本原则 3. 熟悉个案管理的流程 4. 区分个案工作与个案管理的关系
相关实操技能	演示个案管理协作技巧及转介技巧
相关实验	无
教师注意事项	强调需要转介的情况
学习资源	无

能力单元七：结案评估阶段	
教学目的描述	1. 掌握总结评估的方法和技巧 2. 处理案主的离别情绪，开展结案会谈，进行结案 3. 根据服务效果和案主需求，考虑转介 4. 撰写结案 / 转介报告
教学重点与难点	总结评估的方法和技巧；处理案主的离别情绪
教学时数	22
教学方法与手段	采用案例导入和分析为主的教学方式，辅之以理论讲授

续表

考核方式	考查，PPT 制作与汇报，实务案例演练
任务 7-1：总结评估	
相关知识点	1. 熟悉总结评估的内容 2. 熟练运用基线测量法、目标实现程度测量、任务完成情况评分、满意度调查等方法对个案服务效果进行总结评估
相关实操技能	无
相关实验	无
教师注意事项	无
学习资源	无
任务 7-2：结案	
相关知识点	1. 理解结案时案主的心理和行为变化 2. 开展结案会谈 3. 对有需要的案主进行转介
相关实操技能	无
相关实验	无
教师注意事项	无
学习资源	无
任 7-3：撰写结案 / 转介报告	
相关知识点	1. 了解个案结案 / 转介报告的内容 2. 熟练撰写个案结案 / 转介报告
相关实操技能	无
相关实验	无
教师注意事项	无
学习资源	无

五、"课程思政"育人元素融入课程教学的途径和方法

序号	知识点	育人元素	融入途径、方式	预期效果	备注
1	个案工作者的精神素质： 1. 崇高的社会责任 2. 丰富的人文情怀 3. 稳定的心理状态 4. 勇敢的挑战精神	富强、民主、文明、和谐，自由、平等、公正、法治，爱国、敬业、诚信、友善	讲授、体验活动、教材、视频、网络	帮助学生认识作为个案工作者应该具有的基本社会价值观（富强、民主、文明、和谐，自由、平等、公正、法治，爱国、敬业、诚信、友善），树立建立公平、公正的社会理想信念	
2	认知工作者的角色： 使能者 联系人 教育者 倡导者 治疗者	文明、和谐，自由、平等、公正、法治，爱国、敬业、诚信、友善	讲授、体验活动、网络信息、教辅资料、在线学习、企业 / 行业相关的资料	能够内化尊重他人、同理他人的社会工作价值观，帮助学生从不同专业角色考虑问题，也从"人"的层面去关怀与服务他人	

六、课程评价方法

（一）能力测试的方法与手段

序号	能力单元名称	测试的方法与手段			
		鉴定要求	采用方法	鉴定人	鉴定地点
1	个案工作概述	牢记个案工作相关核心概念	笔试	专业教师	个案工作实训室
2	个案工作的价值体系	牢记个案工作专业价值观，并在课堂模拟过程中体现	笔试、实操	专业教师	个案工作实训室
3	接案阶段	掌握面谈前准备及初次面谈方法	笔试、实操	专业教师	个案工作实训室
4	预估阶段	掌握预估的指标和维度；掌握预估方法和技巧	笔试、实操	专业教师	个案工作实训室
5	计划阶段	了解目标分类；需求转化为目标的能力	笔试、实操	专业教师	个案工作实训室
6	介入实施阶段	掌握各种理论模式；运用理论模式开展会谈	笔试、实操	专业教师	个案工作实训室
7	结案阶段	掌握个案总结的方法；处理离别情绪的技巧	笔试、实操	专业教师	个案工作实训室

（二）课程成绩评价办法

采用百分制为主的课程评价与考核方式，其中有关个案工作操作流程（个案服务计划书、个案记录、个案评估）的作业可作为学生学习态度的重要参考方式。

课程成绩评价的整体方法：课程成绩 = 课堂出勤 10%+ 书面作业 15%+ 课堂表现 15%+ 个案工作案例模拟 30%+ 个案工作测试 30%。

可以详细描述具体内容。

七、教学资源配置

（一）主教材

郑轶 . 个案工作实务（2 版）［M］. 北京：中国轻工业出版社，2021.

（二）教学参考资料

许莉娅 . 个案工作［M］. 北京：高教出版社，2004.

张雄 . 个案社会工作［M］. 上海：华东理工大学出版社，1999.

翟进，张曙 . 个案社会工作［M］. 北京：社会科学文献出版社，2001.

童敏 . 个案辅导［M］. 北京：社会科学文献出版社，2007.

（三）主要设备与设施

社工实训室多媒体设备，个案工作室监控设备。

（四）主讲教师

专任教师：陆宁，讲师，教学经历 10 年，重庆城市管理职业学院。

高等职业教育专科
"社区工作"课程标准

一、课程基本信息

课程编码	01010011	课程类型 （理论或实践或理实一体）	理实一体	学分	4
适用专业	社会工作／社区服务与管理				
先修课程	社会学基础、社会工作导论、人类行为与社会环境、个案工作等				
后续课程	社会工作实务、社会工作行政等				
总学时	72		实践学时	36	
执笔人	史金玉		批准人		

二、课程定位

"社区工作"课程是社会工作专业主干核心课程，主要内容包含社区工作的基础知识；社区工作的价值观和工作原则；社区工作的主要模式；社区工作的过程、方法和技巧等。课程旨在培养秉持助人自助的价值理念和具有社会责任感的社会工作者，运用社会工作专业方法，以社区为平台，以统筹社区照顾、扩大社区参与、促进社区融合与社区发展、参与社区矫正和社区戒毒康复等为主要任务，能够为社区中的特殊困难群体及全体居民提供支持和服务，推动社会的公平和正义。

三、课程目标

（一）社会主义核心价值观目标

（1）树立富强、民主、文明、和谐的价值目标；

（2）树立自由、平等、公正、法治的价值取向；

（3）树立爱国、敬业、诚信、友善的价值准则。

（二）情感态度目标

（1）具备爱国主义、民族团结、社会责任感；

（2）具备社会主义公民道德、社会公德和家庭美德意识；

（3）具备求实的科学态度、积极的生活态度。

（三）职业素养目标

（1）具备爱岗敬业、诚实守信，公道正派、服务群众，奉献社会的职业道德；

（2）具备与其他社会工作者、专业人士和志愿者合作共事的团队协作精神；

（3）具备开拓进取，推动基层社区治理改革的创新精神；

（4）具备维护服务对象合法权益和自身安全的职场安全与健康意识；

（5）具备较强的文案写作、口头表达与人际交流能力；

（6）具备运用政策，整合资源，促进社会公平正义的责任意识。

（四）知识目标

（1）掌握社区与社区工作的基本概念与内涵；

（2）了解社区工作的发展历史；

（3）理解社区工作的价值观与基本原则；

（4）掌握社区工作的实务模式；

（5）理解社区工作方法与技巧。

（五）技能目标

（1）能撰写社区探访报告；

（2）能撰写社区社会工作服务项目申报书；

（3）能组织策划和实施社区活动；

（4）能培育社区组织和管理志愿者；

（5）能设计、实施和评估社区社会工作服务项目；

（6）能运用政策和专业知识与技能解决社区问题。

四、课程主要内容

（一）能力单元与学时分配

序号	能力单元名称	讲授（学时）	实操（学时）	专家讲座（学时）	参观（学时）	讨论（学时）	其他（学时）
1	掌握社区与社区工作的概念与内涵	4	2		2		
2	了解社区工作的发展历程	4				2	2
3	理解社区工作的价值观与基本原则	4				2	
4	掌握社区工作的实务模式	8				2	2
5	熟悉社区工作的阶段	4			2	2	
6	掌握社区工作的方法与技巧	8	4			2	2
7	掌握社区社会工作服务项目设计与评估	2	4			2	2
8	了解我国社区工作的发展趋势	2				2	
合计		36	10		4	14	8

（二）教学任务描述

能力单元一：掌握社区与社区工作的概念与内涵	
教学目的描述	掌握社区与社区工作的概念与功能，社区工作的目标与特征
教学重点与难点	社区工作的功能、社区工作的目标
教学时数	8
教学方法与手段	讲授法、实地参观法、讨论法
考核方式	社区走访、社区探访报告
任务 1-1：掌握社区的概念与功能 任务描述	
相关知识点	社区的概念、社区的类型、社区的功能
相关实操技能	社区探访
相关实验	社区探访报告，分组走访社区，所需时间 4 课时
教师注意事项	注意学生安全，做好与社区、学校、教学的协调工作
学习资源	社区展板、橱窗等，社区工作者的讲解等
任务 1-2：掌握社区工作的概念、目标与功能 任务描述	
相关知识点	社区工作的概念、社区工作的目标、社区工作的功能
相关实操技能	无
相关实验	无

续表

教师注意事项	举例说明相关概念
学习资源	徐永祥.社区工作［M］.北京：高等教育出版社，2004.

能力单元二：了解社区工作的发展历程	
教学目的描述	了解西方国家社区工作的发展演变，中国社区工作的发展演变
教学重点与难点	英、美的社区睦邻运动，中国的乡村建设运动
教学时数	8
教学方法与手段	讲授法、视频、讨论法
考核方式	课堂讨论与发言
任务 2-1：了解西方国家社区工作的发展历程 任务描述	
相关知识点	德国的汉堡制、邻里之家，英国的社区照顾，美国的社区合作经济组织
相关实操技能	无
相关实验	无
教师注意事项	注意与当时的历史脉络结合讲解
学习资源	徐永祥.社区工作［M］.北京：高等教育出版社，2004.
任务 2-2：了解我国社区工作的发展历程 任务描述	
相关知识点	古代社会救助制度及实践，乡村建设运动，社区服务，社区建设等
相关实操技能	无
相关实验	无
教师注意事项	结合我国有关社区发展的政策分析
学习资源	夏建中.社区工作［M］.北京：中国人民大学出版社，2015.

能力单元三：理解社区工作的价值观与基本原则	
教学目的描述	理解社区工作的价值观与基本原则
教学重点与难点	社区工作的价值观
教学时数	6
教学方法与手段	讲授法、讨论法、案例法
考核方式	案例分析与讨论
任务 3-1：理解社区工作的价值观 任务描述	
相关知识点	人的价值与尊严，社会正义，社会参与，助人服务
相关实操技能	无
相关实验	无
教师注意事项	注意结合案例讲解
学习资源	薄存富.社区工作实务［M］.北京：中国轻工业出版社，2014.

续表

任务 3-2：理解社区工作的基本原则 任务描述	
相关知识点	社区发展，居民参与，社区自决，广泛合作等
相关实操技能	无
相关实验	无
教师注意事项	注意结合案例讲解
学习资源	溥存富.社区工作实务［M］.北京：中国轻工业出版社，2014.

能力单元四：掌握社区工作的实务模式	
教学目的描述	能运用社区工作实务模式设计服务方案和开展服务
教学重点与难点	地区发展模式，社区照顾模式
教学时数	12
教学方法与手段	讲授法、讨论法、案例法、视频
考核方式	案例分析
任务 4-1：掌握地区发展模式 任务描述	
相关知识点	地区发展模式的含义与特点，地区发展模式的实施策略
相关实操技能	无
相关实验	无
教师注意事项	注意结合案例讲解
学习资源	徐永祥.社区工作［M］.北京：高等教育出版社，2004.
任务 4-2：掌握社会策划模式 任务描述	
相关知识点	社会策划模式的含义与特点，社会策划模式的实施策略
相关实操技能	无
相关实验	无
教师注意事项	注意结合案例讲解
学习资源	徐永祥.社区工作［M］.北京：高等教育出版社，2004.
任务 4-3：掌握社区照顾模式 任务描述	
相关知识点	社区照顾模式的含义与特点，社区照顾模式的实施策略
相关实操技能	无
相关实验	无
教师注意事项	注意结合案例讲解
学习资源	徐永祥.社区工作［M］.北京：高等教育出版社，2004.

能力单元五：熟悉社区工作的阶段	
教学目的描述	掌握社区工作的基本流程，熟悉每个阶段要做的事情
教学重点与难点	进入社区、分析社区，制订计划

教学时数	8
教学方法与手段	讲授法、实地参观法、讨论法
考核方式	案例分析与讨论

任务 5-1：掌握社区工作的专业服务流程 任务描述

相关知识点	个案工作方法流程，小组工作方法流程，社区活动操作流程
相关实操技能	无
相关实验	无
教师注意事项	与案例相结合分析
学习资源	邹文开.社会工作实务操作手册［M］.北京：中国社会出版社，2015.

任务 5-2：掌握社区工作的基本阶段 任务描述

相关知识点	进入社区，分析社区，制订计划，实施计划，评估计划
相关实操技能	无
相关实验	无
教师注意事项	以某个社区项目为例进行分析
学习资源	编写组.社会工作综合能力（中级）［M］.北京：中国社会出版社，2016.

能力单元六：掌握社区工作的方法与技巧	
教学目的描述	掌握社区工作常用的方法与技巧
教学重点与难点	专业关系建立的方法与技巧
教学时数	16
教学方法与手段	讲授法、讨论法、案例法、角色扮演法
考核方式	情景模拟

任务 6-1：掌握专业关系建立的方法与技巧 任务描述

相关知识点	社区组织，居民代表，潜在服务对象
相关实操技能	接触居民
相关实验	与居民接触的技巧训练，角色扮演，2课时
教师注意事项	课前准备好情景
学习资源	赵蓬奇.社区工作服务指南［M］.北京：中国社会出版社，2017.

任务 6-2：掌握社区资料收集的方法与技巧 任务描述

相关知识点	社区行、问卷法、访谈法、文献法、社区图、社区资源
相关实操技能	绘制社区资源图
相关实验	绘制社区资源图，分组到社区走访调研，2课时
教师注意事项	注意学生安全，做好与社区、学校、教学的协调工作
学习资源	赵蓬奇.社区工作服务指南［M］.北京：中国社会出版社，2017.

任务 6-3：掌握社区组织与领袖培育的方法与技巧 任务描述	
相关知识点	社区组织，社区领袖，社区骨干
相关实操技能	无
相关实验	无
教师注意事项	注意结合案例讲解
学习资源	赵蓬奇.社区工作服务指南［M］.北京：中国社会出版社，2017.

能力单元七：掌握社区社会工作服务项目设计与评估	
教学目的描述	能根据社区问题及需求设计社区社会工作服务项目，并能加以评估
教学重点与难点	社区社会工作服务项目设计
教学时数	10
教学方法与手段	讲授法、案例法、讨论法
考核方式	项目设计
任务 7-1：掌握社区社会工作服务项目设计 任务描述	
相关知识点	项目背景，项目目标，项目内容，项目进度，项目预算，项目管理
相关实操技能	撰写社区社会工作服务项目申报书
相关实验	撰写社区社会工作服务项目申报书，以小组为单位，4 课时
教师注意事项	课前准备好社区背景材料和申报书模板
学习资源	童敏.社会工作专业服务的规划与设计［M］.北京：社会科学文献出版社，2011.
任务 7-2：掌握社区社会工作服务项目评估 任务描述	
相关知识点	项目实施方案，项目实施效果，项目过程管理
相关实操技能	无
相关实验	无
教师注意事项	根据重庆开展的社区社会工作服务项目评估进行讨论
学习资源	民政部《社会工作服务项目绩效评估指南》《社区社会工作服务指南》

能力单元八：了解我国社区工作的发展趋势	
教学目的描述	了解我国社区工作发展的有关政策及实务模式
教学重点与难点	《城乡社区服务体系建设规划（2016—2020 年）》
教学时数	8
教学方法与手段	讲授法、实地参观法、讨论法
考核方式	主题发言
任务 8-1：了解我国社区工作发展的有关政策 任务描述	
相关知识点	《城乡社区服务体系建设规划》
相关实操技能	无

相关实验	无
教师注意事项	将政策文件提前发给学生学习
学习资源	民政部网站
任务 8-2：了解我国社区工作的实务模式 任务描述	
相关知识点	"五社联动"，社区营造，三区计划
相关实操技能	无
相关实验	无
教师注意事项	收集相关实务模式的典型案例
学习资源	民政部网站

五、"课程思政"育人元素融入课程教学的途径和方法

序号	知识点	育人元素	融入途径、方式	预期效果	备注
1	社区工作的价值观与原则	爱国、敬业、自由、法治等价值观	案例法、讲授法、讨论法	引领学生增强坚定社会主义的信念，遵纪守法	
2	社区社会工作服务项目设计与评估	诚信、友善、平等、公正等价值观	案例法、讲授法、讨论法	提升学生的职业素养，做一个诚实守信的人	
3	我国社区工作的发展趋势	爱国、法治等价值观	案例法、讲授法、讨论法	引领学生增强坚定社会主义的信念，遵纪守法	

六、课程评价方法

本课程采用过程考核与结果考核相结合的方式，过程考核占 40%（课堂出勤 10%+书面作业 15%+ 课堂表现 15%），结果考核为期末测试占 60%。

七、教学资源配置

（一）教材

溥存富，彭振.社区工作实务［M］.北京：中国轻工业出版社，2014.

（二）教学资源

"社区工作"市级精品资源共享课程网站。
"社区工作"微课（在建）。

（三）主要设备与设施

课程主要依托校内社区社工实训室进行课堂教学和研讨，依托重庆兴民社会工作

服务中心在康居西城社区的社会工作服务站进行课程实训，依托学校四叶草社会工作服务站进行项目设计与实施等。

（四）主讲教师

专任教师：李飞虎，副教授，硕士研究生。

专任教师：史金玉，讲师，博士研究生。

兼任教师：郭瑞英，社会工作师，本科，重庆兴民社会工作服务中心。

专任教师：溥存富，讲师，硕士研究生。

八、其他说明

（一）行业／企业参与课程开发情况

重庆兴民社会工作服务中心为课程部分实训项目提供案例和现场教学。

（二）教学组织的特点（建议）

建议集中排课；部分内容在社工机构进行现场教学。

高等职业教育专科
"小组社会工作"课程标准

一、课程基本信息

课程编码	01010010	课程类型 （理论或实践或理实一体）	理实一体	适用专业	社会工作、民政工作
学分	4	总学时	72	实践学时	36
先修课程	社会学基础、社会工作导论、个案工作等				
后续课程	社会工作行政、社会工作实务等				
执笔人	何静			批准人	

二、课程定位

该课程属于专业核心课程。是社会工作中的常用方法，基于社会学基础、社会工作导论、个案工作之后开设，主要培养学生小组活动的策划与组织实施的能力，培养学生利用小组工作方法提供专业服务的能力，是专业人才培养目标的主要组成部分，是社会工作者职业资格证书的主要考试科目，主要对象是社会工作专业的学生。

三、课程目标

（一）社会主义核心价值观目标

（1）树立富强、民主、文明、和谐的价值目标；
（2）树立自由、平等、公正、法治的价值取向；
（3）树立爱国、敬业、诚信、友善的价值准则。

（二）情感态度目标

（1）具备诚信友善、社会责任情感等；
（2）具备社会主义公民道德、社会公德和家庭美德意识等；
（3）具备求实的科学态度、积极的生活态度等。

（三）职业素养目标

（1）具备爱岗敬业、诚实守信、遵纪守法等职业道德；

（2）具备诚信友爱、团队协作精神、创新精神；

（3）具备职业伦理和道德意识；

（4）具备社会工作职业职场礼仪与规范意识；

（5）具备文化自信。

（四）知识目标

（1）掌握小组社会工作的定义和构成要素；

（2）理解小组社会工作的概念、内容和特征；

（3）了解小组社会工作理论和小组社会工作伦理；

（4）掌握小组社会工作不同阶段的工作内容和工作方法。

（五）技能目标

（1）带领小组的能力；

（2）撰写小组计划书的能力；

（3）设计、组织小组游戏的能力；

（4）引导小组讨论的能力；

（5）引导小组习作的能力；

（6）撰写小组单元记录表的能力；

（7）进行小组评估的能力；

（8）较强的组织、协调和控制能力；

（9）较强的语言表达能力和人际交往能力。

四、课程主要内容

（一）能力单元与学时分配

序号	能力单元名称	讲授（学时）	实操（学时）	专家讲座（学时）	参观（学时）	讨论（学时）	其他（学时）
1	小组工作的基本知识	10					
2	小组的筹备	10	4				
3	小组工作的具体介入	32	10		2		
4	小组工作的评价	6	2				
合计		58	16		2		

能力单元名称：根据实际工作的程序（或顺序）要求，用动词来描述学习者通过学习要形成的具体能力是什么？

例如，发动机拆装工具选择，发动机的拆卸，××××× 的测试，×××× 的故障排除，×××× 的装配。

（二）教学任务描述

能力单元一：小组工作的基本知识	
教学目的	能够根据小组及小组工作的定义辨别专业小组，掌握小组工作的理论，掌握小组的过程
教学重点与难点	小组的过程
教学时数	10
教学方法与手段	讲授法
考核方式	云课堂课后测试
任务 1-1：辨别小组与集合体 任务描述	
相关知识点	小组、集合体、互动
相关实操技能	无
相关实验	无
教师注意事项	讲解时多结合社会生活中的生动例子，以便通俗易懂
学习资源	无
任务 1-2：小组工作的理论 任务描述	
相关知识点	小组工作；人类发展理论；需要理论；社会学习理论
相关实操技能	无
相关实验	无
教师注意事项	讲解时多结合社会生活中的生动例子，以便通俗易懂
学习资源	王瑞鸿.人类行为与社会环境［M］.上海：华东理工大学出版社，2005.
任务 1-3：小组的过程 任务描述	
相关知识点	小组互动、小组角色、小组凝聚力以及次小组
相关实操技能	无
相关实验	无
教师注意事项	讲解时多结合社会生活中的例子，以便通俗易懂
学习资源	丁少华.小组工作［M］.北京：社会科学文献出版社，2003.

能力单元二：小组的筹备	
教学目的	能够在社区调查的基础上，做好小组聚会前的工作（对小组的需求作出评估，能够写出小组计划书，会招募小组成员，并能够根据小组的规模及性质选择小组聚会场所、布置小组会场等）
教学重点与难点	小组的需求评估、小组计划书

教学时数	11
教学方法与手段	讲授法、实操
考核方式	课后测试加实践
任务 2-1：小组需求的评估 任务描述	
相关知识点	成立小组的需要；小组的提出；需要的种类
相关实操技能	无
相关实验	无
教师注意事项	无
学习资源	无
任务 2-2：小组计划书的撰写 任务描述	
相关知识点	小组计划书的组成部分
相关实操技能	撰写小组计划书的能力
相关实验	将学生分成 3~4 组，每组选择一个合适的组长与一个合适的主题（如厌学问题、亲子关系问题、老年人退休适应问题等），每组写出一份小组计划书
教师注意事项	对小组计划书范例进行深入讲解
学习资源	何洁云《小组程序计划簿》
任务 2-3：小组成员的招收和选择 任务描述	
相关知识点	选择组员需要考虑的因素；招收组员的方式
相关实操技能	招收和选择组员的能力
相关实验	把学生分为不同的组，教师给每组提供一段有关小组性质或阶段的描述性语言，让学生讨论选组员需要考虑的因素以及招收和选择组员的方式，最后教师作出总结
教师注意事项	引导学生讨论的时候要充分
学习资源	无
任务 2-4：小组会场的选择与布置 任务描述	
相关知识点	小组聚会的物理环境、人际距离、小组互动
相关实操技能	选择会场与布置房间的能力
相关实验	把学生分为不同的组，教师给每组提供一段有关小组性质或阶段的描述性语言，让学生选择小组聚会的位置以及布置小组聚会的房间，并组织学生作出总结
教师注意事项	引导学生讨论的时候要充分
学习资源	无

能力单元三：小组工作的具体介入	
教学目的	能够判断小组的性质，并根据小组的性质及规模带领小组
教学重点与难点	小组讨论、小组游戏、小组习作
教学时数	42
教学方法与手段	讲授法、讨论、实操

考核方式	实践汇报
任务 3-1：小组的带领 任务描述	
相关知识点	带领小组的基本技巧；小组促进与干预技巧；小组讨论；小组习作；小组游戏等
相关实操技能	将带领小组所需的理念与方法用于模拟性小组中
相关实验	小组活动的检验
教师注意事项	教师让学生利用课余时间开展小组，到期末时，组织学生把开展小组活动的情况在实验室里演示出来
学习资源	刘梦，张和清．小组工作［M］．北京：高等教育出版社，2003．
任务 3-2：小组契约的签订 任务描述	
相关知识点	小组规范；小组动力；小组契约书
相关实操技能	会根据小组的性质和特征，与组员签订小组契约书
相关实验	无
教师注意事项	着重引导学生讨论小组契约书的作用及形成过程
学习资源	上海阳光青少年事务中心资料
任务 3-3：小组讨论的主持 任务描述	
相关知识点	小组讨论的技巧；观察的技巧
相关实操技能	组织、引导、控制小组讨论的能力
相关实验	选取某一材料，组织学生就材料中所涉及的内容，运用相关知识和技巧进行讨论
教师注意事项	小组讨论的节奏控制，教师的示范作用
学习资源	教学案例
任务 3-4：小组习作的介绍和引导 任务描述	
相关知识点	小组习作；不同类型的小组习作
相关实操技能	组织、引导、控制小组习作的能力
相关实验	介绍并引导学生讨论"自画像""我的素描""我是一个独特的人"等10多个小组习作，并引导学生进行讨论
教师注意事项	与学生进行引导时，提示不要过多
学习资源	林孟平．小组辅导与心理治疗［M］．上海：上海教育出版社，2005．
任务 3-5：小组游戏的组织与控制 任务描述	
相关知识点	适合于小组各个阶段的小组游戏
相关实操技能	实操法
相关实验	结合"小组的历程"的内容，在讲授完小组的聚会阶段、形成阶段、冲突阶段、维持阶段以及结束阶段每一个阶段后，分别给学生介绍破冰、热身游戏，分组、互相认识游戏，信任游戏，创造力游戏，团队合作游戏，团队建设及解决问题游戏等游戏
教师注意事项	澄清小组游戏的目的，把握小组游戏的节奏，引导组员分享游戏的感受
学习资源	青翼社会工作网

任务 3-6：小组工作技巧 任务描述	
相关知识点	特殊组员及带领技巧、特殊情况及处理技巧
相关实操技能	会处理小组过程中的特殊情况
相关实验	选取某一材料或设定一个情景，组织学生就材料或情景中所涉及的内容，利用角色扮演等方式进行处理
教师注意事项	教师给学生介绍小组过程中经常出现的情景，组织学生进行讨论
学习资源	无
任务 3-7：小组的记录 任务描述	
相关知识点	叙述式（过程）记录、摘要记录
相关实操技能	小组举办了几次活动，至少写出几份小组记录
相关实验	无
教师注意事项	无
学习资源	无

能力单元四：小组工作的评价	
教学目的	能够对小组活动的实施情况作出评价
教学重点与难点	小组评估的内容、小组评估的设计
教学时数	6
教学方法与手段	讲授法、讲座
考核方式	实践汇报
任务 4-1：小组评估的内容 任务描述	
相关知识点	对成员的行为变化作出评估；对工作者自身作出评估；让组员对小组作出评估
相关实操技能	无
相关实验	无
教师注意事项	无
学习资源	熟悉各种评估量表
任务 4-2：小组评估的设计 任务描述	
相关知识点	单一个案设计、AB 设计、ABAB 设计
相关实操技能	无
相关实验	小组活动完结时，每组写出一份小组评估报告
教师注意事项	教师讲解要生动、饱满
学习资源	刘梦，张和清.小组工作［M］.北京：高等教育出版社，2003.
任务 4-3：测量工具的选择和资料的收集与分析 任务描述	
相关知识点	测量工具的选择、资料收集、资料分析
相关实操技能	无

相关实验	无
教师注意事项	教师为学生提供一定的材料供分析
学习资源	无
任务 4-4：评估报告的撰写 任务描述	
相关知识点	评估报告的重要性、撰写准备、研究性评估报告的格式
相关实操技能	无
相关实验	无
教师注意事项	重点讲解评估报告的重要性
学习资源	无

五、"课程思政"育人元素融入课程教学的途径和方法

序号	知识点	育人元素	融入途径、方式	预期效果	备注
1	小组的定义、小组的功能、小组的构成要素	友善、团结	历史事件、案例分析、小组实践	学生团队意识增强	
2	撰写小组计划书（背景）的方法	爱国、敬业	电影分析、角色扮演、音乐活动	学生敬业意识增强	
3	小组主题设计	爱国、敬业、文化自信	音乐欣赏、音乐演奏	学生爱国情感增强	
4	小组活动流程设计	爱国、敬业、文化自信	歌词讨论	学生爱国情感增强	
5	小组初期游戏设计	团结、奋进、爱岗、敬业、文化自信	游戏	学生团结意识增强	
6	小组中期暖身游戏设计	团结、奋进、爱岗、敬业、文化自信	游戏体验和角色扮演	学生团结意识增强	
7	小组后期游戏设计	团结、奋进、爱岗、敬业、文化自信	游戏体验和角色扮演	学生团结意识增强	
8	带领小组游戏的技巧	尊重、民主、敬业、文化自信	带领游戏、角色扮演	学生团结意识增强	
9	农村传统手工艺小组设计技巧	责任和使命感、劳动、敬业、文化自信	带领小组、角色扮演	学生责任意识增强	
10	亲子沟通小组设计技巧	责任和使命感、敬业、文化自信	带领小组、角色扮演	学生责任意识增强	

六、课程评价方法

采用等级制进行成绩评价，可分为 ABCD 四个等级，D 等级为不及格，需要重修本课程。课程成绩 = 课堂出勤 20%+ 书面作业 50%+ 课堂表现 30%。

七、教学资源配置

（一）主教材

芮洋.小组工作［M］.北京：北京大学出版社，2022.8.

（二）参考资料

刘梦，张和清.小组工作［M］.北京：高等教育出版社，2003.1.
林孟平.小组辅导与心理治疗［M］.上海：上海教育出版社，2005.

（三）主要设备与设施

小组工作实训室；游戏道具；讨论、习作用的纸笔等。

（四）主讲教师

何静，重庆城市管理职业学院社工专业双师型骨干教师，副教授。
丁庆，重庆城市管理职业学院社工专业双师型骨干教师，讲师。

八、其他说明

（一）产教融合，行业／企业参与课程开发情况

重庆万州明爱社会工作服务中心，冉小霞（一线社工）。

（二）教学组织的特点（建议）

根据能力单元与学时分配规定，部分内容去现场实地参观、实操。

高等职业教育专科
"社会工作导论"课程标准

一、课程基本信息

课程编码	1010004	课程类型 （理论或实践或理实一体）	理论	适用专业	社会工作
学分	3	总学时	45	实践学时	15
先修课程	无				
后续课程	个案工作、小组工作、社区工作、社会工作行政、社会工作实务等				
执笔人	芮洋		批准人		

二、课程定位

本课程是社会工作专业入门课程，也是社会工作专业核心课程。该课程对于了解社会工作的基本含义、发展历史、价值伦理、服务手法及服务领域等具有基础性的作用；该课程有助于社会工作专业学生岗位认知能力的形成、专业认同感的养成及专业技术的提升；该课程对社会工作专业学生在以后的从业过程中考取社会工作职业资格证书具有启蒙意义。高职高专学生知识基础较差、理解能力偏弱。为此，本课程讲授由浅入深，结合案例分析、小组讨论、机构探访等方式进行教学。

三、课程目标

（一）社会主义核心价值观目标

（1）树立富强、民主、文明、和谐的价值目标；
（2）树立自由、平等、公正、法治的价值取向；
（3）树立爱国、敬业、诚信、友善的价值准则。

（二）情感态度目标

（1）具备爱国主义、民族团结、社会责任情感等；

（2）具备社会主义公民道德、社会公德和家庭美德意识等；

（3）具备求实的科学态度、积极的生活态度等；

（4）具备爱心、责任、服务、奉献的专业精神。

（三）职业素养目标

（1）具备爱岗敬业、诚实守信、遵纪守法等职业道德；

（2）具备良好的心理素质及抗逆力的培养；

（3）具备积极进取意识及团队合作精神。

（四）职业知识目标

（1）了解并初步掌握社会工作专业的学科性质、历史发展与理论基础；

（2）了解并初步掌握社会工作专业的特殊知识结构、工作领域、工作方法及发展动向；

（3）初步建立社会工作者的历史使命、道德责任感及专业伦理意识，决心为进一步发展我国的社会工作事业贡献力量。

（五）职业技能目标

（1）能撰写社会工作岗位任职报告；

（2）能填写个案接案表；

（3）能撰写小组活动策划方案；

（4）能撰写社区发展建议方案；

（5）能识读并画出家庭谱系图。

四、课程主要内容

（一）能力单元与学时分配

序号	能力单元名称	讲授（学时）	实操（学时）	专家讲座（学时）	参观（学时）	讨论（学时）	其他（学时）
1	社会工作专业认知能力（一）	4	3（教学影片）		4（岗位认知）		
2	社会工作专业认知能力（二）		5（岗位认知）				
3	社会工作价值观及专业伦理的初步内化能力	3	3（教学影片）				

序号	能力单元名称	讲授（学时）	实操（学时）	专家讲座（学时）	参观（学时）	讨论（学时）	其他（学时）
4	中国社会福利制度的初步了解能力	2					
5	人类行为与社会环境初步了解能力	2					
6	社会工作过程的初步分析能力	2					
7	社会工作专业方法的初步运用能力	6					
8	社会工作领域初步了解能力	5					
9	社会工作行政和社会政策的初步分析能力	2					
10	社会工作研究设计的初步能力	2					
11	社会工作专业的现状和未来发展的初步分析能力	2					
合计		30	11		4		

（二）教学任务描述

能力单元一：社会工作专业认知能力（一）	
教学目的描述	通过讲授、讲解教学片，让学生对社会工作的行业前景形成直观的认识
教学重点与难点	社会工作知识讲授
教学时数	11
教学方法与手段	讲授法、视频讲解
相关知识点	1.什么是社会工作；2.社会工作的性质；3.社会工作的对象与领域；4.社会工作的功能
相关实操技能	访谈技巧、观察技巧
相关实验	无
教师注意事项	无
学习资源	民政部官网 http://www.mca.gov.cn/ 社工中国官网 http://www.swchina.org/

能力单元二：社会工作专业认知能力（二）	
教学目的描述	通过机构探访，让学生对社会工作的岗位要求、机构运行等形成直观的认识
教学重点与难点	社会工作机构探访
教学时数	5
教学方法与手段	机构探访
相关知识点	1.社会工作的岗位要求；2.社会工作的机构运行

相关实操技能	访谈技巧、观察技巧、提问技巧
相关实验	社会工作机构探访汇报
教师注意事项	与机构保持密切联系，引导学生理性沟通
学习资源	民政部官网 http://www.mca.gov.cn/ 社工中国官网 http://www.swchina.org/

能力单元三：社会工作价值观及专业伦理的初步内化能力	
教学目的描述	通过讲授、分析教学视频，让学生对社会工作价值伦理形成直观的认识，并能外化于形、内化于心
教学重点与难点	社会工作价值观与社会工作职业伦理的关系
教学时数	6
教学方法与手段	讲授法、视频讲解
相关知识点	社会工作价值观、社会工作职业伦理
相关实操技能	无
相关实验	无
教师注意事项	
学习资源	民政部官网 http://www.mca.gov.cn/ 社工中国官网 http://www.swchina.org/

能力单元四：中国社会福利制度的初步了解能力	
教学目的描述	通过讲解，让学生清楚社会工作在社会福利体系中的地位和作用
教学重点与难点	社会转型
教学时数	2
教学方法与手段	讲授法
相关知识点	社会福利、社会福利制度与社会工作的关系
相关实操技能	无
相关实验	无
教师注意事项	讲解时结合案例、图片，通俗易懂
学习资源	民政部官网 http://www.mca.gov.cn/ 社工中国官网 http://www.swchina.org/

能力单元五：人类行为与社会环境的初步了解能力	
教学目的描述	通过讲解，让学生清楚人类行为与社会环境的相互关系，尤其是后者对前者的重要影响作用
教学重点与难点	精神分析学家埃里克森的贡献
教学时数	2

教学方法与手段	讲授法
相关知识点	人类行为、社会环境、两者的关系
相关实操技能	无
相关实验	无
教师注意事项	讲解时结合案例，通俗易懂
学习资源	民政部官网 http://www.mca.gov.cn/ 社工中国官网 http://www.swchina.org/

能力单元六：社会工作过程的初步分析能力	
教学目的描述	通过讲解，让学生清楚各种社会工作手法并非一蹴而就，并且社会工作是一个计划性、目的性很强的过程
教学重点与难点	个案工作过程、小组工作过程、社区工作过程
教学时数	2
教学方法与手段	讲授法
相关知识点	个案工作过程、小组工作过程、社区工作过程
相关实操技能	无
相关实验	无
教师注意事项	结合医务流程
学习资源	民政部官网 http://www.mca.gov.cn/ 社工中国官网 http://www.swchina.org/

能力单元七：社会工作专业方法的初步运用能力	
教学目的描述	通过讲解，让学生初步掌握社会工作专业技术
教学重点与难点	个案工作技巧、小组工作技巧、社区工作技巧
教学时数	6
教学方法与手段	讲授法
相关知识点	个案工作技巧、小组工作技巧、社区工作技巧
相关实操技能	无
相关实验	无
教师注意事项	结合案例进行讲解
学习资源	民政部官网 http://www.mca.gov.cn/ 社工中国官网 http://www.swchina.org/

能力单元八：社会工作领域初步了解能力	
教学目的描述	通过讲解，让学生初步了解老年社会工作、社区治理、社会救助等领域
教学重点与难点	社会救助

教学时数	5
教学方法与手段	讲授法
相关知识点	老年社会工作、社区治理、社会救助社会工作
相关实操技能	无
相关实验	无
教师注意事项	讲解时通俗易懂
学习资源	民政部官网 社工中国官网

能力单元九：社会工作行政和社会政策的初步分析能力	
教学目的描述	通过讲解，让学生初步了解社会工作行政、社会工作政策
教学重点与难点	社会工作行政
教学时数	2
教学方法与手段	讲授法
相关知识点	社会工作行政、社会工作政策
相关实操技能	无
相关实验	无
教师注意事项	讲解时通俗易懂
学习资源	民政部官网 社工中国官网

能力单元十：社会工作研究设计的初步能力	
教学目的描述	通过讲解，让学生初步了解社会工作研究的地位及作用
教学重点与难点	定量研究、定性研究
教学时数	2
教学方法与手段	讲授法
相关知识点	定量研究、定性研究、问卷调查
相关实操技能	无
相关实验	无
教师注意事项	结合问卷示例进行讲解
学习资源	民政部官网 社工中国官网

能力单元十一：社会工作专业的现状和未来发展的初步分析能力	
教学目的描述	通过讲解，让学生对社会工作的未来发展充满信心，增强其职业认同感
教学重点与难点	社会工作专业的现状

续表

教学时数	2
教学方法与手段	讲授法
相关知识点	社会工作专业的现状、社会工作的未来发展
相关实操技能	无
相关实验	无
教师注意事项	讲解时通俗易懂
学习资源	民政部官网 社工中国官网

五、"课程思政"育人元素融入课程教学的途径和方法

序号	知识点	育人元素	融入途径、方式	预期效果	备注
1	助人自助的理念	做事要有度	通过机构探访建立元认知	助人要有度，不能包办代替，会养成受助人懒惰行为和不劳而获的思想。做事也要有度，这个"度"可反映在交友、上网、用手机等方面的态度和行为上。要把握住自我，不然会走向令人遗憾或悔恨的歧途。能够让学生在专业成长的同时，养成做事要有度的意识。实现知识传授和价值引领的有机统一	
2	接纳、尊重	要学会接纳与尊重他人	通过理论阐述和案例分享建立元认知	通过自己的体验学习做人要尊重别人，接纳别人好的一面和不好的一面。能够让学生在专业成长的同时，养成尊重、接纳别人的好习惯，提高他们服务社会的意识和能力。实现个人成长与专业培养的有机统一	
3	同理心的运用	学会换位思考	通过案例分析、角色扮演建立基本认知	通过角色扮演等方式体验他人的心理和行为，从而理解他人，避免因为误解而产生矛盾与隔阂。能够让学生在专业成长的同时，养成共情别人的好习惯，提高他们服务社会的意识和能力。实现知识传授和价值引领的有机统一	
4	倾听	学会倾听别人	通过案例分析、角色扮演建立基本认知	能够让学生在专业成长的同时，养成倾听别人的好习惯，提高他们服务社会的意识和能力。实现知识传授和价值引领的有机统一	
5	保密	学会为他人保密	通过案例分析、角色扮演建立基本认知	能够让学生在专业成长的同时，养成为别人保密的习惯，提高他们服务社会的意识和能力。实现知识传授和价值引领的有机统一	

六、课程评价方法

（一）能力测试的方法与手段

序号	能力单元名称	测试的方法与手段			
		鉴定要求	采用方法	鉴定人	鉴定地点
1	能撰写社会工作岗位认知报告	根据格式完成岗位认知报告的撰写	笔试	任课教师	
2	能填写个案接案表	根据格式完成个案接案表的填写	笔试	任课教师	
3	能撰写简单的小组活动策划方案	根据格式完成小组活动策划方案的撰写	笔试	任课教师	
4	能撰写简单的社区发展建议方案	根据格式完成社区发展建议方案的撰写	笔试	任课教师	
5	能识读并画出家庭谱系图	根据给定材料识读家庭谱系图；根据给定材料画出家庭谱系图	笔试	任课教师	

（二）课程成绩评价办法

课程成绩 = 课堂出勤 10%+ 书面作业 10%+ 课堂表现 10%+ 项目测试 70%。

七、教学资源配置

（一）教材、参考书目

1. 教材

赵钦清，田奇恒 . 社会工作导论［M］. 北京：北京大学出版社，2016.

2. 参考书目

王思斌 . 社会工作导论［M］. 北京：高等教育出版社，2004.

孙立亚 . 社会工作导论［M］. 北京：中国财政经济出版社，1999.

李迎生 . 社会工作概论［M］. 北京：中国人民大学出版社，2004.

（二）信息化教学资源

暂无。

（三）主要设备与设施

校内：社会工作实训室多媒体。

校外：社会工作服务机构。

（四）主讲教师

任课教师姓名	职称	职务	教学年限	单位名称
芮洋	教授	无	23	重庆城市管理职业学院
李飞虎	副教授	民社学院副院长	18	重庆城市管理职业学院

八、其他说明

（一）产教融合，行业／企业参与课程开发情况

行业骨干	职务／职称	单位名称	教学年限	所做的工作
万文	主任／高级社工师	重庆市仁爱社会工作服务中心	10	提供课程教学框架建议
王艳	主任／中级社工师	重庆市民悦社会工作服务中心	12	提供课程教学案例、模板等相关资料

（二）教学组织的特点

本课程采用分散授课，"岗位认知实践"部分要求学生利用课余时间到重庆市相关社会工作服务机构学习、探访。

高等职业教育专科
"社会工作项目设计与评估"课程标准

一、课程基本信息

课程编码	1010070	课程类型 （理论或实践或理实一体）	理论与实践一体	学分	2
适用专业	社会工作、社区管理与服务				
先修课程	个案工作、小组工作、社区工作、社会工作实务等				
后续课程	参与式农村社区管理与社会工作服务、家庭与个体发展；社会工作介入与治疗、精神健康促进与干预、护爱长者；老年人发展与服务等				
总学时	45		实践学时	25	
执笔人	丁庆		批准人		

二、课程定位

"社会工作项目设计与评估"是社会工作专业的通用技术型课程。该课程主要讲述了社会工作项目的概念、周期、社会工作项目策划的概念、原则、要素、流程等内容，让学生在掌握项目策划理论知识的基础上，形成项目策划思维，完成项目策划书，提高学生文案写作能力。为学生实习、工作中社会工作机构项目策划工作奠定基础。该课程要求学生从整体上综合运用社会工作专业知识和方法，培养个人文案写作素养与能力。

三、课程目标

通过本课程的教学，使学生了解社会工作项目的概念、周期、特征、意义，分析影响社会组织服务项目选择的要素，进行政府购买社会组织服务项目解读，熟悉社会工作项目策划的概念、原则、要素，重点是让学生掌握社会工作项目策划的流程，结合课程实践，做好每一个流程的具体工作，在项目需求调研、确定项目实施地点、组建项目团队、设计项目内容的基础上，完成项目策划书的撰写。培养学生社会工作项目策划思维、意识，提升学生项目策划水平，厘清撰写项目策划书的思路，提高学生撰写项目策划书的能力。为社会工作实习、项目策划工作打下良好基础。

通过本课程的学习，学习者应该具备以下知识、技能与素质。

（一）社会主义核心价值观目标

（1）树立富强、民主、文明、和谐的价值目标；

（2）树立自由、平等、公正、法治的价值取向；

（3）树立爱国、敬业、诚信、友善的价值准则。

（二）情感态度目标

（1）具备爱国主义、民族团结、社会责任情感等；

（2）具备社会主义公民道德、社会公德和家庭美德意识等；

（3）具备求实的科学态度、积极的生活态度等。

（三）职业素养目标

学生不断强化专业意识、融合专业价值观，提升自身综合能力。

（1）具备社会主义公民道德、社会公德和家庭美德意识等，树立社会主义民主法治、自由平等、公平正义理念，养成爱国、敬业、诚信、友善的优良品质；

（2）具备专业社会工作者的职业道德，包括爱岗敬业、诚实守信、遵守法律法规与社会工作项目策划价值、伦理要求；

（3）具备较强的文案写作、人际沟通与表达能力、组织协调能力；

（4）具备与其他工作者一同工作、团结协作的精神；

（5）具备新时代、新情况下面对新问题，与时俱进、不断创新的能力；

（6）具备持续学习精神，职场安全与健康意识；

（7）具备社会工作职场礼仪与规范意识；

（8）具备社会工作行业工匠精神，以精益求精的态度与标准严格要求自己。

（四）知识目标

（1）社会工作项目的概念、社会工作项目策划的理论知识的了解与掌握；

（2）了解社会工作项目的概念、周期、类型、意义；

（3）了解影响社会组织服务项目选择的要素；

（4）解读政府购买社会组织服务项目；

（5）熟悉社会工作项目策划的概念、原则与要素；

（6）掌握社会工作项目策划的流程；

（7）撰写项目策划书。

（五）技能

技能要求包括两方面：一是理论知识学习基础上，形成项目策划思维；二是学习过程中，个人策划能力的提升。

（1）能对政府购买社会组织服务项目中的要素进行解读；

（2）能对影响社会组织服务项目选择的要素进行分析；

（3）能完成某一项目需求评估；

（4）能组建项目团队、确定项目服务对象、实施地点；

（5）能合理设计项目内容；

（6）能完成一份较高质量的项目策划书；

（7）能形成项目策划思维；

（8）能秉持专业敏感、保持持续学习能力，提升项目策划水平。

四、课程主要内容

（一）能力单元与学时分配

序号	能力单元名称	讲授（学时）	实操（学时）	专家讲座（学时）	参观（学时）	讨论（学时）	其他（学时）
1	定义社会工作项目概念、陈述社会工作项目周期	4					
2	分析影响社会组织服务项目选择的要素	4					
3	解读政府购买社会组织服务项目	4					
4	掌握社会工作项目策划的概念、原则	3					
5	掌握社会工作项目策划的流程	5	25				
合计		20	25				

（二）教学任务描述

能力单元一：定义社会工作项目概念、陈述社会工作项目周期	
教学目的描述	通过教学，使学生能定义社会工作项目的基本概念，能陈述社会工作项目的周期阶段。重在回答社会工作项目是什么，社会工作项目与社会工作活动的联系与区别
教学重点与难点	社会工作项目的基本概念、周期，社会工作项目与社会工作活动的区别
教学时数	4
教学方法与手段	以课堂讲授法为主，兼以案例分析和讨论
考核方式	课堂提问、小组讨论结果评分

	任务1-1：定义社会工作项目的基本概念	
相关知识点	1. 项目的定义、共性特征 2. 社会工作项目的定义、本质特征、类型、意义 3. 社会工作项目与社会工作活动的联系与区别	
相关实操技能	无	
相关实验	无	
教师注意事项	依据教学经验，由于学习该课程前学生已学习了小组活动、社区活动设计等相关知识，易把单个社会工作活动当作社会工作项目，故教师课程讲授时，要注重讲解社会工作项目与社会工作活动的区别	
学习资源	相关案例	
	任务1-2：陈述社会工作项目的周期	
相关知识点	1. 定义阶段 需求评估 项目论证 项目建议书 可行性研究 初步设计 项目批准 组建项目团队 2. 设计阶段 设计解决方案 制定具体目标 工作分解 成本估算 人员分工 质量保证 合同签订 3. 实施阶段 实施具体工作计划 跟踪进度 控制偏差 4. 交付阶段 交付成果 项目验收	
相关实操技能	学生能根据教师提供的案例，分析案例中体现的社会工作项目的周期阶段	
相关实验	无	
教师注意事项	帮助学生明晰社会工作项目每一阶段的任务与内容	
学习资源	相关案例	

	能力单元二：分析影响社会组织服务项目选取的要素	
教学目的描述	通过教学，使学生认知影响社会组织社会工作项目选取的要素，为学生分组实践中社会工作项目的选择奠定基础	
教学重点与难点	影响社会组织社会工作项目选取的要素分析	
教学时数	4	

教学方法与手段	采用大量案例讲解，使学生理解影响社会组织选取社会工作项目的要素有哪些，兼以讨论、讲授
考核方式	课堂讨论结果评分

任务 2-1：分析组织机构的定位

相关知识点	组织机构的理论定位、角色定位、形象定位及目标定位
相关实操技能	无
相关实验	无
教师注意事项	无
学习资源	相关案例

任务 2-2：分析项目对接方、资助方的需求

相关知识点	项目对接方（服务项目所在地点的组织）的需求；项目资助方的需求
相关实操技能	无
相关实验	无
教师注意事项	引导学生讨论、反思为提高政府购买服务项目中标率，从对接方、资助方需求的角度来考虑社会工作项目策划书撰写的注意事项有哪些
学习资源	相关案例

任务 2-3：分析社会环境状况

相关知识点	政策环境、组织所处的人文地理环境、文化环境
相关实操技能	无
相关实验	无
教师注意事项	无
学习资源	相关案例

任务 2-4：分析机构可利用资源

相关知识点	人力资源、物力资源
相关实操技能	1.将学生分成若干小组，教师给出情境案例，分组讨论案例中体现的机构可利用资源状况 2.引导学生从本土性角度思考，重庆目前的社会工作机构可利用的外部资源有哪些
相关实验	无
教师注意事项	无
学习资源	相关案例

任务 2-5：分析可能存在的不确定因素

相关知识点	时间变动、地点的限制、机构内人事变更、服务对象需求变化等
相关实操技能	无
相关实验	无
教师注意事项	教师课堂讲授结合实例，帮助学生理解
学习资源	无

续表

能力单元三：解读政府购买社会组织服务项目	
教学目的描述	通过教学，强化学生为民服务、助人自助的服务理念，体会如何融入政府购买服务的申报书中，使学生了解政府购买社会组织服务项目中的购买主体、一般项目申报时间、项目申报书样本、经费申请与使用规定、项目申报要求及流程
教学重点与难点	政府购买社会组织服务项目解读
教学时数	4
教学方法与手段	课堂讲授法与学生问答相结合
考核方式	课堂讨论结果评分
任务 3-1：分析购买主体	
相关知识点	购买主体、申报主体及供给主体
相关实操技能	以当年重庆市民政局购买社工服务通知材料为蓝本，如《重庆市 2023 年政府购买社会工作服务项目实施方案》，带领学生一起阅读与分析相关内容
相关实验	无
教师注意事项	无
学习资源	政府发文材料
任务 3-2：分析一般项目申报时间	
相关知识点	项目申报时间
相关实操技能	以当年重庆市民政局购买社工服务通知材料为蓝本，如《重庆市 2023 年政府购买社会工作服务项目实施方案》，带领学生一起阅读与分析相关内容
相关实验	无
教师注意事项	无
学习资源	政府发文材料
任务 3-3：分析项目申报书样本	
相关知识点	项目申报时间
相关实操技能	以当年重庆市民政局购买社工服务通知材料为蓝本，如《重庆市 2023 年政府购买社会工作服务项目实施方案》，带领学生一起阅读与分析相关内容
相关实验	无
教师注意事项	无
学习资源	政府发文材料
任务 3-4：分析经费申请与使用规定	
相关知识点	项目申报时间
相关实操技能	以当年重庆市民政局购买社工服务通知材料为蓝本，如《重庆市 2023 年政府购买社会工作服务项目指南》，带领学生一起阅读与分析相关内容
相关实验	无
教师注意事项	无
学习资源	政府发文材料

任务 3-5：分析项目申报要求及流程	
相关知识点	项目申报要求、流程
相关实操技能	以当年重庆市民政局购买社工服务通知材料为蓝本，如《重庆市 2023 年政府购买社会工作服务项目实施方案》，带领学生一起阅读与分析相关内容
相关实验	无
教师注意事项	无
学习资源	政府发文材料

能力单元四：掌握社会工作项目策划的概念、原则	
教学目的描述	通过学习，使学生了解策划的概念，在讲授社会工作项目管理过程阶段的基础上，分析社会工作项目策划与社会工作项目管理的区别，掌握社会工作项目策划的概念
教学重点与难点	社会工作项目策划概念的掌握，重点在于区分社会工作项目策划与社会工作项目管理
教学时数	3
教学方法与手段	课堂讲授法与学生问答相结合
考核方式	课堂讨论结果评分
任务 4-1：定义社会工作项目策划的概念、原则	
相关知识点	社会工作项目策划的概念、原则
相关实操技能	以小组为单位进行案例探讨
相关实验	无
教师注意事项	在学生讨论结果的基础上，教师进行相关理论知识点的梳理与讲解
学习资源	相关案例
任务 4-2：掌握社会工作项目策划与社会工作项目管理的区别	
相关知识点	1. 什么是社会工作项目管理 2. 社会工作项目管理的过程 3. 社会工作项目策划与社会工作项目管理的关系
相关实操技能	以小组为单位进行案例探讨
相关实验	无
教师注意事项	在学生讨论结果的基础上，教师进行相关理论知识点的梳理与讲解
学习资源	相关案例

能力单元五：掌握社会工作项目策划的流程 （注：出于安全性考虑，教师就近选取重庆城市管理职业学院逸雅苑社区、康居西城社区为项目实施地点，学生分成若干小组成项目团队。课堂教学重在项目内容设计、项目策划书的撰写完成。）	
教学目的描述	通过学习，一是使学生内化社会主义核心价值观、深化职场礼仪与规范意识，培养精益求精的职业精神，掌握需求调研、可行性分析等一系列实务知识与方法；二是使学生明晰社会工作项目策划的具体流程，结合实践训练，做好每一流程的具体工作。在项目需求调研、项目论证、可行性研究、项目批准、确定项目实施地点、组建项目团队、设计项目内容的基础上，完成项目策划书的撰写。培养学生社会工作项目策划思维、意识，提升学生项目策划水平，厘清撰写项目策划书的思路，提高学生撰写项目策划书的能力。为社会工作实习、工作中项目策划工作打下良好基础

教学重点与难点	重点在于社会工作项目策划的流程，难点在于项目策划书的设计与撰写
教学时数	30
教学方法与手段	采用讲授为主，学生实地调研、撰写训练并重，案例分析讨论辅之
考核方式	课堂参与、实地调研、项目策划书撰写结果评分

任务 5-1：实施项目需求调研	
相关知识点	需求评估的方法、步骤
相关实操技能	1. 以逸雅苑社区和康居西城社区为调研对象，将学生分成若干小组进行需求评估 2. 教师在这一过程中起督导作用 3. 每一小组以 PPT 形式于课堂演示、分享 4. 根据需求调研结果，分析、确定本项目服务对象 5. 进行项目可行性分析
相关实验	无
教师注意事项	确保学生安全；督导学生科学完成需求评估
学习资源	无

任务 5-2：确定项目实施地点	
相关知识点	对比分析选取项目实施地点
相关实操技能	讲授案例、展示讨论结果
相关实验	无
教师注意事项	重在通过讲解、案例讨论，使学生了解和掌握项目策划中如何合理选取项目实施地点
学习资源	教学案例资料

任务 5-3：组建项目团队	
相关知识点	合理组建项目团队
相关实操技能	学生分成若干小组即为项目团队组成
相关实验	无
教师注意事项	重在通过讲解、案例讨论，使学生了解和掌握社会工作机构环境中项目团队成员如何选取与安排
学习资源	教学案例资料

任务 5-4：设计项目内容	
相关知识点	1. 项目名称 2. 项目服务对象 3. 项目概要（总论） 4. 项目背景 5. 项目目标设定 6. 项目方案设计 7. 项目预期社会成效 8. 项目经费 9. 监控评估
相关实操技能	教师一一讲解每一内容的同时，项目团队根据选取的项目服务对象等讨论相关内容的设计，教师给予引导

相关实验	无
教师注意事项	听取每个项目团队就上述内容的设想，提出建议
学习资源	无
任务5-5：撰写项目策划书	
相关知识点	项目策划书的定义、要素、主要内容；项目思维的培养、项目策划书撰写训练
相关实操技能	1.每一小组（项目团队）按照教师讲解，完成项目策划书的撰写 2.教师批阅，提出修改意见 3.项目团队进行修改、完善直至呈交较高质量的项目策划书
相关实验	无
教师注意事项	讲授过程中重在项目策划思维的培养与训练；学生提交的项目策划书需要反复批阅、修改直至达到学生完成较高质量程度
学习资源	在学生完成二稿修订后，教师可展示往届学生撰写的优秀项目策划书，以供学生认识差距，精益求精

五、"课程思政"育人元素融入课程教学的途径和方法

序号	知识点	育人元素	融入途径、方式	预期效果	备注
1	解读政府购买社会组织服务项目的能力	体会政府为民服务、关注民生的服务理念，将此与社会工作专业服务理念相结合	将学生分为若干小组，形成该课程的学习型小组，以当年重庆市民政局购买社工服务通知材料为蓝本，如《重庆市2023年政府购买社会工作服务项目实施方案》，分组学习： 1.购买主体 2.一般项目申报时间 3.项目申报书样本 4.经费申请与使用规定 5.项目申报要求及流程	强化学生为民服务、助人自助的服务理念，体会如何融入政府购买服务的申报书中	
2	项目需求评估的能力	社会主义核心价值观、职场礼仪与规范、工匠精神等	1.以逸雅苑社区、康居西城社区为调研对象，将学生分成若干小组进行需求评估 2.教师在这一过程中起督导作用 3.每一小组以PPT形式进行课堂演示、分享 4.根据需求调研结果，分析、确定本组项目服务对象 5.进行项目可行性分析	内化社会主义核心价值观、深化职场礼仪与规范意识，培养精益求精的职业精神，掌握需求调研、可行性分析等一系列实务知识与方法	
3	设计项目内容的能力	社会主义核心价值观、政府为民服务宗旨、社会工作助人自助服务理念、项目成效	教师一一讲解每一内容的同时，项目团队根据选取的项目服务对象等讨论相关内容的设计，教师给予引导	将社会主义核心价值观、政府为民服务理念、社会工作专业要素融入项目设计	

续表

序号	知识点	育人元素	融入途径、方式	预期效果	备注
4	撰写项目策划书的能力	1.具备社会主义公民道德、社会公德和家庭美德意识等，树立社会主义民主法治、自由平等、公平正义理念，养成爱国、敬业、诚信、友善的优良品质 2.具备持续学习精神，职场安全与健康意识 3.具备社会工作职场礼仪与规范意识 4.具备社会工作行业工匠精神，以精益求精的态度与标准严格要求自己	1.每一小组（项目团队）按照教师讲解，完成项目策划书的撰写 2.教师批阅，提出修改意见 3.项目团队进行修改、完善直至呈交较高质量的项目策划书	完成一份融合社会美德、公德，社会主义核心价值观，符合社会工作职业要求、实务要求，体现专业社会工作者精益求精精神的项目书	

六、课程评价办法

采用百分制为主的课程评价与考核方式，其中有关项目需求调研（问卷设计、问卷调查与分析、访谈、文献查阅、课堂展示）、社会工作项目策划书的作业可作为学生学习态度的重要参考方式。

七、教学资源配置

（一）主教材

张书颖.社会组织服务项目操作指南［M］.北京：知识产权出版社，2013.

（二）教学参考资料

"大爱之行"全国项目办公室.社会工作项目管理手册［M］.北京：中国社会出版社，2016.

周良才.社会福利机构活动策划［M］.电子工业出版社，2015.

方巍，等.社会福利项目管理与评估［M］.中国社会出版社，2010.

（三）信息化教学资源

重庆智慧教育平台、社会工作骨干学习平台、微课资源等。

（四）主要设备与设施

校内实训室、学校相关合作实践基地。

（五）主讲教师

专任教师：丁庆，讲师，从教 4 年，重庆城市管理职业学院。

八、其他说明

（一）行业 / 企业参与课程开发情况

行业专家提供课程设计咨询。

（二）教学组织的特点（建议）

在教学过程中，要积极培育和践行社会主义核心价值观，把立德树人作为中心环节，把思想政治工作贯穿于教育教学全过程，培养中国特色社会主义的合格建设者和可靠接班人。

排课方式为集中式，校内讲授与校外实践相结合。

高等职业教育专科
"社会工作行政"课程标准

一、课程基本信息

课程编码	1010013	课程类型 （理论或实践或理实一体）	理论实践一体	学分	3
适用专业	社会工作专业				
先修课程	社会工作导论、个案工作、小组工作、社区工作				
后续课程	社会工作实务				
总学时	64		实践学时	32	
执笔人	王茜		批准人		

二、课程定位

本课程是社会工作专业核心课程之一，与个案工作、小组工作、社区工作并列为社会工作的基本方法。社会工作行政是指社会工作机构，对社会福利服务工作进行行政管理，实施社会政策，满足人民各类福利需求的活动。其中包括计划、决策、组织、评估、管理等内容，旨在提高服务机构的工作效率从而提供更优质的社会工作服务。它是社会工作服务方法的重要组成部分，对社会政策的实施、社会服务机构的运行和社会服务的开展发挥着重要作用。

三、课程学习目标

（一）社会主义核心价值观目标

（1）树立富强、民主、文明、和谐的价值目标；

（2）树立自由、平等、公正、法治的价值取向；

（3）树立爱国、敬业、诚信、友善的价值准则。

（二）情感态度目标

（1）具备爱国主义、民族团结、社会责任情感等；

（2）具备社会主义公民道德、社会公德和家庭美德意识等；

（3）具备求实的科学态度、积极的生活态度等。

（三）职业素养目标

（1）具备爱岗敬业、诚实守信、遵纪守法等职业道德；

（2）具备社会工作服务、利他、社会公平与正义、人的价值与尊严、平等与尊重、合作、敬业等价值观，并遵守相关伦理守则；

（3）具备较强的文案写作、人际沟通与表达能力、组织协调能力；

（4）具备较强的心理素质；

（5）具备与其他专业工作者一同工作、团结协作的团队合作精神；

（6）具备不断学习的进取精神，并始终保持职场安全与健康意识；

（7）具备社会工作职场礼仪与规范意识；

（8）具备社会工作行业工匠精神，以精益求精的态度与标准严格要求自己。

（四）知识目标

（1）掌握社会工作行政的基本概念；

（2）熟悉社会服务机构的类型；

（3）了解社会服务机构的组织结构类型及运作形式；

（4）掌握行政中计划、决策的方法和具体操作过程；

（5）了解督导的基本概念；

（6）掌握项目评估的基础知识和操作过程；

（7）掌握领导方式的类型及选择；

（8）了解人力资源管理的基本概念。

（五）技能目标

（1）能正确使用相关时间管理工具；

（2）能合理策划社会工作服务项目；

（3）能正确使用相关方法进行行政决策；

（4）能设计服务评估调查问卷；

（5）能简单编写工作岗位说明和组织人员选拔。

四、课程主要内容

（一）能力单元与学时分配

序号	能力单元名称	讲授（学时）	实操（学时）	专家讲座（学时）	参观（学时）	讨论（学时）	其他（学时）
1	社会工作行政基础	4	2				2
2	社会服务机构	4	2		2		
3	计划	8	4			2	
4	决策	4	4				
5	领导与沟通、激励	4	2				
6	项目管理	4	4			2	
7	人力资源管理	4	4			2	
合计		32	22		2	6	2

（二）教学任务描述

能力单元一：社会工作行政基础	
教学目的描述	使学生掌握社会工作行政的一般概念，价值与伦理、功能、行政环境
教学重点与难点	社会工作行政的基本概念和主要功能
教学时数	8
教学方法与手段	讲授、实操、讨论
考核方式	出勤、课堂表现、小组项目一：体验行政基础
任务 1-1：掌握社会工作行政的一般概念	
相关知识点	1. 社会工作行政的定义 2. 社会工作行政的主客体 3. 社会工作行政与其他三种专业方法的区别与联系
相关实操技能	多任务处理技能
相关实验	多任务体验
教师注意事项	引导学生通过小组项目，体会社会工作行政的内涵
学习资源	无
任务 1-2：社会工作行政的价值与伦理	
相关知识点	1. 社会工作行政价值观的核心内容 2. 社会工作行政伦理的主要表现
相关实操技能	无
相关实验	无
教师注意事项	通过讲授和案例讨论引导学生理解教学内容
学习资源	案例

续表

任务 1-3：社会工作行政的功能	
相关知识点	社会工作行政功能的主要内容
相关实操技能	无
相关实验	无
教师注意事项	通过讲授和案例讨论引导学生理解教学内容
学习资源	无
任务 1-4：社会工作行政的行政环境	
相关知识点	1. 社会工作行政的一般环境 2. 社会工作行政的具体环境
相关实操技能	无
相关实验	无
教师注意事项	通过讲授和提问引导学生理解教学内容
学习资源	关于社会工作人才、社会工作机构等培养和发展的政策文件

能力单元二：社会服务机构	
教学目的描述	使学生对社会服务机构的性质、功能、特征和组织进行全面了解，并掌握社会服务机构的使命和公信力的作用
教学重点与难点	社会服务机构的基本概念、社会服务机构的使命和公信力、组织
教学时数	8
教学方法与手段	讲授、机构参观、讨论
考核方式	出勤、课堂表现、小组项目二：成立社会工作机构
任务 2-1：社会服务机构的基本概念	
相关知识点	1. 含义和性质 2. 功能和特征 3. 社会服务机构的类型
相关实操技能	无
相关实验	无
教师注意事项	把抽象的社会服务机构具象化，帮助学生更好理解不同类型的社会服务机构
学习资源	视频学习资源
任务 2-2：社会服务机构的使命	
相关知识点	1. 使命的含义 2. 愿景、使命、宗旨、战略规划的区别 3. 使命陈述
相关实操技能	使命陈述的技巧
相关实验	使命陈述
教师注意事项	结合案例引导学生开展讨论、总结
学习资源	各社会服务机构官方网站

任务2-3：社会服务机构的公信力	
相关知识点	1. 公信力的含义 2. 建设公信力
相关实操技能	无
相关实验	无
教师注意事项	结合案例引导学生开展讨论、总结
学习资源	案例
任务2-4：组织	
相关知识点	1. 组织要素 2. 组织结构
相关实操技能	组织结构设计
相关实验	组织结构设计
教师注意事项	结合实例帮助学生理论组织机构
学习资源	案例

能力单元三：计划	
教学目的描述	使学生理解计划的一般概念，掌握时间管理的相关技巧，学会战略规划的各种方法
教学重点与难点	计划的概念、时间管理、战略规划
教学时数	14
教学方法与手段	讲授、实操、讨论
考核方式	出勤、课堂表现、小组项目三：服务项目计划
任务3-1：计划	
相关知识点	1. 计划的意义 2. 计划编制的七步骤
相关实操技能	编制计划
相关实验	社会工作服务项目计划
教师注意事项	讲授过程应结合现实实例，使内容通俗易懂
学习资源	无
任务3-2：时间管理	
相关知识点	1. 时间四象限 2. 甘特图 3. GTD 4. 番茄时钟
相关实操技能	时间管理技巧
相关实验	时间管理
教师注意事项	引导学生通过实操掌握相关方法技巧
学习资源	视频素材资源

任务 3-3：战略规划	
相关知识点	1. 一般环境分析法 2. 利益相关者分析 3. 内部因素评价矩阵 4. 行业标准比较法 5. SWOT 分析法 6. BCG 分析法
相关实操技能	环境分析技巧与设计战略规划
相关实验	设计战略规划
教师注意事项	引导学生通过实操掌握相关方法技巧
学习资源	视频素材资源

能力单元四：决策	
教学目的描述	使学生了解决策的通用过程，并学会运用相关决策的方法进行科学的决策
教学重点与难点	决策的基本概念、决策的运用，决策的心理陷阱
教学时数	8
教学方法与手段	讲授、实操、讨论
考核方式	出勤、课堂表现、小组项目四：参与决策
任务 4-1：决策的相关概念	
相关知识点	1. 决策的含义 2. 决策的一般原则
相关实操技能	无
相关实验	无
教师注意事项	注意结合实际情况
学习资源	梁伟康. 社会服务机构行政管理与实践〔M〕. 香港：集贤社，1990.
任务 4-2：决策的运用	
相关知识点	1. Proact 法 2. KT 决策法 3. 名义小组法 4. 德尔菲法 5. 横向影响模型
相关实操技能	不同决策方法的使用技巧
相关实验	决策的运用
教师注意事项	引导学生通过实操练习，掌握不同决策方法的使用技巧
学习资源	无
任务 4-3：决策的心理陷阱	
相关知识点	1. 陷阱一：虚假同感偏差 2. 陷阱二：证实偏差 3. 陷阱三：代表性偏差 4. 陷阱四：可得性偏差 5. 陷阱五：锚定效应

相关实操技能	无
相关实验	无
教师注意事项	通过学生讨论，体会决策的心理陷阱
学习资源	案例

能力单元五：领导与沟通、激励	
教学目的描述	让学生掌握社会工作行政领导的基本概念，领导方式以及领导方式的选择，沟通的类型，社会服务机构沟通的方法和内容
教学重点与难点	让学生掌握社会工作行政领导的基本概念，领导方式以及领导方式的选择，沟通的类型，社会服务机构沟通的方法和内容，激励的概念和运用
教学时数	6
教学方法与手段	讲授、实操
考核方式	出勤、课堂表现、小组项目五：领导与激励
任务5-1：领导	
相关知识点	1. 领导的概念 2. 领导的方式
相关实操技能	领导模式的选择方法
相关实验	有效领导权变模式
教师注意事项	通过实操练习，帮助学生掌握相关实操技能
学习资源	梁伟康，黄玉明．社会服务机构管理新知［M］．香港：集贤社，1994.
任务5-2：沟通	
相关知识点	沟通的注意事项
相关实操技能	无
相关实验	无
教师注意事项	通过小组讨论体会有效沟通的注意事项
学习资源	视频素材资源
任务5-3：激励	
相关知识点	1. 激励的类型 2. 激励的理论 3. 激励的方法 4. 激励的运用
相关实操技能	不同激励方法的运用
相关实验	激励的运用分析
教师注意事项	通过实操练习，帮助学生掌握相关实操技能
学习资源	案例

能力单元六：项目管理	
教学目的描述	使学生了解社会服务公益项目的概念，掌握项目管理的主要内容和项目评估的方法
教学重点与难点	社会公益服务项目、项目管理、项目评估
教学时数	10
教学方法与手段	讲授、实操、讨论
考核方式	出勤、课堂表现、小组项目六：项目管理
任务6-1：社会公益服务项目	
相关知识点	1. 含义 2. 特征和项目类型 3. 生命周期
相关实操技能	无
相关实验	无
教师注意事项	注意结合实例讲解，帮助学生更好地理解社会公益服务项目的概念
学习资源	案例
任务6-2：项目管理	
相关知识点	1. 管理的含义和特征 2. 管理的过程 3. 管理的职能领域
相关实操技能	项目管理的方法和运用技巧
相关实验	服务项目申请
教师注意事项	通过实操练习，帮助学生更好地掌握实操技能
学习资源	无
任务6-3：项目评估	
相关知识点	1. 评估的概念 2. 评估的一般过程 3. 服务满意度评估
相关实操技能	评估的技巧
相关实验	服务满意度评估
教师注意事项	通过实操练习，帮助学生更好地掌握实操技能
学习资源	陈锦棠.香港社会服务评估与审核［M］.北京：北京大学出版社，2008.

能力单元七：人力资源管理	
教学目的描述	使学生理解员工管理、志愿者管理、督导管理的主要内容
教学重点与难点	员工管理、志愿者管理、督导管理
教学时数	10
教学方法与手段	讲授、实操、讨论
考核方式	出勤、课堂表现、小组项目七：人力资源管理

任务 7-1：员工管理	
相关知识点	1. 人力资源管理的相关概念 2. 人力资源管理的主要内容 3. 招聘和面试
相关实操技能	招聘和面试
相关实验	招聘和面试
教师注意事项	通过实操练习，帮助学生更好地掌握实操技能
学习资源	无
任务 7-2：志愿者管理	
相关知识点	1. 志愿者管理的独特性 2. 志愿者管理的内容 3. 管理模式
相关实操技能	无
相关实验	无
教师注意事项	通过小组讨论，帮助学生更好地理解教学内容
学习资源	无
任务 7-3：督导管理	
相关知识点	1. 督导的角色定位 2. 督导与督导者 3. 督导的内容与模式 4. 督导的过程和方法
相关实操技能	无
相关实验	无
教师注意事项	通过小组讨论，帮助学生更好地理解教学内容
学习资源	视频素材资源

五、"课程思政"育人元素融入课程教学的途径和方法

序号	知识点	育人元素	融入途径、方式	预期效果	备注
1	社会工作行政基础	结合社会主义核心价值观理解社会工作行政的一般概念，包括其含义、价值与伦理、功能	课堂大量实例讲解与讨论中融入	深化社会主义核心价值观，增强学生的公民道德、社会公德和家庭美德意识	
2	社会服务机构	结合社会主义核心价值观理解，对社会服务机构的组织性质、功能和特征进行全面了解，并学习社会服务机构的使命和公信力的作用	课堂讲授法为主，兼以机构参观，让学生亲身体验社会服务机构	培养学生树立社会主义民主法治、自由平等、公平正义的理念，养成爱国、敬业、诚信、友善的优良品质	

六、课程成绩评价办法

个人成绩 30%	
出勤 10%	每堂课按时出勤得满分
	迟到或早退每次扣 1 分
	有假条请假两次以上开始扣分，每次扣 5 分
	无假条不上课及旷课，每次扣 5 分
课堂表现 20% 根据课堂学习的认真程度、课堂活动参与的积极程度、回答问题的正确度进行综合考核	使用手机看视频或游戏，提醒一次后仍然继续，老师课堂没收手机于下课归还，并扣 10 分
	按老师点名回答课堂问题，得满分
	积极主动回答课堂问题，在最后个人成绩上加 5 分，满 30 分为止
小组任务 70%	
共 7 个小组项目，每个小组项目下有 1~3 个子任务 每个项目占 10%	每个项目完成后，组长和组员分别完成项目过程记录表，并给自己团队打分。老师根据实践过程观察和项目完成度打分。三方平均分为项目最后得分

课程成绩评价采用等级制：90~100 分为优秀、80~89 分为良好、70~79 分为中等、60~69 分为及格、60 分以下为不及格。

七、教学资源配置

（一）主教材

时立荣.社会工作行政［M］.北京：中国人民大学出版社，2015.

（二）教学参考资料

张曙.社会工作行政［M］.北京：社会科学文献出版社，2002.

梁伟康，黄玉明.社会服务机构管理新知［M］.香港：集贤社，1994.

陈锦棠.香港社会服务评估与审核［M］.北京：北京大学出版社，2008.

全国社会工作者职业水平考试教材编写组.社会工作综合能力（中级）［M］.北京：中国社会出版社，2014.

（三）主要设备与设施

社会工作实训室、电脑多媒体等设备，社区、社工服务机构。

（四）主讲教师

专任教师：王茜，讲师，硕士研究生。

专任教师：何静，讲师，副教授，硕士研究生。

八、其他说明

（一）行业／企业参与课程开发情况

校企合作社工机构为课程提供案例和现场教学。

（二）教学组织的特点（建议）

社会工作行政的大部分内容来自管理学，对于社会工作专业的学生较陌生，讲授时要深入浅出，多结合现实案例进行讲解。

提示：

（1）斜体字部分是提供给编写者的说明，完成编写后请删除。

（2）在认知领域常用动词：书写，定义，表达，标识，认知，选择，衡量，命名，记录，陈述，告知，对比，表明，演示，列表，比较，结合，来源，判断，再生产，批评，说明，定位，等等。

（3）在动作行为领域常用动词：建筑，安装，操作，旋转，修理，装载，调试，衡量，称重，碾磨，注册，勒紧，包装，焊接等。

（4）在情感领域常用动词：选择，接受，结合，来源，陈述，判断，增长，达到，影响，决定，形成，演示，拒绝，组织，回答，领会，参加等。

如果该课程内容是以实践教学为主（实训课程），能力单元可以用实践项目代替，任务的内容可以按照实践的具体操作程序来设计编写。

高等职业教育专科
"社会调查方法"课程标准

一、课程基本信息

课程编码	01020003	课程类型 （理论或实践或理实一体）	理实一体	适用专业	社会工作专业
学分	4	总学时	60	实践学时	30
先修课程	社会学基础、社会心理学基础				
后续课程	个案工作、小组工作、社区工作等				
执笔人	赵淑兰		批准人		

二、课程定位

本课程为通用技术课程。旨在完成专业人才培养目标中社会调查、社会统计分析能力等专业基本技能的培养。掌握社会调查中课题选择、抽样、问卷设计、调查方式与技巧、数据统计与分析等专业技术基础知识，使学习者具有调查各类社会福利资源及人们需求的能力以及社会福利各类数据统计分析与预测发展趋势的能力。本课程适用于高中后三年制高职学生，要求学生有较强的学习能力与良好的学习习惯。

三、课程目标

（一）社会主义核心价值观目标

（1）树立富强、民主、文明、和谐的价值目标；
（2）树立自由、平等、公正、法治的价值取向；
（3）树立爱国、敬业、诚信、友善的价值准则。

（二）情感态度目标

（1）具备爱国主义、民族团结、社会责任情感等；

（2）具备社会主义公民道德、社会公德和家庭美德意识等；

（3）具备求实的科学态度、积极的生活态度等。

（三）职业素养目标

（1）具有实事求是、认真负责、诚实勤奋、细心严谨、谦虚耐心的职业态度和职业道德品质；

（2）具有精诚合作的团队协作精神；

（3）具有社会调查职场安全意识；

（4）具备文字、口头表达与交流技巧。

（四）知识目标

（1）掌握调查课题的类型、选题的标准、途径与方法、调查课题的明确化、文献查阅的方法；

（2）明确调查目的与分析单位，掌握调查方案的具体内容；

（3）理解抽样的基本原理，掌握抽样的基本类型与一般程序、样本规模的影响因素、抽样方案的具体内容；

（4）理解测量的概念，掌握测量的构成要素与测量层次、操作化的过程、量表的类型、测量的信度与效度；

（5）理解问卷的概念，掌握问卷的类型、基本结构、设计原则与步骤、问题的类型、问题与答案设计的常用规则；

（6）掌握资料收集方法的类型以及不同方法的优缺点、调查员的挑选标准与培训内容、调查过程管理与质量监控；

（7）掌握原始资料的审核与复查方法、问卷的编码规则与数据录入的常用方法、掌握数据的有效范围清理、逻辑一致性清理与数据质量抽查的方法、数据转化的方法与操作步骤，以及统计表构成要素；

（8）理解常用集中量数与离散量数的含义，掌握单变量集中趋势分析与离散趋势分析的方法，理解区间估计与假设检验的含义，掌握假设检验的基本步骤，掌握不同测量层次的变量在统计方法与统计量的选择方面的不同，掌握交互分析方法，了解其他相关测量及其检验方法；

（9）理解调查报告的含义，掌握调查报告的类型、撰写步骤、结构，以及应用性调查报告和学术性调查报告的写作等方面的基础知识。

（五）技能目标

（1）能够设计较小规模调查的调查方案；

（2）能够制订抽样方案；

（3）能够对调查课题进行操作化，学会总加量表和社会距离量表的制作；

（4）能够设计问卷，分析问卷设计中的常见错误；

（5）学会面访的基本技巧，能够进行信息收集及指导现场调查；

（6）能够进行简单的数据处理工作，会问卷编码与数据录入、数据清理、数据质量抽查、数据转化；

（7）会借助 SPSS 进行单变量集中趋势分析与离散趋势分析，会进行双变量的交互分析；

（8）能够撰写简要的调查分析报告。

四、课程主要内容

（一）能力单元与学时分配

序号	能力单元名称	讲授（学时）	实操（学时）	专家讲座（学时）	参观（学时）	讨论（学时）	其他（学时）
1	选择调查课题	2	2				
2	设计调查方案	2	4				
3	制订抽样方案	4	4				
4	社会现象测量	4	4				
5	问卷设计	4	4				
6	资料收集	4					
7	调查资料处理	4	6				
8	调查资料统计与分析	2	6				
9	撰写调查报告	4					
合计		30	30				

（二）教学任务描述

能力单元一：选择调查课题	
教学目的	掌握选题的基本原则、调查课题类型及其明确化、研究假设等基础知识，了解选题的途径与方法和文献查阅方法，形成选择调查课题的能力
教学重点与难点	调查课题的类型、选题的基本原则、调查课题明确化、如何提出研究假设
教学时数	4
教学方法与手段	讲授、案例分析
考核方式	实操考核

任务1-1：　社会调查与课题选择任务描述	
相关知识点	调查课题的类型、选题的重要性、选题的基本标准、选题的途径与方法
相关实操技能	根据选题标准选择课题
相关实验	无
教师注意事项	理论联系实际，设定情境，引导学生学会如何选题
学习资源	水延凯，等.专题调查及实例评析［M］.北京：中国人民大学出版社，2003.
任务1-2：调查课题的明确化任务描述	
相关知识点	调查课题的明确化、文献查阅与选题、提出研究假设
相关实操技能	查阅文献
相关实验	无
教师注意事项	介绍文献查阅方法时应结合本校图书资源现状，上课过程中可利用本校图书馆网站在多媒体教室现场演示文献检索
学习资源	图书馆社科类藏书、社科类学术期刊、维普资讯等电子资源

能力单元二：设计调查方案	
教学目的	掌握分析单位、调查设计的概念以及调查方案的具体内容，形成设计调查方案的能力
教学重点与难点	分析单位、调查设计的概念、调查方案的具体内容
教学时数	6
教学方法与手段	讲授、案例教学
考核方式	实操考核
任务2-1：调查设计前的准备工作任务描述	
相关知识点	调查设计的概念、调查设计时应明确调查目的、分析单位
相关实操技能	指出给定调查课题的分析单位
相关实验	无
教师注意事项	引导学生区分分析单位与调查对象、抽样单位等相关概念
学习资源	图书馆社科类学术期刊、维普资讯、《专题调查及实例评析》
任务2-2：调查方案的设计（1）任务描述	
相关知识点	调查方案的具体内容、调查方案设计实例
相关实操技能	分析给定调查方案的成功与不足之处
相关实验	无
教师注意事项	引导学生注意调查方案的具体内容及其书写顺序并不是绝对的，具体调查方案可作调整
学习资源	图书馆社科类学术期刊、维普资讯、《专题调查及实例评析》
任务2-3：调查方案的设计（2）任务描述	
相关知识点	回顾调查课题、选题、调查方案设计等理论知识
相关实操技能	自选课题，设计一份调查方案

续表

相关实验	无
教师注意事项	现场指导，及时发现学生在实操练习中出现的问题，并给予个别或集体指导
学习资源	《专题调查及实例评析》

能力单元三：制订抽样方案	
教学目的	掌握抽样的概念、原理、基本类型、抽样程序、抽样方案、样本规模、抽样误差等内容，具备使用随机数表和进行简单随机抽样、系统抽样、分层抽样、整群抽样、PPS抽样与户内抽样的能力
教学重点与难点	抽样的原理与程序、抽样的基本类型、抽样方案的内容、简单随机抽样、分层抽样
教学时数	8
教学方法与手段	讲授、图示法、案例法
考核方式	实操考核
任务3-1：认识抽样任务描述	
相关知识点	抽样的有关术语、抽样的作用、原理、一般程序
相关实操技能	绘制抽样分布图，以帮助理解抽样原理
相关实验	样本量为5人时平均年龄抽样分布图与样本量为10人时平均年龄抽样分布图的差异
教师注意事项	引导学生注意区分抽样分布与样本统计值的关系
学习资源	无
任务3-2：抽样的程序（1）任务描述	
相关知识点	抽样的基本类型、简单随机抽样、系统抽样、分层抽样、整群抽样
相关实操技能	随机数表的使用
相关实验	无
教师注意事项	利用图示法，帮助学生理解常用概率抽样方法
学习资源	无
任务3-3：抽样的程序（2）任务描述	
相关知识点	偶遇抽样、判断抽样、定额抽样、雪球抽样
相关实操技能	定额表的制作
相关实验	无
教师注意事项	实例讲解如何进行定额抽样
学习资源	无
任务3-4：抽样方案的制订任务描述	
相关知识点	抽样方案的构成、样本规模和抽样误差、影响样本规模确定的因素
相关实操技能	创设调查情境分析样本规模和抽样误差的关系
相关实验	无
教师注意事项	引导学生区分定额抽样与分层抽样
学习资源	无

能力单元四：社会现象测量	
教学目的	掌握社会测量的概念、要素、层次、操作化、总加量表、李克特量表、社会距离量表、语义差异量表、信度和效度等基础知识，形成设计总加量表、李克特量表、社会距离量表、语义差异量表的能力，以及检测信度和效度的能力
教学重点与难点	社会测量的构成要素与层次、概念的操作化、李克特量表的设计、信度的测量方法、效度的测量方法
教学时数	8
教学方法与手段	讲授、案例教学
考核方式	实操考核
任务4-1：操作化（1）任务描述	
相关知识点	测量的概念、测量的四要素、测量层次
相关实操技能	无
相关实验	测量一张课桌、测量一个人，并对两种测量的异同进行比较
教师注意事项	引导学生注意自然科学中的测量、日常生活中的测量与社会科学中测量的区别与联系
学习资源	朱庆芳，吴寒光.社会指标体系［M］.北京：中国社会科学出版社，2001.
任务4-2：操作化（2）任务描述	
相关知识点	操作化的概念、作用，概念的操作化，研究假设的操作化
相关实操技能	对概念进行操作化
相关实验	无
教师注意事项	引导学生注意调查课题、操作化、问卷三者之间的关系
学习资源	失庆芳，吴寒光.社会指标体系［M］.北京：中国社会科学出版社，2001.
任务4-3：量表的制作任务描述	
相关知识点	量表的概念，掌握总加量表、李克特量表、社会距离量表与语义差异量表
相关实操技能	李克特量表的设计
相关实验	无
教师注意事项	引导学生注意量表与问卷的关系
学习资源	心理健康量表、人格量表
任务4-4：信度与效度的测量任务描述	
相关知识点	信度的测量方法、效度的测量方法、信度与效度的关系
相关实操技能	无
相关实验	用贝利生育量表两次测量大学生的生育态度
教师注意事项	引导学生将在日常生活中常用的信度测量方法与社会调查中信度测量方法联系起来
学习资源	《专题调查及实例评析》

能力单元五：问卷设计	
教学目的	掌握问卷的概念、类型、基本结构以及设计原则与步骤，掌握问题的语言与提问方式的常用规则以及高质量问题的标准等基础知识，形成设计问卷、分析问卷设计中常见错误的能力
教学重点与难点	问卷的基本结构、设计原则、设计步骤、问题的语言与提问方式的常用规则、问卷设计中的常见错误
教学时数	8
教学方法与手段	讲授、案例教学、课堂指导实操
考核方式	实操考核
任务 5-1：问卷分析任务描述	
相关知识点	问卷的概念、类型、基本结构、设计原则、设计步骤
相关实操技能	无
相关实验	无
教师注意事项	引导学生注意问卷使用方法与问卷类型的联系
学习资源	《专题调查及实例评析》
任务 5-2：问卷题型与答案设计（1）任务描述	
相关知识点	问题的语言与提问方式的常用规则、问题形式的设计、答案的设计、问题的数量与顺序常用规则
相关实操技能	无
相关实验	无
教师注意事项	提醒学生注意问卷中问题的数量控制是通过填答时间来限制的
学习资源	《专题调查及实例评析》
任务 5-3：问卷题型与答案设计（2）任务描述	
相关知识点	问卷设计中的常见错误、问卷设计实例分析
相关实操技能	分析具体问卷中的问题与答案，为自己选定的调查课题设计一份问卷
相关实验	无
教师注意事项	注意引导学生将问卷设计原则与常见错误结合起来
学习资源	《专题调查及实例评析》

能力单元六：资料收集	
教学目的	掌握自填问卷法与结构式访问法等资料收集方法及其优缺点，调查员的挑选标准与培训内容及方法，调查过程管理与质量监控的常用方法等基础知识，形成收集调查资料、挑选与培训调查员、管理与监控调查过程的能力
教学重点与难点	自填问卷法与结构式访问法的优缺点、调查员的培训内容与方法、调查质量监控方法
教学时数	4
教学方法与手段	讲授
考核方式	实操考核

续表

任务 6-1：资料收集方法分析任务描述	
相关知识点	个别发送法、邮寄填答法、集中填答法、面访、电话访问、网络调查法等资料收集方法及其优缺点
相关实操技能	模拟用各类资料收集方法收集资料、面访技巧演示
相关实验	无
教师注意事项	引导学生根据具体情况选择资料收集方法
学习资源	互联网、在线调查
任务 6-2：调查员培训与调查质量监控任务描述	
相关知识点	调查员的挑选标准、培训内容及方法，调查过程管理与质量监控的常用方法
相关实操技能	调查员模拟培训
相关实验	无
教师注意事项	在调查员培训的模拟中，及时指出模拟培训中出现的问题，并加以解释
学习资源	请参与过各类调查培训的学生介绍培训经历

能力单元七：调查资料处理	
教学目的	掌握原始资料的审核与复查、问卷编码规则、数据录入、SPSS 的窗口构成及主要菜单、SPSS 文件类型与简易程序、数据有效范围清理、逻辑一致性清理、数据质量抽查、数据转化等基础知识；形成编制 SPSS 简易程序与程序调试、数据有效范围清理、逻辑一致性清理、数据质量抽查与数据转化的能力
教学重点与难点	问卷的编码、SPSS 的窗口构成及主要菜单、SPSS 简易程序、数据清理、数据转化
教学时数	10
教学方法与手段	讲授、示范、案例教学、模拟操作
考核方式	实操考核
任务 7-1：原始资料的审核复查与问卷编码任务描述	
相关知识点	原始资料的审核与复查方法、问卷的编码规则与编码表
相关实操技能	编码表的制作与问卷编码练习
相关实验	无
教师注意事项	问卷的编码过程中特殊情况的处理
学习资源	收集到的各种问卷
任务 7-2：数据的录入任务描述	
相关知识点	数据录入方法、SPSS 简易程序输入方法、调试方法
相关实操技能	编制 SPSS 简易程序、SPSS 简易程序输入与调试
相关实验	无
教师注意事项	引导学生注意程序编制规则与格式；对学生在程序输入与调试过程中出现的问题予以及时指导，注意不同学生操作的进度
学习资源	阮桂海.数据统计与分析：SPSS 应用教程［M］.北京：北京大学出版社，2005.

续表

任务 7-3：数据清理任务描述	
相关知识点	数据的有效范围清理、逻辑一致性清理的方法，数据质量抽查的方法
相关实操技能	利用 SPSS 对数据进行有效范围清理与逻辑一致性清理
相关实验	无
教师注意事项	将理论知识介绍与 SPSS 的实际操作结合起来，架通理论与实践的桥梁
学习资源	SPSS 教学数据库、《数据统计与分析——SPSS 应用教程》
任务 7-4：数据转化任务描述	
相关知识点	数据重新分组、生成新变量
相关实操技能	利用 SPSS 对数据进行重新分组、生成新变量
相关实验	无
教师注意事项	将理论知识介绍与 SPSS 的实际操作结合起来，架通理论与实践的桥梁
学习资源	SPSS 教学数据库、《数据统计与分析——SPSS 应用教程》
任务 7-5：数据清理与数据转化上机操作任务描述	
相关知识点	数据清理方法、数据转化类型及其方法
相关实操技能	利用 SPSS 对数据进行有效范围清理、逻辑一致性清理、重新分组以及生成新变量
相关实验	无
教师注意事项	现场指导，注意兼顾不同学生操作的进度
学习资源	SPSS 教学数据库、《数据统计与分析——SPSS 应用教程》

能力单元八：调查资料统计与分析	
教学目的	掌握统计表、统计图、单变量统计、集中趋势分析、离散趋势分析、单变量的区间估计与假设检验、交互分析、不同测量层次的变量在统计方法与统计量的选择方面的不同等基础知识，形成利用 SPSS 制作频数 / 频率表、求集中量数与离中量数，进行区间估计、交互分析以及其他相关分析等有关操作的能力
教学重点与难点	统计表与统计图的构成、集中趋势分析、离散趋势分析、区间估计、假设检验、交互分析、不同测量层次的变量在统计方法与统计量的选择方面的不同
教学时数	8
教学方法与手段	讲授、示范、现场指导
考核方式	实操考核
任务 8-1：单变量描述统计任务描述	
相关知识点	统计表与统计图的构成、单变量统计类型、集中趋势分析的含义、常用集中量数、离散趋势分析、常用离中量数
相关实操技能	制作统计表与统计图，利用 SPSS 求集中量数、离中量数
相关实验	无
教师注意事项	将课堂知识与同学们熟悉的日常统计联系起来，以帮助学生理解集中趋势和离散趋势分析
学习资源	SPSS 教学数据库、《数据统计与分析——SPSS 应用教程》

续表

任务 8-2：单变量推论统计任务描述	
相关知识点	区间估计的方法、假设检验的方法
相关实操技能	利用 SPSS 进行区间估计、利用 SPSS 求出的数据进行假设检验
相关实验	无
教师注意事项	将课堂知识与同学们熟悉的日常统计联系起来，以帮助学生理解区间估计；引导学生理解假设检验的基本思想
学习资源	SPSS 教学数据库、《数据统计与分析——SPSS 应用教程》

任务 8-3：单变量描述统计上机操作任务描述	
相关知识点	单变量描述统计：集中趋势分析与离散趋势分析；单变量推论统计：区间估计
相关实操技能	利用 SPSS 求集中量数、离中量数、给定置信度下的置信区间
相关实验	对 90% 与 95% 置信度下的置信区间进行对比
教师注意事项	现场指导，注意兼顾不同学生操作的进度
学习资源	SPSS 教学数据库、《数据统计与分析——SPSS 应用教程》

任务 8-4：双变量相关分析任务描述	
相关知识点	双变量间的关系、交互分析；定序—定序变量、定类（序）—定距变量、定距—定距变量之间的相关关系测量与分析
相关实操技能	交互分析表的制作，利用 SPSS 生成交互分析表；利用 SPSS 求定序—定序变量、定类（序）—定距变量、定距—定距变量的相关系数
相关实验	无
教师注意事项	将课堂知识与同学们熟悉的日常统计联系起来，以帮助学生理解交互分析表和相关系数；现场指导，注意兼顾不同学生操作的进度
学习资源	SPSS 教学数据库、《数据统计与分析——SPSS 应用教程》

能力单元九：撰写调查报告	
教学目的	掌握调查报告类型、结构、撰写步骤等基础知识，形成写作应用性调查报告和学术性调查报告的能力
教学重点与难点	不同类型调查报告的结构
教学时数	4
教学方法与手段	讲授、案例教学
考核方式	实操考核

任务 9-1：调查报告撰写的一般知识任务描述	
相关知识点	调查报告的类型、结构、撰写步骤、撰写调查报告应注意的问题
相关实操技能	学会分析调查报告的类型与结构
相关实验	无
教师注意事项	引导学生注意调查报告的行文特点
学习资源	《专题调查及实例评析》、专业期刊上的调研报告

续表

任务 9-2：应用性调查报告和学术性调查报告的撰写任务描述	
相关知识点	调查报告的类型、结构、撰写步骤、撰写调查报告应注意的问题
相关实操技能	学会应用性调查报告的写作
相关实验	无
教师注意事项	引导学生注意区分应用性调查报告和学术性调查报告的写作风格
学习资源	《专题调查及实例评析》、专业期刊上的调研报告

五、"课程思政"育人元素融入课程教学的途径和方法

序号	知识点	育人元素	融入途径、方式	预期效果	备注
1	选择调查课题	诚信、公正	案例法、讲授法、讨论法	使学生树立诚信、公正的价值观	无
2	资料收集	诚信、敬业	案例法、讲授法、实操	使学生树立诚信、敬业的价值观	无
3	统计分析	诚信	案例法、讲授法、实操	使学生树立诚信的价值观	无

六、课程评价方法

课程成绩评价的整体方法：课程成绩 = 课堂出勤 20%+ 过程考核项目 80%。具体内容见下表。

序号	能力单元名称	测试的方法与手段			
		鉴定要求	采用方法	鉴定人	鉴定地点
1	选择调查课题	具备选择调查课题的相关知识与调查课题的选择能力	一是口试：教师在课堂上提供 10 个调查课题，要求学生当场分析这些调查课题是否合适，并说明理由 二是笔试：课堂要求每名学生选定一个调查课题，教师抽出其中 5 名学生所选的课题进行课堂评析	任课教师	普通教室或多媒体教室
2	设计调查方案	具备调查方案设计的相关知识与能力	以课外作业的方式进行测试。要求每名学生自选课题，设计一份调查方案；教师批改每名学生的调查方案，并在课堂上进行评析	任课教师	普通教室或多媒体教室
3	制订抽样方案	具备抽样方案制订的知识与能力	以课外作业的方式测试。要求每名学生为自选的课题设计一份抽样方案；教师抽查部分学生的抽样方案，并在课堂上进行评析	任课教师	普通教室或多媒体教室
4	社会现象测量	具备社会现象测量的相关知识与能力	以课堂作业的方式进行测试。要求每名学生对教师给定的概念进行操作化，课堂制作一份李克特量表，教师抽部分学生的作业进行点评	任课教师	普通教室或多媒体教室

序号	能力单元名称	测试的方法与手段		鉴定人	鉴定地点
		鉴定要求	采用方法		
5	问卷设计	具备问卷设计的相关知识与能力	以课外作业的方式测试。要求每名学生为自选的课题设计一份调查问卷；教师批改每名学生的调查问卷，并在课堂上进行评析	任课教师	普通教室或多媒体教室
6	资料收集	具备资料收集的相关知识与能力	以口试与实操的方式进行测试。教师给定资料收集方法，随机抽选学生，要求其说出该方法的优缺点及适用范围；以同学为虚拟调查对象，进行面访，收集资料	任课教师	普通教室或多媒体教室
7	调查资料处理	具备调查资料处理的相关知识与能力	以课堂作业与实操的方式进行测试。要求每名学生为自己设计的问卷制作编码表，并依据编码表对自己的调查资料进行编码，编制 SPSS 简易程序，教师抽出部分学生的作业进行点评；要求每名学生将自己编制的 SPSS 简易程序输入计算机运行并调试	任课教师	专业机房
8	调查资料统计与分析	具备调查资料统计与分析的相关知识与能力	以实操的方式进行测试。要求每名学生利用 SPSS 教学数据库求集中量数、离散量数、置信区间、交互分析表、相关系数	任课教师	专业机房
9	撰写调查报告	具备调查报告撰写的相关知识与能力	以作业的方式进行测试。要求学生为自选调查课题写一份调研报告；教师批改每名学生的调查报告，并在课堂上进行点评	任课教师	专业机房

七、教学资源配置

(一)教材、参考书目

1. 教材

赵淑兰. 社会调查方法(第 3 版)[M]. 北京：机械工业出版社，2023.

2. 参考书目

风笑天. 现代社会调查方法(第 6 版)[M]. 武汉：华中科技大学出版社，2021.

李沛良. 社会研究的统计应用[M]. 北京：社会科学文献出版社，2002.

卢淑华. 社会统计学(第 5 版)[M]. 北京：北京大学出版社，2021.

柯惠新，沈浩. 调查研究中的统计分析法(第 3 版)[M]. 中国传媒大学出版社，2015.

（二）信息化教学资源

在线开放教学平台、微课资源等。
学在渝橙（云课堂）。

（三）主要设备与设施

机房、计算机、SPSS、SPSS 教学用数据库。

（四）主讲教师

专任教师：赵淑兰，教授，重庆城市管理职业学院。
　　　　　孟传慧，教授，重庆城市管理职业学院。
　　　　　周晓光，讲师，重庆城市管理职业学院。
　　　　　王小丽，副教授，重庆城市管理职业学院。
兼职教师：根据具体情况从兼职教师资源库中确定具体人选。

八、其他说明

（一）产教融合，行业 / 企业参与课程开发情况

贺添：重庆市民政局、婚姻登记工作。

（二）教学组织的特点（建议）

排课的方式：分散排课。

后 记

　　本书系重庆市教育科学"十四五"规划课题"成渝双城经济圈内高职院校养老服务高技能人才培养路径研究（2021-GX-047）"、重庆市职业教育教学改革研究项目"以岗位胜任力为导向的高职老年服务与管理专业群教学标准体系构建研究与实践（Z231008）"、重庆市职业教育教学改革研究项目"老年照护系列活页式教材开发与资源建设实践（Z231015）"、重庆市职业教育教学改革研究项目"双高背景下护理专业中高职教育课程体系有效衔接研究与实践（Z233042）"阶段性研究成果。

　　本书在成书过程中得到了多人的帮助，在此一并感谢。首先感谢学校领导的大力支持，有这样的支持，项目组才能有信心、有决心去挑战这份工作、完成标准的研制；感谢本专业群的各位老师，感谢他们在问卷设计、问卷发放、问卷回收工作中所作出的贡献；感谢长沙民政职业技术学院、北京社会管理职业学院等兄弟院校的各位老师，美瑞嘉年（重庆）养老服务有限公司、重庆宏善养老产业有限公司等单位中的行业专家，我们的毕业生们，在调研过程中不厌其烦，回答我们的口头提问、在线提问、电话提问；感谢深圳智邻科技有限公司在调研数据的采集、整理与各种会务安排工作中所付出的努力。

　　最后，感谢中国社会出版社的领导及编辑为本书的出版付出的辛勤劳动。

　　书稿的交付意味着这一阶段性工作的完成，在轻松片刻后，很快"任重道远"四个字涌上心头。随着老年人口比例的不断提升，国家高度重视养老工作、养老人才的培养，如何更好地对接国家的需要，培养更适合社会所需的养老人才，是我们必须长期正视的问题。课程标准是实施专业人才培养计划、实现培养目标的教学指导性文件，它必须紧跟社会发展、紧跟行业所需，所在。对于课程标准的持续修订与完善是我们今后工作的重点。

2023 年 11 月